정치의 생각

정치의 생각

2011년 3월 31일 초판 1쇄
2013년 9월 30일 초판 2쇄

지은이 | 애덤 스위프트
옮긴이 | 김비환

편   집 | 김희중, 오정원

제   작 | 상지사

펴낸이 | 장의덕
펴낸곳 | 도서출판 개마고원
등   록 | 1989년 9월 4일 제2-877호
주   소 | 경기도 고양시 일산동구 751 장항2동 삼성라끄빌 1018호
전   화 | (031) 907-1012, 1018
팩   스 | (031) 907-1044
이메일 | webmaster@kaema.co.kr

ISBN 978-89-5769-120-5 03300
ⓒ개마고원, 2011. Printed in Seoul, Korea.

*이 도서의 국립중앙도서관 출판시도서목록(CIP)은
 e-CIP 홈페이지(http://www.nl.go.kr/ecip)와 국가자료공동목록시스템
 (http://www.nl.go.kr/kolisnet)에서 이용하실 수 있습니다. (CIP 제어번호: CIP 2011001313)

ADAM SWIFT

정의에서 민주주의까지

정치의 생각

애덤 스위프트 지음 | 김비환 옮김

개마고원

초판 서문

이 책의 구상은, 영국의 수상 토니 블레어(Tony Blair)가 1997년 사망 직전의 이사야 벌린 경(Sir Isaish Berlin)에게 편지를 썼다는 기사를 읽은 것이 계기가 되었다. 벌린은 옥스퍼드대학에서 사회정치이론 교수로 재직해왔는데, 블레어의 편지는 벌린의 유명한 소극적 자유와 적극적 자유의 구분에 관한 것이었다. 나는 그 당시 옥스퍼드대학 학부에서 정치이론의 '핵심 개념들'을 강의하고 있었으며, 그중 두 강의는 벌린이 구분한 두 가지 자유 개념이 애매하고 혼란스러운 점이 많다는 것을 설명하는 종류였다. 그런 지 얼마 되지 않아 한 신문에 블레어가 대학시절 정치철학을 공부하지 않은 것을 후회한다는 기사가 실렸다.(그는 법을 전공했다.) 그때 다우닝 10번지의 수상관저에서 근무하고 있던 옛 친구가 나에게 전화를 걸어 블레어 수상이 신노동당을 위해 자유주의 전통에서 유래한 몇 가지 관념들을 어떻게 활용할 것인가를 궁리하고 있다고 말해주었다. 친구는 나에게 노동당에 도움이 될 만한 읽을거리를 소개해달라고 했다. 나는 제일 먼저 떠오른 두 권의 책을 알려주었는데, 한 주 정도 뒤 잠결에 라디오에서 흘러나오는 블레어의 발표를 듣고 즐거운 기분으로 눈을 뜨게 되었다. 그 이유는, 라디오 발표의 내용이 일주일 전쯤 내가 별 준비도 없이 소개한 책들을 어느 정도

참고한 듯했기 때문이었다.

이 책은, 블레어 수상이 오늘날 정치철학을 공부하게 된다면 알아야 할 몇 가지를 좀 더 체계적으로 말해주기 위한 것이다. 더 일반적으로는, 정치철학자들의 통찰들을 이해하기 쉽게 설명해줌으로써, 국가와 정치적 입장에 상관없이 정치라는 것 배후에 있는 도덕적 개념들에 깊은 관심을 가진 모든 이들에게 유용할 입문서로 기획한 것이다. 최근에는 과학 분야에서 이룩한 발전을 대중화하는 저술들이 폭발적으로 출간되고 있다. 많은 사람들이 이런 작업이야말로 우리시대에 적합한 지적인 행위라고 생각한다. 아마도 그들이 옳을 것이다. 나의 전문 영역인 정치철학 분야에서도 보다 광범위한 독자층에게 전달하기에 충분한, 아니 그래야만 할 학문상의 성과가 존재한다. 또한 정치철학자들이 다루는 이슈들은 공공의 영역 내에서 반드시 논의되어야 할 문제들이기 때문에 학술저널이라든가 전문가들만이 이해할 수 있는 책에서만 다뤄서는 안 된다.

물론 전문화와 직업화가 일어나기 이전의 시절에는 이런 구분이 존재하지 않았다. 존 스튜어트 밀(John Stuart Mill)의 『자유론』(1859)은 일반 독자들을 위해 집필된 고전이다. 나는 얘기할 만한 가치가 있는 것들이 반드시 쉽게 이해되어야 한다고는 생각하지 않는다. 그리고 전문적인 학술용어의 발전이 지적 진보에 기여해왔다는 것도 전혀 의심하지 않는다. 그래서 나는 정치철학자들이 일반적으로 수행하고 있는 어렵고 정교하며 복잡한 작업에 조금도 반대하지 않는다.(그리고 내가 여기서 설명하는 모든 것이 다 쉽게 진행될 것이라고 약속할 수도 없다. 약간의 어려움과 복잡함은 불가피하다. 논의할 이슈들 자체가 어렵고 복잡하니 말이다.) 하지만 내 생각에는 일반인들의 관심을 끌 수 있는 몇 가지 관념들은 일반인들도 약간만 노력하면 이해할 수 있도록 설명할 수 있어야 한다. 아니면 최소한 그렇게 하려고 노력해야 한다.

출판사는 이 책을 읽을 대부분의 독자들이 정치인들이 아닌 학생들이라는 것을 주지시켜주었다. 하지만 학생들은 총명하지만 평범한 독자들이다. 그들은 아직 난해한 학술적 담론에 익숙하지 않다. 또한 학생들은 학술적 담론이 유익할 수 있을 만한 고도의 수준으로 정치철학적 이슈들을 다룰 수도 없다. 그러므로 일반 독자들을 대상으로 책을 쓰는 것은, 학생들을 위해 정말로 초보적인 입문서를 쓰는 것과 그리 다르지 않다. 다만 학생들은 일반 독자들에 비해 이 책의 주제들에 대해 더 많은 자료를 읽을 수 있는 시간과 기회를 가질 수 있다는 점이 다를 뿐이다. 학생들은 어떤 사상과 주장을 누가 처음으로 생각해냈는가를 알아야 하거나 내 설명보다 좀 더 자세히 또는 깊게 공부해야 할 수도 있다. 학생들을 위해 각 장의 끝머리에 더 읽을거리들을 소개한다. 이 중에는 이 책에서 비중 있게 다루는 입장들의 출전이 포함되어 있다.

⁓

내가 가장 큰 빚을 진 사람들은 이 책에서 아주 간략히 설명한 독창적인 생각들을 고안해낸 정치철학자들이다. 그들이 나의 간단한 설명을 양해해주었으면 좋겠다. 그들의 사상에 대한 나의 이해는 대부분 학생들과 토론하는 과정에서 얻은 것이다. 학생들의 에세이를 주의 깊게 읽고 그들이 말하는 것을 이해하려고 노력하며 또 그들에게 이의를 제기하면서 말이다.(물론, 나는 그 대가로 급료를 받았다.) 나는 모든 학생들에게 감사하며 내가 정말 행운아라고 생각한다.

마틴 오닐(Martin O'Neil)은 처음으로 내 강의를 책으로 엮어보라고 권유했다. 엔지 존슨(Angie Johnson)은 강의 테이프를 텍스트로 만들어주었으며 클레어 체임버스(Clair Chambers)는 보조자로서 색인 작업을 도와주었고 린 소렐(Lin Sorrell)은 비서 업무를 맡아주었다. 소피 아마드(Sophie Ahmad)의 편집에 관한 현명한 충고와 자넷 모스(Janet Moth)의 능숙한 원고 교열은 마지막 단계에서 책을 향상시키는 데 결정적인 역할을 했다. 많은 친구들과 동료들 그리고 재학중인 학생들이 초고를 읽고 유익한 제안을 해주었다. 빌 부스(Bill Booth), 셀리나 첸(Selina Chen), 셰이밀 데이니쉬(Shameel Danish), 나탈리 골드(Natalie Gold), 수디르 하자리싱(Suhdir Hazareesingh), 마가렛 홀로이드(Margaret Holroyd), 서닐 크리쉬난(Sunil Krishnan), 커스티 맥닐(Kirsty McNeill), 데이비드 밀러(David Miller), 네이나 페이틀(Naina Patel), 마크 필립(Mark Philip), 마이커 슈왈츠먼(Micah Schwartzman)에게 감사의 말을 전한다. 또한 많은 익명의 원고 검토자들에게도 감사드린다. 하지만 특히 이름을 알고 있는 해리 브릭하우스(Harry Brighouse)와 매트 매트래버스(Matt Matravers)에게 감사드리고 싶은데 이들은 의무 이상의 많은 수고를 해주었다. 그럼에도 잘못된 것이 남아 있다면 그것은 전적으로 나의 잘못이다.

이 책은 내가 영국학술원 교수직(British Academy Research Readership)이라는 호사를 누리고 있었을 때 집필이 끝났다.● 그 일에서 받은 연구비는 내가 수행한 다른 과제를 위한 것이었기 때문에 학술원 회원들이 나의 감사를 받아줄지는 확신할 수 없지만 어쨌든 그들에게 감사드린다. 옥스퍼드의 너필드 칼리지(Nuffield College)는 매우 관대하게도 내가 연구를 위해 머무는 동안 연구비를 지원해주었다. 나를 받아준 것에 대해 너필드 칼리지에 그리고 나를 보내준 것에 대해 밸리올 칼리지(Balliol College)에 감사드린다. 나의 아버지는 내가 쓴 학술논문들을 전혀 이해하지 못하기 때문에 아버지도 이해할 수 있는 책을 쓰겠다는 내 결심이 굳어졌다. 이 책을 많은 사랑과 행운을 실어 아버지께 바친다. 대니(Danny)와 릴리(Lillie) 두 아이들은 벌써부터 논쟁을 좋아한다. 그들이 수년 안에 이 책을 읽을 수 있었으면 좋겠다.

● 영국의 경우 reader는 정교수 바로 아래에 해당하는 직제를 가리킨다. 영국의 경우 수십 명의 교수진이 있는 학과라 해도 정교수는 보통 2~3명에 불과한다. 이 2~3명 중 한 사람이 은퇴하거나 자리를 옮기지 않을 경우 다른 교수들은 정교수가 될 수 없다. 영국학술원의 교수직(readership)은 매우 우수한 연구력을 인정받지 못할 경우 수여되지 않는다. 이 자격은 주로 몇 달 내지 반 년 정도의 연구에 전념할 수 있도록 연구비를 지원하는 형식으로 제공된다. 이 자격을 받기 위해 반드시 대학의 현직 reader일 필요는 없으며 그에 준하는 연구능력과 성과를 인정받으면 된다.

재판 서문

이 책의 재판을 소화할 수 있을 정도의 시장이 있을 거라고 출판사를 납득시킬 수 있었을 만큼 많은 사람들이 이 책의 초판을 애독해주어 기쁘다. 재판의 주요 변화는 민주주의에 관한 장을 덧붙였다는 점이다. 이제 이 책은 더 많은 주제를 포함하게 되었기 때문에 정치철학이란 학문 분야를 더 충분히 이해하는 데 도움이 될 것이다. 하지만 나는 이 책이 정치철학을 완벽하고 체계적으로 소개해준다고 생각하지는 않는다. 나는 다른 부분들에서 몇 가지 사소한 수정을 했다. 더 읽을거리를 갱신하기도 했고 이따금씩 보이는 조악한 표현들을 다듬기도 했다. 하지만 내용은 전혀 건드리지 않았다. 또한 슬프게도 롤스와 노직의 사망 날짜를 덧붙였다. 새로운 자료에 대한 개선책을 제시해준 데 대해 크리스 베트람(Chris Betram), 해리 브릭하우스, 마가렛 홀로이드, 미리엄 론조니(Miriam Ronzoni)와 한 익명의 검토자에게 감사드린다. 진 반 알테나(Jean van Altena)에게는 매우 유익한 원고 교열에 대해 그리고 미리엄 론조니에게는 색인을 수정해준 데 대해 다시 감사드린다. 편집자 루이즈 나잇(Louise Knight)은 줄곧 끈기 있게 협력해주었다. 대니와 릴리는 예전보다 더 논쟁을 좋아하는데 이제는 이 책의 주장들을 자기에게 유리한 무기로 사용할 정도로 성장했다.

한국어판 서문

<hr>

이 책의 목표는 분석적 정치철학자들이 다룬 몇 가지 근본적인 이슈들을 보다 광범위한 독자층—이 책의 제목에 나타나 있듯 학생들과 정치인들은 물론이고 일반 시민들도 포함하는—에 소개하고자 하는 것이었다. 언제나 그 이상에는 못 미치는 것이 민주정치다. 하지만 정치조직이 나아가야 할 최선의 진로를 결정할 때 균형과 타협을 모색해야 하는 어려운 과제를 안고 있는 민주정치는 정보에 근거하여 합리적이고 책임감 있는 집단적 심의를 할 수 있는 조건을 열망한다. 다섯 가지 핵심적인 정치적 가치들—정의, 자유, 평등, 공동체, 그리고 민주주의—에 관한 철학적 논의의 윤곽을 이해하기 쉽게 설명함에 있어, 나는 어떤 특별한 결론을 제시하려고 하지는 않았고, 관련되어 있는 규범적 이슈들을 명료하게 설명해줌으로써 독자들이 스스로 판단을 내리는 데 도움을 주고자 했다.

때로 '분석철학'은 '영미철학'으로도 불리기도 한다. 이 책에 제시된 예들에 나타나 있듯 내가 일차적으로 염두에 둔 독자들은 주로 영국과 미국의 시민들이다. 중국어판은 이미 출판되었고 일본어판은 준비 중에 있다. 그리고 이번에 한국어판이 출판되었는데, 이것을 계기로 나는 이 책이 한국의 독자들에게 어떤 의미를 가질 수 있을까 생각해보았다. 하지만 아쉽게

도 한국의 정치문화에 대해 너무 아는 바가 적기 때문에 그에 대해 적절한 답을 생각해낼 수가 없다. 영국과 미국에서는 정치인들이 이런 중요한 철학적 관념들에 호소하는 경우가 많다. 때로는 암암리에 때로는 명시적으로 이 책에서 논의된 가치들이 정치적 논쟁의 조건을 틀 짓기도 한다.(영국에서는 최근에 세 주요 정당들의 리더들이 '공정성'에 대해 기탄없는 논쟁을 벌이고 있는데, 이에 대해 일부 주석가들은 존 롤스의 『정의론』에 근거하여 설명하고 있다.) 한국은 그동안 놀랄 만한 속도로 경제적·정치적 근대화에 성공하여 국제무대에 성공적으로 부상함으로써, 이제는 앞으로 지향해야 할 사회의 모습에 대해 진지하게 생각하기 시작한 것으로 알고 있다. 예컨대 개인과 공동체, 자유와 평등, 정의와 성장과 같은 가치들을 어떻게 균형 잡을 것인가에 대해서 말이다. 하지만 이런 대립적인 가치들의 관계는 보기보다는 더 복잡하다. 실제로 이 책의 말미에 이르면 독자들은 이런 가치들이 전혀 대립적으로 이해될 필요가 없다는 것을 알게 될 것이다. '분석적'이란 의미는 단지 명확하고 주의 깊게 생각해야 한다는 것을, 그리고 자신이 어떤 신념을 갖게 된 이유들을 비판적으로 성찰해보는 것을 그럴듯하게 표현한 것일 뿐이다. 그런 사고방식이 문제가 있을 리 없다. 나는 이 책에 설명된 관념들이 한국 사람들이 앞으로 지향하고 싶은 사회의 모습에 관한 세련되고 성숙한 정치적 논쟁을 벌일 때 조금이라도 도움이 될 수 있기를 간절히 바란다.

마지막으로 이 책의 번역자로서 (그리고 한국어판 서문에 대한 조언자로서) 애써주신 김비환 교수께 심심한 감사를 드린다. 원래의 영어판은 관행적인 표현이 많고 구어체로 쓰였기 때문에 번역자에게는 많은 어려움이 있었을 것이다. 한국의 독자들이 나를 위해 김 교수께서 그런 어려움을 감수해준 것을 알아주었으면 좋겠다.

| 차 례 |

서론

정치는 혼란스런 비즈니스다. 누가 무엇을 믿고 있는지 식별하기 어렵다. 때로는 누가 무엇을 믿고 있기나 한지조차 알기 어렵다. 정치인들은 중도로 수렴한다. 그들은 여론을 형성·주도하고 있는 포커스 그룹(focus group)의 반응에 촉각을 곤두세우며 자신들의 발언이 행여 적들의 공격수단이 되지 않을까 두려워한다. 정책에 관해서는 심각한 논쟁이 있지만 정치인들은 그 정책에 깔려 있는 가치들에 대해서는 거의 논쟁을 벌이지 않는다. 원칙들에 관한 논쟁에 직면하게 되면 그들은 화려한 수사를 써가며 임기응변으로 넘어가거나 좋게 느껴지는 모호한 개념들을 동원하여 대응한다. 과연 누가 공동체, 민주주의, 정의 혹은 자유에 반대한단 말인가? 이런 정황은, 가치들이 논란의 여지가 없는 분명한 내용을 갖고 있다는 인상을 준다. 그리하여 정치가 가치에 관한 문제가 아니라 단지 기술적인 문제로 보이게 된다. 정치인들은 이미 합의된 목적을 가장 잘 성취할 수 있는 방법에 대해서만 견해를 달리하며 투표자들은 그들 중 누가 옳은가를 결정하는 것으로 여겨지는 것이다.

하지만 실상은 그와 다르다. 표면적인 의견 일치 아래에는 이러한 웅대한 이상들의 모호함에 가려진 중대한 차이들이 숨어 있다. 정치인들은 자유 혹은 공동체라는 이상이 중요하다는 데는 동의한다. 하지만 그것들의 구체적인 내용을 전혀 다르게 이해할 수도 있다. 그리고 설령 그 가치들의 구체적인 내용에 동의한다 하더라도 그 가치들의 비중을 달리 평가할 수도 있다. 이러한 의견 불일치는 정책들에 반영된다. 과세율, 복지, 교육, 낙태, 포르노그래피, 마약, 그리고 다른 모든 문제들에 대한 정책적 입장은, 부분적으로 우리가 그런 가치들을 평가하는 방식과 내용에 좌우된다. 일부 정치인들은 어떤 이상들을 어떻게 해석한 것이 자신들이 선호하는 정책 방향을 이끌었다는 것과, 각각의 이상들이 갖고 있는 상대적 중요성을 잘 이해하고 있는 듯하지만, 다수는 그렇지 않다. 그리고 어떤 이상이 어떤 정책적 함의가 있는지를 잘 이해하고 있다고 해도 여러 가지 이상들 중에서 한두 가지를 선택해야 하는 상황에서는 그런 이해가 그리 도움이 되지 않을 수도 있다. 정치적 이상과 정책 사이의 연관성에 대한 이해가 실질적으로 도움이 되기 위해서는 먼저 우리 자신이 지지하는 정치적 이상들이 무엇인지를 정확히 인식할 필요가 있다. 우리는 이런 정치적 이상들에 대한 상이한 해석들을 잘 알아둘 필요가 있다. 각각의 관점에서 제시되는 주장들이 어디서 언제 충돌하는지를 이해할 필요가 있으며 어느 쪽이 옳은가를 결정할 필요가 있다. 즉 우리에게는 정치철학이 필요하다.

명료함은 그 어느 경우보다 중요하다. 물론 모호한 일반론에 만족하기보다는 생각하는 것을 정확하게 표현하는 것이 언제나 더 낫다. 그럼에도 과거에는 어느 정도 일반론이 통했다. 하지만 이제 막연한 일반론들은 더 이상 좋은 가이드가 되어줄 수 없다. 아주 단순하게 말하자면 과거에는 정치적 견해들이 미리 포장된 한 묶음―곧, 이데올로기―으로 제공되곤 했다. 만일 당신이 좌익이나 우익에 혹은 중도의 어디쯤엔가 있다고 한다면 당신은 이미 많은 이슈들에 대해 어떻게 생각할 것인지를 알 수 있었다. 마찬가지로 그 이슈들에 대한 반대편의 생각도 알 수 있었다. 이는 삶을 좀더 쉽게 만들어주었다. 정치인들도 편했다. 왜냐하면 경합하는 서로 다른 주장이 존재하는 어려운 문제들에 대해 사람들의 정확한 입장이 무엇인지 파악하기 위해 노력할 필요가 없었기 때문이다. 그들은 단지 한 묶음으로 제공된 견해들을 참조하면 충분했다. 대개는 그것으로 대답이 되었다. 유권자들도 편했던 것이, 정치인들이 어떤 입장에 동조하고 있는지를 알고 있고 또 그 입장에 대한 자신의 생각을 알고 있다면 잡다한 세부적인 사실들에 관심을 쏟지 않고도 정치인들을 판단할 수 있었기 때문이다.(그 한 묶음의 견해들에 대한 우리의 생각은 우리가 어떤 정당에 일체감을 갖고 있는가에 달려 있었는데 대개 정당 소속감은 부모에게서 물려받는 것이 보통이었다.) 요컨대 어떤 경우든 그렇게 많은 생각을 할 필요가 없었다.

오늘날 우리는 이처럼 미리 포장된 묶음들에 의심을 품고 있다. 정치인들은 낡은 신조들과 정통적인 교리들을 뒤로 하고, 다시 말해 좌익과 우익의 이분법을 넘어서 이쪽저쪽 것을 혼합하는 접근방법을 채택하기를 좋아한다. 그들은 상황에 따라 혼합의 정도를 조절한다. 그들은 기꺼이 상대방에게 좋은 생각들을 빌려와 좀 더 실효성 있는 것을 모색하려고 한다. 중도 좌익은 '제3의 길'을 찾는다. 우익은 '온정적 보수주의'를 표방한다. 이런 행태는 기준이 될 수 있는 어떤 명확한 원칙이 없기 때문에 기회주의라는 비난을 받는다. 정치인들은 배반하는 것이 아니라고 대꾸한다. 오히려 자신의 소속 정당이 전통적으로 지지해온 가치들을 새로운 환경에 맞추고 있다고 응수한다. 과거에 비해 그런 가치들에 대한 유권자들의 동조가 약화되었기 때문에 어쩔 수 없다고 하면서 말이다. 그러는 사이에 정당은 수사적인 측면에서나 정책적인 측면에서 서로 수렴하며, 그 때문에 유권자들은 그들이 표방하는 바가 무엇인지를 파악하는 데 더 애를 먹는다. 정치철학은 이런 복잡한 상황에서 우리를 인도할 수 있는 가치들과 원칙들을 정치인들—그리고 우리들—이 정말로 어떻게 생각하고 있는지 이해하게 해줄 도구를 제공해준다.

이 책은 독자들에게 무엇을 생각해야 할지 가르쳐주지 않는다. 이 책의 목표는 논쟁적인 것이 아니라 명료한 설명과 해설을 제공하는 것이다. 정치철학자들이 제시한 중요한 주장들 일부를 설명해줌으로써 독자들이 관련된 이슈들을 이해하고 스스로 그 이슈들에 입장을 정할 수 있도록 돕고자 하는 것이다. 사실 어떤 특정한 입장을 더 명확하게 이해하게 되면 그것이 불명료하게 이해될 때보다 덜 매력적이고 설득력이 떨어져 보일 수도 있다. 물론 나는 긴요한 문제를 모호하게 서술하는 주장들에 비판적이다.(4부는 '공동체'에 호소하는 입장들을 호되게 비판한다.) 하지만 내가 독자들에게 어떤 특수한 정치적 견해들을 채택하라고 설득하는 것은 아니다. 사회정의, 자유, 평등 혹은 공동체와 같은 추상적인 주제들이 정치적 논쟁이나 학생들의 에세이에 등장할 때 내가 으레 보이는 반응은 '나는 이 학생에 동의하지 않아. 이 학생을 설득해서 생각을 바꾸도록 할 수 있을까?' 하는 것이 아니다. 나의 반응은 오히려 다음과 같은 것에 가깝다. '이 학생은 혼동하고 있어. 이 학생 자신이 무엇을 생각하고 있고 또 왜 그렇게 생각하는지를 스스로 이해할 수 있도록 몇 가지 구분방법을 알려줄 수는 없을까? 나는 나 자신의 견해가 전혀 상관이 없다거나 주의 깊은 독자들이 나의 입장을 전혀 눈치 챌 수 없을 것이라고 여기지는 않는다. 개념을 구분하거나 어떤 주장의 정확한 의미를 명료하게 하는 작업은 대개 오해를 불러일으키는 단순화 혹은 모호함을 밝혀내는 첫 번째 절차다.(이제 당신의 발언이 실제로 무슨 의미인지를 이해했기 때문에 더 이상 그것을 확실히 믿을 수 없겠지?!) 하지만 누군가 이 책을 읽은 뒤에도 책을 읽기 전에 잘못 이해하고 있던 정치적 견해들을 계속 고집한다고 해서 신경 쓰지는 않는다. 중요한 것은, 자신이 그와 같은 견해들을 지지하는 이유를 알 필요가 있다는 것이며 그 견해들을 거부할 이유에 대해서도 알게 되었다는 점이다.

이 책의 일부는 '개념적인 분석'이다. 겁내지 마라. 개념적 분석이란 사람들이 말을 할 때 그 의미가 무엇인지를 파악하는 더할 나위 없이 중요한 일을 뜻하는 그럴싸한 표현일 뿐이다.(뉴욕에서 열린 한 칵테일파티에서 철학자들이 실제로 하는 일이 무엇이냐는 질문을 받았을 때 누군가 다음과 같이 대답했다. "몇 가지 개념을 명확히 해보세요. 몇 가지 구분을 해보세요. 그것이 철학자의 생활입니다.") 하지만 이것은 첫 번째 단계일 뿐이다. 철학자들─최소한 나와 같은 부류의 철학자들─은 어떤 진술의 진위 여부를 결정하기 위해 먼저 그 의미를 이해하고 싶어 한다. 우리는 그 진술들이 옳다고 생각할 수 있는 모든 이유들(그 이유들이 참되다고 믿을 만한 근거가 있는 다른 명제들로부터 논리적으로 도출되었는지를 포함해)과 그릇되었다고 생각할 수 있는 모든 이유들을 함께 고려해서 결정을 내린다. 우리는 우리와 다른 견해를 갖고 있는 사람들이 어디에서 잘못을 저질렀는지를 설명함으로써 특정 결론을 지지하는 주장을 편다. 그러므로 이 책이 어떤 견해가 옳고 어떤 견해가 틀렸다고 주장하지 않는 것은, 이 책이 입문서라서 그런 것일 뿐이다. 나는 진리에 관심을 갖고 있으며 독자들도 다양한 주장들 중에서 어떤 것이 진리에 가장 가까운가에 대해 나름대로 판단을 내릴 것이라고 본다.•

이런 입장은 나를 다른 부류의 철학자들, 곧 진리와 이성에 관한 나의 관심을 지독히 케케묵은 것으로 간주하는 포스트모던 철학자들과 구분 짓는다. 포스트모더니즘은 여러 가지 형태를 띠고 있지만 정치에 적용된 포스트모더니즘은 진리 같은 것이 존재한다는 생각을 회의적으로 보며 이성을 불신하는 경향이 있다. 왜냐하면 포스트모더니즘은 이성을 사회를 평가하

•truth의 번역어로는 진리와 진실이 있는데 이 중 어떤 것이 더 좋은 번역어인지는 문장의 맥락에 달려 있다. 만일 보편타당한 객관적인 도덕적 규범의 존재를 상정할 경우 그 규범은 진리로 부르는 것이 더 적합하다고 본다. 하지만 그런 형이상학적인 선험적 규범과 달리 어떤 진술과 주장이 객관적인 사태나 상황과 일치하는 상태를 의미할 경우에는 진리보다는 진실이 더 적합해 보인다. 여기에서는 진리를 진실로 대체해도 의미상 전혀 문제가 없지만 저자가 다음 문단에서 포스트모더니즘과 자신의 철학적 입장을 대비하면서 설명하는 것을 볼 때 진리라는 용어가 더 적합한 번역어라 생각된다.

고 비판할 수 있는 아주 독립적이거나 객관적인 토대라기보다는 사회적으로 구성되는 것으로 보기 때문이다. 일부 포스트모더니스트들은 물리학과 생물학과 같은 과학에서조차 진리라는 개념을 쓰는 것에 회의적이기 때문에 정치적인 주장에 그 개념을 적용하는 것은 얼토당토않다고 본다. 나의 접근방식에 대해서는 이 책 자체가 최선의 옹호책이라고 생각한다. 그래서 우리 같은 '분석적' 철학자들이 하는 일이 과연 가치가 있는지를 판단하는 것은 독자들의 몫으로 남겨두고자 한다.

이 책은 정치철학사에 대한 안내서가 아니다. 그런 역사는 매혹적이고 중요하지만 여기서는 중요하지 않다. 나는 플라톤, 아리스토텔레스, 홉스, 로크, 루소, 칸트, 토크빌, 밀, 마르크스, 그리고 일단의 정치철학자들에 관해 어느 정도는 알고 있다. 경우에 따라 생사연대와 함께 그들을 언급할 것이다. 하지만 내가 이런 위대한 사상가들의 저작들을 읽거나 가르칠 때 나의 관심을 사로잡는 것은 그 저술들이 집필된 역사적 맥락도, 그들의 사상이 전 생애에 걸쳐 발전해온 방식도, 혹은 '역사적인' 어떤 것도 아니다. 내가 알고 싶은 것은, 그들이 무엇을 믿었고 그들의 주장이 어떤 방식으로 제시되었으며, 그들이 믿은 것이 과연 참된 것이었고 그들의 주장이 과연 타당했는지 하는 것들이다. 물론 그들이 믿은 것—그들이 글을 쓸 때 나타내고자 했던 정확한 의미—을 이해하기 위해서는 그들이 글을 썼을 때의 지적인 배경과 다른 배경들을 상세히 알 필요가 있다. 그들의 사상에 일어난 변화나 여러 저작들 사이의 명백한 모순들을 추적하고 설명하는 것은 그들의 견해를 더 정확히 이해하는 데 당연히 도움이 될 수 있다. 나는 정치사상사가들을 매우 존경하는데 그것은 그들의 철저한 연구와 예리한 해석 덕분에 이 위대한 사상가들이 믿었던 바를 더 정확히 이해할 수 있게 되었기 때문이다. 그렇지만 나에게 이 모든 것은 그들이 과연 옳았는가를 분석하고 평가하며 결정하기 위한 예비적인 작업일 뿐이다. 물론 나는 최고의 위대한 정치사상가들이 지혜를 독점하고 있다고 생각하지는 않는다. 오늘날

활동하는 과학자들이 과거의 가장 위대하고 뛰어난 과학자들—이를테면, 갈릴레오(Galileo), 뉴턴(Newton), 다윈(Darwin)—보다 세계에 관해 더 정확한 생각을 많이 갖고 있듯이, 오늘날의 평범한 정치철학자들도 많은 시간을 역사적 연구에 할애하지 않고서도 그리고 그런 비범한 사상가들이 (특수한 역사적 맥락에서) 주장했던 것에 대해 그다지 잘 알지 않고서도 홉스나 루소와 같은 천재적인 사상가의 성과물을 이용할 수 있다.

정치철학은 특별한 주제 곧 정치에 관한 철학이다. '정치적인 것'에 관한 정의에는 논란이 수반된다. 페미니스트들이 주장하듯 사적인 것이 정치적인 것이라면 가정과 같은 제도와 다른 사적인 관계들도 정치적인 차원을 갖고 있다. 아마도 정치는 권력이 존재하는 곳이라면 어디에나 존재할 것이다. 이런 견해에 대해 많은 얘기를 할 수 있을 것이다. 하지만 이 '입문서'의 취지에 따라 나는 '정치적인 것'을 특히 국가와 관련된 것으로 보는 관례적인 입장을 따르고자 한다. 정치철학은 국가가 어떻게 행동해야 할 것인가를 묻고, 국가가 시민들을 대할 때 어떤 도덕적 원칙들에 따라 대해야 하며, 어떤 종류의 사회질서를 세워야 할 것인가를 묻는다. 무엇 무엇을 '해야 한다(shoulds)'는 표현들이 시사하듯, 정치철학은 도덕철학의 한 분야로서 국가가 해야만 하는 것과 해서는 안 되는 것을 정당화하는 데 관심을 둔다. 정치철학자들이 생각하고 있는 국가는 법률을 준수해야 하는 사람들로부터 분리되어 있거나 그들을 감독하는 어떤 것이 아니며 또 그래서도 안 된다. 오히려 국가는 법률을 결정하는 시민들의 집단적 대리인이다. 그러므로 국가가 시민들을 어떻게 대해야 하는가 하는 문제는 곧 우리 시민들이 서로 어떻게 대해야 하는가 하는 문제와 같다. 국가는 강제적인 기구다. 국가는 경찰, 법정, 감옥 등과 같은 다양한 수단들을 가지고 시민들이 싫어하건 좋아하건 또는 국가의 결정에 동의하건 하지 않건 국가가 말한 것을 하게 만든다. 그러므로 정치철학은 도덕철학의 특수한 하위 분과라 할 수 있으며, 도덕철학에서 차지하고 있는 비중이 대단히 높다. 정치철학은 단지 '개인적으로' 사람들이 무엇을 해야 하는가가 아니라 사람들이 '서로에게' 무엇을 하도록 요구하는 것이 도덕적으로 허용되고 또 때로는 요구할 필요가 있는가 하는 문제들을 다룬다.

정치철학자들이 다루는 전체 개념들 중에서 이 책은 다섯 가지를 다룬다. 사회정의, 자유, 평등, 공동체 그리고 민주주의다. 내가 이 다섯 가지 개념만을 다루는 이유는 이 책의 분량을 적정 수준으로 유지하기 위해서다. 그리고 하필 이 다섯 가지를 선택한 이유는, 이 개념들이 서로 긴밀한 연관성을 갖고 있기 때문이며 실제의 정치토론에서 가장 빈번히 등장하는 개념들이기 때문이다. 이 개념들은 현대 정치의 여러 가지 혼란스러운 상황을 두루 이해하는 데 필요한 길잡이를 찾고 있는 사람들에게 가장 적절한 것들로서 내가 정치철학적 주장들을 이해하기 쉽게 설명할 수 있도록 해준다. 하지만 그 대가로 아주 중요한 다른 개념들이 제외되었다. 그중 두 가지는, 서로 밀접히 연관되어 있는 권위와 의무라는 개념이다. 도대체 무엇이, 사람들이 국가가 말한 것을 하게 만드는 권위를 국가에 부여하는가? 만일 조건이 있다면 어떤 조건에서 시민들은 국가가 말한 것을 수행해야 할 의무를 지게 되는가? 이런 이슈들은 민주주의를 다루는 장에서 간단히 부수적으로 다뤄질 것이다. 하지만 이런 이슈들을 논의의 초점에 두지는 않을 것이며, 이 이슈들을 다루는 다른 책들에서처럼 자세히 검토하지도 않을 것이다.

마지막으로 한 가지 알려둘 사항이 있다. 이 책이 학생들은 물론 정치인들을 위해 집필되었다는 사실이, 이 책이 실천적이거나 정책 지향적 성격을 띠고 있다는 것을 의미하지는 않는다는 것이다. 이 점은 어떤 일부 독자들을 실망시킬 수도 있을 것이다. 이들은 철학—심지어 정치철학도—은 정말로 알맹이 없는 말장난이거나 자아도취적인 활동이라는 의심을 더욱 굳게 가질지도 모른다.('지적인 자위'라는 표현은 내가 선택한 직업을 상징적으로 표현한다.) 내가 정치철학자들과 정치인들이 함께 모인 싱크탱크(두뇌

집단) 세미나에 참석했던 몇몇 경우에서 이런 식의 불만들을 너무나 명백히 확인할 수 있었다. 세미나가 (그리고 아마도 책도) 구체적인 정책은 아니더라도 슬로건 정도는 만들어내야 도움이 된다는 것이 많은 정치인들의 생각이다. 이상적으로는 포커스 그룹과 유권자들에게 인기를 끌 수 있는 정책이나 슬로건 말이다. 여기에는 한 가지 문제점, 때로는 두 가지 문제점이 있다. 먼저 철학자들은 다른 사람들이 기꺼이 찬성투표할 수 있는 방향으로 자신의 철학적 결론을 조정할 필요가 있다는 주장을 좋아하지 않는다. 그래서 원칙에 입각한 타당한 주장들이 정책에 명백한 영향을 미치는 경우에서조차 그런 정책은 (유권자들의 지지를 고려한 정책이 아닌 만큼) 선거에서 참담한 결과를 초래할 가능성이 크고 따라서 정치인들에게는 거의 쓸모가 없다. 하지만 더 심각한 다른 문제가 있을 수 있다. 원칙들이 분명하더라도 그 원칙들이 어떤 정책들을 제시해줄 수 있는지가 정말로 불분명한 경우가 있을 수 있다. 특정한 상황에서 우리가 무엇을 해야 하는가에 대한 결론은 철학자들이 거의 모르거나 전혀 모르는, 세계의 현 상태에 관한 수많은 사실들에 달려 있다. 1부에 나오는 단순한 예를 들어보겠다. 예컨대 누군가 우리 시대의 가장 영향력 있는 정치철학자인 미국의 존 롤스의 생각에 동의하여, 소득과 부 분배의 불평등은 장기적으로 사회의 최소 수혜자들의 소득과 부를 극대화시킬 수 있어야 한다는 조건하에서만 정당화된다고 주장했다고 가정해보자. ● 그럼에도 불구하고 롤스 자신도 인정하듯 어떤 불평등 그리고 어느 정도의 불평등이 그 원칙에 의해 확실히 정당화될 수 있는가 하는 질문은 여전히 유효하며, 어느 정도의 과세율이 적정한지, 어떤

●여기서 '사회의 최소 수혜자들(the worst-off members of society)'이란 표현은 전문적인 용어인데 일반 독자들이 느끼기에 다소 어색한 표현이라 생각된다. 하지만 이 용어는 뒤에서도 반복해서 나오는 용어이기 때문에 곧 익숙하게 될 수 있을 뿐만 아니라 그 의미를 이해하면 나름대로 편리하게 사용할 수 있기 때문에 그대로 사용한다. 독자들은 이 용어를 사회경제적으로 가장 어려운 사람들, 기층민들, 최하계층, 가장 못사는 사람들 정도로 평범하게 이해하면 될 것이다. '사회의 최소 수혜자'는 또한 사회에서 가장 불이익을 받는 사람들(most disadvantaged member)이기도 하기 때문에 후자의 경우에도 '최소 수혜자'로 통일해서 사용할 것이다.

형태의 복지국가여야 할지 등등의 질문들도 마찬가지로 제기할 수 있다. 롤스는 심지어 자신이 고안한 원칙들이 자본주의적 경제체제와 사회주의적 경제체제 중 어느 것에 더 부합하는지조차 정해져 있지 않다는 것을 인정한다.

나를 오해하지 않았으면 좋겠다. 어떤 철학자들은 직접적인 정책적 처방을 내리기도 하며 정책입안자들에게 이런 정책적 처방들을 선전하기도 한다. 어떤 철학자들은 세계를 돌아다니며 각국 정부에 조언을 하기도 한다. 그리고 어떤 철학자들은 실천가능성을 중시하여, 예컨대 높은 세율에는 선뜻 찬성투표하지 않는 투표자들의 성향을 감안하여 현재의 사회를 개선하는 차선책을 고안하기도 한다. 어떤 추상적인 원칙을 숙고한 끝에 특정 정책을 도덕적인 이유로 거부하는 경우도 흔히 발생한다. 비록 이상적인 정책이 무엇인지는 전혀 모르면서도 말이다. 이런저런 방식으로 정치철학은 실천적인 함축성을 갖고 있다. 그럼에도 정책적인 가이드를 기대하는 사람들은 (무엇을 생각해야 할지 듣고 싶어 하는 사람들, 정치사상사에 흥미를 느끼고 있는 사람들, 그리고 진리와 이성의 해체를 시도하는 포스트모더니스트들과 같은 사람들처럼) 실망을 금치 못할 것이므로 이쯤에서 멈추는 것이 최상일 것이다. 이 책은 정치적 주장을 구성하는 도덕적 개념들을 스스로 생각해보고자 하는 이들을 위한 책이다. 여기서 다뤄지는 개념들은 일상적인 정치토론의 도덕적 배경을 형성한다. 의식하고 있든 아니든, 그리고 좀 더 명확하게 인식하면서 사용하든 아니든, 정치인들은 자신들의 입장—특수한 정책에 대한 입장을 포함하여—을 표현하고 옹호할 때 그런 개념들에 대한 특정한 해석에 호소한다. 이 책은 정치인들과, 그들을 판단하고자 하는 우리들이 그런 배경적 개념들을 좀 더 잘 인식할 수 있도록 해주고, 정치인들이 각자의 관점에서 제시한 해석과 주장들을 더 잘 평가할 수 있도록 도와줄 것이다.

정치철학에 관한 여섯 권의 입문서가 단연 돋보인다. 하나는 조너선 울프(Jonathan Wolf)의 『정치철학 입문(An Introduction to Political Philosophy)』(Oxford University Press, 1996)이다. 이 책은 (민주주의와 권위를 포함하여) 정치철학의 모든 중요한 주제들을 동시에 다루고 있으며 정치사상사에 등장하는 위대한 이름들—아리스토텔레스, 플라톤, 홉스, 로크, 루소, 밀, 마르크스—도 어느 정도 소개해준다. 그리고 이 모든 것을 입문서의 성격에 맞게 아주 이해하기 쉽게 설명해준다. 다른 책은 윌 킴리카(Wil Kymlicka)의 『현대정치철학: 입문서(Contemporary Political Philosophy: An Introduction)』(Oxford University Press, 1990)이다. 이 책은 저자가 밝히고 있는 바와는 다르게 입문서 성격을 다소 벗어나 있지만 현대의 논쟁을 이해하는 데 매우 유용한 가이드를 제공해주기 때문에 학부 고학년 학생들과 좀 더 각오가 되어 있는 일반 독자들에게 유용할 것이다. 더들리 노울즈(Dudley Knowles)의 『정치철학(Political Philosophy)』(Routledge, 2001)은 킴리카의 책보다 더 짧고 재미있지만 울프의 책보다는 길고 더 상세하다. 제럴드 가우스(Gerald Gaus)의 『정치적 개념들과 정치이론(Political Concepts and Political Theories)』(Westview, 2000) 역시 비교적 고학년 수준에 맞춰져 있지만 매우 많고 어려운 자료들을 명확하고 세심하게 다루고 있다. 정치철학의 방법에 관한 논의를 포함해서 말이다. 스티븐 룩스(Steven Lukes)의 『캐리탯 교수의 기이한 계몽(Curious Enlightenment of Professor Caritat)』(Verso, 1995)은 소설작품으로, 주인공을 '리베르타리아(Libertaria)'와 '커뮤니타리아(Communitaria)'와 같은 나라들로 데리고 다니는 이야기를 통해 몇 가지 중요한 개념들을 유쾌하게 설명한다. 데이비드 밀러(David Miller)의 『정치철학: 간략한 입문서(Political Philosophy: A Very Short Introduction)』(Oxford: Oxford University Press, 2003)는 매우 짧으면서도 훌륭하다.

1부
사회정의

분배적 정의라는 개념은 매우 오랫동안 존재해왔다. 그리스 철학자 아리스토텔레스(기원전 384~322)도 그것에 대해 썼다. 하지만 사회정의는 다르다. 그것은 비교적 최근의 개념으로 1850년 이후 조금씩 사용되어왔으며 모두가 다 그것을 마음에 들어하는 것은 아니다. 사회정의에 대한 관심이 고조된 것은 정치철학자들이 사회협력의 혜택과 부담의 분배를 관할하는 주요한 사회·경제적 제도들을 도덕적·정치적 연구의 적합한 대상으로 보게 되면서부터였다.●　일부 철학자들은 사회정의라는 개념을 못마땅해한다. 사람들은 정의롭게 또는 정의롭지 않게 행위할 수 있다. 하지만 사회가 정의롭거나 정의롭지 않다는 말은 도대체 무슨 말인가? 또 일부 정치인들 역시 사회정의라는 개념에 그다지 흥미를 느끼지 않는다. 그들이 볼 때 사회정의를 말하는 사람들은 특정한 분배적 결과를 산출하는 것이 국가의 임무라는 잘못된 생각을 가지고 있는데 이런 국가의 역할은 개인의 자유를

●사회협력과정에서 발생하는 혜택과 부담—부와 소득, 기회와 권력 등과 같은 혜택 및 납세와 군역 등과 같은 부담—을 어떻게 분배할 것인가 하는 문제는 사회정의의 핵심 사안이라고 할 수 있는데, 이 문제를 공정하게 해결하기 위한 제도들—곧 분배의 원칙이나 규칙들—을 연구의 대상으로 삼게 되면서 사회정의에 대한 관심이 고조되었다는 뜻이다.

존 롤스

침해하며 시장경제의 효율적인 작동을 방해한다고 본다.(흔한 혼동을 없애기 위해 먼저 사회적·분배적 정의는 보통 응보적 정의retributive justice와 다른 것으로 간주된다는 점을 분명히 해두자. 응보적 정의는 정당한 처벌과 관련된 정의다. 다시 말해 처벌이 범죄에 맞게 내려졌는가와 관련된다. 그러므로 형법체계로 관리되는 부류의 정의 곧, 이른바 '오심miscarriage of justice'의 문제가 다뤄지는 사법적 정의의 영역은 다루지 않을 것이다.)

사회정의라는 개념이 논란의 대상이 되는 새로운 개념이라면 누구나 가치를 인정하는 오래된 개념인 자유 혹은 공동체부터 시작하는 것이 더 낫지 않을까? 내가 사회정의를 먼저 다루는 데는 두 가지 이유가 있다.

첫째, 그리고 가장 중요한 이유는, 대부분의 정치철학자들이 정치철학이란 학문의 성격을 변화시키고 수정한 것은 사회정의를 다룬 한 권의 책, 곧 미국 철학자 존 롤스(John Rawls, 1921~2002)가 쓴 『정의론』(1971)이었다고 동의할 것이라는 점이다. 롤스 이전에는 오랫동안 대학의 정치철학이 정치사상사 아니면 정치적 개념들에 관한 준(準)전문적인 언어학적 의미 분석에 집중해왔다. 롤스 이후에는 우리가 살고 있는 사회가 실제로 어떤 모습이어야 하는가에 관한 체계적이고 실질적인 주장으로 바뀌었다.(여기서 '실질적'이라는 용어는 단순히 형식이 아닌 '알맹이 혹은 내용'과 관련이 있다는 의미다.) 그 이후 출판된 많은 저술들은 롤스의 이론—그것을 좋아하건 싫어하건 롤스의 『정의론』 이후 글을 쓴 사람들은 자신의 주장이 롤스의 이론과 어떻게 연관되어 있는가를 생각해야만 했기 때문에—과 연계되어 있다고 볼 수 있기 때문에 이 책을 시작하면서 그의 기본 입장을 먼저 설명하는 것은 타당한 일이다. 그의 이론은 자유, 평등, 공동체 개념들에 호소하고 또 그런 개념들을 도입하고 있다. 이런 개념들은 모두 밀접히 연관되어 있기 때문에 정의에 관한 롤스의 접근방법을 생각해보는 것은 정치철학에 입문하기 위한 가장 좋은 방법이다.

둘째, 롤스의 가장 유명한 주장들 중의 하나는 '정의가 사회제도들의 가장 으뜸가는 덕목'이라는 것이다. 이 주장은 앞으로 살펴보겠지만 더 따져 볼 여지가 있다. 어떤 사람들은 정의와 충돌하는 다른 목표들이 더 중요하다고 판단할 수도 있다. 하지만 적어도 통상적으로는 다른 목표들은 정의의 요구와 양립 가능한 한에서만 추구될 수 있다는 믿음이 널리 받아들여지고 있다. 예컨대 무고한 한 사람을 살해함으로써 많은 사람들을 행복하게 해줄 수 있는 상황을 생각해보라.(사람들이 그가 죄를 지었다고 오해하고 있으며 그래서 그가 죽어서 행복해하는 경우를 가정해보자.) 이런 상황에 대해 대부분의 사람들은 그것이 잘못된 일이라고 생각할 것이다. 왜냐하면 사람을 부당하게 취급하지 않는 것이 무엇보다 중요하다고 보기 때문이다. 설령 범죄자를 풀어주는 경우가 생기더라도 무고한 사람을 처벌해서는 안 된다는 생각도 이와 비슷한 믿음을 깔고 있다. 이런 견해에 따르면 정의는 우리가 할 수 있는 행위의 범위를 제약한다. 정의는 모든 것을 말해주지는 않는다.(지금 우리가 논의하고 있는 것은 개인생활에서 예를 들 수 있는 덕목들이 아니라 사회제도들에서 갖춰져야 할 덕목들이라는 점을 기억하라.) 하지만 정의는 우리가 지키며 살아야 할 규칙들을 정할 때 무엇을 최우선해야 하는지를 말해준다.

개념과 발상: 정의의 경우

먼저 기본적이지만 매우 유용한 분석도구가 될, 개념(concept)과 그 개념에 대한 구체적 이해(발상conception)를 구분해보자. 이 책에서 논의할 개념뿐만 아니라 다른 많은 정치적 개념들에 대해서도 적용할 수 있는 이 구분법으로 많은 혼동을 피할 수 있다. 이 구분을 명확하게 이해하고 있으면 정치토론의 내용을 훨씬 더 쉽게 이해할 수 있다. 정치토론에서는 토론자들이 다 똑같은 용어를 사용하면서도 결국은 상당히 다른 것을 주장하고 있는 경우가 흔하다. 그들이 어떻게 다르며 그 불일치의 근거가 무엇인가를 이해하는 것은 어느 쪽이 옳은가를 판단하기 위한 첫걸음이다.

'개념'은 정의, 자유 또는 평등과 같은 용어의 일반적인 구조 혹은 문법이다. '발상'은 그 '개념'에 어느 정도의 내용을 채움으로써 그 개념을 특수하게 정의한 것이다. 정치적 논쟁에서 전형적으로 발생하는 현상은 논쟁 당사자들이 개념의 일반적 구조—문법 혹은 그 개념을 사용하는 방식—에 대해서는 동의하지만 그 개념의 구체적 내용은 서로 다르게 이해하고 있다는 점이다. 정의를 예로 들어보자. 정의라는 기본 개념은 사람들 각자에게 마땅한 몫을 주고, 마땅히 주지 말아야 할 것을 주지 않는 것과 연관되어 있다.(이것은 최소한 많은 사람들이 생각하고 있는 정의의 개념이다. 심지어 이런 이해방식에 대해서조차 의견차가 있지만 이 의견차는 보다 순수한 철학적인 영역에 속하기 때문에 다루지 않을 것이다.) 정의는 사람들이 받아야 할 마땅한 몫이 무엇인가에 관한 것이다. 그들이 갖게 되면 좋을 것이라거나, 그들에게 주는 것이 예의에 맞을 것이라거나, 나아가 그들에게 주는 것이 도덕적으로 옳을 것이라는 것과는 상관이 없다.(이 점에 대해서는 곧 설명할 것이다.) 정의는 곧 사람들이 소유해야 할 마땅한 몫에 관한 것이다.

그러므로 이 분석은 정의를 의무—우리가, 아마도 정치적·사회적 제도들을 통해 집단적으로, 서로에게 그리고 서로를 위해 무엇을 하는 것이 도덕적으로 요구되는가—에 결부시킨다. 다시 말해 정의를 단지 도덕적으로 **좋은** 행위에 결부시키는 것이 아니라 우리가 수행해야 할 의무에, 도덕이 우리에게 **강제하는** 행위에 결부시킨다. 그리고 물론 정의에 관한 많은 다른 발상들이 있다. 왜냐하면 하나의 개념으로서 '정의'의 의미에 동의하는 사람들도 그 형식적 개념의 구체적 내용을 달리 이해할 수 있고 또 실제로 달리 이해하고 있기 때문이다. 이 책의 1부에서는 정의라는 포괄적인 개념을 좀 더 이야기한 다음 정의에 관한 세 가지 영향력 있는 발상들—롤스의 공정으로서의 정의, 로버트 노직의 권리로서의 정의, 그리고 응분의 몫으로서의 정의—을 정리할 것이다. 대부분의 사람들은 이 세 가지 정의관들을 어느 정도는 다 지지하고 있다. 이 때문에 사람들은 때로 정의에 관한 자신의 전체적인 신념체계가 과연 일관적인가를 걱정하며, 자기성찰을 하기도 한다.(이런저런 정의관들의 여러 발상들을 함께 엮어내는 여러 가지 방식들이 있기 때문에.) 하지만 면밀히 검토해보면 이 세 가지 정의관을 별 생각 없이 동시에 지지함으로써 상당히 혼란을 겪고 있는 경우가 더 흔하다.

정의 개념으로 되돌아가보자. 정의가 요구하는 행위는 아니지만 도덕적으로 좋은 행위가 있을 수 있다. 정의를 도덕의 한 가지 특수한 하위 세트라고 생각해보자. 정의는 사회제도들의 으뜸가는 덕목이라는 롤스의 말이 옳다면 이는 정치와 사회를 조직할 때 사람들이 받아야 할 마땅한 몫을 주는 것이 가장 중요한 도덕적 고려사항임을 의미한다. 그리고 사람들이 받아야 할 마땅한 몫은, 전부는 아니지만, 그들이 권리를 갖고 있다는 것과 상당한 연관성이 있다. 이것이 바로 정의와 권리가 그렇게 밀접히 연관되어 있는 이유다. 정의와 자선행위의 차이를 생각해보라. 곤경에 처해 있는 사람들에게 자선을 베푸는 것을 정의의 요구라고 생각하지 않고 도덕적으로 좋은 것이라 생각할 수도 있다. 실제로 누군가 자신이 자선을 베풀고 있다고 생각하는 사람은 자신의 행위를 정의의 요구에 따르는 것으로 생각하지 않을 것이다.(물론 당신은 그들의 요구를 정의의 요구로 느끼고 빈곤한 개인들이나 자선단체들에게 그들이 '구호품charities'이라고 부르는 것을 줄 수도 있는데 그 경우에는 자선행위charitably가 아닐 것이다.) 나는 사람들이 먼 나라의 굶주리고 있는 사람들을 돕는 이유가 정의 때문이라기보다는 자선 때문이나 인간애(말하자면, 인류 동포에 대한 관심과 존중) 때문인 경우가 많다고 생각한다. 우리는 어려운 상황에 처해 있는 사람들을 마땅히 도와야 한다. 그것은 도덕적으로 칭찬할 만한 일이다. 이 경우 가난한 사람들을 돕는 것은 도덕적인 이유 때문이다. 가난한 사람들이 우리에게 요구하는 것은 흔히 볼 수 있는 자선에 대한 요구이지 정의에 근거한 요구가 아니다. 어떤 이들—곧 살펴볼 자유지상주의자 노직과 같은 이들—은 이와 동일한 논리를 가난한 자들을 도와야 할 의무에 적용한다. 이에 따르면 자선행위는 도덕적으로 좋은 일이긴 하지만 정의는 정당한 소유권을 보호하는 것과 관계가 있다. 따라서 가난한 사람들을 도울 것인가의 여부는 전적으로 개인에게 맡겨야 한다고 본다.

지금까지의 논의는 정의와 도덕적 요구를 구분하는 것이 중요한 이유를 분명히 보여준다. 사람들이 서로에 대한 의무를 이행하도록 보장하는 것은 국가의 정당한 역할이다. 국가는 사람들이 자발적으로는 이행하지 않을지도 모르는 의무를 이행하도록 정당하게 강제력을 행사할 수 있다. 이것은 대단히 중요한 일이다. '서론'에서 언급한 바 있듯이, 정치철학자들이 생각하는 국가는 국가의 법률에 따르는 사람들과 구분되면서 그들을 감독하는 어떤 실체가 아니다. 그것은 법률의 내용을 결정하는 시민집단의 대리인이거나 대리인이어야 한다. 그러므로 국가에는 사람들이 의무를 이행하도록 강제할 수 있는 정당성이 있다는 주장은, 시민들이 국가의 강제기구(법, 경찰, 법정, 감옥)를 사용함으로써 서로가 특정한 방식—비록 일부 사람들은 그런 방식이 그릇되었다고 여길지도 모르지만—으로 행위하도록 강제하는 게 정당하다는 것으로 표현할 수 있다. 물론 이것은 국가권위의 정당화 문제와 개인들이 과연 자신들이 반대하는 법률에 복종할(혹은 불복종할) 의무가 있는지의 여부 및 어떤 상황에서 그런 복종의무를 지는지에 관한 중요하고 까다로운 이슈들을 제기한다. 다행스럽게도 이 책은 그와 같이 크고 까다로운 이슈들을 다루지는 않는다. 여기서의 관심사는 국가가 사람들에게 무엇을 강제할 수 있고 강제할 수 없는가에 관하여 상식적이면서도 설득력 있는 견해에서 볼 때의 정의가 지니고 있는 중요성이다. 만일 당신이 국가가 사람들이 서로 자선을 베풀도록 강제하는 것이 정당하다고 생각한다면, 당신은 개념적 혼동을 범하고 있는 것이다. 그렇지만 국가가 사람들이 서로에게 지고 있는 의무를 다하도록 정당하게 강제할 수 있다는 생각은 부분적으로 많은 사람들이 받아들이는 의무 개념의 핵심 혹은 의의다. 그러므로 정의가 정치도덕에서 핵심적인 이유는 광범위하게 받아들여지고 있는 다음과 같은 가정 때문이다.[*] 즉 일단 우리가 서로에 대한 의무를 잘 알고 있다면, 국가가 강제기구를 사용해 우리에게 어떤 것을 이행하라고 정당하게 요구할 수 있는 경우를 알 수 있으며, 국가가 도덕적으로 그릇된 것으로 여겨지는 행위까지도 정당하게 강제할 수 있는 경우도 알 수 있다는 것이다.

만일 정의를 국가를 통해 그 이행을 강제할 수 있는 의무의 범위와 내용을 확인하는 문제에 대한 것으로 보거나, 발생한 의무들은 그 정의(定意)상 이행을 강제할 수 있다고 생각한다면, 분명히 정의의 범위와 한계를 올바르게 확인하는 작업은 특히 중요한 일일 것이다. 그리고 의무의 범위와 한계를 두고 심한 의견차가 존재한다는 것은 놀랄 일이 아니다. 국가가 살인을 금하는 법을 집행하는 (또는 집행하려고 시도하는) 것이 마땅하다는 데 모든 사람들이 동의할 것이다. 우리 모두는 서로를 살해하지 않을 의무를 갖고 있으며 다른 사람들이 부당한 살인을 하지 않도록 최선을 다해야 할 의무를 갖고 있다. 어떤 사람들이 타인을 살해하고 싶어 하거나 살인하지 말아야 할 의무가 있다는 것을 부정하는 것은 어디서도 찾아보기 힘든 일이다. 하지만 사회정의 혹은 분배적 정의에 관한 요구들은 그 요구들이 내포하고 있는 의무의 내용이 훨씬 불분명하다. 재능이 있고 생산력이 뛰어난 사람들은 자신들보다 불운한 사람들을 돕기 위해 자신이 번 돈의 일부를 포기할 의무가 있는가? 다시 말해 이런 경우에 그들에게는 우리가 그 이행

----

[*]정치도덕은 정치가 실현하고자 하는 근본적인 도덕원리(자유, 평등, 정의와 같은)를 의미한다.

을 강제할 수 있는 (혹은 심지어 강제할 의무가 있는) 복종의 의무가 있는가? 아니면 그것은 마땅히 자선의 문제—국가의 행위 범위를 넘어서는—인가? 곧 살펴볼 정의에 관한 세 가지 관념들은 이런 문제들에 대해 각기 다른 대답을 제시한다.

정의는 유일하지는 않지만 으뜸가는 덕목일 수 있다. 이것은 일반적인 논점으로서 항상 염두해두는 것이 좋다. 도덕적으로 가치 있는 다른 중요한 개념들—정의, 자유, 평등, 민주주의—이 서로 완벽한 조화를 이룰 필요는 없다. 이것은, 정치인들이 받아들이기에는 어려운 입장이다. 이런 입장을 받아들인다면 그들이 선호하는 정책이나 입장이 모든 좋은 것들을 완전하고 조화롭게 실현한 것이 아닐 수도 있다는 점을 인정해야 하기 때문이다. 정치인들은 좀처럼 다음과 같이 말하지 않는다. "나는 x타입의 사회정의를 믿습니다. 나는 이런 종류의 정의가 개인의 자유를 심각히 제약하며 내가 솔직히 기회의 평등이라고 부르는 것을 실현시켜주지도 않는다는 사실을 인정합니다. 나아가서 이런 유형의 정의를 실현하면 민주주의적 결정의 범위가 대폭 제한될 것이라는 사실을 알고 있습니다. 그럼에도 바로 여기에 내가 x유형의 사회정의를 믿는 이유가 있습니다." 왜 이렇게 말하지 않을까? 만일 어떤 정치인이 그렇게 말한다면 그의 정적들은 자유의 훼손, 기회평등의 결여 그리고 민주주의에 대한 제약을 문제 삼아 야단법석을 떨며 그를 공격할 것이기 때문이다.(물론 이 각각의 문제들은 그들이 의도한 것보다 훨씬 더 혼란스럽고 모호한 용어로 표현될 것이다.) 자신의 주장이 어떻게 해석·왜곡되며 수사학적으로 사용·남용·가공되는가를 우려해야 하는 현실 정치인들과 비교해볼 때 정치철학자들은 비교적 편안한 입장에 있다. 정치철학자들은 자신의 발언이 정확하게 이해될 것이라는 상당한 확신을 가지고 자신이 말하고 싶은 것을 정확하게 말할 수 있다.

정치적 가치들 사이의 충돌에 관한 이런 지적을 오해해서는 안 된다. 물론 우리의 목표는 (정치적 가치들 사이의) 가능한 한 최선의 조화를 달성하는 것이다. 서로 다른 정치적 가치들에 적절한 비중을 부여함으로써 전체적으로 최선의 조화를 생각해낸다는 의미에서 말이다. 물론 각 개념들에 대한 다양한 발상들이 있으며 이 중에서 어떤 발상을 선호하는가 하는 것은 부분적으로 우리의 또 다른 가치공약(value commitments)에 영향을 받을 수 있다. 나아가서 이런 가치공약은 다른 개념들과 관련해서도 우리가 선호하는 발상에 영향을 미치게 된다. 우리가 사회의 바람직한 모습에 대해 전체적인 비전을 갖는 것은 당연하며 이 비전은 우리가 모든 정치적 가치들을 생각하는 방식에 영향을 미친다. 하지만 이 말은 결코 평등과 자유 혹은 정의와 민주주의는 좋은 것들이기 때문에 이런 개념들이 서로 충돌하지 않도록 사고를 해나가야 한다는 뜻은 아니다. 그와 달리 명료성은 개념들을 서로 다른 개념으로 뭉뚱그리려는 유혹을 뿌리치고 가능한 한 각 개념들을 구분해서 사용할 때 가장 잘 유지된다.

개념적 혼란에 관한 가장 흔한 예는 민주주의 개념에서 볼 수 있다. 이 개념은 그 안에 담긴 긍정적인 함축성들 때문에 모든 방면에서 왜곡되어 사용되고 있는 대표적인 사례다. 누가 자신이 민주주의자가 아니라고 고백할 것인가? 하지만 민주주의의 핵심에는 국민 전체가 자신이 따라야 할 규칙들을 스스로 결정할 수 있는 권력을 갖고 있다는 사상이 있다. 전체적으로 볼 때 국민이 스스로 규칙을 결정하는 것은 여러 가지 이유에서 좋다. 그 누가 법에 복종해야 할 당사자들보다 더 좋은 법을 만들 수 있겠는가? 규칙은 사람들을 제약하지만 스스로 만든 법률의 제한을 받고 있는 사람들은 일종의 자유를 보유하고 있는 셈이다. 최소한 타인들이 만든 법률에 따르는 사람들에 비해서는 말이다. 주민의 일부가 아니라 주민 전체가 제정한 규칙들은 시민들을 정치적으로 동등하게 대우할 것이기에 공정할 것이다. 사람들이 정치공동체의 공공생활에 적극적으로 참여하는 것은 그들의 성품과 성격에도 유익할 것이다. 이런 이유들은 서로 다르지만 민주주의를 강력히 옹호할 때 제시할 수 있는 유력한 근거들이다. 5부에서는 이 목록에 다른 이유들을 덧붙일 것이다. 하지만 그와 같은 유력한 근거들을 전부 합하더라도 그것이 곧 민주주의는 언제나 좋다는 것을 의미하지 않으며, 좋은 모든 것들이 좋은 것들이니까 '민주적'일 것이라는 사실을 의미하지도 않는다.

민주적으로 결정이 도출되어야 한다는 생각은 그 결정을 국민 전체가 내려야 한다는 생각과 같다. 우리는 정말로 모든 결정들이 이와 같은 방식으로 이루어지기를 원하는가? 어떤 결정들은 정치공동체보다는 사적인 결정으로, 다시 말해 개인들에게 맡기는 것이 더 낫지 않을까? 두 가지 사회를 생각해보라. 한 사회에서는 어떤 종교를 허용해야 할지에 대해 민주적인 투표가 이루어진다. 다른 사회에서는 자신이 선택한 종교를 믿을 수 있는 권리를 보장하는 헌법이 있다. 어느 사회가 더 나은가? 둘째 사회일 것이다. 어느 사회가 더 민주적인가? 나는 첫째 사회라고 생각한다. 확실히 어떤 개인적 자유들은 민주주의 자체에 필요한 것으로 간주할 수 있다. 결사의 자유나 표현의 자유와 같은 것들이 그렇다. 사회가 만일 생각한 것을 말할 수 있는 개인의 자유를 부정하거나 비슷한 생각을 갖고 있는 사람들끼리 모일 수 있는 자유를 부정한다면, 당연히 우리는 그 사회가 민주주의에 필수적인 요소들을 (그 구성원들에게) 인정해주지 않고 있다고 판단할 것이다. 이것은 표현과 결사의 자유 그리고 정치적 활동 사이의 연관성 때문이다. 그러므로 일부 헌법상의 권리들은 민주주의를 제약하는 것이 아니라 민주주의의 필요조건이라 할 수 있다. 하지만 종교의 자유도 이와 같은가? 사회가 어떤 종교의 신자가 되려는 사람들에게 그 종교의 가르침에 따라야 할 이유를 주장할 수 있는 자유를 허용해주고(표현의 자유), 또 자신들의 대의를 위해 신자가 되려는 다른 동료들과 종교조직을 구성할 수 있는 자유를 허용해준다고 가정해보라(결사의 자유). 그리고 단지 그들이 종교적 가르침을 실천하는 것만 법으로 금지시킨다고 가정해보자. 종교에 관한 표현의 자유와 결사의 자유는 인정하면서 종교적 실천은 막는 이런 상황을 비(非)민주적이라고 불러야 할 이유가 있는가?** 혹은 섹슈얼리티 문제는 어떤가? 섹슈얼리티의 자유는 핵심적인 인간적 자유의 하나라고 생각할 수도 있다. 타인들에게 해를 끼치지 않는 한 그 구성원들에게 자신이 성적으로 원하는 것을 하도록 허용해주는 사회는, 다른 조건이 동등하다면, 그렇지 않은 사회보다 더 나을 것이다. 하지만 그렇다고 해서 그 사회를 또한 더 민주적이라고 간주할 이유는 없다. 사실 그 사회는 **덜** 민주적이라고 말해야 한다. 섹슈얼리티의 자유를 주는 것은 한 가지 이슈를 민주적인 통제의 범위에서 제외시켜버리는 것을 의미하기 때문이다.****

우리가 만일 개인에게는 종교의 자유나 섹슈얼리티의 자유가 있다고 판단하면 이런 자유들을 사회정의의 중요한 요소들로 간주할 수 있다. 그런 자유들을 부정하는 사회는 개인들을 부당하게 대우하는 것이다. 왜냐하면 그 사회는 국민들의 권리를 거리낌 없이 침해하고 개인들에게 맡겨져야 할 문제를 다수의 의지로 강제하기 때문이다. 그러므로 정의와 민주주의는 서로 충돌할 여지가 많다. 정의와 민주주의는 둘 다 좋은 가치들이다. 우리는 궁극적으로 정의와 민주주의가 구현하고 있는 상이한 가치들 사이에서 최선의 균형을 찾으려고 한다. 하지만 그 두 개념들이 서로 반드시 조화를 이루어야 한다는 잘못된 생각은 우리가 현실적인 이슈들을 생각하는 데 도움이 되지 않는다. 그와 반대로 그 개념들이 정확히 어디에서 서로 분리되는가에 집중함으로써 지적인 발전을 이룰 수 있다.

완벽하게 이상적인 사회가 아니면서도 완벽히 정의로운 사회가 될 수

---

* 표현의 자유와 결사의 자유는 민주주의를 실천하는 데 반드시 필요하지만, 종교를 실천하는 데에는 반드시 필요하지 않다. 즉, 표현의 자유와 결사의 자유는 민주주의 자체를 구성하는 권리들이지만, 종교적 자유를 구성하는 권리들은 아니다.

** 이른바 헌법적으로 보장된 기본권들은 다수에 의한 민주적 결정에 의해서도 결코 침해되어서는 안 된다. 헌법적 기본권은 개인의 존엄성을 보호해줄 수 있는 가장 중요한 권리들이기 때문에 민주적인 다수결 원칙에 의해서도 결코 침해되어서는 안 되는 것이다. 그러므로 헌법적 기본권으로 인정된다는 것은 그런 권리들은 민주적 통제의 범위로부터 제외된다는 것을 의미한다. 따라서 섹슈얼리티의 자유를 그런 헌법적 기본권에 속하는 것으로 본다면, 그것은 민주적 통제의 범위를 벗어나 있는 것으로 볼 수 있다.

는 있다. 그런 사회에서는 모든 사람들이 마땅히 가질 권리가 있는 것을 가질 수 있으며 서로에 대한 의무를 다할 수 있다. 그 사회에 사는 대다수의 사람들은 낮 시간의 대부분을 TV를 보며 시간을 보내면서 따분해하고 (또는, 더 나쁠 경우에는, 따분해하지도 않는) 굼뜬 생활스타일로 살아갈 수도 있다. 정의는 우리가 더 좋은 사회와 나쁜 사회를 판단하는 한 가지 기준이긴 하지만 유일한 기준은 아니다. 정의를 구현하고 있는 사회제도들 안에서 사람들이 자신의 삶을 살아가는 방식—다양한 권리와 그들이 갖고 있는 정당한 몫의 재화를 가지고 하기로 선택한 일—또한 중요한 문제다. 더 흥미로운 문제는 정의와 다른 좋은 것들이 어떤 의미에서 서로 경쟁관계에 있다고 생각할 때 발생한다. 그런 경우에는 정의가 으뜸가는 덕목이라는 롤스의 주장에 우리가 동의하고 있는가의 여부가 정말로 중요한 문제가 된다. 고전영화 〈제3의 사나이〉에는 큰 차를 타고 가면서 벌어지는 유명한 클라이맥스 장면이 나오는데 여기서 해리 라임(Harry Lime) 역을 맡은 배우 오손 웰스(Orson Welles)가 보르지아 가문(Borgias)이 통치했던 시기의 피렌체와 스위스의 상대적 장점을 묘사한다. 피렌체는 거칠었고 폭력이 난무해서 사회정의가 별로 없었지만 우리에게 르네상스를 선사했다. 스위스는 평화와 공정함 그리고 사회적 유대의 모델로 인정받아왔는데 우리에게 뻐꾸기시계를 선사했다.* 라임의 생각은 물론 이것이 우연의 일치가 아니라는 것이다. 라임의 설명은 단지 사회정의보다 더 좋은 것들이 있다는 것이 아니라, 더 나쁘게도, 사회정의는 실제로 몇몇 좋은 것들에는 해가 될 수도 있다는 것이다. 이런 관점에서 보면 정의가 상당히 생기 없고 맥 빠진 덕목으로 보이기 시작할 수 있다. 독일 철학자 프리드리히 니체(Friedrich

---

* 이 예는 장기적으로 볼 때 사회정의가 반드시 훌륭한 결과를 가져오고, 부정의가 반드시 불행한 결과를 가져온다는 생각이 잘못된 것이라는 점을 보여주기 위한 것이다. 사회정의는 언제나 선과 결합되고 부정의는 언제나 악과 결합된다는 단순한 생각이 잘못된 것임을 보여주기 위한 것이다. 보르지아 치하의 피렌체가 르네상스라는 위대한 업적을 성취한 데 반해, 정의로웠다고 할 수 있는 스위스는 뻐꾸기시계라는 소박한 즐거움을 선사했을 뿐이다.

Nietzsche, 1844~1900)의 표현을 빌리자면 덕은 노예에게 적합한 것이다. 정의는 서로를 정의롭게 대하려는 데만 관심이 있는 저급하고 소심한 사람들에게나 적합한 것이지 더 고상하고 영웅적인 행위를 하려고 하는 사람들에게는 적합하지 않다.

정의가 탁월성에 해로울 수도 있다는 생각은 니체보다 덜 과격한 다른 방식으로 표현되기도 한다. 불평등을 옹호하는 어떤 입장들은 불평등이 정의롭다는 생각에 호소하는 대신 자원을 소수의 수중에 불균등하게 집중시키는 것이 지적이고 예술적인 진보를 위한 필수조건이라는 주장에 호소한다. 미국의 민주주의에 대해 쓴 프랑스 귀족 알렉시스 드 토크빌(Alex de Tocqueville, 1805~1859)은, 과거에 프랑스에서 그랬던 것처럼, 재산을 장자에게 그대로 상속하지 않고 자식들에게 고루 균등하게 분배하는 체제는 위대한 사상가들을 더 적게 배출하거나 전혀 배출할 수 없을 것이라고 생각했다. 위대한 사상을 위해서는 여가 시간이 있는 사람들과 지성을 고양시키기 위해 노력하는 귀족문화가 필요하다. 그리하여 예컨대 아이들이 비용에는 전혀 신경을 쓰지 않고 많은 세월—아마도 전 생애—을 금전적으로는 별로 소득이 없지만 지적으로는 큰 가치가 있는 능력을 습득하는 데 전념할 수 있어야 한다. 미국의 상업적인 문화와 평민사회는, 여러 면에서 더 좋은 점도 있긴 하지만, 토크빌이 볼 때는 전체적으로 일종의 지적인 평범함을 조장하는 경향이 있었다. 오늘날에도 비슷한 주장들이 넘친다. 많은 액수의 공적 자금을 부유한 사람들이 더 좋아하는 오페라와 같은 문화활동을 보조하는 데 사용해야 하는가? 더구나 부당하게도 영국의 국영 복권사업의 경우처럼 그 기금을 상대적으로 못사는 서민들로부터 거둬들여서 말인가? 영국의 옥스퍼드대학과 케임브리지대학은 다음과 같은 주장, 즉 국가가 이 두 대학의 노동집약적인 개인지도 교육시스템(tutorial teaching system)에 필요한 여분의 자원들을 제공해야 한다는 주장을 정당화할 수 있는가? 특히 부당하게도 부유한 계층의 아이들이 그런 비싼 교육을 받을 가

프리드리히 폰 하이에크

능성이 높은 데도 불구하고 말이다. 최소한 언뜻 보기에 우리는 사회정의와 다른 가치들 사이의 어려운 선택에 직면해 있는 듯 보인다.

하이에크와 사회정의

프리드리히 폰 하이에크(1899~1992)에 따르면 사회정의란 개념은 '신기루' 혹은 철학자들이 '범주상의 오류(categorical mistake)'라고 부르는 종류의 혼동이다. 오스트리아인 하이에크는 대처 수상이 가장 좋아하는 지식인이었으며 1970년대와 1980년대 영국과 미국에서 신우익(New Right)의 발전에 두드러진 영향을 미쳤다. 그의 견해로는 '사회'가 정당하거나 정당하지 않을 수 있는 어떤 것이라는 생각은 정의 개념에 대한 오해를 포함하고 있는 것이다. 정의는 행위의 속성, 다시 말해 행위자의 속성이다. 사람은 정의로운 행위를 수행할 때 정의롭게 행위한다. 시장에서 사람들이 상호 거래함으로써 발생하는 자원 배분의 결과는 어떤 개인적 행위자가 인위적으로 의도한 것이 아니기 때문에 정의롭다거나 정의롭지 않다고 평가할 수 없다. '사회정의'라는 개념은 이런 핵심을 보지 못한 근본적인 오류를 내포하고 있다. '사회'는 행위자가 아니기 때문에 정의롭거나 정의롭지 않을 수 있는 종류의 것이 아니다.

하이에크는 영향력이 큰 다른 주장도 제시한다. 그는 보통의 기본적 필요(욕구) 충족을 보장해주는 것을 넘어서서 국가가 강제적으로 부를 재분배하는 일은 개인의 자유에 대한 정당화할 수 없는 침해라고 주장한다. 그의 가장 유명한 책의 제목, 『노예의 길』(1944)은 그런 핵심적 생각을 담고 있다. 하이에크가 보기에 '사회정의'를 실현하고자 하는 국가의 야심은 중앙집권적 권위를 함축하고 있다. 중앙집권적 권위는 원하지 않을 수도 있는 것들을 하도록 사람들을 강제하며, 개인들이 자신들의 자원을 가지고 하고 싶은 것을 할 수 있는 자유를 침해하는 것으로 여겨진다. 그리고 이 모든 것은 (위에서 지적한) 개념적 혼동 아래 이루어진다. 이와 연관된 문제로 하이에크는 복지 및 재분배와 관련된 국가정책들은 필히 분배기준에 관한 국가의 판단을 수반한다고 본다. 재화를 필요에 따라 분배해야 하는가 아니면 능력에 따라 분배해야 하는가? 만일 능력에 따라 분배해야 한다면 무엇을 능력으로 간주해야 하는가? 의문은 이런 식으로 꼬리를 물고 발생한다. 하이에크는 이런 문제들을 회의적으로 바라본다. 그는 이런 문제들에 올바른 답이 있다는 것에 의문을 품으며 이런 부류의 판단들을 개인에게 맡기는 것이 유일한 대응책이라고 생각한다. 마지막으로 하이에크는 국가가 쓸데없이 참견함으로써 재화의 분배를 왜곡시키지만 않는다면 자유롭게 상호 작용하는 개인들은 '카탈락시(catallaxy, 자발적인 교환질서)'● 혹은 개인들의 두뇌에 흩어져 존재하는 정보와 지혜를 유용한 지식으로 전환시켜주는 자생적인 질서(spontaneous order)를 만들어낼 것이라고 본다. 자유시장이 이런 카탈락시의 대표적인 예로, 시장에서는 가격이란 신호체계를 통해 중앙의 계획자가 이용하기 어려운 종류의 지식이 공급되며 개인들의 경제활동이 일반적인 선(善)을 촉진하는 경향이 있다. 사회주의 계획경제에 대한 이와 같은 비판—'보이지 않는 손'이란 메타포로 시장경제를 옹호했던 스코틀랜드의 경제학자이자 철학자인 애덤 스미스(Adam Smith, 1723~1790)의 변형—이 의미하는 바는, 경제를 계획하려는 시도나 특별한 목적을 가지고 자원을 재분배하려는 시도는 단지 개인의 자유만을 침해하는 것이 아니라, 간섭하지 않고 놔두면 장기적으로 모든 사람들이 혜택을

●하이에크는 Catallaxy라는 용어를 '교환하다', '공동체에 영입하다', '친구를 삼다' 등을 의미하는 그리스어 *katallasso*를 참조하여 고안했다. '경제'를 '교환질서'로 대체하고자 한 하이에크의 시도는 특히 지식경제에 대한 이해에 있어 깊은 통찰을 제공하고 있다.

입을 수 있는 시장을 비효율적으로 왜곡시키는 행위라는 것이다.

이런 주장들은 전부가 다 중요하고 논쟁적인 주장들로서 여기에서 다루기에는 너무 큰 주장들이다. 하지만 사회정의를 신기루와 같은 것으로 거부하고 있는 하이에크의 독특한 입장에 대해 몇 가지 언급할 필요가 있다. 우선 하이에크의 주장대로 시장을 통한 전체적인 자원 배분이 누군가―의도적인 행위자―에 의해 의도되지 않은 것이 사실이라고 해도 그 사실이 곧 그 결과에 대해 누구도 책임질 필요가 없다는 것을 의미하지는 않는다. 사람들은 자신들이 의도하지 않은 결과에 대해서도 책임을 질 수 있다. 자동차 브레이크를 점검하지 않은 결과로 누군가를 친 사람을 생각해보라. 그 사람은 누구도 칠 의도가 없었다. 하지만 그는 마땅히 브레이크를 점검해야 했던 만큼 자동차 사고에 책임이 있다. 그는 비난을 살 만큼 부주의했다. 이런 지적에 대해 하이에크는 분배의 경우에는 부주의라는 의미에서조차 책임을 질 수 있는 행위자가 없다고 응수하려 할 것이다. 과연 그럴까? 확실히 정치적 행위자인 우리들은 함께 모여서 어떤 분배적 결과들은 허용하지 말자고 결정할 수 있다. 예컨대 우리 사회의 일부 구성원들이 자신의 탓이 아닌 원인 때문에 빈곤하게 살거나 아이들을 교육시키지 못하도록 내버려두어서는 안 된다고 결정할 수 있다. 만일 우리가 이런 문제를 개인의 자선에 맡길 수 없는 정의의 문제로 받아들인다면, 각 개인은 그와 같은 결과가 발생하지 않도록 자신도 일정한 기여를 할 책임이 있다. 정치적으로 여론을 환기시키든 그런 상황을 막는 데 들어간 금전적 비용 중 일부를 자신이 감당해서든 말이다. 중요한 것은 누가 과연 그와 같이 정의롭지 않은 상황을 의도했는가의 여부가 아니라 그런 상황이 존재한다는 사실에 대해 누가 책임을 져야 하는가 하는 문제다. 정부가 경제정책을 고안할 때에는 그 정책이 가져올 분배적 결과를 예상한다. 정부가 만일 피할 수도 있는 부당한 불평등을 발생시킬 수 있는 정책들을 입안하고 또 유권자들이 그 정책들에 찬성투표를 던진다면 그들의 의도가 어떻든 그들은 그런 불평등들에 책임이 있는 것이다. 그런 불평등들이 부당하다면 그런 불평등들에 찬성투표를 던진 행위는 정의롭지 못한 행위다. 개인 행위자와 전체적인 분배 결과의 연계성을 끊으려는 하이에크의 시도는 그 뜻을 이루지 못한다. 그는 개인적으로는 어찌해볼 수 없는 결과를 막기 위해서 개인들이 다른 사람들과 협력해 정치적으로 행위할 수 있다는 사실을 간과하고 있는 것이다.

롤스: 공정으로서의 정의

존 롤스는 두 권의 중요한 책을 썼다. 『정의론』(1971)과 후속 저작으로 쓴 『정치적 자유주의』(1993)가 그 두 책이다. 이 두 책을 합친 분량은 1000쪽이 넘는데 이 두 책이 받은 주석과 비판의 양이 얼마만큼의 숲(종이)을 필요로 했는지는 아무도 모를 정도다. 이 두 저술 사이에 롤스가 과연 자신의 입장을 바꿨는지 그리고 바꿨다면 얼마나 바꿨는지에 관해 많은 이들의 이목이 집중되었기 때문에, '롤스가 정말로 무엇을 생각하고 있는가? 하는 질문에 대한 대답은 그렇게 간단하지 않다. 이 절에서는 첫째 저서를 중심으로(도움이 될 경우 둘째 저술의 필요한 부분도 활용하겠지만) 그 책을 둘러싼 야단법석이 도대체 어떤 것이었는지에 관하여 아주 개략적으로만 소개하고자 한다. 롤스의 입장에 관한 더 자세한 설명은 뒤에 다루게 될 다른 두 가지 정의관들—권리와 응분의 몫—과 롤스의 정의관을 비교할 때 제시될 것이다.(나는 4부에서 『정치적 자유주의』를 논의할 것이다.)

공정으로서의 정의라 불리는 롤스의 정의론 중심에는 원초적 상황(original position)과 무지의 장막(veil of ignorance)이라는 아이디어가 있다. 롤스는 어떤 정의의 원칙들이 공정한가를 알 수 있는 방법은, 선택될 정의의 원칙들이 자신에게 어떤 영향을 미칠지를 모르는 사람들이 과연 어떤 정의의 원칙들을 선택할 것인가 추론해보는 것이라고 믿는다. 그리하여 그는

(그런 선택이 이루어질) 무지의 장막 뒤에 있는 원초적 상황에서 정의의 원칙들을 선택하는 사람들을 상상한다. 이것은 일종의 사고실험이다. 원초적 상황은 사람들이 자신의 개별적인 특징에 관한 지식—자신이 얼마나 영리한가에 관한, 그리고 자신이 기독교인인가 이슬람교도인가 아니면 무신론 자인가에 관한 지식—을 가지지 않은 채, 함께 모여 앞으로 살게 될 사회를 조직할 때 발생할 수 있는 일을 생각하는 데 도움을 준다. 롤스가 볼 때 정의는 합의를 불공정하게 만들어버릴 수도 있는 구체적인 지식을 가지지 않은 사람들이 체결한 가상적인 계약 혹은 합의의 내용으로 이해되어야 한다. 여기에 있는 직관은 공정성과 무지 사이의 연관성이다. 내가 만일 (파이를 자를 경우) 어떤 조각을 먹게 될지 모른다고 하면 알고 있는 경우보다 더 공평하게 자를 가능성이 크다. 무지의 장막으로 자신의 여러 가지 특징에 관한 구체적인 사실들을 알지 못하게 되면 그런 지식을 이용해 자신에게 유리한 선택을 하게 될 경우에 비해 훨씬 더 공정한 선택을 하게 되는 것이다.

가상적 계약의 당사자들이 모르는 두 종류의 것들이 있다. 첫째는 자신의 재능, 즉 타고난 자질과 사회적 위치에 관한 무지다. 그들은 자신이 영리한지 둔한지, 부유한 가계에서 태어났는지 가난한 가계에 태어났는지를 모른다. 둘째, 그들은 자신들의 가치관(a conception of the good)을 모른다. [*] 그들은 자신이 인생에서 가치 있게 여기는 것이나 취미(예술, 스포츠, 낮에 TV 시청하기)를 모르며, 자신이 종교적인지 아닌지(만일 종교인이라면, 어느 종교를 믿는지) 그리고 기타 사실들에 대해서도 모르고 있다. 아주 중요한 점은, 그들이 롤스가 '가치관을 형성하고 수정하며 추구할 수 있는 능력'이

----

[*]여기서 가치관을 영어 표현에 충실하게 선(善)관으로 번역하지 않고 가치관으로 번역한 것은 선관이란 표현이 일반 독자들에게 상당히 생경한 느낌을 줄 것이라 판단했기 때문이다. 가치관 역시 그 정확성에 있어 다소 모호한 면이 있으나, 선이라는 것이 결국 '좋은 것'을 의미하며, 따라서 (각자에게 또는 객관적으로) 가치가 있는 것이라는 의미로 이해될 수 있기 때문에 가치관이 무난한 번역이라 생각했다. 선관이란 용어는 또한 지나치게 고전시대의 뉘앙스를 많이 풍기는 표현법이라 생각된다.

라 부르는 것을 가지고 있다는 사실은 알고 있다는 것이다.* 실로 그들은 이 능력을 자신의 중요한 도덕적 특징 중 하나로 생각하고, 그들이 살게 될 사회를 규제할 원칙들을 결정하는 데서도 그 능력을 보호하고 행사하며 또 그 능력을 행사할 수 있는 조건을 마련하는 데 관심을 갖는다. 그들은 또한 그 능력을 행사하기 위해서는 롤스가 '기본 가치(primary goods)'라 부르는 얼마간의 다(多)목적적 가치들(all-purpose goods)이 필요하다는 것을 알고 있다.** 여기서 '기본 가치'에는 여러 가지 자유들, 기회들, 권력, 소득, 부 그리고 자존감 등이 있다.

그러므로 원초적 상황은 일종의 표현장치다. 그것은, 우리가 정의에 대해 생각할 때 반드시 고려해야 할 특별한 요구를 반영하기 위한 방법이다. 롤스의 아이디어에 따르면 원초적 상황은 사람들을 그들의 선천적인 재능과 사회계층적 위치 그리고 가치관으로부터 분리해내 추상화시킴으로써 합의의 공정한 조건을 확보하고자 하는 것으로, 바로 그 공정한 조건을 모델화한 것이다. 그것은 오직 자유롭고 평등한 존재라 여겨지는 사람들이 사회협력의 공정한 규칙을 합의해낼 수 있는 조건들을 모델화한 것이다. 롤스가 볼 때 사회는 자유롭고 평등한 시민들 사이의 공정한 협력체계로 이해되어야 하는데 원초적 상황은 바로 그와 같은 이해를 모델화하거나 표현하기 위한 방법이다.

롤스의 이론화 방식은 다음과 같이 이해해볼 수도 있다. 즉, 롤스의 시도는 정의에 관하여 생각할 때 어떤 종류의 추론이 허용될 수 있고 없는지를 하나의 모델로 만들어보려는—사고실험을 통해 포착해내려는—시도로 이해해볼 수 있다. 당신이 만일 낮은 과세율과 최소한도의 복지급여에 찬

---

* 이것을 롤스는 '합리성의 능력(the capacity of rationality)'으로 표현한다.

** 여기서 goods라는 용어는 '재화'를 의미하나, 재화가 갖는 제한된 의미 때문에 다소 포괄적인 '가치'라는 용어를 사용했다. 예컨대, 지위와 권력 그리고 자존감은 재화라는 용어로 표현하면 다소 이해하기 어려우며, 주요 가치들 중 하나라고 이해하면 더 편하게 다가온다. 하지만 문맥에 따라 재화가 더 자연스러울 때는 재화라는 용어를 사용할 것이다.

성하는 누군가를 만났다고 가정해보라. 당신이 그 이유를 묻자 그 사람은 자신은 학비가 아주 많이 드는 사립학교에 다니는 아이들을 둔 유능한 사업가로서 자신이 지지하는 정책들이 시행되는 사회에서 사는 것이 더 유리할 것이기 때문이라고 말한다. 그의 말이 맞을 것이다. 하지만 그가 제시한 이유들이 정의와 어떤 연관성이 있다고는 보기 어려울 것이다. 최소한 정의를 공정성과 연관된 어떤 것으로 이해하는 한에서는 말이다.(그 유능한 사업가가 제시할 수 있는 다른 이유들이 있지만, 그것들에 대해서는 나중에 살펴볼 것이다.) 그는 재능이 없는 사람들 혹은 자식을 사립학교에 보내줄 수 없는 부모들에 대해서는 전혀 생각하지 않는 것인가? 자신이 단지 운이 좋아서 재능을 갖고 태어난 것이 아닌가? 그 역시 재능이 없이 태어날 수도 있지 않았는가? 정의라는 것은 사태를 공평하게 보는 것 혹은 모든 사람들의 관점에서 바라봐야 하는 것은 아닌가? 이런 문제에 접근하는 롤스식의 방식은, 사람들이 자신이 누구인가를 모르고 또 동료 시민들을 평등한 존재로서 생각할 때 찬성할 명분이 있는 분배원칙들이 무엇일지를 상상해보는 것이다.

따라서 자신의 재능과 사회적 배경을 모르는 상태를 가정하는 것은, 사람들이 평등한 존재로서 간주되어야 한다는 요구를 반영한 것이다. 사람들이 자유로운 존재로 인정받아야 한다는 요구는 원초적 상황에 있는 당사자들이 자신이 추구하는 가치관이 무엇인지 모르고 있다는 사실을 통해 반영된다. 롤스가 볼 때 정의에 관하여 생각하는 과정에서 개인들의 가치관이 배제되어야 하는 까닭은, 가치관의 개입을 허용하게 되면 가치관을 형성·수정·추구할 수 있는 능력인 자유가 존중되지 못하는 일이 발생할 수 있기 때문이다. 당신이 기독교인, 곧 자신의 믿음이 유일한 참된 신앙이라고 믿는 독실한 기독교인이라고 가정해보라. 그 경우 당신은 국가가 공식적으로 기독교를 지지하는 것이 좋다고 생각할 수도 있다. 즉 학교에서 기독교에 특권적인 지위를 부여하고 기독교인들만이 특정한 공직을 맡을 수 있도록 하며, 신성모독 행위로부터 다른 종교들은 보호하지 않고 기독교만 보호하는 식으로 말이다. 하지만 롤스가 보기에 이런 행위는 자유롭고 평등한 시민들의 공동권력인 국가를 편파적으로 만드는 것으로 비(非)기독교도들에게는 부당한 것이다. 모든 시민들을 공정하게 대우하는 유일한 방법은, 국가가 사람들이 삶을 영위하는 방식에 (예술이나 주간의 텔레비전 시청에 대해서도 마찬가지로) 특정한 견해를 취하지 않는 것이다. 이것이 바로 그들의 자유, 곧 스스로 삶의 방식을 정할 수 있는 그들의 능력을 존중하는 방법이다. 정의에 대해 생각하는 방식을 모델로 나타내려고 할 때 타당한 추론방식은 어떤 성격의 것이어야 하는가? 원초적 상황의 계약 당사자들은 자신의 가치관과 인생관을 몰라야 한다는 제약조건(무지의 장막)은, 선택될 정의원리가 누구라도 받아들일 수 있는 공정한 원칙이 되기 위해 반드시 필요하다.

그러면 롤스는 무지의 장막 뒤에 있는 사람들이 어떤 원칙들을 선택할 것이라고 볼까? 이 원칙들은,

1. 각인은 만인의 유사한 자유체계와 양립할 수 있는, 가장 포괄적인 기본적 자유들의 체계에 대한 평등한 권리를 가져야 한다.
2. 사회적, 경제적 불평등들은 (a) 최소 수혜자들(the least advantaged)에게 가장 큰 혜택이 돌아가야 하는 동시에, (b) 공정한 기회의 평등하에 만인에게 개방되어 있는 공직과 지위에 결부되도록 편성되어야 한다.

1은 평등한 기본적 자유의 원칙이다. 2원칙은 사회적·경제적 불평등과 연관되어 있으며 두 부분으로 나뉜다. 먼저 2원칙의 뒷부분인 (b)원칙은 공정한 기회의 원칙으로 앞부분인 (a), 즉 차등의 원칙(the difference principle)에 우선성을 갖는다. 그리고 전체적인 우선순위에 있어서는 1원칙이 2원칙에 우선성을 갖는다.(롤스가 (a)원칙과 (b)원칙의 순서를 바꿔서 나열한

이유는 하나의 수수께끼이면서도, 상당히 신경이 쓰인다. 아마도 독자들이 방심하지 않기를 원해서였을 수도 있다.) 이런 원칙들을 함께 고려해보면, 정의로운 사회는 가장 중요하고 우선적인 사항으로서 개개 구성원들에게 똑같은 표현의 자유, 종교의 자유, 결사의 자유, 직업의 자유와 같은 기본적 자유들 혹은 권리들의 세트를 부여할 것이다. 그다음 만일 사회적·경제적 불평등들이 있다면, 그 사회는 불평등한 보상이 따르는 지위들을 획득하는 (그리고 기피하는) 과정에서 모든 시민들이 기회의 평등을 누릴 수 있도록 보장해야 할 것이다. 마지막으로 정의로운 사회는 장기적으로 사회의 최소 수혜 계층 구성원들의 상황을 가장 많이 개선시켜줄 수 있는 불평등들만을 용인해야 할 것이다.

원초적 상황에 있는 사람들이 정말로 이런 원칙들을 선택하려고 할까? 특히 차등의 원칙에서 핵심적인 역할을 하는 다음과 같은 가정에 상당히 많은 관심이 집중되어왔다. 즉 롤스는 원초적 상황에 있는 사람들이 가능한 한 최소 수혜 계층의 상황을 최대로 개선시켜주는 (혹은 롤스가 말하는 최소 극대화maximin, 즉 최소치minimum를 극대화하는maximize) 데 관심을 갖는 위험 회피자들인 것처럼 가정하고 있다. 이는 자신이 최소 수혜 계층이 될 가능성을 걱정하기 때문이다. 하지만 그들이 왜 그렇게 비관적이어야만 하는가? 정말로 더 최악의 상황으로 떨어지는 것은 바라지 않기 때문에 최저 기준은 설정하되 평균적 상황을 극대화시키는 것이 더 합리적이지 않을까?(원초적 상황을 경험적으로 시뮬레이션해본 연구들은, 이것이 사람들이 실제로 선택하는 방향이라는 것을 보여준다.) 롤스는 '최소 극대화 사고'를 다양한 방식으로 옹호해왔다. 비록 이런 최소 극대화 사고가 불확실한 선택 상황에 처해 있는 당사자들이 기술적으로 대처할 수 있는 '합리적인' 방식이라는 애초의 입장에서 물러서는 경향을 보여왔지만 말이다. ● 최소 극대화 사고에 대한 한 가지 옹호는 그가 '서약의 부담(strains of commitment)'이라 부르는 것에 호소하는 방법인데 대략 다음과 같은 논리다. "사회에 사는 모든 사람들이 차등의 원칙을 지지한다는 것은 변화를 꾀하기보다는 그렇게 하기로 약속을 할 것이라는 의미다. 만일 차등의 원칙이 작동하면 사회계층의 밑부분에 있는 사람들은 그 규칙들이 작동함으로써 자신들이 최대한으로 잘살게 된다는 사실을 알게 될 것이다. 그리하여 그들조차도 원칙을 지키기로 서약하게 될 것이다."(이런 추론의 명백한 문제점은, 어떤 사람도 자신이 최소 수혜 계층에 속할 것이라고 가정하지 않아도 최소 수혜자도 최대한으로 잘살 수 있다는 것을 인정할 수 있다는 것이다. 이 경우에는 롤스가 필요로 하는 것과 같은 '서약'을 확보하기 어려울 수도 있다.)

집중적인 반론을 받고 있는 또 다른 부분은 '자유의 우선성', 곧 가상의 계약 상황에 참여하는 당사자들은 경제적 이득을 위해 기본적 자유를 희생할 각오가 되어 있지 않다는 롤스의 견해다.(자유의 '우선성'은 매우 엄격하다. 그것은 단순히 자유와 경제적 이익을 교환하는 결정에서 자유에 더 큰 비중을 두어야 한다는 것이 아니라, 어떤 교환도 허용되어서는 안 된다는 것이다.) 여기서 롤스는, 이미 강조한 바 있듯이, 가치관을 형성·수정·추구할 수 있는 능력의 중요성 및 그런 능력의 행사를 위해 기본적 자유들이 필수적이라는 점에 호소하고 있다. 당신은 더 많은 돈을 받는다는 조건으로 당신이 믿는 것을 말할 수 있는 자유를 박탈당해도 좋은가? 마찬가지로 돈을 더 받는다는 조건으로 당신이 좋아하는 사람들과 결사를 만들 자유가 허용되지 않아도 혹은 당신이 어리석게 생각하는 종교를 억지로 믿도록 강제되어도 좋은가? 다른 조건이 없다면 당신의 대답은 당신이 얼마나 가난한가에 달려 있을 것이다. 자유와 음식 중에서 하나를 골라야 한다면 우리는 모두 음식을

---

*롤스는 『정의론』에서는 정의의 원칙을 합리적 선택이론의 관점에서 정당화하려고 시도했다. 하지만 나중에는 정의의 원칙들이 순전히 합리적인 선택의 관점에서만 보기 어렵다는 점을 인정하고, 합리적인 요소(the rational)와 합당한 요소(the reasonable)의 결합으로서 바라보게 된다. 원초적 상황에서의 선택의 조건 자체는 합리적으로 제시된 것이라기보다는 누구나 수락할 수 있는 합당한 조건이어야 하기 때문이다. 이 합당한 조건은 자유민주주의의 공공문화에 함축되어 있는 기본 아이디어들―자유롭고 평등한 시민관, 공정한 협력체계로서의 사회관 등―을 반영한다는 점에서 역사적인 성격을 갖는 합당한 조건들이다.

선택할 것이다. 롤스는 사회의 모든 이들이 이미 일정한 경제적 복지 수준에 이르렀다는 것을 명백히 전제하면서 이 점을 인정한다. 일단 우리가 그런 수준에 도달한 이후에야 기본적 자유들이 (경제적 이득에 비해) 분명한 우선성을 갖게 된다.(이것은 이어서 롤스의 이론이 얼마나 보편적으로 적용되는지—즉 어떤 범위에 있는 사회들에 적용되는지—에 대한 질문을 불러일으킨다. 이 문제는 크고 어려운 문제로서 현재 다루고 있는 이슈에서 너무 멀리 벗어난다.)

분배적 정의에 관한 논쟁에서 가장 많은 관심을 끈 것은 마지막 원칙인 차등의 원칙이다. 불평등들이 어떻게 최소 수혜자들의 처지를 최대로 개선시키는 데 도움이 될 수 있는가? 모든 이들에게 급여를 똑같이 지불하는 것이 가장 분명한 방법이 아닌가? 롤스의 생각은 이미 잘 알려져 있다. 즉 사람들에게 인센티브를 줌으로써 그들이 능력을 발휘할 수 있는 곳에서 의욕적으로 일하도록 해주는 것이다. 롤스의 주장은 다음과 같이 계속된다. 경제가 가능한 한 생산적이 되기 위해서는 불평등이 어느 정도 불가피하다.(일부 사회학자들은 경제적 생산성을 높이는 불평등을 '기능적'이라고 표현한다.)● 불평등이 없다면 사람들은 특별히 다른 일을 하려는 인센티브를 갖지 못할 것이다. 인센티브가 없었다면 시인이 되려 했을 뇌 전문 외과의사들과 활동적인 기업가들을 생각해보라. 그들이 시가 주는 즐거움을 포기하게끔 유도하는 여분의 돈(인센티브)이 없다면 나머지 사람들은 그들의 의술과 기업가적 능력을 잃게 될 것이다. 이와 같은 평준화 원리를 일반적으로 적용하면 당신은 비효율적이고 정체된 경제에 직면하게 될 것이다. 왜냐하면 누구나 똑같은 급료를 받을 것이고 따라서 모두—시간이 지남에 따라 최소 수혜자들도 이에 포함되게 된다—에게 혜택이 돌아갈 수 있는 성장이 일어나지 않기 때문이다. 이 주장에 따르면 이런 일이 대체로 동유럽

●즉 기능주의 사회학자들은 불평등이 사회의 생산력을 높이는 긍정적인 역할을 하기 때문에, 다시 말해 불평등은 '기능적'이기 때문에 허용된다고 분석한다. 불평등의 사회적 기능을 객관적으로 설명하는 것을 넘어, 불평등은 생산력을 높이기 때문에 '허용되어야 한다'는 입장은 기능주의를 규범적 입장으로 변형시킨 것이다.

의 국가사회주의 체제에서 발생했다.

불평등이 정당하다는 것은 매우 일반적으로 인정되고 있다. 그래서 어떤 사상가들은 불평등을 전혀 걱정할 이유가 없다고 결론짓기도 한다. 만일 문제가 되는 것이 사회의 최소 수혜자 계층의 구성원들이라면 그들의 처지를 개선시켜주는 불평등은 장려해야 한다. 이런 입장에 따르면 부유한 자들과 가난한 자들의 격차에 신경 쓸 필요가 없다. 단지 우리가 관심을 둘 필요가 있는 것은 장기적으로 가난한 자들의 처지가 더 좋아질 수 있는 방식으로 경제를 편성하는 문제다. 3부에서 평등을 살펴보며 이런 식의 주장을 더 논의할 것이다. 지금으로서는 단지 롤스의 원칙은 불평등이 최소 수혜자 계층의 처지를 극대화시켜주는 데 기여한다면 정당하다는 주장임을 주지하고자 한다. 이 주장은 사실 어떤 불평등도 정당하지 않다는 주장과 전혀 모순이 없다.(왜냐하면 최소 수혜자 계층의 이익을 극대화하는 데 모종의 불평등이 꼭 필요하다는 주장은 사실이 아니기 때문이다.) 우리는 불평등이 과연 필요한 것인가 그리고 필요하다면 왜 필요한가를 생각할 필요가 있다.(또 생각해볼 것이다). 또 그 원칙은 매우 까다로운 것임을 주목하라. 불평등은 오직 최소 수혜자 계층의 처지를 극대화시켜주는 데 기여하는 한에서만 정당화된다. 이 원칙을 충족시키는 데는 약간의 적하효과로는 충분치 않다. * 최소 수혜자 계층이 가능한 한 최대로 잘 사는 것이 중요하지 기대보다 더 나아졌다는 것이 중요한 것이 아니다.

또 다른 주요 쟁점은 누구를 최소 수혜자로 간주해야 하는가 하는 문제다. 롤스는 애초에는 누가 얼마나 많은 기본 가치를 갖고 있는가를 살펴봄으로써 그것을 측정할 수 있다고 암시했다. 기본 가치를 가장 적게 갖고 있는 사람들이 최소 수혜자들이다. 이런 입장의 문제점은 최소 수혜자들이 가장 적은 기본 가치들을 갖게 된 과정에 대해서는 전혀 관심을 갖지 않는

---

* 여기서 '적하(trickle-down)'의 의미는 부유한 계층이 소유하고 있는 부의 일부가 넘쳐서 가난한 계층으로 흘러내린 현상을 의미한다. 즉, 넘치는 여분의 것을 가난한 계층에 이전한다는 의미를 갖는다.

다는 점이다. 그들이 천성적으로 게으르다고 가정해보라. 다시 말해 그 사람들은 상당한 양의 자원을 가지고 출발했지만 열심히 일하기보다는 그 자원을 소비하기로 했다고 가정해보라. 몇 년 후 그들에게 남은 것은 아무것도 없다. 그리고 롤스의 원래 기준에 따르면 그들은 현재 최소 수혜자들이다. 이 경우 공정성은 사회의 근면한—따라서 부유한—구성원들이 정말로 최소 수혜자들에게 자원을 나눠줄 것을 요구하는가? 이런 문제점을 인식하고 롤스는 자신의 원래 입장을 수정하여 기본 가치의 목록에 '여가'를 포함시킬 수 있다고 보았다. 우리는 응분의 몫으로서의 정의를 살펴볼 때 그리고 3부에서 게으른 생활을 선택한 결과 가난하게 된 사람들이, 모든 것을 고려해볼 때, 열심히 일하기로 선택하여 부자가 된 사람들보다 정말로 더 못사는가를 고찰할 때 이 문제를 다시 다루게 될 것이다.

롤스의 입장에 대한 간략한 개관을 마치면서 롤스가 제시한 주장의 '계약적' 측면에 대해 몇 가지 생각해보자. 이 측면은 실로 롤스가 추구하는 목표가 무엇인지를 이해하는 데 심각한 혼란을 일으킬 수 있다. 롤스는 토머스 홉스(Thomas Hobbes, 1588~1679), 존 로크(John Locke, 1632~1704) 그리고 장 자크 루소(Jean-Jacque Rousseau, 1712~1778)의 저술들이 제시하고 있는 사회계약이론의 위대한 전통을 참고하고 있다. 이 전통은 정치조직인 국가의 법과 권위를, 자연 상태에서보다 정치사회의 법률 아래서 사는 것이 더 좋다는 것을 깨달은 개인들 사이에 이루어진 합의의 산물로 생각한다. 혹은 정치사회를 그런 합의의 산물인 것처럼 생각한다고 보는 편이 더 나을 것이다. 사회계약 전통에 속하는 사상가들 중 누가 정말로 역사의 어떤 시점에서 국가와 법률이 계약상 합의의 결과로 출현했다고 믿고 있는지는 분명하지 않다. 그보다 계약이론의 핵심적인 생각은 그랬을 수도 있다고 가정해보는 것이다. 그 역사적 기원이 어떠하든 국가의 법에 따르는 것이 사람들의 이익이 되기 때문에, 그러기에 그들이 국가의 법에 따르기로 동의할 것이라고 가정하는 것이다.(그렇지 않으면 자연 상태에 남아 있어야 하고 그러면 불이익을 보니까.) 그러므로 이 해석에 따르면 롤스의 계약만이 아니라 계약이론 전통 전체가 가상적인 계약을 상정한다고 보는 것이 가장 설득력이 있는데, 그 핵심은 이런 방식으로 (그런 주어진 상황에서라면 동의했을 것이라는 근거에서) 사람들이 무엇을 지지할 것인지 예상해보는 데 도움이 될 수 있다는 것이다.

롤스에 대한 흔한 비판은 가상적 계약은 실제적인 계약과 달리 구속력이 전혀 없다는 것이다. 가상적 계약은 계약의 내용이 전혀 적혀 있지 않기 때문에 휴지 조각이나 다름없다는 농담조의 비판이 이어진다. 하지만 이런 비판은 롤스의 주장에서 계약이 수행하는 역할을 잘못 이해한 것이다. 만일 누가 "내가 왜 롤스의 정의 원칙들을 지지해야만 하는가?"라고 물으면 그에 대한 대답은 "당신이 그렇게 하기로 동의했기 때문에 당신에겐 계약상의 의무가 있고 따라서 그것을 준수할 의무가 있다"가 아니다. 비판자들이 잘 이해하고 있듯이 그것은 사실이 아니다. 그 대답은 그보다 "당신은 정의롭게 행위할 의무가 있는데 정의가 당신에게 요구하는 바를 롤스가 정확하게 확인했기 때문이다"가 될 것이다. 가상적 계약은 단지 롤스가 이를 정의가 요구하는 바를 생각하고 확인하는 가장 올바른 방식이라고 여겼기 때문에 여기에 등장한다. 만일 다른 더 좋은 방법이 있다면 그 방법을 사용하는 것이 당연하고 거기서 나온 결과를 준수해야 할 의무가 있을 것이다. 그러므로 사람들이 동의했기 때문에 그 결과에 따라야 한다는 것은 일상적인 의미에서의 계약 관계를 말하는 것이 아니다. 가상적 계약은 단지 어떤 원칙들이 정말로 정의로운가를 생각하기 위한 장치일 뿐이며 사람들이 계약의 결과를 준수해야 하는 이유는 그것이 정의롭기 때문이지 그들이 계약에 합의했기 때문이 아니다.(사실 그 원칙들이 정의로운가를 알아보는 롤스의 방법은 우리가 **적절한 조건에서라면** 그 원칙들에 합의했을지의 여부를 알아보는 것이기 때문에 독자들이 혼란을 느끼는 것도 당연하다.)

때로 그 주장의 계약적 측면은 또 다른 오해를 불러일으킨다. 계약에 관한 정상적인 사고방식은 계약을 자신의 이익을 추구하는 사람들이 상호 이익을 위해 자발적으로 맺는 것으로 이해하는 것이다. 하지만 롤스는 원초적 상황에 있는 사람들의 동기가 자기 이익에만 있는 듯 (혹은 롤스의 표현에 따르면 최소한 '상호 무관심한' 상태에서 생각하는 듯) 가정한다. 각자는 자신의 이익을 보호하기 위하여 가능한 한 최선의 상황을 만들기를 원한다. 각자는 이렇게 생각한다. '내가 어떤 처지에 있는 사람으로 판명될지 모르는 상황에서 어떤 원칙들이 내게 최선일 수 있을까?' 롤스가 이런 가정을 하고 있다는 것은 사실이다. 하지만 그것이 롤스의 이론이 궁극적으로 혹은 전반적인 의미에서 이기적이거나 자기 이익만을 추구하는 사람들을 위한 것임을 의미하지는 않는다. 그 이론은 사회를 공정한 협력체계로 이해하는 동시에 서로를 공정하게 대우하는 데 관심을 갖고 서로를 자유롭고 평등한 존재로서 존중하는 사람들을 위한 것이다. 이것이 바로 그들이 원초적 상황을, 우리를 동등하고 공평하게 만들어주는 무지의 장막과 함께 정의에 대해 생각하는 올바른 방식으로 받아들이는 이유다. 원초적 상황 안에서 사람들은 자기 이익만을 신경 쓰며 선택될 원칙 아래서 자신들이 과연 어떻게 지내게 될까 생각하면서 정의의 원칙들을 선택하는 것으로 여겨진다. 하지만 그때 이미 도덕적 내용이 그 안에 존재한다. 그 도덕적 내용은 애당초 무지의 장막이 설치되는 방식에 들어 있다. 이렇게 말할 수도 있을 것 같은데, 가상적 계약의 당사자들은 자기 이익만 고려하게 만드는 모든 개인적 정보들을 박탈당한 이후에야 자기이익만을 고려할 수 있다.

어떤 이들은 정의—그리고 정치 일반—에 대한 자유주의적 접근이 사람들을 기본적으로 자기 이익만을 추구하거나 이기적인 존재로 가정한다고 여기곤 한다. 이런 견해는 과거에는 마르크스주의적 저작들에 흔하게 나타났으며 지금은 공동체주의자들과 페미니스트들 사이에서 많이 유행하고 있다.(이 견해에 대해서는 이 책의 4부 공동체 관련 장에서 더 구체적으로 검토할 것이다.) 롤스 정의론의 일부 측면들이 이런 오해를 조장했을 수도 있다. 하지만 이는 오해이며 롤스의 진정한 의도를 이해하려면 반드시 제거되어야 한다. 롤스와 같은 자유주의자들은 개인들이 스스로 선택한 삶을 자유롭게 살아야 한다는 점에 관심을 갖지만 **모든** 개인들이 그럴 수 있어야 한다고 보며 그 때문에 공정한 자원 분배를 요구한다. 게다가 사람들이 선택하는 삶의 내용은 타인에 대한 관심

로버트 노직

을 아주 완벽하게 담아낼 수 있다. 이런 주장의 어떤 측면이 자기 이익이란 동기만을 고려하고 있다는 것인지 이해하기 어렵다.

노직: 권리로서의 정의

미국인 로버트 노직(1938~2002)은, 롤스가 1971년 『정의론』을 출판했을 당시 하버드대학교 철학과에서 롤스와 함께 가르치고 있었던 동료 교수였다. 1974년에 이르러 노직은 롤스에 대한 반격이라 할 수 있는 『아나키에서 유토피아로(Anarchy, State and Utopia)』를 출판했다. 이 책은 아직까지도 자유지상주의적 원칙들을 가장 조리 있고 체계적으로 표현한 저술로 인정받고 있으며 롤스의 접근방식 전체에 대한 가장 근본적인 비판을 담고 있다. 노직이 볼 때 정의는 자연적으로나 사회적으로 우리가 운이 좋게 태어났는지 나쁘게 태어났는지 상상하면서 공정한 원칙들에 합의하는 문제가 아니다. 노직에게 정의는 자기 소유(self-ownership) 및 재산 소유에 대한 사람들의 권리를 존중해주는 문제로서, 그들이 자신의 소유물을 가지고 무엇을 할 것인가 하는 문제는 자신의 자유로운 선택에 달려 있다. 노직이 볼

때 국가의 적합한 역할은 자원의 분배 과정에 개입함으로써 더할 나위 없이 공정한 분배를 이뤄내는 것이 아니다. 국가의 개입은 사람들의 정당한 개인적 소유를 부당하게 침해할 수 있다. 국가의 역할은 오히려 사람들을 타인의 침해로부터 보호해주는 것에 국한되어야 한다. 롤스가 실질적으로 재분배적인 복지국가를 옹호하는 '좌파 자유주의자'(혹은 평등주의적 자유주의자)인 데 비해 노직은 자기 소유란 관념을 지지하면서 자유방임적 '야경' 국가를 옹호하는 '우파 자유주의자'다. 하이에크처럼 노직의 견해—혹은 최소한 다양한 싱크탱크들과 정책집단에 의해 변용된 그 아류들—는 신우익의 성장에 영향을 미쳤다.

노직은 롤스가 재화를 '하늘에서 떨어진 만나(manna)'처럼 간주하고 있다고 이해하고 그 견해에 반대한다.● 만일 우리가 어느 날 잠에서 깨어났는데 갑자기 세계가 사람들이 원하는 것들로 가득 차 있는 것을 발견했다고 치면 그것을 분배하기 위해 롤스의 원칙들이나 그와 유사한 원칙들을 채택하는 것이 적합할는지도 모른다. 그 경우 어쨌든 어떤 사람들은 더 받고 또 어떤 사람들은 덜 받아야 할 이유가 없기 때문이다. 하지만 재화는 만나처럼 세상에 떨어지지 않는다. 재화는 사람들이 만들어내는 것이다. 그것들은 개개인의 노력으로, 때로는 타인들과의 협동으로 만들어진다. 사람들은 자연세계에 자신들의 능력과 노력을 결합시킴으로써 재화를 창출한다. 그리고 그런 능력과 노력을 교환함으로써 서로에게 유익이 될 수 있도록 자발적인 합의관계를 형성하게 된다. 그리고 그렇게 창출된 것들은 그들의 소유가 된다. 그것들은 하늘에서 떨어진 만나, 즉 누가 소유하지도 않고 따라서 공정한 원칙에 따라 분배되어야 할 만나와는 다르다. 그것들은 생산한 사람들이 이미 소유한 채로 (혹은 그것들을 생산한 사람들의 노동에 대가를 지불한 사람들이 소유한 채로) 세상에 들어온다.

●만나(manna)는 성서의 출애굽기에 나오는 명칭으로, 애굽을 탈출한 이스라엘 백성이 여호와 하나님으로부터 그날그날 받은 식량을 말하는데, 여기서는 운에 의해 거저 주어진 것을 의미한다.

롤스가 공리주의에 반대하는 이유는, 공리주의가 사람들이 서로 분리된 존재들이라는 점을 진지하게 고려하지 않기 때문이다. 전체적 행복을 극대화하는 것은 잘못된 목표다. 왜냐하면 그와 같은 전체적 행복을 누릴 수 있는 하나의 전체적인 인격체가 존재하지 않기 때문이다. 단지 서로 분리되어 있는 많은 사람들만이 존재하기 때문에 어떤 사람들에게 더 많은 행복을 만들어주기 위해 다른 사람들을 불행하게 만드는 것은 잘못된 일이다. 이런 생각이 계약이란 관념에 깔려 있다. 계약 관념은 각각 서로 분리된 존재들로 간주되는 개인들이 합의를 통해 (정의의) 원칙들을 도출해야 한다는 생각을 담고 있기 때문이다. 이런 생각 때문에 롤스는 단순히 전체적인 효용(또는 어떤 다른 것의 전체)을 극대화하는 것을 목표로 하는 원칙들을 배제한다. 내가 만일 다른 사람들의 행복을 위해 불행하게 된 사람들 중의 하나라면 어찌될 것인가? 하지만 노직의 생각에는 롤스조차도 사람들이 서로 분리되어 있는 개인들이라는 점을 충분히 고려하지 못하고 있다. 롤스는 우리가 개별적이고 서로 분리되어 있는 존재들, 곧 각자에게 그리고 각자에게만 속하는 재능과 특성들을 지닌 개인들로서, 스스로의 동의가 없이는 타인들의 유익을 위해 도구로 사용되어서는 안 된다는 점을 깨닫지 못하고 있다. 개인들은 자신이 노동하여 얻은 결과를 자발적인 결정으로 타인들에게 줄 수도 있다. 하지만 국가가 개인이 얻은 노동의 산물 중 일부를 타인에게 주도록 강제하는 것은 그 개인의 분리성을 존중하지 않는 잘못된 행위다. 그러므로 노직은 재분배를 위한 모든 과세에 반대한다. 만일 부유한 이들이 가난한 자들에게 나누어주어야 한다면 국가의 강제 때문이 아니라 자발적으로 그렇게 해야 한다.

노직의 견해에 따르면 사람들은 자신의 것을 가지고 자신이 원하는 것을 할 수 있다. 여기서 자신의 것이 될 수도 있는 세 가지는 a) 신체와 뇌세포 등등을 포함하는 그들 자신의 인신(人身), b) 토지와 광물 등등을 포함하는 자연세계, 그리고 c) 자연세계에 자신의 노동을 가함으로써 만드는 것들, 이를테면 자동차, 음식, 컴퓨터 등과 같은 것들이다. 나는 곧이어 자기 소유(self-ownership)란 관념—나의 사지(四肢)와 뇌세포들은 나의 소유로서 그것들을 가지고 나는 내가 원하는 것을 할 수 있다는 믿음—에 대해 얘기해볼 것이다. 그리고 사람들이 일단 (토지와 광물 등과 같은) 세계의 일부와 자신을 소유하고 있다고 보면, 그것들을 함께 결합시킴으로써 생산해내는 것들 또한 그의 소유로 볼 수 있다는 것은 쉽게 이해할 수 있다. 따라서 노직의 자기 소유 관념을 이해하기 위해서는 먼저 자연세계의 일부가 사람들의 소유가 되는 방식을 설명하는 것부터 시작하는 것이 좋다. 노직은 사람들이 정당하게 재산을 소유할 수 있는 세 가지 방식들(혹은 권리)로 최초의 취득, 자발적인 이전, 그리고 교정을 든다.

최초의 취득은 다른 사람들이 소유하지 않고 있는 자연세계의 일부를 누군가가 (자신의 것으로 만들기 위해) 점유하는 경우를 말한다. 사람이 전혀 살지 않는 대륙에 처음으로 정착하는 사람들을 상상해보라. 노직이 보기에 그 땅과 자연 자원은 누구의 것도 아니다. 따라서 한 개인이 그중 일부를 점유했을 때 누구의 상황도 악화되지 않는 한 선착순 원칙에 따라 개인들이 그 땅의 일부를 소유하는 것을 정당할 수 있다.(이 주장은 로크가 『통치론』[1689] 2편에서 개진한 유명한 주장—타인들이 이용할 수 있는 '충분하고도 넉넉한' 양을 남겨두는 한 사람들은 재산을 점유할 수 있다—을 변형한 것이다.) 이 견해는 지속적으로 상당히 많은 비판을 받아왔는데 대부분의 정치이론가들은 이 최초의 취득에 관한 노직의 설명을 부적절한 것으로 생각한다고 말하는 것이 온당할 것이다. 이전까지 아무도 소유하지 않은 토지를 소유하기 위해서는 정확히 어떻게 해야만 하는가? 그 주위를 돌면서 지도 위에 원을 그리고 그 둘레에 울타리를 쳐야 할까? 그리고 그 때문에 다른 사람들의 처지가 더 나빠진다는 것을 어떻게 판단할 수 있을까? 다른 사람들은 그렇게 점유된 땅을 더 이상 점유할 수 없기 때문에 상황이 더 나빠진 것이 분명하다. 그리고 어떤 경우든 애초에 그 땅이 누구에 의해서도 소유되지 않고 있다고 (그리하여 누군가에 의해 획득되기를 기다리고 있다고) 누가 말할 수 있는가? 그 땅과 모든 자연세계는 우리 모두가 공동으로 소유하고 있다고 할 수도 있는데 그 경우 누가 그 일부를 사용하려고 한다면 다른 모든 사람들로부터 허가를 받아야 할 것이다. 세계가 만일 집단적 소유물 혹은 공동의 소유물이라면 우리가 함께 모여서 (아마도 롤스의 원칙이나 다른 분배 원칙들에 따라) 그것을 어떻게 사용하고 분배할 것인가를 집단적으로 결정하는 것이 적합할 수도 있다.

하지만 노직은 세계는 애당초 누구에 의해서도 소유되지 않고 최초의 정당한 취득 행위로 인해 개인의 사유재산이 되는 것으로 간주한다. 그것이 바로 재산을 정당하게 소유하는 첫째 방법이다. 둘째 방법은 자신이 소유하고 있는 재산을 줄 수 있는 권리를 갖고 있는 사람에게서 그 재산을 받는 것이다. 일단 누가 어떤 것을 소유하게 되면 그 사람은 그것을 하고 싶은 대로 사용할 수 있다. 물론 서로 간에 자발적으로 합의한 조건에 따라 자신이 좋아하는 사람에게 주는 것도 가능하다. 노직이 볼 때 이것이 시장에서 벌어지는 일이다. 나는 노동을 소유하고 있다. 당신은 (가설적으로, 최초의 취득 행위로 획득한) 약간의 토지를 소유하고 있다. 우리가 자발적인 합의를 통해 일정한 가격에 나의 노동력을 팔거나 (혹은 빌려준다면) 나는 얼마간의 돈을 벌게 되고 그것으로 내가 원하는 것을 할 수 있다. 그러므로 우리들 중 최초의 취득 단계에서 기회를 놓친 사람들—이미 모든 것들이 소유되고 있는 상황에서 세상에 태어난 사람들—도 너무 걱정할 필요는 없다. 우리는 우리 자신을 소유하고 있으며 따라서 우리를 타인들에게 임대해줄 수 있기 때문이다. 만일 우리가 운이 좋다면 우리가 소유하고 있는 인신은 시장에서 높은 가격을 받을 수 있다. 이 경우 우리는 우리 자신을 임대해줌으로써 많은 돈을 벌 수 있고 상당한 재산을 소유할 수 있게 된다.

그리하여 세계의 역사는 다음과 같은 과정으로 전개된다. 즉 애초의 정당한 취득 행위—재산 형성 행위—에 이어 자발적인 교환 행위로 재산의 정당한 이전이 잇따르게 됨으로써 사람들은 정확하게 자신의 것만을 소유하게 되는 정당한 결과가 나온다. 하지만 노직은 세계의 역사가 그런 식으로 전개되지 않았다는 것을 알고 있다. 그는 세계의 역사가 실제로는 정의롭지도 않고 자발적이지도 않은 이전의 역사였다는 것을 알고 있다. 다시말해 세계의 역사는 더 좋은 무기를 가진 자들이 자신보다 약한 자들의 정당한 소유물을 강제적으로 빼앗아온 역사였다는 것을 알고 있다. 가장 잘알려진 예들로는 백인 이주자들이 북아메리카와 오스트레일리아의 토착민들을 취급한 사례가 있다. 세계사는 사실 오랜 시간에 걸쳐 연속적으로발생한 부당한 이전의 역사였다. 노직의 셋째 원리—이 원리에 의거하여개인은 재산에 대한 권리를 가질 수 있게 된다—는 이런 문제를 다루기 위한 것이다. 교정의 원리가 바로 그것이다. 이 원리는 그동안 부당하게 발생한 이전들을 보상하는 것을 허용함으로써 교정이 이루어지게 한다. 물론노직도 잘 알고 있듯이 현실적으로 이 교정 원칙은 엄청난 난점들을 야기한다. 만일 부당한 점유가 없었더라면 누가 무엇을 소유하게 되었을지 확인할 길이 없으며 따라서 적절한 교정 방법도 알 수가 없다. 어느 곳에선가 노직은 최선의 방법은, 일종의 출발점으로서, 모두에게 동등한 양의 재산을 주는 것일 수도 있다고 암시한다. 이 경우 동등한 양의 재산은 최소한부당한 점유 행위들로 쌓여온 엄청난 구조적 불평등들—예컨대 인종들 사이의 불평등들—에 비하면 (가정해볼 수 있는) 정당한 양의 재산에 더 근접하는 것일 수도 있다.

그러므로 노직이 현상 유지를 옹호한다고 보는 것은 잘못일 것이다. 그는 현재의 불평등이 부당하다는 것을 완벽하게 주장할 수 있다. 그 이유는정확히 말해 그 불평등이 자신이 제시한 세 가지 원칙들에 맞게 발생한 것이 아니기 때문이다. 그렇지만 노직의 입장과 관련하여 정말로 중요한 것은 그의 입장에서 볼 경우 엄청난 구조적 불평등이 정당화**될 수 있다**는 점이다. 사람들은 자기 자신을 소유하고 있지만 그들이 소유하고 있는 인신은 서로 엄청난 차이가 날 수 있다. 어떤 사람들은 매우 강하고 건강하며 매우 뛰어난 능력을 가지고 태어날 것이다. 다른 사람들은 병약하게, 그리고 심지어 시장에서 다른 사람들이 기꺼이 대가를 지불할 특징들을 개발해낼 수 있는 잠재력마저도 결여된 채 태어날 수도 있다. 어떤 사람들은 교육에 많은 돈을 쓸 수 있고 또 자신의 부를 자식들에게 증여할 수 있는 부모에게서 태어날 것인데, 이런 일이 세대에 걸쳐 계속됨으로써 더욱더 많은 부가 증식될 것이다. 다른 이들은 자녀가 세상에서 좋은 출발을 하도록 도와줄 수단이 없는 가난한 부모에게서 태어날 수도 있다. 노직은 이것이 불운이라고 생각하지만(나아가 이것이 불공정하다는 것을 인정할지도 모른다) 정의롭지 않다고 생각하지는 않는다. 사람들의 소유권이 존중되는 한, 다시 말해 국가가 소유권을 보호하는 데 필요한 만큼을 제외한 어떤 강제력도 행사하지 않는 한(야경국가 혹은 최소국가), 어떤 분배 결과가 발생하고 또 그 분배 결과가 얼마나 불평등하든, 그 분배는 정당한 것이다. 물론 사람들은 자신보다 운이 좋지 않은 사람들에게 자발적으로 자기 소유를 나눠줄 수도 있다. 노직은 당연히 사람들이 그래야 한다고 생각한다. 하지만 이는 정의에 관한 어떤 주장과도 상관이 없다. 그리고 여기엔 부유한 이들의 이익에 반하는 국가의 강제 행위를 정당화하는 어떤 논리도 없다. 정의는 단순히 사람들의 소유권을 존중해주는 문제로서 사람들이 자신의 소유물을 가지고 자유롭게 원하는 것을 하도록 허용해주는 것이다.

노직은 자신이 제시한 세 가지 원칙들을 '역사적이고' '어떤 형식에도 따르지 않는' 원칙들이라 설명한다.[*] 이것을 요약해서 간단한 슬로건으로 표현하면 '각자는 자신이 선택한 대로 내고, 각자는 자신이 선택되는 대로 받

------

*여기서 '역사적'이라는 표현의 뜻은 앞에서 설명한 바와 같이 역사적으로 옳은 취득과 이전 행위에 의해 형성된 부는 정당하다는 의미이며, '어떤 형식에도 따르지 않는'이라는 표현은 특정한 패턴(pattern)에 따라 인위적으로 분배하지 않는다는 의미로 이해하면 된다. 특정한 패턴에 따라 분배할 경우 국가의 인위적인 개입은 불가피하게 된다.

는다'가 될 수 있을 것이다. * 이것은 '최종상태(end-state)'를 겨냥한 분배 원칙과 '특정한 형식에 따르는' 분배 원칙들—예컨대, (불평등들은 최소 수혜자들에게 가장 큰 이익이 된다는 조건하에서만 인정될 수 있다는 원칙과 같이) 실현되어야 할 특별한 상태를 달성하도록 지시하는 원칙들이나, ('각자에게 필요에 따라서'나 '각자에게 공헌한 대로'와 같은 원칙들처럼) 특별한 형식에 따라 분배해야 한다고 요구하는 원칙들—과 대조되는 원칙이다. 노직의 견해에서 중요한 것은 사람들이 정당한 자신의 소유물을 가져야 한다는 것이며, 자발적인 교환의 결과로 발생한 분배 결과는 그것이 어떻게 되든 반드시 정당하다는 것이다. 누가 어떤 것을 정의의 관점에서 요구를 할 수 있는가의 여부는 오직 그것을 소유한 사람들이 그것을 소유하게 된 과정에서 발생한 일련의 사건들에 달려 있다. 불평등도 정당할 수 있고 평등도 정당할 수 있는 것이다. 그것은 단지 사람들이 자신의 소유를 가지고 무엇을 할 것인가 선택하는지에 달려 있다.

노직이 재분배 국가에 반대하여 제시한 한 가지 논거는 재분배 국가가 일부 사람들을 다른 사람들의 목적 달성에 필요한 수단으로 사용한다는 것이다. 노직의 이런 주장은 독일의 철학자 임마누엘 칸트(Immanuel Kant, 1724~1804)가 제시한 유명한 사상, 곧 도덕은 타인들을 우리 자신이나 타인들을 위한 수단으로 취급해서는 안 되고, 그 자체로 목적인 존재로서 대우할 것을 요구한다는 사상에 의지하고 있다. 사람들을 수단으로 취급한다는 묘사가 꽤 정확한 표현처럼 느껴지는 경우는, 국가가 자원을 어떤 사람들로부터 다른 사람들에게 강제적으로 재분배할 때다. 물론 모든 과세가 재분배를 위한 것은 아니다. 세금의 일부분은 가로등과 경찰 및 국방을 위해 쓰인다. 일부는 공교육을 위해 사용되고 또 일부는 건강보험제도에 사

---

* 한 가지 예로 시장에서의 자유로운 고용관계를 생각해보면 될 것이다. 시장에서 각자는 자신이 선택한 바에 따라 인신(재능을 포함)을 고용시장에 자유롭게 내놓을 수 있으며, 고용주들은 적합한 사람을 고용하고 그 노동에 대가를 지불함으로써 재화가 분배된다.

용되는데 세금을 낸 사람들도 이 혜택을 받는다. 하지만 세금의 일부는 일부 사람들에게서 다른 사람들에게 강제적으로 이전된다. 사람들의 소득에 과세를 할 때 그 과세의 일부분은 그렇지 않았을 경우 그들 자신만을 위해 사용했을 생산력을 다른 사람들을 돕기 위해 사용하는 것과 같다. 그들은 일을 하거나 특별한 행동을 하도록 강요받는 것은 아니므로, 과세가 강제노동과 유사하다는 노직의 주장은 약간은 과장된 것이다.* 하지만 그들이 만일 일을 한다면 우리는 그들—그들의 능력과 노력 행사의 일부—을 타인들의 목적을 위한 수단으로 사용하고 있는 것이다. 비록 맞는 말이긴 하지만 이것이 (재분배 국가에 대한) 반대 논거가 되는지는 분명하지 않다. 사람들을 오직 수단으로서만 취급하는 것은 잘못된 것일 수도 있다.(칸트는 실제로 이렇게 말했다.) 사람들을 노예로 만들어서 타인들을 위해 고통스러운 삶을 살도록 하는 식으로 말이다. 그런 행위는 실로 영위해야 할 각자의 인생이 있는 사람들의 분리된 특성을 진지하게 고려하지 못한 것일 수가 있다. 하지만 어떤 사람들은 운이 좋아서 충분히 생산적이고 다른 사람들은 불운하게도 생산적이지 못하다면 생산적인 사람들을 이용해서 그렇지 못한 사람들을 돕는 것이 정당화될 수도 있다. 비록 생산적인 사람들이 동의하지 않았다고 해도 말이다. 그것은 부분적으로 사람들이 과연 정말 자기 자신을 소유하고 있는 것인지, 혹은 어떤 의미에서 소유하고 있는 것인지에 달려 있을 것이다.

노직의 또 다른 핵심 사상은 '자유는 패턴을 뒤엎어버린다'는 아이디어다. 패턴에 따르는 정의 원칙들—분배의 정의는 분배가 특별한 형식에 일치하는가의 여부에 달려 있다고 보는 원칙들—을 반대하는 노직의 입장

----

*가로등, 경찰, 국방, 공교육, 건강보험제도 등에 쓰이는 세금 이외의 재분배를 위한 세금은, 정당하다고 인정될 수 있는 이상의 세금이기 때문에, 이 세금을 내는 개인들의 입장에서는 하지 않아도 될 노동을 한 셈이다. 또 그런 의미에서 그 세금에 해당하는 노동은 강제노동으로서의 의미가 있으며, 그 강제노동을 한 사람은 타인들을 위한 수단으로서 사용된 셈이다.

은 정의를 유지하기 위해서는 불가피하게 사람들의 자유에 대한 제약, 즉 노직이 보기에는 결코 정당화될 수 없는 제약을 초래한다는 근거에 입각해 있다. 이것이 바로 그가 유명한 '월트 체임벌린의 예(Wilt Chamberlain example)'로 설명하고자 하는 요지다. 월트 체임벌린은 1974년에 매우 높은 소득을 올린 미국의 농구선수였는데, 말하자면 그 당시의 타이거 우즈(Tiger Woods)라 할 수 있다. 노직의 생각에는 만일 사람들이 많은 돈을 지불하고 체임벌린이 경기하는 모습을 보고자 한다면 (그리고 그들에게 자신들이 지불하려는 돈에 대한 권리가 있다고 가정한다면) 체임벌린은 그 돈을 받을 권리가 있다. 월트 체임벌린의 예에서 절묘한 점은, 우리로 하여금 우리가 좋아하는 자원 분배 상황에서 시작하도록 상상할 수 있게 해준다는 점이다. 우리가 정확하게 동일한 액수의 돈을 가지고 출발한다고 가정해보자. 사회의 모든 구성원들은 정확히 똑같은 액수의 돈을 가지고 있다. 자, 이제 일부 사람들은 월트 체임벌린의 시합을 아주 좋아하기 때문에 그가 시합하는 모습을 구경하기 위해 약간의 할증요금을 지불할 의사가 있다. 그래서 월트의 소속 그룹은 월트가 경기에 뛸 경우 보통 입장권 요금에 덧붙여 일인당 25센트의 추가요금을 요구한다. 수백만의 사람들이 정규 시즌 동안 월트를 지켜보기 때문에 그는 매우 부유해진다. 이제 자원 분배가 더 이상 평등하지는 않지만 반대할 만한 어떤 일도 없다. 사람들은 단순히 자신들의 소유를 가지고 자신이 하고 싶은 것을 자유롭게 선택했을 뿐이다. 월트의 예에서 얻을 수 있는 일반적인 교훈은 자유가 패턴을 교란시킨다는 것이다. 만일 그것이 어떤 것이든 최초의 분배가 정당하다면 그 상태로부터 자발적인 교환으로 발생하는 결과 또한 반드시 정당하다. 다른 대안적인 정의관은 사람들이 자신의 정당한 소유물을 이용해 하고 싶은 것을 할 수 있는 자유를 제약한다.

자체적으로만 보면 월트 체임벌린의 예는 매우 효과적이다. 만일 사람들이 자신이 원하는 것을 하는 데 사용할 수 있는 재산을 정말로 정당하게 소유하고 있다면 그 재산을 다른 사람들에게 주는 것 또한 그들의 자유다. 그들이 자신들이 재산을 소유했던 방식 그대로 월트도 자신이 획득한 것을 소유해야 한다는 분명한 조건으로 월트와 같은 사람에게 자기 소유를 주고 자 한다면, 국가가 다른 사람들에게 주기 위해 그중의 일부를 가져가는 것 은 정당하지 않을 것이다. 그러므로 누구라도 그 결론, 즉 엄청난 불평등이 정당할 수 있다는 것과 국가가 어떤 형태로든 재분배를 위해 과세를 하는 것은 잘못된 것이라는 결론에 이의를 제기하고자 하는 사람은 이와 같은 전제에 이의를 제기해야만 한다. 그 사람은 월트 같은 사람들이 노직이 생 각하는 의미로 재산을 소유할 수 있다는 것을 부정해야만 한다. 월트 체임 벌린의 예가 갖고 있는 설득력은 최초의 자원 분배는 어떤 식이든 상관없 다는 주장과, 엄청난 불평등이 평등한 분배 상태로부터 나올 수 있다는 논 증에서 나온다. 하지만 이런 논리에는 교묘한 술책이 있다. 노직은 최초의 분배가 그것이 어떤 것이든 완전하거나 절대적인 재산권의 분배여야만 한 다고 가정하고 있다. 여기서 재산권이 '완전하거나 절대적'이라는 의미는 사람들이 자신의 소유물을 가지고 무엇이든 원하는 것을 할 수 있다는 뜻 이다. 이 가정을 받아들이면 다른 나머지 주장은 자동적으로 도출된다. 노 직의 견해를 비판하는 문헌들의 상당수는 우리가 (노직이 가정하고 있는 것과 같은) 절대적 소유권을 가질 수 있다는 생각에 이의를 제기하고 있다. 소유 권은 복잡한 문제다. 나는 내 작업실을 내 아이들에게 증여할 수 있는 권리 가 없지만 그것을 사용할 수 있는 권리는 있다. 나는 사무실의 공용 복사기 를 팔 수 있는 권리는 없지만 그것을 사용할 수 있는 권리는 있다. 사람들 에게 자신이 생산하는 것에 대한 절대적인 권리가 있다면, 왜 부모들은 아 이들을 노예로 팔 수 없을까? 노직의 주장이 전제하고 있는 것과 같은 절대 적인 재산권의 타당성을 입증하기 위해서는 더 많은 것을 논의할 필요가 있다.

자기 자신에 대한 소유권은 어떤가? 사람들이 최소한 자기 신체—재능

을 포함하여―를 노직이 말한 것처럼 '완전하거나 절대적으로' 소유한다
는 것은 확실한가? 이 문제에서 노직은 롤스와 명확히 대조된다. 롤스의 입
장에서 원초적 상황은 자유롭고 평등한 시민으로서의 인간이란 관념에 토
대를 두고 있으며, 그들이 시민으로서 서로 평등하다는 가정은 부분적으
로 자신의 자연적 능력에 대해 모른다는 사실에서 나온다는 점을 기억해
보라. 무지의 장막은 재능의 소유가 '도덕적 관점에서 볼 때 임의적'이라는
롤스의 생각을 나타낸다.● 누가 강하거나 약하게 혹은 영리하게 태어나는
것은 단지 운일 뿐이다. 따라서 이런 운 때문에 사람들이 더 잘살고 못사는
것은 공정하지 않을 것이다. 어떤 곳에서 롤스는 자신의 정의관은 사람들
의 자연적 재능을 '공동의 자산(common assets)'으로 취급한다고 말한 바 있
다. 그러므로 롤스의 주장이 사람들의 분리성은 물론 사람들이 자기 인신
의 정당한 소유자라는 견해를 진지하게 고려하지 못했다고 보는 노직의 비
판을 쉽게 이해할 수 있다. 노직은 사람들이 (태어날 때 결정되는 가족의 사회
계급처럼) 자연적 재능을 소유하게 되는 것이 운의 문제라는 것을 부정하지
않는다. 하지만 그것은 전혀 중요하지 않다. 그것이 비록 운의 문제일지라
도 사람들은 자기 자신의 정당한 소유자인 것이다.

대부분 사람들은 모종의 자기 소유권 명제를 수용한다. 당신의 직관을
테스트해보기 위해서 국가가 다음과 같이 주장할 때 어떤 느낌이 들지 생
각해보라. "어떤 사람들은 좋은 시력을 가지고 태어나고 다른 사람들은 나
쁜 시력을 가지고 태어나는데 그것은 단지 운일 뿐이다. 눈을 더 공정하게
분배하기 위해서 우리는 좋은 시력을 갖고 있는 사람들을 무작위로 제비뽑
기하여 눈 한쪽을 두 시력이 다 안 좋은 사람들에게 주기로 결정했다." 대

● 여기서 '임의적'이라는 표현은 재능의 소유가 그 소유자의 도덕적 능력―특히 선택의 능력―과 무관하게
거저 주어졌기 때문에 그가 그 재능들에 대해 마땅히 자신의 것이라고 주장할 수 있는 도덕적 근거가 없다
는 의미다. 다시 말해 '임의적'이라는 표현은 재능의 분배가 궁극적으로 운의 자의성에 좌우되기 때문에 그
것을 소유한 개인들이 그것이 절대적으로 자신의 것이라고 주장할 수 있는 타당한 근거를 제시할 수 없다
는 사실을 반영한다.

부분의 사람들은 애당초 눈의 분배가 공정하지 않다는 것은 인정하겠지만 자기 것이라고 주장하면서 국가의 그러한 제안이 정당하지 않다고 주장할 것이다. "보세요. 이것들은 내 것입니다. 그것들은 나의 일부입니다. 내가 만일 그중 하나를 나보다 더 그것을 필요로 하는 사람에게 주려고 한다면, 그렇게 할 수는 있습니다. 하지만 내가 어떻게 하건 그것은 나의 선택이어야 합니다. 왜냐하면 그 눈들은 나의 소유이기 때문입니다." 신체의 일부는 강제적으로 재분배하는 것을 거부하면서도 재분배를 위한 과세를 지지하는 사람들—아마도 대다수의 사람들—은 자기 소유권과 관련해서는 노직의 견해에 동의하지만, 자신에 대한 소유권이 자신의 신체를 사용하여 만든 것들—재화와 돈—에까지 완전히 똑같은 의미에서 적용되는 것은 아니라고 생각한다. 사람들의 일반적인 믿음은 신체의 일부를 강제적으로 재분배하는 것은 자아에 대한 침해, 곧 인격체로서의 온전함을 침해하는 것인 데 반해, 그런 신체적 부분들을 사용하여 만든 것들에 대한 강제적인 재분배는 그렇지 않다는 것이다.(자기 소유권을 우호적으로 생각하는 사람들을 압박하기 위해, 자연재해로 인한 부상으로 혈액을 필요로 하는 많은 사람들이 생겼다고 상상해보자. 자발적인 헌혈로는 충분하지 않다. 이 경우 국가가 강제적인 헌혈 프로그램을 수립하는 것이 명백히 잘못된 일일까?)

롤스는 자기 소유권의 몇 가지 측면들에는 동의한다. 누가 어떤 몸을 갖고 있는가 하는 문제는 '도덕적으로 임의적'이긴 하지만 그럼에도 불구하고 우리는 신체적 온전함에 대한 권리 및 어떤 개입으로부터도 보호되어야 할 개인적 자유의 영역에 대한 권리를 갖고 있다. 예컨대 롤스가 볼 때 개인은 자신이 선택한 일을 자유롭게 할 수 있어야 한다. 내가 훌륭한 외과의가 될 수 있고 따라서 외과의사가 됨으로써 동료 시민들에게 이상적으로 봉사할 수 있다고 해서 다른 사람들이 힘을 합쳐 억지로 나를 외과의사로 만드는 것이 정당화될 수는 없다. 롤스의 경우, 이 점은 노직적인 의미의 자기 소유권 개념과 관계가 있다기보다는 가치관을 형성·수정·추구할 수 있는 개인의 합리적 능력과 더 깊은 관계가 있다. 그렇지만 도덕적 임의성 —곧 운의 문제—에 관한 롤스의 주장에는 노직이 자기 소유권 관념을 통해 나타내고자 하는 몇 가지 상식적인 직관들을 수용할 수 있는 여지가 있다는 점을 이해하는 것이 중요하다. 롤스와 노직의 중요한 차이는, 노직이 자기 자신에 대한 소유권을 확장시켜 자아가 생산한 재화까지도 소유권의 대상에 포함시키고 있다는 점이다. 노직은 이런 방식으로 자신의 직관을 확대 적용하고자 한다.

대중적 의견: '응분의 몫'으로서의 정의

노직은, 월트 체임벌린이 자신이 번 돈을 받을 만하다(deserve)고 주장하지 않았다는 점을 이해하는 것이 중요하다. 사람들이 받을 만한 것을 갖도록 하는 데 관심을 두는 것은 정확히 노직이 거부하는 패턴에 따른 분배와 맥을 같이하는 것이다. 체임벌린이 자기가 번 것에 대해 정당한 주장—그것에 대한 권리가 있다는 주장—을 할 수 있는 유일한 이유는, 그의 팬들이 각각의 25센트에 대해 권리를 갖고 있고 따라서 그것을 체임벌린에게 주려고 자유롭게 선택했다는 점이다. 체임벌린이 받을 만한가 아닌가 하는 문제는 그다지 중요하지 않다. 농구팬들이 어떤 이상한 이유로 완전히 형편 없는 선수의 플레이를 보기 위해 약간의 추가적인 요금을 지불했다면, 그 선수는 어찌됐든 그들이 지불한 할증분에 대한 권리를 갖게 될 것이다.

노직의 주장을 올바로 이해하길 바라는 것과는 별도로 이 점을 분명히 하는 것이 중요한 이유는, 사람들이 어떻게 사실상 전혀 상관이 없는 주장들을 결합시켜 시장에서의 결과를 옹호하고 있는지 이해하는 데 도움을 얻을 수 있기 때문이다. 시장에서의 결과를 이와 같은 방식으로 옹호하는 것은 매우 흔하면서도 아주 잘못된 방식이다. 한 견해에 따르면 시장은 개인의 자유나 사람들의 자기 소유권에 필수적이다. 시장에서의 자유로운 교환 행위로 발생한 결과물을 강제로 재분배하는 것은 자신의 소유물로 자기가 하고 싶은 것을 할 수 있는 개인의 자유를 침해하는 것이다.(이 주장에 대해서는 자유를 다루는 2장에서 더 살펴볼 것이다.) 이와 명확히 구분되는 또 다른 견해에 따르면 시장은 사람들이 받을 만한 것을 준다고 주장한다. 재능이 있고 근면한 사람들은 재능이 없고 나태한 사람들보다 더 많은 것을 받을 만한데 시장은 바로 그것을 보장해준다. 특별한 경우에는 이런 상이한 정당화 방식들이 우연히 서로 일치할 수가 있다. 하지만 시장의 옹호자들은 이 두 주장이 서로 모순적일 수도 있다는 사실을 인식하지 못한 채 이 두 주장을 혼합해서 사용한다.

그래서 노직은 시장에서의 결과를 마땅히 받을 만한 '응분의 몫(desert)'이란 관념에 입각하여 옹호하지 않는다. 롤스 역시 완전히 다른 각도에서이긴 하지만 시장에서 높은 가격을 받을 수 있는 생산능력이 있는 사람들은 다른 사람들이 기꺼이 지불하고자 하는 액수의 돈을 받을 만하다는 생각에 반대한다. 롤스가 그런 생각에 반대하는 이유는 시장에서 사람들의 생산활동이 얼마나 많은 돈을 받을 수 있느냐는 결정적으로 운에 의해 좌우된다고 보기 때문이다. 타고난 능력의 분배는 '도덕적 관점에서 볼 때 임의적'이다. 따라서 다른 사람들이 기꺼이 대가를 지불하고 싶어 하는 좋은 능력을 가지고 태어난 사람들은 그렇지 않은 사람들보다 응당 더 많은 보상을 받을 만하다고 주장할 수 없다. 그처럼 롤스는 '응분의 몫이라는 관습적인 의미의 정의' 관념에 반대한다. 이를테면 "메이슨은 사회사업가인 데 반해 타이거 우즈는 엄청나게 재능이 있는 골퍼로서 세계의 수백만 팬들에게 큰 즐거움을 선사해주므로 그의 노동은 아주 고가로 팔릴 수 있다"는 식의 사고방식 말이다.

이런 주장들은 실로 대부분의 사람들이 지지한다는 의미에서 정의에 관한 관습적인 의미를 표현하고 있다. 우리는 통속적인 견해가 우즈에 우호적이라는 것을 알고 있다. 우즈가 벌어들이는 돈의 액수가 과연 합당한가에 대해서는 회의적인 생각을 품을 수도 있다. 하지만 전체적으로 볼 때 사람들은 자신들이 기꺼이 일정한 비용을 지불해서라도 구경하거나 고용하고 싶은 특별한 기량 혹은 능력을 갖고 있는 사람들은 그렇지 않은 사람들 —그들이 그렇게 하지 않는 유일한 이유는 그렇게 할 수 없기 때문이다— 에 비해 더 잘살 만하다는 사고방식에 공감한다. 이 맥락에서 흥미로운 것은 사회정의에 관한 가장 영향력 있는 두 이론가들—롤스와 노직—이 우즈가 벌어들이는 액수가 과연 정당한가에 대해 서로 다른 의견을 갖고 있다는 점이다.(롤스는 정당하지 않다고 주장하며 노직은 정당하다고 주장한다. 심지어 노직은 그 소득에 재분배를 위한 세금도 부과해서는 안 된다고 주장한다.) 하지만 그들이 서로 동의하는 것이 있다. 그것은, 사회정의는 사람들이 각자의 생산활동에 상응하는 응분의 몫을 받을 때 달성되는 것이 아니라고 보는 점이다.(롤스는 '도덕적 임의성'을 근거로 반대하며 노직은 응분의 몫에 따라 분배하는 것은 일종의 패턴에 따른 분배라고 보기 때문에 반대한다.) 이 점에 동의하면서 그들은 응분의 몫이란 측면에서 정의를 이해하는 관습적인 견해에 반대한다. 사회정의라는 문제에서 정치철학자들은 대중적인 생각과 상당한 차이를 보이고 있는 것이다.

응분의 몫에 관한 생각을 명료하게 정리해보기 위해 각각 '통속적인' 견해, '혼합된' 견해 그리고 '극단적인' 견해로 부를 수 있는 세 가지 입장을 구분해보자. 통속적 견해로는, 사람은 자신이 어찌해볼 수 없는 요인들 탓이라고 해도, 다른 사람보다 더 많게 혹은 적게 버는 것이 마땅할 수 있다고 본다. 사회사업가인 진 메이슨이 타이거 우즈가 골프선수로서 노력하는 만큼이나 열심히 일한다고 가정해보자. 그녀는 우즈가 노력을 해서 현재의 기량을 습득한 것처럼 대학교까지 다니면서 열심히 공부하여 사회사업가에 필요한 기술을 익혔다. 지금 그녀의 일은 최소한 우즈의 일만큼이나 까다롭다.(감정적으로 까다롭고, 긴 근무시간에, 휴일도 짧다.) 메이슨과 우즈 사이의 소득 차이는 과거건 현재건 그들이 들인 노력의 차이에 기인하지 않는다. 이 경우 사람들 대부분은 우즈가 메이슨보다 더 많은 소득을 벌 만하다고 생각한다. 우즈가 현재 메이슨보다 더 열심히 일하고 있다거나 현재의 위치에 도달하기 위해 과거에 진보다 더 열심히 일했기 때문이 아니다. 그것은 단순히 빼어난 골프 능력을 타고난 행운 덕분에 사회사업가로서 메이슨이 할 수 있는 것보다 더 높은 가치가 있는 것—최소한 다른 사람들이 선뜻 비용을 지불하고자 하는 의도에서 볼 때—을 할 수 있기 때문이다. 메이슨이 우즈처럼 할 수 없는 것은 그녀의 잘못이 아니며 우즈 또한 메이슨이 할 수 없는 일을 할 수 있다고 해서 어떤 칭찬도 받을 만한 자격이 없다. 우즈는 단지 운이 좋을 뿐이다. 이런 경우에서조차, '통속적인' 견해는 우즈가 메이슨보다 더 잘살 자격이 있다고 주장한다.

이런 견해를 '극단적인' 견해와 대조해보자. '극단적인' 견해는 사람들이 서로 다른 보상을 받는 것이 타당하다고 보지 않는다. 설령 현재 서로 다른 정도의 노력을 기울이고 있고 또 과거에 다른 정도의 노력을 기울였어도 말이다. 열심히 일하는 사람도 그렇지 않은 사람보다 더 많은 것을 받을 자격이 있다고 보지 않는 것이다. 이런 견해를 과연 누가 정당화할 수 있을까? '극단적인' 견해의 답변은 이렇다. 사람이 열심히 일하는 것도 자신의 통제를 벗어난 일이다. 사람들의 성품과 심리구조는 유전적 형질과 어린 시절의 사회화 작용 때문이다. 어떤 사람들은 성공하려고 하거나 열심히 노력하고자 하는 의지를 갖고 태어난다. 다른 사람들은 어린 시절부터 그들의 부모에 의해 주입되었거나 다른 성격 형성 요인들로 인해 그런 태도를 갖게 되었다. 그렇다면 왜 행운 때문에 열심히 일하게 된 사람들이 불운 때문에 열심히 일하지 않게 된 사람들에 비해 응당 더 많은 돈을 벌어야 하는가?

'통속적인' 견해는 사람들이 행운으로 인해 갖게 되거나 불운 때문에 못 갖게 된 기술과 능력을 사용하여 서로 다른 액수의 돈을 버는 것이 타당하다고 본다. '극단적인' 견해는 운이라는 요소가 응분의 몫에 따라 차별적인 보상을 받아야 한다는 주장의 타당성을 약화시킨다고 본다. 왜냐하면 노력 역시 운의 작용에 영향을 받기 때문에 더 열심히 일하는 사람이 그렇지 않은 사람보다 더 많은 소득을 버는 것은 부당하다는 것이다. '혼합된' 견해는 중간적인 입장이다. 이 견해에 따르면 영리하거나 미련하게 또는 부유한 가계에서나 가난한 가계에서 태어나는 것과 같이 사람들이 정말로 어찌해볼 수 없는 운 때문에 발생한 것들(혹은 환경들)로 인해 서로 다른 보상을 받는 것은 타당하지 않다. 하지만 진정으로 자신이 선택한 것들에 대해서는 서로 다른 보상을 받는 것이 타당하다. 즉 자신이 할 수 있는 것들 중에서 스스로 선택하여 하기로 한 노력이나 일의 종류 등에 대해서는 다른 보상을 받는 것이 타당하다고 본다.● 사람들이 단순히 자연적·사회적 제비뽑기의 결과로서 더 잘살거나 못사는 것은 공정하지 않다는 점에서는 롤스가 옳다. 하지만 사람들이 스스로 내린 선택─얼마나 노력할 것이며 어떤 직업을 선택할 것인가 하는 문제 등─이 생활수준의 차이에 영향을 미쳐서는 안 된다고 보는 것은 잘못이다.

롤스는 때때로 극단적인 견해를 취하는 것으로 간주된다. 이 점에서 롤스는 그다지 분명하지는 않다. 하지만 롤스의 입장을 설득력 있게 해석할 경우 롤스는 자유의지의 역할을 인정한다. 다시 말해 그는 개인이 내리는 모든 추정 가능한 선택들이 다 실제로 유전이나 사회화에 의해 결정된다고 보지는 않는다. 그보다는 오히려 사람들의 노력도 운적인 요인들에 큰 영향을 받기 때문에 단순히 그런 노력에 비례해서만 보상을 받아서는 안 된다고 생각하는 것으로 보아야 한다. 그의 말대로 선택에 영향을 미칠 수 있는 우연한 특징들과 진정한 선택─도덕적으로 임의적인 요소들에 의해 영향을 받지 않은─을 구분하는 것은 현실적으로 불가능하기 때문에 "응분

●여기서는 응분의 몫이 주로 '공로에 부합하는 보상'이라는 특정한 의미로 사용되고 있다. 사람들은 사회나 타인들에 대한 기여(공적) 및 노력에 상응하는 보상을 받아야 한다는 것이 공로로서의 정의다. 그러므로 공로는 응분의 몫이라는 상식적인 정의관의 핵심적 일부를 차지하고 있다고 할 수 있다. 여기서 말하는 상식적인 정의관으로서의 응분의 몫(desert)은 공로에 상응하는 보상과는 다른 의미─장점에 대한 보상, 수고에 대한 보상, 차등에 대한 보상 등─로 사용될 수도 있는데, 이에 대해서는 조금 뒤에 설명된다.

의 몫에 따라 보상한다는 생각은 실행하기 어렵다".

이 견해는 설득력이 있다. 사람들이 스스로 선택을 하고 그것에 대해 책임을 지는 것이 마땅하며 따라서 선택의 결과로 소득 차이가 벌어지는 것이 타당하다고 생각할지라도 사람들이 현재 버는 소득을 a) 자신이 책임을 질 수 있고 따라서 마땅히 자신이 갖는 것이 타당한 몫과 b) 자신이 책임이 없고 따라서 자신이 소유하는 것이 타당하지 않은 몫으로 구분하기란 아주 어려울 것이다. 여기서 중요한 고려사항은 성인이 소유하고 있는 능력들은 상당 정도 그들이 어렸을 때 들인 노력을 반영하고 있다는 점이다. 성인이 갖고 있는 일부 능력들은 자연적 재능을 반영한다.(세 살 무렵의 타이거 우즈가 골프공을 치는 텔레비전 영상을 본 사람들은, 누구나 그가 엄청난 재능을 가지고 태어난 축복을 받았음을 알 것이다.) 하지만 타고난 재능이 아닌 것은 주로 어린 시절의 습관에 기인한다. 어떤 아이들은 열심히 노력하며, 한번 시도로 포기하지 않고, 롤스가 '성실한 노력'이라 부르는 능력을 개발한다. 다른 아이들은 그렇지 않다. 하지만 아이들이 그와 같은 선택들에 책임이 있다는 생각은 그다지 설득력이 없다. 아이들의 성격은 (유전자로 결정되지 않는다면) 부모와 선생들 그리고 스스로 어찌해볼 수 없는 다른 영향들에 달려 있다. 우리들은 성인으로서 우리들의 능력으로 무엇을 할지를 스스로 책임 있게 선택할 수 있으며 따라서 그런 선택에 따라 상이한 보상을 받는 것이 마땅할 수도 있다. 하지만 우리가 성인으로서 갖고 있는 능력들—어떻든 선택의 결과라고 할 때—은 주로 우리가 어렸을 때 한 선택의 결과로서, 어렸을 때 한 선택들에 대해서는 책임을 질 수가 없는 것이다.

하지만 염두에 두어야 할 가장 중요한 사항은, 시장은 시장에서 교환할 수 있는 능력들의 다양한 구성요소들을 분리해내기 위해 사실상 아무런 시도도 하지 않는다는 점이다.● 내가 '사실상'이라는 단서를 붙인 이유는 동일한 능력을 갖고 있는 두 사람이 그들의 노력 여하에 따라서 서로 다른 보상을 받는 경향이 있기 때문이다. 하지만 초과분의 노력에 대한 초과분의 보상은 그들이 소유하고 있는 능력들에 대한 대가에 비교해보면 별것이 아니며 시장은 그들이 어떻게 그런 능력을 갖게 되었는지에 대해서는 관심을 가질 수도 없다. 어쩌면 한 사람은 뛰어난 자연적 소질을 갖추고 부유한 부모에게서 태어나서 좋은 교육을 받았기 때문이며, 다른 사람은 자연적인 소질이 떨어지고 별로 도움이 되지 않은 학교 교육을 받았음에도 불구하고 자신을 향상시키기 위해 많은 노력을 기울였기 때문일지도 모른다. 하지만 시장은 이런 차이에 아무 관심을 갖지 않는다. 시장은, 내가 대강 설명한 이와 같은 부류의 차이에 무관심하다. 시장은 타인들의 선호(실질적으로는 자신의 선호를 충족시키기 위해 비용을 지불할 능력을 갖고 있는 사람들의 선호)를 충족시켜주는 능력에 따라 보상을 해준다. 시장은 사람들이 그런 능력을 얻게 된 과정에는 전혀 관심을 두지 않는다.

응분의 몫에 따른 보상이라는 통속적인 정의관에 회의적인 롤스와 같은 사람도 어떤 사람이 행운으로 갖게 된 장점 때문에 마땅히 요구할 수 있는 어떤 것들이 있다고 생각할 수 있다. 누군가 셰이머스 히니(Seamus Heaney)가 노벨문학상을 받을 만하다고 여겼다고 가정해보자. 그런 판단은 그가 그런 시를 쓸 수 있는 능력을 갖게 된 과정과는 아무런 상관이 없다. 노력이건 타고난 능력을 통해서건 유리한 양육과정을 통해서건 말이다. 그가 운 좋게도 시를 쓸 수 있는 천부적인 재능을 가지고 태어나 특별히 좋은 교육을 받았기 때문에 노력을 별로 들이지 않았다고 해도 그는 여전히 노벨상을 받을 만했다고 주장할 수 있다. 하지만 그 이유는 노벨상이 최고의 문학작품을 쓴 사람에게 수여되기 때문이다. 히니는 그런 작품을 썼기 때문에 노벨상을 받을 만했다. 그러므로 통속적인 견해에 회의적인 사람들이라고 해도 응분의 몫에 따른 보상이 타당하게 여겨지는 어떤 상황이 있다는 것은 인정할 수 있다. 사람들에게 응분의 몫에 따라 보상해주는 시장을

●여기서 능력들의 다양한 구성 요소로는 운과 노력 그리고 이 두 가지 요소가 결합되어 있는 형태를 들 수 있다.

옹호하는 사람들과 시장에 회의적인 사람들 사이의 의견 불일치는, 어떤 특정한 통속적 견해가 타당한가에 있지 않고 통속적인 견해가 타당성을 가질 수 있는 적합한 범위가 어디까지인가에 있다. 회의론자는 다음과 같이 의문을 제기한다. "왜 어떤 사람들은 다른 사람들보다 단지 운이 좋다는 이유만으로 자신의 인생관을 실현하기 위해 더 많은 자원을 써야 하는가? 좋다, 누가 최고의 시인에게 상을 주기를 원한다면 그가 어떤 행운 때문에 그런 시인이 되었는지와는 상관없이 최고의 시인이 상을 받는 것은 타당하다. 하지만 사람들이 직업을 통해 버는 돈은 상과는 다르다. 그것은 너무 중요한 문제이므로 운에 맡길 수 없다." 철두철미한 회의론자는 심지어 히니가 노벨상 수상자로 불리는 것은 타당하지만 상으로 돈을 받는 것은 타당하지 않다고 주장할 수도 있다. 그는 우연히 그런 위대한 시인이 되었을 뿐인데 왜 그와 같은 여분의 돈을 자신의 인생에 쓸 수 있단 말인가? 이런 입장에서 보면 응분의 몫에 따른 보상을 요구하는 통속적인 주장은 상과 같이 상징적인 보상이면 되지 반드시 돈과 같은 보상이 필요하다고 보지 않는다.

이 분야의 다른 개념들과 마찬가지로 '응분의 몫(desert)'이라는 용어는 때로 상당히 느슨하게 사용된다. 지금까지 시도해온 시시콜콜한 (하지만 명료한 이해를 돕는) 구분의 일환으로 나는 지금까지 논의해온 응분의 몫이란 아이디어가 때로 '응분의 몫'이라는 같은 용어로 표기되는 다른 관념들과 어떻게 다른가를 설명함으로써 논의를 마치고자 한다.

첫째, 응분의 몫은 '정당한 기대'와 차이가 있다. 기업이든 시장경제 전체든 하나의 제도적 구조를 생각해보고 그 안에서 사람들이 실제로 소유하고 있는 자격에 따라 불평등하게 보상받는다고 생각해보라. 그러면 우리는 다음과 같이 말할 수 있다. 그런 자격을 획득한 사람들이 그에 상응하는 보상을 받는 것이 타당한 이유는 애초에 그 제도는 그 자격에는 그에 상응하는 보상이 따를 것이라고 정당하게 기대할 수 있도록 수립되었기 때문이라고 말이다. 이것은 때때로 응분의 몫의 '제도적' 발상이라 불린다. 간과하지 말아야 할 중요한 사항은 제도들이 수립될 때 왜 애당초 그런 방식으로 수립되어야 했는지는 완전히 별개의 문제라는 점이다. 우리가 다음과 같이 주장하는 것은 충분히 가능하다. "우리는 일반적으로 MBA를 획득한 사람에게 많은 돈을 보상해주는 제도에서 일하기 때문에 어떤 사람이 그런 기대를 가지고 마침내 MBA를 획득하기로 선택했다면 많은 돈을 벌 수 있다는 그 사람의 기대는 정당하다. 그런 제한된 의미에서 그는 응당 많은 돈을 '벌 만하다deserve'. 그럼에도 불구하고 MBA가 있는 사람에게 MBA가 없는 사람보다 더 많이 보상해주는 제도—실제로 시험성적에 따라 차별대우하는 어떤 제도든—는 근본적으로 부당하므로, 사람들에게 진정으로 마땅한 응분의 몫을 주지 않는다고 분명히 말할 수 있다." 응분의 몫(desert)이라는 용어로 정당한 기대를 표현하는 것은 쉬운 일이다. 사실 누군가가 실제로는 마땅히 응분의 몫을 받을 만한 것은 아님에도(제도가 부정의하게 설립되고 사람들에 대한 보상이 그들의 '실제'나 '그대로의' 혹은 '제도 이전의' 응분의 몫과 합치하지 않을 수 있기에) 정당한 기대를 가질 수 있다는 것(단, 제도적 의미의 응분의 몫이란 점에서만)을 명확히 파악하고 있다면, 여기엔 아무 문제가 없다. •

둘째, 어떤 사람들은 보상(compensation)이나 균등화(equalization)에 관해 말할 때도 응분의 몫이란 용어를 사용한다. 위험하거나 스트레스가 심하거나 지저분하거나 지루하거나 혹은 남들의 시선이 좋지 않은 일을 수행하는 사람들은, 다른 조건이 동등하다면, 안전하거나 편안하거나 재미있거나 건강에 좋거나 혹은 좋은 평판을 갖고 있는 일을 수행하는 사람들보다 더 많은 돈을 벌어야 한다는 것이 내 생각이라고 가정해보라. 나는 당연히 그들이 더 많은 돈을 받을 만하다(deserve)고 생각할 수 있다. 이것이 내가 앞에서 논의했던 응분의 몫이란 용어의 의미—즉 공로에 부합하는 보상—

• 여기서는 응분의 몫이라는 의미의 정의가 제도적으로 인정된 '장점(merit)'에 상응하는 보상이라는 의미로 사용되고 있다. 다시 말해 영어 단어 desert는 때로 merit을 함축하기도 한다.

와 어떻게 다른가를 확실히 이해하고 있다면 이 용어를 이처럼 수고에 대한 보상이란 의미로 사용하는 데 특별한 문제는 없다. 앞에서 논의한 바 있는 응분의 몫은 특히 사람들의 특성에 따라 남들보다 많거나 적게 보상받는 것이 타당한가 하는 문제와 연관되어 있었으며, 그런 특성들을 갖게 된 데 개인이 어느 정도 책임이 있는가 하는 문제와도 연관되어 있었다. 반면에 지금 우리가 논의하고 있는 바와 같이 보상이란 의미로 사용할 경우 응분의 몫에 근거한 요구는 본질적으로 균등화에 대한 요구라고 할 수 있다. 이 경우 응분의 몫이란 용어는 '차등적인 부분을 보상해준다'는 발상의 측면에서 생각할 수 있다. 서로 다른 사람들 사이의 전반적인 혹은 최종적인 균등함을 달성하기 위해서는 그들이 수행하는 작업의 상이한 특징들—흥미, 위신, 위험 등—을 고려함으로써 어떤 표준을 넘거나 표준에 못 미치는 것들이 있다면 그것에 알맞게 보상하도록 노력해야 한다.

다시 한번 말하면 이런 식으로 '응분의 몫'이란 용어를 사용하는 것은 전혀 문제가 없다. 하지만 중요한 것은 이런 경우에는 타이거 우즈가 진 메이슨보다 더 많은 돈을 버는 것이 타당하다는 주장을 정당화하기 어렵다. 우리 사회에서 시장이 야기한 불평등들을 차등적 부분에 대한 보상—즉 조금 전에 사용된 응분의 몫의 의미—이란 관념에 입각하여 정당화하기란 거의 불가능하다.(어떤 경제학자들과 정치이론가들은 완벽하게 이상적인 시장에서 발생한 불평등들은 정당화될 수 있다고 생각한다. 이 경우 사람들이 일에 대한 보수로 번 돈은 단지 그들이 일을 함으로써 얻은 이익과 불이익을 상쇄한 순수한 차이만을 반영할 것이다. 고용주들은 상대적으로 불쾌한 일을 하는 사람들을 고용하는 데 더 많은 액수의 돈을 지불해야 할 것이다. 하지만 지금으로서는 그 반대 경우가 더 일반적이다.)

마지막 셋째 용법은 꼭 그럴 필요는 없지만 차등적 부분에 대한 보상이란 관념에 연관될 수 있다. 이것은 어떤 사람들이 다른 사람들보다 돈을 더 많이 버는 것이 정당한 이유는 그렇지 않을 경우 더 나쁜 결과가 발생할 것이라는 근거에 입각해 있다. 때때로 이와 같은 아이디어도 응분의 몫이란 개념을 통해 표현된다. 다음과 같은 질문을 가정해보라. "뇌 외과의들은 간호사들보다 더 많은 돈을 벌 만한가?" 누군가는 다음과 같이 답변할 것이다. "맞아요. 그럴 만해요. 간호사들보다 외과의들에게 더 많은 돈을 지불하지 않으면 아무도 외과의사가 되지 않을 겁니다. 일부 사람들이 외과의사가 되는 것은 분명 중요하기 때문에 사람들이 반드시 외과의를 직업으로 택할 수 있도록 그들에게 더 많은 보상을 주어야 합니다." 이것은 인센티브에 관한 주장, 곧 사람들을 사회적으로 유익한 일을 하도록 유인할 필요성에 관한 주장이다. 다시 말해 외과의들에게 더 많은 것을 주는 것이 외과 일을 하도록 만들 유일하거나 최선의 방법이라면 그것은 정당하다는 주장이다. 이 주장이 응분의 몫과 무슨 연관성이 있는가?

그대로는 연관성이 없다. 그 주장 자체로는 뇌 외과의들과 간호사들의 상대적 응분의 몫과는 아무런 연관성이 없다. 그것은 단지 결과주의적인 관찰, 다시 말해, 만일 외과의들에게 더 많이 지불하지 않을 경우 일어날 수 있는 일, 결과에 관한 관찰일 뿐이다. 그런 주장 자체로는 왜 우리가 외과의를 확보하기 위해 간호사들보다 더 많은 보상을 지불할 필요가 있는지를 알 수 없다. 어쩌면 뇌 외과의를 지망하는 이들이 간호사들보다 더 이기적이라서 그럴지도 모른다. 그래서 사회적으로 자신들의 일이 갖고 있는 가치를 깨닫고 그것을 빌미로 더 많은 비용을 지불하라고 협박을 하면서 우리를 볼모로 삼으려고 하기 때문일 수도 있다. 만일 그렇다면 우리는 그들이 추가적인 보상을 받을 만하다고 말하기 어려울 것이다.(우리가 몸값을 지불할 경우에만 인질을 풀어줄 인질범이 그 돈을 '마땅히 받을 만하다'고 말하기 어려운 것과 같이 말이다. 우리가 인질범에게 몸값을 지불하는 것이 정당하다고 생각할 수는 있겠지만.)

하지만 이상의 주장은 '응분의 몫'에 근거한 주장으로 다시 말해, 최소한 '차등적 부분에 대한 보상'이란 의미의 응분의 몫에 근거한 주장으로 전환할 수 있다. 만일 사람들이 뇌 외과의를 직업으로 선택하려 할 경우 왜 뇌 외과의들에게 간호사들보다 더 많은 보상을 지불해야 할 필요가 있을까? 그들은 **아마** 다음과 같이 답할 것이다. "뇌 외과의들은 많은 책임감과 스트레스를 느끼거나 오랜 수련 과정을 통과해야만 하지. 다른 직업을 택한다면 모을 수 있는 많은 돈을 쓰고 대부분의 사람들은 신경 쓸 필요가 없는 기술을 배우기 위해 어려운 과정을 견디면서 말이야. 그러므로 그들이 그런 일을 하도록 평균 이상의 돈을 지불한다면 그것은 단지 차등적 부분에 대한 보상—그 일에 관련된 모든 부정적인 측면들을 고려해볼 때 그들이 응당 받을 만한 보상—을 해주는 것일 뿐이야." 이 논리는 단지 그들이 그런 일을 하도록 하기 위해 추가의 돈을 지불해야만 한다는 것—협박에 근거한 시나리오—이 아니다. 이 논리는 그들이 실제로 그런 추가의 보상을 받을 만한 가치가 있다는 것, 다시 말해, 그들이 외과의가 되는 과정에서 겪는 모든 스트레스, 장시간의 수련 기간 등에 대해 보상할 필요가 있고 따라서 그들이 그 일을 택하도록 필요한 유인책을 제공해야 한다는 의미에서 초과분의 보상을 받을 만하다는 것이다. 그렇지 않으면 모든 상황을 참작해볼 때 그들은 간호사들보다 처지가 더 나쁘게 될 것이다. 이렇게 생각해보면 이상의 입장은 진정으로 정의에 근거한 주장이라 할 수 있으며, 비록 내가 여기서 주로 논의한 응분의 몫의 발상—즉 공로에 부합하는 보상—과는 다르지만 어떤 '응분의 몫'이라는 개념에 호소하는 것이라 할 수 있다.(물론 그런 주장은 논쟁의 여지가 많다. 어떤 사람이 대학교육을 일종의 투자로 보아 그에 대해 높은 임금을 지급해야 한다고 주장할 수도 있지만 대학교육은 그 자체로서 즐겁고 가치 있는 것일 수도 있다. 단지 누가 어떤 것이 보상이 주어져야 할 희생이라고 말한다고 해서 우리가 그에게 동의할 필요는 없다.)

| 결론 |

우리가 지금까지 검토해온 사회정의에 관한 다양한 견해들은 불평등을

정당화하는 상이한 방식들로 이해할 수 있다. 하이에크는 사회정의를 추구한다는 관념 자체가 철학적인 오류를 내포하기 때문에 애당초 불평등 자체가 정당화될 필요가 없다고 생각한다. 롤스는 불평등이 원초적 상황에서 선택될 원칙들—그중에서 가장 논란이 되고 있는 원칙은 차등의 원칙인데 이 원칙에 따르면 불평등은 장기적으로 사회의 최소 수혜자 계층의 복지를 최대로 증진시킬 수 있어야 한다—에 부응하는 한에서만 정당하다고 주장한다. 노직은 롤스식의 접근을 거부하고 자기 소유 원칙을 지지한다. 이 자기 소유 원칙에 따르면 사람들은 자신의 소유물인 재산을 가지고 자기가 원하는 것을 자유롭게 할 수 있기 때문에 그로 인한 불평등은 심각할 경우에도 정당하다. 이 세 사상가들은 모두 사람들은 생산에 얼마만큼 기여하느냐에 따라 상이한 보상을 받는 것이 마땅하다는 통속적인 견해를 거부한다.

이처럼 상이한 정의관을 뒤섞어서 우리 사회의 불평등을 정당화하는 사람들을 쉽게 볼 수 있다. 이것이 바로 이런 정의관들을 주의 깊게 구분해야 하는 이유다. 타이거 우즈나 빌 게이츠 혹은 어떤 기업 변호사가 사회사업가나 학교 교사 혹은 비자발적 실업자들보다 더 많은 소득을 올리는 것이 왜 정당한가? 이 질문은 하이에크가 말한 범주상의 오류를 범하는 것인가?[*] 그와 같은 불평등이 정당한 이유는 소득상의 불평등—그토록 많은 소득 차이—이 장기적으로 가난한 이들에게 이익이 되기 때문인가? 월트 체임벌린의 경우처럼 사람들이 재능을 소유하고 있고 다른 사람들이 그 재능의 사용에 기꺼이 비용을 지불하고자 하기 때문인가? 아니면 어떤 식으로든 사람들이 더 많은 보상을 받을 만한 가치가 있기 때문인가? 특별한 상황에서는 불평등에 대한 이와 같은 정당화 방식들이 서로 우연히 일치할 수 있지만 항상 그렇지는 않다. 현존하는 불평등들—혹은 그와 비슷한 것들은 무

---

[*] 여기서 말하는 범주상의 오류는 인위적인 분배자가 없기 때문에 정의롭다고나 부당하다고 평가할 수 없는 것을 정의의 문제로 삼는 실수를 말한다.

엇이든—의 정당성을 옹호하고자 하는 사람들은 이런 우연한 일치가 깨질 때 어떤 입장을 취할 것인가를 더 진지하게 생각할 필요가 있다.

| 더 읽을거리 |

매튜 클레이튼(Matthew Clayton)과 앤드류 윌리엄스(Andrew Williams)가 편집한 『사회정의(Social Justice)』(Balckwell 2003)는 탁월한 에세이 모음집으로 알란 라이언(Alan Ryan)이 편집한 『정의(Justice)』(Oxford University Press, 1993)보다 범위도 넓고 더 최근의 논의를 담고 있다. 해리 브릭하우스(Harry Brighouse)의 『정의(Justice)』(Polity 2004)는 최고의 개설서이지만 톰 캠벨 (Tom Campbell)의 『정의(Justice)』(개정판, Macmillan 2000) 또한 훌륭하다.

하이에크에 관해서는 핵심적인 저작으로 하이에크 자신이 쓴 『사회정의라는 신기루(The Mirage of Social Justice)』(Routledge & Kegan Paul)가 1976년에 처음으로 출판되었다. 이 책은 1982년에 출판된 그의 『법, 입법 그리고 자유(Law, Legislation and Liberty)』의 2권으로 통합되었다. 하이에크의 『철학, 정치 그리고 경제에 관한 새로운 에세이들(New Essays in Philosophy, Politics and Economics)』(Routledge & Kegan Paul, 1978)에 실린 「사회정의의 격세유전」이라는 글은 짧고 적절하다. 존 그레이(John Gray)의 『하이에크의 자유론(Hayek on Liberty)』(개정판, Blackwell, 1986)과 찬드란 쿠카타스(Chandran Kukathas)의 『하이에크와 현대자유주의(Hayek and Modern Liberalism)』(Oxford University Press, 1989)는 하이에크 저작 전체에 대한 최고의 비평서다.

롤스의 『공정으로서의 정의: 재진술(Justice as Fairness: Restatement)』(Harvard University Press, 1989)은 그의 이론을 활용하기 쉽게 펴낸 책이다. 2차 문헌들의 홍수 속에서 스티븐 멀홀(Stephen Mulhall)과 애덤 스위프트(Adam Swift)가 공동 저술한 『자유주의자들과 공동체주의자들(Liberals and Communitarians)』(개정판, Blackwell, 1996)의 서문 및 찬드란 쿠카타스와 필립 펫팃(Philip Pettit)

이 공동 저술한『롤스: 정의론과 그 비판자들(Rawls: A Theory of Justice and Its Critics)』(Polity, 1990)은 읽어볼 만하다.

노직의 『아나키에서 유토피아로(Anarchy, State and Utopia)』(Blackwell, 1974)는 정치철학에 관한 한 재미있는 읽을거리다. 특히 분배적 정의를 다루는 2부가 가장 관련성이 깊다. 최고의 비평서는 조너선 울프(Jonathan Wolf)의 『소유권, 정의 그리고 최소국가(Property, Justice and the Minimal State)』(Polity, 1991)다.

응분의 몫(desert)에 관해서는 두 권의 좋은 에세이 모음집이 있다. 하나는 루이스 포즈먼(Louis Pojman)과 오웬 맥리오드(Owen Mcleod)가 편집한 『우리는 무엇을 받을 만한가?(What do we deserve?)』(Oxford University Press, 1999)이고 다른 하나는 세레나 올사레티(Serena Olsaretti)가 편집한 『응분의 몫과 정의(Desert and Justice)』(Oxford University Press, 1993)다. ● 데이비드 밀러(David Miller)는 『사회정의의 원칙들(Principles of Social Justice)』(Harvard University Press, 2000) 7장부터 9장에 걸쳐 시장이 (현재 수행하고 있는 기능은 아니지만) 사람들에게 그들이 마땅히 받아야 하는 것, 즉 응분의 보상을 해줄 수 있다고 주장한다. 고든 마셜(Gordon Marshall)과 기타 저자들이 공동 집필한 『불평등에 맞서서? 산업사회의 사회계급과 사회정의(Against the Odds? Social Class and Social Justice in Industrial Societies)』(Oxford University Press, 1997)는 좀 더 회의적인 시각을 보여준다.

비교적 접근하기 쉬운 범위의 경계에 있는 책으로는 브라이언 배리(Brian Barry)의 『왜 사회정의가 중요한가?』(Polity, 2005)가 있는데 이 책은 생각을 자극하는 논쟁적인 책이다.

● 앞에서 살펴본 바와 같이 desert는 공로, 장점, 응분의 보상 등 다양한 문맥적 의미를 갖고 있다.

2부
자유

롤스의 『정의론』이 현대 정치철학 분야의 가장 영향력 있는 저서라 한다면 이사야 벌린(I. Berlin, 1909~1997)의 「두 가지 자유 개념」(Two Concepts of Liberty)은 가장 영향력 있는 논문이다.(이 글은 벌린이 1958년에 옥스퍼드대학 사회정치이론 교수로 취임할 때 행한 강연이었다.) 이것은 서문에서 밝힌 바와 같이 영국 수상 토니 블레어가 질

이사야 벌린

문을 했던 바로 그 논문이다. 이 글에서 벌린은 유명한 '소극적' 자유와 '적극적' 자유 개념을 구분하고 후자는 잘못된 자유 개념이라고 주장했다. 벌린이 보기에 '적극적' 자유는 너무나 잘못된 개념으로 사실상 나치 독일과 구소련과 같은 국가들이 이 개념에 호소하여 당시의 체제를 정당화했다. 자유의 가장 뻔뻔스러운 적들이, 자신들이 마치 자유의 진정한 친구인 양 확신하는 매우 기이한 일이 벌어진 것이다.

벌린의 글은 그 당시 일어났던 일을 매우 훌륭하게 설명해준다. 서로 매

우 밀접하게 출발한 자유에 관한 두 가지 사고방식이 점진적으로 분리되어 마침내 별개의 자유 개념으로 대립하게 된 것이다. 그것은 사상사에서 엄청난 중요성이 있는 개념—자유—의 진화 과정을 통찰력 있고 고무적이며 설득력 있게 추적하고 있다. 하지만 그다지 분명하지 않은 측면도 있다. 벌린은 소극적 자유와 적극적 자유를 다양한 방식으로 구분하지만 동시에 현저히 다른 논지의 주장을 편다. 따라서 당연히 독자들은 그가 정확히 무엇을 주장하고 있는지 다소 혼란스러울 수가 있다. 여기서는 그런 혼란 몇몇을 정리해본다. 나는 벌린이 위험스럽다고 본 자유 개념, 곧 전체주의 국가가 공식적 이데올로기로 왜곡·편입하기에 적합했던 '적극적' 자유 개념을 블레어가 옹호하게 된 이유를 설명할 것이다. 블레어가 그 자유 개념을 옹호했던 것은 그가 밀실의 독재자였기 때문이 아니다. 그 답은 그보다는 흥미롭지 않은 것이다. 블레어가 '적극적' 자유 개념을 옹호한 이유는, 벌린은 그 개념을 여러 가지 다양한 의미로 사용하고 있는데 그중 몇 가지만이 전체주의적인 경향성을 갖고 있기 때문이다. 블레어가 옹호한 '적극적' 자유 개념—이 개념은 유럽과 북아메리카의 중도좌익에게서 핵심적인 역할을 한다—은 히틀러와 스탈린과 연관성이 있거나 그들이 지지했던 자유 개념이 아니다.

2부에서는 소극적 자유와 적극적 자유를 분명히 구분해보는 것은 물론이고 다른 두 가지 이슈도 다뤄볼 것이다. 첫째는 자유, 재산, 그리고 자유시장 사이의 관계를 탐구한다. 우익이 내세우는 한 가지 주장에 따르면 개인의 자유라는 가치를 위해서는 사유재산과 자유시장이 필요하다. 1부에서 살펴본 바와 같이 정의를 권리로 보는 노직의 정의관은 이런 주장을 반영하는 좋은 예다. 하이에크의 주장도 이런 입장을 짙게 반영하고 있다. 개인의 자유를 위해 사유재산과 자유시장이 필요하다는 식의 주장—낮은 과세율은 자유를 보호·증진한다는 근거로 옹호되는 것이 보통이다—은 일반적인 정치적 논쟁에서 중요하기 때문에 주의 깊게 검토할 필요가 있다.

마지막으로 블레어가 옹호하지 않은 적극적 자유 개념, 곧 벌린이 전체주의로 통한다고 본 적극적 자유 개념을 검토해본다. 적극적 자유 개념에 속하는 몇 가지 자유관을 구분해봄으로써 벌린이 전체주의로 치달아 간다고 보았던 '적극적' 자유 개념이 과연 그가 생각한 것처럼 그렇게 위험스러운 것이었던가를 더 잘 이해할 수 있다.

두 가지 자유?

벌린의 논문을 읽어본 대부분의 독자들은 소극적 자유와 적극적 자유 개념 사이의 차이는 '~으로부터의 자유'와 '~할 자유' 사이의 차이라는 생각을 하게 된다. 독자들의 생각에 소극적 자유의 옹호자들은 자유를 본질적으로 어떤 것들(제약, 장애, 혹은 간섭 등과 같은)로**부터** 자유로운 것과 관계된 것으로 간주하는 데 반해 적극적 자유의 옹호자들은 그보다는 자유를 어떤 것들을 자유롭게 **행하는** 것과 관계가 있다고 본다.(자유를 나타내는 두 가지 용어인 'liberty'와 'freedom'의 차이는 그다지 크지 않기 때문에 두 용어를 편의에 따라 쓰기로 한다.)

하지만 독자들의 이와 같은 이해방식은 잘못된 것이다. 소극적 자유와 적극적 자유 사이에 차이가 있다면 그것은 이런 의미의 차이가 아니다. '~으로부터의 자유' 대 '~할 자유'와 같은 식의 구분은 본질을 호도하는 것이다. 그런 구분법이 본질을 호도한다는 것은, 모든 자유가 전부 '~으로부터의' 자유인 동시에 '~할' 자유라는 사실을 아는 것으로 충분하다. 어떤 자유이든지, 그 자유는 '~으로부터의 자유'인 동시에 '~할' 자유다. 예컨대 소극적 자유의 옹호자들이 애호하는 부류의 자유(벌린이 선호하는 자유)인 개인의 종교적 자유를 살펴보자. 이 종교적 자유는 '~으로부터의' 자유—당신에게 어떤 종교를 믿으라고 명령하는 국가로부터의 자유—인가? 아니면 '~할' 자유—당신이 선택한 종교를 믿을 수 있는 자유—인가? 적극적인 자유 개념(벌린이 좋아하지 않는 부류의 자유)을 옹호하는 이들이 선호하는 자유 개념인 이성적인 자기 통제로서의 자유를 예로 들어보다. 이 자유는 '~할' 자유—합리적인 것을 할 수 있는 자유 혹은 이성적인 자아에 따라 행위할 수 있는 자유—인가? 아니면 '~으로부터' 자유—감정, 무지, 욕망 혹은 어떤 것이든 이성적인 행위를 방해하는 것으로부터의 자유—인가?

벌린의 논문에 대한 유명한 비판에서 미국의 철학자 제럴드 맥컬럼 (Gerald MacCallum, 1925~1987)은 주장하기를 벌린은 두 가지 자유 개념이 있는 것으로 잘못 생각했으며 더욱이 '~으로부터의 자유'와 '~할 자유' 사이에 어떤 차이가 있는 것처럼 생각했다. 그런데 이것은 아주 잘못된 생각이다. 맥컬럼이 보기에 자유에 관한 모든 주장들은 다음과 같은 형식을 갖고 있다.

> x는 z를 하는 데(z를 하지 않는 데, 혹은 z가 되거나 되지 않는 데) y로부터 자유롭다(자유롭지 않다).

자유는 삼자 관계다. 그것은 필히 세 가지 것에 관련된다. x는 행위자 혹은 자유의 주체이며 y는 제약, 간섭 혹은 장애이고 z는 목표 혹은 목적이다. 당신이 어떤 자유를 마음에 두고 있건 그것은 명시적으로든 암묵적으로든 어떤 것으로부터 자유롭게 무엇을 하거나 무엇이 될 수 있는 행위자 관념을 포함할 것이다. 자유에 관한 상이한 견해를 갖고 있는 사람들이 의견차를 보이는 부분은 무엇이 x로 간주되고 y로 간주되며 또 z로 간주되는가 하는 점이다.

두 가지 자유 개념이 있다는 벌린의 주장에는 이중의 혼란이 있다. 애당초 한 가지의 자유 개념, 즉 맥컬럼이 삼자 관계로 공식화한 한 가지 자유 개념만이 존재한다. 자유에 관한 사람들의 의견 차이는 자유의 개념에 관한 것이 아니라 자유 개념의 구체적인 이해방식, 즉 발상에 관한 것이다.

자유에 관한 발상들이 다른 이유는 사람들이 무엇이 행위자(x)이고 제약(y)이며 목표(x)로 간주되어야 하는가에 관하여 생각이 서로 다르기 때문이다. 그래서 이 경우는 자유에 관한 두 이해방식이 있다고 하는 말과 부합한다. 만일 맥컬럼이 제시한 자유 개념의 형식을 채울 수 있는 방식이 단 두 가지뿐이라면, 다시 말해 한 가지 자유 개념을 구체적으로 해석할 수 있는 방식이 단 두 가지 존재한다면, 자유에 관한 두 가지 발상이 존재한다고 말하는 것이 사리에 맞을 것이다. 그리고 단순히 벌린이 사용한 '개념'이라는 단어를 '발상'으로 대체함으로써 그의 입장을 쉽게 변호할 수 있을 것이다. 하지만 맥컬럼의 형식을 채우는 방식은 단지 두 가지만이 아니다. 다른 많은 방식들이 있으며 그 다양한 방식들을 벌린처럼 두 가지 범주 내지 유형으로 구분하려는 시도는 별로 도움이 될 것 같지 않다. 다양한 방식들을 범주별로 분류하는 것은 도움이 될 수도 있다. 곧 알게 되겠지만 자유에 관한 다양한 관념들을 분류할 수 있는 흥미 있는 방법들이 있다. 하지만 그런 다양한 관념들을 '소극적' 자유와 '적극적' 자유라는 단 두 가지 범주로 꿰맞추려고 하는 시도는 지나치게 투박하다.

우리가 자유의 발상들 사이의 차이를 생각해보고자 한다면 그 다양한 발상들이 행위자를 어떻게 간주하고 무엇을 그 행위자에 대한 제약으로 간주하며, 무엇을 그 행위자의 목표 혹은 목적으로 간주하고 있는지에 관심을 가질 필요가 있다. 이런 방법이야말로 자유에 관한 논쟁의 내용을 정확하고 면밀하게 확인할 수 있는 방법이다. 그리고 통용되고 있는 다양한 자유관들의 내용을 확인하고 나면 우리가 어떤 자유관을 가장 선호하는지 검토해볼 수가 있다. 몇 가지 이슈들은 행위자에 관련된 것이다. 행위자는 우리가 일상적으로 경험하는 개인인가? 혹은 그 개인의 이성적인, '고차적인' 혹은 '도덕적인' 자아인가? 아니면 민족이나 계급과 같은 집단 내지 단체인가? 다른 이슈들은 무엇이 제약으로 간주되는가에 관한 것이다. 오직 타인들의 의도적이거나 고의적인 간섭만 제약으로 볼 수 있는가? 개인은 (담배를 피우고 싶은 욕구와 같은) 자기 자신의 욕구 때문에 부자유하게 될 수 있는가? 빈곤은 자유를 제약하는가? 또한 목표와 연관된 다른 이슈들도 있다. 누군가 자신이 하고 싶은 것을 못하게 저지당할 때만 부자유한가? 혹은 하고 **싶을 수도 있는** 것을 못하게 저지당할 때도 부자유한가? 그것도 아니라면 진정한 자아실현과 같은 것을 못하게 저지당할 때 부자유한가? 이런 것들은 벌린의 논문이 제기한 난해하고도 중요한 이슈들이다. 지금부터 이런 이슈들에 집중해보자.

자유의 세 가지 구분방식

이미 설명한 바와 같이 자유를 '~으로부터 자유'와 '~할 자유'로 분류하는 것은 도움이 되지 않는다. 아래 개관한 세 가지 구분방식이 유익할 것이다.(나는 그러길 희망한다.) 이 세 가지 구분방식들 각각은 벌린의 '소극적' 자유 대 '적극적' 자유 구분을 반영하고 있다. 하지만 그 구분방식들은 서로 다르기 때문에 그것들을 함께 다뤄버린 벌린의 취급방법은 자유를 명확하게 이해하는 것을 방해한다. 특히 벌린이 사실은 서로 다른 세 가지 자유관들을 '적극적 자유'라는 하나의 이름으로 분류했음을 알게 될 것이다. 이런 상황은, 블레어 수상이 전체주의로 통하는 길로 한 발자국도 내딛지 않고서 왜 벌린이 적극적 자유라고 부른 어떤 것을 지지했는가를 이해할 수 있게 해준다.

1. 실질적 자유 대 형식적 자유

실질적 자유와 형식적 자유의 차이는 특정한 방식으로 행위할 수 있는 힘이나 능력이 있다는 것과 단순히 간섭이 없는 상태 사이의 차이와 같다. 어떤 누구도 당신이 무엇을 하는 것을 저지하지 않는다는 사실이 반드시 당신이 실질적으로 그것을 할 수 있다는 것을 의미하지는 않는다. 아무도 당신을 저지하지 않기 때문에 당신은 자유롭게 무엇이든 할 수 있는가? 혹은 하고 싶은 것을 할 수 없기 때문에 자유롭지 못한가?

휴가철에 모든 영국 시민들이 바하마군도에 자유롭게 갈 수 있는지를 생각해보라. 그렇다고 대답하는 사람들은 다음과 같이 말할지도 모른다. "영국 시민들이 휴가차 바하마군도에 가는 것을 금하는 법은 없어. 휴가 때 어떤 곳에 갈 수 있는 자유를 인정해주지 않는 국가—토탈리타리아 (Totalitaria, 전체주의 국가라는 뜻)—와 비교해봐. 그런 나라의 시민들은 바하마군도에 휴가 갈 수 있는 자유가 없어. 왜냐하면 그것을 금하는 법률이 있기 때문이지. 하지만 영국은 그런 법이 없기 때문에 시민들은 그런 자유를 갖고 있어." 반면에 그렇지 않다고 대답하는 사람들은 다음과 같이 응답할지도 모른다. "그래 맞아, 영국 시민들이 바하마군도에 휴가 가는 것을 금지하는 법률은 없어. 하지만 그런 법률이 없기 때문에 모든 영국 시민들이 자유롭게 그곳에 갈 수 있는 양 말하는 것은 잔인한 농담이야. 바하마군도에서 한 주간 지낼 수 있는 돈이 없는 가난한 시민들은 그곳에 휴가 갈 수 있는 자유가 없는 게 분명해. 아무도 실제로 그들이 휴가를 가는 것을 막지 않는다는 법적인 의미에서 그들이 형식적인 자유를 갖고 있을지는 몰라. 하지만 그들은 실질적으로는 자유가 없어."

이것은 현대 정치와 가장 연관성이 깊은 자유 논쟁이다. 아주 개략적으로 볼 때 우익은 자유를 본질적으로 타인들에 의해 간섭받지 않는 상태로 보기 때문에 최소국가와 자유방임적 시장경제가 자유를 가장 잘 증진시킨다고 주장한다. 반면에 좌익은 자유는 단순히 간섭받지 않는 것 그 이상이라고 본다. 사람들의 참다운 혹은 실질적인(혹은 때로 '적극적인') 자유는 그들을 그저 내버려둠으로써가 아니라, 그대로 놔둘 경우에는 할 수 없는 것들을 할 수 있는 상황으로 만들어줌으로써 증진할 수 있다는 것이다. 우익은 국가의 역할을 제한하기를 원한다. 아마도 (1부에서 논의된 바와 같이) 노직이 옹호한 '야경꾼' 역할만을 수행하도록 축소하기를 원할 것이다. 좌익은 더 적극적이고 개입주의적이며, 재분배 역할을 수행하며 '자립능력 지원국가(enabling state)'가 자유에 더 유리하다고 본다. 좌익에 따르면 우익은 단순한 '소극적' 자유관에 집착하는 반면 좌익은 자유를 더 '적극적인' 방식으로 이해한다. 블레어가 옹호하고자 했던 것은 바로 이와 같은 '적극적' 자유관이다.

물론 이 구분—형식적 자유 대 실질적 자유의 구분—은 맥컬럼의 삼자 관계로 표현할 수 있다. '적극적' 견해의 변형이라 할 수 있는 실질적 자유를 옹호하는 이들은 빈곤 혹은 자원의 결여를 일종의 자유의 제약으로서, 말하자면 맥컬럼의 삼자 관계에서 y요소로 간주한다. 반면에 '소극적' 견해를 옹호하는 이들은 단지 타인들의 고의적인 간섭—예컨대 특별한 행위를 금지하는 법률에 의한 간섭—만을 그런 제약(y요소)으로 간주한다. 좌익의 설명에 따르면 우익은 간섭에 해당하는 것을 부당하리만치 협소하게 이해한다. 사람들에게 돈을 주는 것은 그들의 실질적인 자유를 증진시켜준다. 보건의료나 교육도 마찬가지다. 교육을 받고 건강이 좋으면 사람들은 교육도 못 받고 건강하지도 않을 경우에는 실질적으로 누릴 수 없는 기회들을 자유롭게 누릴 수 있다. 그런 기회들이 형식적으로는 보장될 수도 있다. 하지만 어떤 사람들이 그런 기회들을 실질적으로 혹은 효과적으로 활용하기 위해서는 정부의 행위가 필요하다.

이와 같은 (형식적이 아닌) 실질적 자유 개념은 벌린이 '적극적' 자유라 부르면서 경고하고 있는 자유관들 중 하나다. 그에 따르면 자유를 '자유의 행사 조건'과 혼동해서는 안 된다. 이 견해에 따르면 모든 영국 시민들은 바하마군도에 휴가 갈 수 있는 자유가 있다. 어떤 사람들은 그런 자유를 행사할 수 있는 조건을 갖고 있는 반면 다른 사람들은 그렇지 않다. 우리가 만일 자유를 위에서 설명한 실질적인 자유로 이해하게 되면 그것은 자유를 평등이나 정의와 같은 다른 가치들과 혼동하는 셈이다. 벌린은 여기서 모든 좋은 것들—즉, 평등, 정의 그리고 자유와 같은 좋은 가치들—이 반드시 조화를 이루어야 한다는 낙관적인 생각을 경고한다. 평등이나 정의가 자원의 재분배를 요구한다고 할지라도 그런 재분배가 자유의 증진에도 도움이 된다고 주장해서는 안 된다. 국가가 정의나 평등의 이름으로 사람들의 삶에 개입하는 것이 옳을 수도 있지만 자유라는 가치에 호소함으로써 국가의 그런 행동이 정당화될 수 있다고 주장하는 것은 위험천만한 오해를 불러일으킬 수 있다. 주의 깊게 명확히 구분함으로써 개념들을 모호하게 혼동해서 사용하지 말아야 한다는 점에서 벌린은 옳다. 하지만 이런 그의 주장이 비록 옳다고는 하지만 그로부터 가난하게 사는 사람들이 (그 자유를 행사하는 데 필요한 조건만이 갖춰지지 않았을 뿐이지) 휴가 때 자유롭게 바하마군도에 갈 수 있다는 결론은 도출되지 않는다.

이제 문제를 좀 더 복잡하게 만들어보자. 지금까지 나는 자유에 관해 논의하면서 형식적 자유와 실질적 자유의 구분이 참된 것이라고 가정해왔다. 이 구분이 정치적 주장에서는 한몫을 하는 것은 확실하다. 하지만 그 구분이 정확히 어떤 것인지 좀 더 깊이 들어가보도록 하자. 앞에서 든 예에서는 시민들이 휴가 가는 것을 금지하고 있는 토탈리타리아와 모든 시민들이 휴가 가는 것을 허용해주지만 그중 일부 시민들은 휴가 갈 돈이 없는 영국을 대조하고 있다. 토탈리타리아에서는 사람들이 휴가 가는 것을 금지하는 법률이 있다. 영국에서는 자원의 결핍이 휴가를 못 가게 한다. 내가 개관한 논쟁의 양쪽이 다 이런 상황 묘사에 동의할 것이다. 그들이 동의하지 않는 것은, 무엇이 자유에 대한 제약이냐는 것이다. 하지만 이것이 정말 상황을 묘사하는 옳은 방식인가?

영국에서 돈이 전혀 없는 사람이 바하마군도에 휴가를 가려고 시도할 때 어떤 일이 벌어질지 생각해보라. 그는 걷거나 히치하이크를 하여 공항까지 가서 비행기에 탑승하려고 하지만 티켓이 없기 때문에(빈 좌석이 있지만 티켓을 살 수 있는 돈이 없기 때문에 티켓을 사지 못했다고 가정해보

자) 탑승구에서 저지당한다. 하지만 그는 정말로 휴가를 가기 원하기 때문에 계속 탑승을 고집하다가 마침내 다툼 끝에 경비대나 공항경찰에 체포당한다. 이 경우 그가 휴가 가는 것을 방해하는 진짜 요인은 무엇일까? 바로 법이다. 유효한 티켓이 없는 사람은 비행기에 탑승할 수 없다고 규정하는 법 말이다. 토탈리타리아에는 그 어떤 시민도 휴가를 못 가게 금지하는 법률이 있다. 영국에서는 티켓이 없는 사람이 휴가 가는 것을 막는 법률이 있다. 그러므로 영국의 가난한 시민이 휴가를 못 가는 이유는 단순히 돈 부족 때문이 아니라 돈이 부족한 상황과 경찰이 집행하는 영국의 법이 결합됐기 때문이다. 이런 상황 역시—토탈리타리아의 간섭처럼—타인들에 의한 의도적인 간섭이다. 영국에서는 티켓을 살 수 있는 돈이 없는 (혹은 다른 방법으로 티켓을 구할 수 없는) 사람들은 휴가를 갈 수 없다는 규칙이 있다.

이런 규칙들은 아마도 옳은 규칙들일 것이다. 내 의도는 원하는 사람이면 누구나 탑승할 수 있어야 한다는 것이 아니다.(또한 해외 휴가를 추첨으로 무작위로 정하도록 해서 사람들이 보유한 돈의 액수 차이로 탑승이 결정되지 않도록 하자는 것도 아니다.) 티켓을 구입할 수단이 없는 사람들의 자유를 제약하는 법은 정당한 법일 것이며 그 법이 포함하고 있는 자유에 대한 제약 역시 정당한 제약일 것이다. 위에서 이 예가 말하고자 하는 의미는 매우 구체적이다. 이 예는 여기에 있는 제약의 **종류**가 국가의 강제력이 뒷받침하고 있는 법이라는 점을 쉽게 부각시킨다. 토탈리타리아에서 자유를 제한하는 것과 똑같은 종류의 제약 말이다. 돈이 있으면 돈이 없을 때는 할 권리가 없는 것을 할 수 있는 (적어도, 할 자유가 있는) 법적 권리가 생긴다. 예컨대 배고플 때 빵을 살 수 있고 숙소가 없을 때 머물 수 있는 집을 구할 수 있는 권리가 생긴다. 개인이 소유하는 부동산이나 돈에 관한 법률을 구비하는 것이 옳을 수도 있다. 하지만 그런 법률의 존재는 사람들이 인생을 어떻게 살 것인가를 선택할 때 국가에 (민주국가에서는 국민 전체에) 의도적인 제약을 받게 된다는 뜻을 함축하고 있음을 인정해야 한다. 그런 의미에서 그 법률들은 사람들의 자유에 대한 '형식적인' 제약인 것이다.

하지만 이런 지적이 곧 형식적인 자유와 실질적인 자유 사이의 구분이 '~으로부터 자유'와 '~할 자유' 사이의 구분처럼 전혀 쓸모없다는 뜻은 아니다. '~으로부터' 대 '~할' 구분방식과 달리 형식적 자유와 실질적 자유를 옹호하는 사람들 사이에는 실제로 중요한 차이가 있다. 바하마군도로의 해외여행을 예로 든 설명이 옳다면 형식적 자유와 실질적 자유를 이해하는 방식(법으로서의 제약 대 자원의 결핍으로서의 제약)은 때로 오해를 불러일으킬 수 있다. 하지만 재분배가 자유의 이름으로 정당화될 수 있다고 생각하는 사람들과 그렇게 생각하지 않는 사람들은 여전히 의견차를 보일 것이며 중요한 사안에서 견해를 달리할 것이다. 그것은, 그들이 무엇에 의견을 달리하는가를 논의하는 데 도움이 된다. 마찬가지로 형식적 자유 대 실질적 자유의 구분이 항상 돈과 법률에 연관되어 있는 것은 아니라는 점을 기억할 필요가 있다. 몸이 매우 아파 치료를 받지 않으면 자신이 선호하는 직업을 가질 수 없는 사람이 있다고 생각해보라. 만일 자유가 타인들의 의도적인 간섭이 없는 상태라고 한다면, 그 사람은 자신의 직업을 추구할 수 있는 자유가 있다고 말해야 할 것이다. 그녀는 단지 그 직업을 수행할 수 있는 실질적인 능력(여기서는 건강)이 없을 뿐이다. 형식적 자유와 실질적 자유의 구분법을 갖추고 있으면 원할 경우 우리는 다음과 같이 주장할 수 있다. 즉 아무도 그 사람이 그 직업을 갖는 것을 막고 있지는 않지만 치료를 받지 못한다면 그 사람은 실질적으로 그 직업을 추구할 자유가 없다고 말이다. 이것은 바하마군도 여행과는 다른 종류의 예다. 이 예에서는 형식적 자유와 실질적 자유의 구분이 어느 정도 중요한 역할을 하는 듯 보이며 국가가 (보건의료를 제공함으로써) 일부 시민들의 실질적인 자유를 증진시키기 위해 행동할 수 있을 것 같다. 이 경우 실질적인 자유에 대한 제약—맥컬럼의 삼자관계에서 y요소—은 돈의 결핍이 아니라 (따라서 사람들이 어떤 것을 하지 못하도록 세밀하게 설계한 법률이 아니라) 허약한 건강이라는 점에 차이가 있다.

2. 자율성으로서의 자유 대 원하는 것을 하는 것으로서의 자유

두 번째 구분방식은 첫 번째 구분방식과 완전히 다르지만 마찬가지로 소극적 자유와 적극적 자유 사이의 구분으로 불린다. 이것은 자율성으로서의 자유와 원하는 것을 하는 것으로서의 자유 사이의 구분이다. 자율성 (autonomy)은 문자 그대로 '자기 지배(self-rule)' 혹은 '자기 입법(self-law)'을 의미한다. ('auto'는 스스로 가는 차를 의미하는 auto-mobile에서처럼 '스스로'를 의미하며 'nomy'는 천체의 움직임을 지배하는 규칙 내지 법칙을 발견하는 과학인 astro-nomy에서처럼 학문을 뜻한다.) 이런 구분법 배후에는 어떤 사람이 자기 자신을 정말로 지배하지 (혹은 통제하거나 다스리지) 않고서도 자신이 원하는 것을 할 수 있다는 생각이 놓여 있다. 그는 아무도 그를 막지 않는다는 점에서 소극적인 자유를 가질 수 있을 것이다. 하지만 그가 적극적인 자유를 가지고 있다고 할 수 있을 것인가? 다시 말해 자기 자신을 통제할 수 있다는 의미의 자유를 가질 수 있는가?

이 구분이 이전 구분방식과 어떻게 다른지는 분명하다. 나는 형식적 자유와 실질적 자유를 구분하면서 자유가 사람들이 원하는 (또는 원할 수 있는) 것들을 하는 (또는 할 수 있는) 것에 대한 제약이 없는 상태와 연관이 있다는 점에는 조금도 이의를 제기하지 않았다. 만일 가난한 사람들의 실질적 자유를 증진시키기 위해 그들에게 자원을 준다면 그것은 가난한 사람들이 그전까지 할 수 없었던 것들을 할 수 있도록 능력을 부여해주는 셈이다. 우리는 이어서 다음과 같은 생각은 해보지 않았다. "좋아, 이제 그들은 하고자 하는 것을 더 많이 할 수 있어. 하지만 그들이 정말로 자신들을 통제하고 있는 것은 맞아? 그들이 단순히 우연히 갖게 된 욕구에 휩쓸려 사는 것이 아니라 정말로 자율적인 삶을 산다고 볼 수 있을까?" 자율성으로서의 자유는 실질적인 자유나 행위할 수 있는 능력으로서의 자유보다 더 논란이 심하다. 왜 그런가? 그 이유는 자율성으로서의 자유는 사람들이 자신이 하고 싶은 것을 할 수 있다 해도 그들의 욕구가 그 이상의 추가적인 조건—즉 그런 욕구를 자율적인 것으로 만들어주는 조건—을 충족시키지 못한다면 진정으로 자유로운 것은 아니라는 생각을 함축하고 있기 때문이다. 벌린을 포함한 많은 사람들이, 이는 위험스러운 생각이라고 생각한다. 벌린에 따르면 결국 이런 생각 때문에 전체주의 체제들이 자유의 이름으로 지배를 정당화하는 뒤틀어진 상황이 발생했다.

그 이유를 살펴보기 전에 실질적 자유와 자율성으로서의 자유의 구분을 계속해보자. 국가가 자신의 능력으로는 교육을 받을 수 없는 사람들에게 교육을 시켜줄 때 국가가 사람들을 위해 무엇을 하고 있는지를 생각해보라. 교육을 받은 사람은 그렇지 않은 사람보다 두 가지 측면에서 더 자유롭다고 말할 수 있다. 첫째, 그 사람은 더 많은 선택지를 갖게 될 것이다. 글을 읽을 수 있고 컴퓨터 프로그램을 가동할 수 있는 사람은 그런 능력이 없는 사람들이 실질적으로 자유롭게 할 수 없는 것들—글을 읽을 수 있는 능력이 있고 컴퓨터 프로그램을 운용할 수 있는 기술이 필요한 직업을 구하는 것들—을 할 수 있는 실질적인 자유가 있다. 그 사람을 교육시킴으로써 국가는 그 사람의 실질적인 자유—그 사람이 원할 수도 있는 것들을 할 수 있는 자유—를 증대시켜준다. 그런 의미에서 그를 교육시키는 것은 그에게 돈을 주는 것과 같다. 하지만 교육에는 돈과는 다른 둘째 측면이 있는데 이것이 바로 자율성으로서의 자유와 밀접한 연관성이 있다. 관련된 정보를 배우고 그것을 처리할 수 있는 방법을 알며 스스로 생각할 수 있고 그 결과를 검토할 수 있으며 상이한 행동 방침을 평가할 수 있는 사람은, 그렇지 않은 사람보다 더 자율적이며 자신의 삶을 책임 있게 살 수 있다. 이것은, 교육이 선택지의 범위를 넓혀준다는 사실과는 아주 독립적인 측면이다. 우리는 교육에 두 가지 측면이 있다고 생각해볼 수 있다. 교육을 받지 않았을 경우 당신에게 열려 있지 않았던 문들을 열어주는, 다시 말하자면 실질적인 자유를 증대시켜주는 측면과, 당신에게 어떤 문들이 있다는 것을 알려주는 한편 열려 있는 문들 중에서 당신이 정말 통과하길 원하는 문을 스스로 결정할 수 있는 더 유리한 상황을 만들어주는 측면이 있다.

위에서 예로 든 교육은 실질적 자유와 자율성으로서의 자유 사이의 차이를 명확히 이해하는 데 도움이 됨은 물론 자율성으로서의 자유를 (벌린이 경고하듯이 전체주의를 가져올 수 있다는 의미에서) 두려워할 필요가 없다는 것을 보여준다. 자율성이 부분적으로 자신이 원하는 것이 무엇인지 분명히 생각할 수 있고 또 정보에 근거한 판단을 내릴 수 있는 능력을 의미한다면 벌린이 그것을 왜 걱정하며 자율성의 어떤 측면이 전체주의적인 위협이 되는지 이해하기가 어렵다. 자율성을 비교적 무해한 방식으로 이해할 수 있다는 사실을 깨닫는 것은 정말로 중요하다. 실제로 나는 자율성으로서의 자유가 벌린이 생각하는 것처럼 꼭 위험한 것은 아님을 다양한 방식으로 개관해봄으로써 이에 관한 논의를 마칠 것이다. 하지만 먼저 벌린이 무엇을 우려하는가를 알아보기 위해 자율성이란 개념을 (칸트에 의해 가장 체계적으로 발전된) 다음과 같은 착상, 즉 사람이 두 개의 '자아들'로 분할되어 있다는 착상과 연관시켜볼 필요가 있다. '이상적인' '내부의' '고차적인' '이성적인' '선험적인' '본체적인' 또는 '도덕적인' 자아와, '경험적인', '하등의' '비이성적인' '감정적인' '현상적인' 또는 '저등한' 자아로 말이다. 자율성은 이 두 개의 자아들 중 첫째 자아—이제부터는 고차적인 자아로 부르기로 하자—가 '하등의' 자아를 통제할 때 성취된다. 당신이 만일 단순한 욕구나 감정에 따라 행동한다면 당신은 자신을 진정으로 지배하고 있다고 할 수 없다. 칸트의 표현을 빌리자면 당신은 타율적으로(heteronomously) 행위하고 있는 것이다.('hetero'는 이성애를 뜻하는 hetero-sexual에서처럼 '다른 것'을 뜻한다.) 당신이 어떤 것을 하고 싶을 때 당신 내부에 있는 무엇—당신의 고차적인 자아—인가가 그렇게 해서는 안 된다고 (예컨대 "담배를 피워? 당신의 가장 친한 친구의 남자친구와 잠을 자려고 해? 그래서는 안 되지"라고) 말해서 혼란스러워해본 적 있다면 이 두 개의 자아에 관한 관념을 약간은 이해하고 있을 것이다. 그리고 만일 당신이 그런 내면의 목소리에 역행해서 행동했는데, 그 목소리에 순응했더라면 갖게 되었을 느낌보다 더 자유롭지 못하다는 느낌을 받은 적이 있다면, 당신은 칸트처럼 자유에는 원하는 것을 하는 것 이상의 무엇인가가 있다고 생각하고 있는 것이다. 물론 이런 생각이 위험해지는 경우는 누군가가 당신이 무엇을 하는 것이 더 '이성적이며' '고차적'이라고 당신보다 더 잘 알고 있다고 주장하는 때다. 그런 생각이 국가와 같은 존재가 다음과 같이 서둘러 말하고 싶은 유혹을 느낄 때 이런 생각은 매우 위험해진다. "당신은 A를 원한다고 생각하고 있어. 하지만 그것은 단지 당신의 타율적인 자아가 원하는 것일 뿐이야. 당신의 진정한 자아가 원하는 것은 B야. 그래서 나는 당신에게 B를 주려고 해. 이것은 당신의 자유를 제약하는 것같이 느껴질 수도 있지만 실제로는 그렇지 않아. 실제로 당신의 진정한 자아가 정말로 원하는 것을 하도록 만들어줌으로써 나는 당신을 더 자유롭게 만들어주고 있어." 루소의 가장 잘 알려진 저작인 『사회계약론(The Social Contract)』(1762)의 가장 유명한 구절은, 사람들이 '자유롭도록 강제되는' 것에 대해 말하고 있다. 이 구절은 이런 부류의 사고에 담겨 있는 역설(그리고 위험)을 훌륭하게 표현하고 있다.

벌린이 '적극적 자유'로 부르는 여러 가지 관념들 중에서도 이것—자율성을, 고차적인 자아가 저등한 자아를 지배하는 것으로 이해하는 것—은 벌린이 가장 흥미를 갖는 동시에 우려하고 있는 관념이다. 그가 아주 훌륭하게 설명하고 있는 정치사상사에서 그 전통(루소와 칸트의 전통)에 핵심적인 것은 '두 개로 분열된 자아'라는 관점이다. 그 전통은 루소부터 시작해서 독일의 철학적 관념론—칸트(1724~1804), 피히테(Fichte, 1762~1814), 헤겔(Hegel, 1770~1831) 그리고 마르크스(Marx, 1818~1883)—을 거쳐 국가사회주의와 국가공산주의라는 전체주의적 교의들에까지 이르는 전통이다. 냉전이 종식된 오늘날의 상황에서는 인간에게는 어떤 고차적이거나 진정한 목적이 있기 때문에 특정한 방식으로 삶을 살도록 국가가 강제하는 것—그리하여 사람들을 진정한 자유의 길로 인도하는 것—이 정당하다는 관념은 대부분 종교적인 교의들과 연관되어 있다. 아프가니스탄의 탈레반들을 생각해보면 된다. 탈레반은 이슬람 근본주의 분파로서 반대자들은 물론 여성들에게도 서구에서 전통적으로 인정되어온 모든 자유를 인정해주지 않는다. 기본적으로 벌린은 자신이 선호하는 종류의 자유에 적대적인 세속적 교의들을 겨냥하고 있다. 하지만 로크나 자유주의 전통에 속하는 다른 주요 사상가들이 자신들의 주장을 개진했었던 때처럼 벌린의 명백한 현재의 적은 (이슬람 근본주의와 같은) 불관용적인 국가 종교다.

적극적 자유에 관한 이와 같은 생각의 발전에서 나온 한 가지 흐름은 특별히 중요하다. 그것은 루소의 '일반의지(general will)'에서 그 단초를 찾을 수 있고 헤겔, 피히테 그리고 마르크스 단계에 이르면서 아주 분명히 드러난다. 그것은 개인 '내부에 있는' 고차적인 자아 대신에 **집단적인** '고차적' 자아를 상정한다. 피히테의 경우 그것은 민족이었다.(그는 나치즘에 중요한 공헌을 했다.) 마르크스에게 그것은 프롤레타리아계급—그가 볼 때 그 계급은 진정한 인간 전체를 대변했다—이었다. 개인의 고차적인 자아는 개인의 이익보다 집단 전체의 이익을 우선시하는 개인 내부의 요소다. 그러므로 이런 이론에 따르면 자유의 진정한 주체는 경험적인 자아—실질적인 욕구, 신념 그리고 감정을 지닌 자아—와는 다른 어떤 것으로 개인과 구분되는 집단적 실체인 경우가 대부분이다. 일단 우리가 자유를 집단적인 실체—민족, 계급 혹은 인종—가 그 진정한 목적(세계 지배, 공산주의)을 달성할 때 성취되는 어떤 것이라고 생각하게 되면, 일상의 개인들이 우연히 원하게 된 것들을 할 수 있는 자유를 훼손하는 것은 훨씬 더 쉬워진다.

이상은 벌린이 아주 많은 관심을 가지고 제시했던 설명으로서 다양한 자유관 사이에 존재하는 큰 차이를 적절히 확인시켜준다. 이런 이유 때문에 나는 내가 마음대로 할 수 있다면, '적극적 자유'라는 용어를 개인 내부에 (특히 집단적인) '고차적' 자아를 상정하는 자율성으로서의 자유에 국한시켜 사용하고 싶다. 내가 이미 설명한 다른 두 가지 자유 관념들을 설명하기 위해 적극적 자유라는 용어를 쓰는 것은 벌린과 우리들 모두에게 도움이 되지 않는다.● 물론 우리는 자유의 핵심이 이성적인 자기 통제나 (자신이 원하는 것보다는) 하나의 참된 신념에 따라 사는 데 있다고 보는 칸트―그 주장의 집단주의적 후예들은 말할 것도 없이―에 반대하면서도, 자유가 실질적인 (그리하여 단순히 형식적이지 않은) 자유를 의미해야 한다고 보는 토니 블레어에게 동의할 수 있다. 자유에 관한 주장을 적절히 평가할 수 있기 위해서는 그런 주장들―다양한 자유관들―을 면밀히 구분하고 확인할 필요가 있다. 그런 다음에야 하나씩 검토해봄으로써 각각의 경우에 무엇이 문제가 되는가를 명확히 이해할 수 있다.

자유에 관한 맥컬럼의 형식적 정의가 함축하고 있듯이 내가 지금까지 설명해온 (자유관들 사이의) 차이들은 무엇이 행위자인 x이며, 제약요소인 y이고, 목표인 z로 간주되는가에 관련되어 있다. 자유는 본질적으로 일상적인 개인들(x)이 다른 일상적인 개인들의 간섭(y)을 받지 않고 자신의 욕구(z)에 따라 행위하는 문제인가? (1651년에 출판한 『리바이어던』에서 토머스 홉스Tomas Hobbes는 "자유로운 사람은 자신이 의지를 가지고 무엇인가를 하고자 할 때 그것을 하지 못하도록 방해받지 않는 사람이다"라고 말한 바 있다.) 그것은 고차적인 자아들이 욕구나 감정 혹은 무지로부터 자유롭게 이성적으로 행동하는, 혹은 자기실현을 성취하는 문제인가? 그것도 아니라면 한 민족이 제국 권력의 지배로부터 자유롭게 자체의 법률을 결정하는 문제인가? 이처럼 자율성으로서의 자유를 더 구체적으로 이해할 수 있는 여러 가지 다양한 방식들이 있기 때문에 우리는 자율성으로서의 자유 관념을 더욱더 특수

● 여기서 다른 두 가지 자유관들은 '실질적 자유'관과 정확한 정보에 입각하여 책임 있게 삶을 살 수 있는 능력 곧 '자율성으로서의 자유'관을 말한다. 개인적으로 스위프트는 '적극적 자유'를 이런 두 가지 자유관을 제외하고 벌린이 전체주의적 함의가 있다고 본 자유관―개인 내부에 (특히 집단적인) '고차적' 자아가 있다고 상정하는 자율성으로의 자유관―에 국한시켰으면 하는 바람을 표현하고 있다.

한 관념들의 집합으로 이해할 필요가 있다. 칸트의 견해와 같은 몇몇 견해에서 자유는 도덕적으로 행동하는 것에 있다. 또 더 낭만적인 다른 견해에 따르면 자유는 자아의 진정한 표현에 있다. 자유는 하나의 참된 믿음에 따라 사는 것과 유사한 것일 수도 있다. 이런 모든 자유관들은 공통적으로 행위자(x)에게는 자유에 대한 내적인 제약들이 존재할 수 있다고, 다시 말해 자유는 단지 외부의 타인들의 간섭이 아니라 (욕구와 같은) 내적인 요인들에 의해서도 제약될 수 있다고 보고 있다.

3. 정치참여로서의 자유 대 정치가 끝나는 곳에서 시작되는 자유

벌린이 적극적 자유와 소극적 자유를 구분하는 셋째 방식은, 자유를 정치적 활동을 통해 성취되는 것으로 보는 이들과, 사적 개인의 활동영역에 연관된 것으로 보는 이들을 대조하는 것이다. 정치적 활동의 측면에서 '적극적 자유'를 이해하는 입장은 국가에서의 정치참여를 통해 진정한 자유가 성취된다고 본다. 말하자면 집단적인 자치과정에 참여함으로써, 그리하여 자신이 그 아래서 살아가야 할 법을 제정하는 과정에 직접 참여함으로써 실현된다고 본다. 이와 같은 관점에서 이해된 '적극적 자유' 관념은, 법이 개인이 자유롭게 할 수 있는 것과 할 수 없는 것을 결정해주는 규칙들이라고 보는 전통적인 자유관과 대조적이다.

'적극적 자유'에 대한 이와 같은 해석은 분명히 '자율성으로서의 자유'라는 관념과 중첩된다. 자유를 진정한 자아실현이라고 가정해보라. 그리고 여기다 인간존재는 정치활동을 통해 진정한 자아실현을 성취한다는 생각을 덧붙여보라. 그러면 우리는 자유는 정치활동을 통해 성취된다는 결론을 내릴 수 있을 것이다. 아리스토텔레스는 "인간은 정치적 동물이다"라고 주장했는데 이 주장의 의미는 부분적으로 인간적인 존재의 특성—다른 동물들과 구분되는 것—은 집단적으로 함께 모여 어떤 사회질서를 만들 것인가를 서로 심의하고 결정할 수 있는 능력이 있다는 것이다. 전통적인 해석에 따르면 고전적 공화주의는 바로 이와 같은 자유관을 표방했다. 공화주의자들이 볼 때 정치참여는 인간의 진정한 목적이며, 인간에게 적합한 좋은 삶의 기회를 주는 특권적인 인간적 활동, 그리고 진정한 자유에 이르는 길이다.* (미국의 독자들에게 언급할 필요가 있는 점은, 내가 여기서 말하는 공화주의는 미국 공화당 당원과는 아무런 상관이 없다는 것이다. 그리고 영국 독자들에게 언급하고 싶은 점은, 공화주의는 군주정에 대한 대립적 입장과 연관성이 있다는 것이다.) 당연히 이와 같은 공화주의적 견해는 더 상식적인 자유주의적인 견해, 즉 자유는 자신의 삶을 자신이 최선이라고 생각하는 바에 따라 자유롭게 사는 것과 연관되어 있다고 보는 견해와는 매우 다르다. 현대적인 용어로 표현해보면 이와 같은 부류의 공화주의는 지나치게 '완전주의적'이기 때문에—혹은 인간에게 좋은 삶이 무엇인가에 관한 상이한 견해들 사이에서 충분히 중립적이지 않기 때문에—공화주의라는 명분으로 국가정책을 정당화하기는 어렵다.** (국가의 정당한 역할을 둘러싼 완전주의적 견해와 중립주의적 견해 사이의 차이에 대해서는 공동체를 다루는 4부에서 설명할 것이다.)

'정치참여로서의 자유'는 다른 방식으로도 '자율성으로서의 자유'와 중첩될 수 있다. 예컨대 (법률이 없으면 자연 상태가 불가피하기 때문에) 법률이 반드시 필요하며, 법률의 역할은 사람들의 자유를 제약하는 것이라고 가정해보라. 이런 상황에 다음과 같은 질문을 제기해볼 수 있다. "사람들이 법 아래서 살면서도 여전히 자유로울 수 있는가?" (이것은 루소가 제기한 질문이었다.) 이 질문에 대한 두 가지 다른 답변이 있다. 첫째 답변이 좀 더 알기 쉬

---

* 여기서 특권적이라는 의미는 인간만이 참여할 수 있는 삶의 영역이라는 의미에서 특권적이며, 또 인간적인 존재들 중에서도 특권을 갖고 있는 자유시민들만이 참여할 수 있는 삶의 영역이라는 의미에서 특권적이다.

** 여기서 '완전주의적'이라는 의미는 국가가 완전한 인간이나 삶의 방식에 관한 가치판단에 입각하여 개인들의 삶에 개입하는 것이 정당하다고 보는 입장이다. 이에 관한 상세한 설명은 4부에서 다뤄질 것이다. 그러므로 여기서는 일단 다양한 가치관들이나 인생관들 사이에서 국가가 중립적 태도를 견지해야 한다고 보는 중립주의와 대립되는 입장이라고 이해하면 되겠다.

운데, 이는 법률 자체가 자유를 증진시킨다고 보는 것이다. 법률은 사람들의 자유를 증진시킨다는 명목으로 자유를 제약할 수 있다. 예를 들어 살인을 금하는 법률은 내가 살인하는 것을 막지만—그래서 내 자유를 제약하지만—또한 내가 살해당하는 것을 막아줌으로써 나의 자유를 증진시켜준다. 사회계약 전통의 한 가지 기본 관점은 무엇이든지 할 수 있는 자유—예컨대, 서로를 살해할 수도 있는 자유—를 포기하여, 법 아래서 누릴 수 있는 자유를 증진시키는 것이 합리적이라고 본다. 전체적으로 볼 때 그편의 자유가 (모든 것을 멋대로 할 수 있는 자연 상태에서보다) 더 크다는 근거에서다. 국가(법)의 역할에 관한 이런 설명은 관례적으로 자유주의자들이 제시해왔다. 이 설명에 따르면 법이 증진하는 자유는 (살해당하지 않을 자유와 같은) 소극적 자유다. 법과 자유를 이런 식으로 보는 입장은, 누가 법을 제정하는 주체인가에 대해서는 전혀 언급하지 않는다. 살해당하지 않을 나의 자유는 법으로 보호된다. 비록 그 법을 만든 주체가 독재자일지라도 말이다.

더 흥미 있는 둘째 답변—뚜렷하게 공화주의적인 답변—은, 자율성은 '자치(self-rule)'를 뜻한다는 점을 상기시켜준다. 루소는 가장 중요한 자유는 스스로 만든 법률에 따르는 것이라고 주장한다. 우리가 법 아래서 살면서도 어떻게 여전히 자유로울 수 있는가? 둘째 답변은 우리가 스스로 만든 법 아래서 산다면 그럴 수 있다고 본다. 그것이 바로 민주주의 사회의 시민들이 법률 제정과정에 참여함으로써 성취할 수 있는 자유이며, 독재자에게 예속되어 있는 사람들—신민(臣民)들—은 결코 성취할 수 없는 자유다.(독재자가 신민들에게 좀 더 관습적 의미의 소극적 자유들을 아무리 많이 부여해준다고 해도 그렇다.) 자유를 이렇게 이해하면 투표에서 패배한 사람들—그래서 자신들이 원하지 않는 법률에 따라야만 되는 사람들—역시도 자유롭다고 할 수 있는데, 이는 그들이 타인들이 지시한 명령에 따르는 존재이기 이전에 스스로 통치하는 집합체—곧, 자치를 하는 집합체—의 평등한 구성원 자격을 갖고 있기 때문이다. 이것은 자유를 일종의 비(非)지배로서 보는 것과 같다. 너그러운 주인을 섬기는 노예는 권위주의적인 주인을 섬기는 노예가 자유롭게 할 수 없는 온갖 것들을 자유롭게 할 수 있다고 느낄 수 있다. 하지만 그럼에도 불구하고 그 노예는 여전히 노예일 뿐이다. 그는 주인의 의지에 종속되어 있다. 그의 주인이 아무리 많은 관심을 써주고 보호해준다고 해도 주인이 마음먹기에 따라 비지배로서의 자유를 누릴 수 없게 된다. 맥컬럼의 형식적 정의에 따라 설명해보면 이런 종류의 자유는 타인의 지배(y)에서 자유로운 시민(x)이 자신이 그 아래서 살게 될 규칙들(x)을 만들 수 있는 자유다.

　지금까지 나는 공화주의적 자유에 관한 두 가지 설명방식을 구분해왔다. 이 두 가지 설명방식은 정치참여를 자유에 핵심적인 요소로 간주하고 있다고 볼 수 있는데 두 가지 모두 정치참여를 자율성으로서의 자유라는 관점에서 설명한다. 하나는 '정치를 통한 자아실현'이라는 생각을 포함하고 있으며, 다른 한 가지는 '스스로 제정한 법률 아래서 사는 것으로서의 자유'라는 생각을 포함하고 있다. 이렇게 말하기 좀 조심스럽기는 하지만 공화주의적 입장에 속한다고 할 수 있는 세 번째의 설명이 있다. 이 입장에 따르면 공화주의자들이 관심을 갖고 있는 자유는 '정치를 통한 자아실현으로서의 자유'와 같은 논란의 여지가 크고 형이상학적으로도 의심스러운 관념도 아니며 비지배로서의 자유도 아니다. 이 세 번째 설명은 공화주의자들이 관심을 갖는 자유가 진부하고 오래된 소극적 자유, 곧 타인들의 간섭으로부터의 자유라고 말한다. 정치참여가 자유에 중요한 까닭은, 자아가 참여행위를 통해 실현되기 때문도 아니며 사람들이 그 아래서 살아야 할 법률 제정에 참여하는 것이 타인들의 의지에 예속되지 않는다는 것을 의미하기 때문도 아니다. 정치참여가 자유에 중요한 까닭은, 참여가 자유를 보호해주는 가장 효과적인 수단이기 때문이다. 이 설명에 따르면 참여는 자유의 본질적인 내용이라기보다는 자유를 위한 수단이다. 자유주의자들과 공화주의자들의 의견 차이는 무엇이 인간에게 좋은 삶인지에 있지 않으며,

무엇이 진정한 자유인지에도 있지 않다. 그들이 의견을 달리하는 부분이 있다면 그것은 단지 소극적 자유를 보호하는 데 능동적이며 책임감 있고 정치적 의식을 갖고 있는 시민들이 과연 필요한가, 또 필요하다면 어느 정도까지 필요한가에 관한 것이다.

자유를 소극적 자유를 보호하기 위한 도구로 보는 입장은 대체로 다음과 같은 논리로 전개된다. 우리가 소극적 자유에 관심을 갖고 있다고 가정해보자. 그런데 신민들의 소극적 자유에 관심을 갖고 그들의 소극적 자유를 최대한으로 보호해줄 수 있는 법률을 만드는 아주 너그러운 독재자가 있다고 충분히 상상할 수가 있다. 이 경우 신민들은 법률 제정에 참여하지 않으며 따라서 '참여로서의 자유' 관념이나 '비지배로서의 자유' 관념에서 볼 때는 자유가 없다. 하지만 타인들의 간섭을 받지 않는다는 의미에서의 자유는 최대한 누리고 있다. 너그러운 독재자가 있을 수도 있으니 소극적 자유를 중시하는 사람들이 법률을 만드는 최선의 방법으로 독재를 선호해야 할까? 물론 그렇지는 않다. 왜 그럴까? 그것은 그 사회의 사람들이 많은 소극적 자유를 누릴 수도 있지만 그 자유는 전혀 확고하거나 안전하거나 튼튼하지 않기 때문이다. 그들이 자유를 누리는 것은 전적으로 독재자의 호의에 달려 있다. 그가 만일 마음을 바꾸거나 도량이 좁은 아들이 자리를 물려받는다면 그 사회의 사람들이 누리는 자유는 이내 사라져버리고 말 것이다. 법을 어떤 방식으로 제정하는 체제가 개인들이 소극적 자유를 누릴 수 있는 가능성을 가장 높여줄 수 있을까? 어떤 체제에서 사람들이 누리는 소극적 자유가 가장 튼튼할까?(혹은 안전하거나 확고할까?) 그 답은 자치공화국, 즉 모든 시민들이 정치에 능동적으로 참여하는 공화국이다. 시민들은 능동적으로 정치에 참여해야 하며 시민으로서의 투철한 의무감에 고취되어 있어야 한다. 왜냐하면 그것이 타인들의 간섭으로부터 자신들의 소극적 자유를 지키는 가장 확실한 방법이기 때문이다. 이 견해에는 역설적인 요소가 있다.(이 견해에 우호적인 영국 출신 정치이론가 퀜틴 스키너[Quentin

Skinner, 1940~)는 이런 해석을 제시하면서 자신이 쓴 논문들 중 하나에 '정치적 자유의 역설'이라는 제목을 달았다.) 소극적 자유를 더 잘 지키기 위해서 시민들은 다른 경우에는 하지 않았을 것들을 해야 할 의무가 자신들에게 있다는 점을 받아들여야 한다. 예컨대 투표를 하고, 정치적인 상황에 주의를 기울이며 (억압적인 외국의 침입으로부터 자유를 지기키 위해) 국가를 위해 죽을 각오가 되어 있어야 한다. 그들이 만일 그런 의무를 받아들이지 않는다면 국가가 의무의 이행을 강요하는 것이 경우에 따라 정당화될 수도 있다. 오스트레일리아에서는 시민들이 투표할 법적 의무가 있다. 이렇게 자유를 제약하는 것이 부분적으로 정당한 이유—그들은 (최소한 벌금을 지불하지 않는다면) 투표하지 않을 자유가 없다—는 그렇게 해야만 시민들이 정치에 관심을 갖게 됨으로써 그들의 소극적 자유를 지킬 수 있다고 보기 때문이다.

자유, 사유재산, 시장 그리고 재분배

정치적 논쟁은 사유재산과 시장 그리고 재분배를 위한 과세와 연관되어 있는 경우가 많다. 그리고 이런 논쟁에서 자유라는 개념이 곧잘 핵심적인 역할을 하곤 한다. 이 절에서는 이런 이슈에 대해 취할 수 있는 다섯 가지 입장을 설명해보려고 한다. 독자들이 이 다섯 입장의 차이를 분명하게 이해하여 어떤 입장에는 동의하고 왜 다른 입장에는 반대하는지 생각해볼 수 있게 되기를 기대한다.

1. **재분배를 위한 정당한 과세는 세금을 내는 사람들의 자유를 침해하지 않는다. 그 이유는 세금으로 낸 재산에 대한 그들의 권리주장은 애당초 수립될 수 없기 때문이다.**

로널드 드워킨

이 입장은 롤스와 더불어 평등주의적 자유주의를 이끌어온 미국철학자 로널드 드워킨(Ronald Dworkin, 1931~)이 옹호한 것이다. 그는 그 주장의 정당성을 인정하기 어려운 사람들에게서 재산 일부를 거둬들이는 행위는 그 사람들의 자유를 제약하는 것으로 이해할 필요가 없다고 말했다. 왜냐하면 무엇을 자유에 대한 제약인가에 관한 판단은 애당초 정당한 재산권이 무엇인가에 대

한 판단에 달려 있기 때문이다. 이와 근본적으로 반대인 견해를 캐나다의 철학자 코헨(G. A. Cohen, 1941~2009)이 제시했다. 코헨이 믿기로는 나의 자유는, 다른 누군가가 나의 행위에 간섭할 때 제약을 받는다. 내가 그런 행위를 수행할 권리가 있든 없든 그리고 나의 행위를 방해하는 사람이 나를 방해할 권리가 있든 없든 말이다. 드워킨은 어떤 행위가 자유에 대한 제약인가 아닌가의 여부와 그 제약이 정당한 것인가의 여부가 결국 동일한 문제라고 생각한다. 하지만 코헨은 그 두 가지가 서로 다른 문제라고 본다.

여왕 엘리자베스 2세가 발모럴 영지(Balmoral)에 있는 '그녀의' 재산이 자기소유라는 것을 정당화하는 데 실패해서, 우리가 그것을 공유지로 편입하거나 아니면 많은 수로 쪼개서 재산이 없는 스코틀랜드 사람들에게 나눠준다고 결정한다고 가정해보라. 이 경우 우리가 여왕의 자유를 제약한다고 볼 수 있는가? 그녀는 이제 과거와는 달리 그 땅에서 가고 싶은 곳을 자유롭게 갈 수도 없을 것이며 누구에게 그 땅을 경작하게 만들고 또 통행을 허락할 것인가를 자유롭게 결정할 수도 없다. 그런 의미에서 이런 종류의 재분배는 정당화될 수 있는 경우에도 (코헨에 동의하여) 사실은 자유를 제약한

다고 주장하는 것이 옳은 듯 보인다. 물론 여왕이 발모럴 영지의 재산권을 정말로 소유하고 있는가의 여부는, 우리가 여왕으로부터 그 토지를 취하는 것이 정당한가라는 문제에 결정적이다. 앞서 든 예는 재산권과 같은 제도에 반대하기 위한 것도, (대토지의) 재분배가 정당하다는 것을 옹호하려는 것도 아니다. 그 핵심은 단지 재분배가 정당하다고 해도 우리의 그런 행위—재분배를 위해 타인의 재산을 취하는 행위—가 타인의 자유를 제약한다는 점을 인정해야 한다는 것이다.

다른 학자들은 드워킨과 비슷한 주장을 한다. 로크는 『통치론』 2편에서 다음과 같이 말했다. "습지와 절벽 주위에 울타리를 쳐서 우리가 들어가지 못하도록 하는 것을 그저 제한으로 보는 것은 적절하지 않다." 이 말을 현대적으로 각색하면 "우리가 헤매다가 위험한 곳으로 들어가거나 절벽으로 떨어지지 않도록 누군가가 울타리를 친다면 우리는 그것을 자유에 대한 제약이라고 불러서는 안 된다"가 될 것이다.(맥컬럼의 표현을 쓰면 "우리는 그 울타리를 y로 간주해서는 안 된다".) 이 예가 확실히 보여주듯, 울타리가 실제로 자유를 제약하긴 하지만 그 제약이 당연히 정당하다는 것을 인정한다면 상황이 좀 더 분명해진다. 이 점을 이해하기 위해서는 어떤 방향으로 걸어가는 것을 실제로 금지하는 울타리와, 위험이 있다는 것을 경고하고 있긴 하지만 원한다면 '자유롭게' 갈 수 있도록 놔두는 경고의 차이를 한번 생각해보라.

자유에 대한 이와 같은 접근방식과 자유를 자율성으로 보는 적극적 자유관이 서로 중첩된다는 점에 주목해보자. 로크의 생각에는 제정신인 어떤 사람도 위험한 곳으로 들어가거나 낭떠러지 끝에서 떨어지려고 하지 않을 것이기 때문에 그렇게 하지 못하게 막는 것은 그 사람의 자유에 진정으로 간섭하는 것이 아니다. 자유란 올바른 정신일 때 하고 싶은 것을 하는 것이라고 생각한다면 이 주장을 납득할 수 있다. 드워킨의 생각에는 애당초 큰 부자가 자신의 전 재산에 대한 권리를 가지고 있지 않기 때문에 그 일부를 취하는 것은 자유를 진정으로 침해하는 것이 아니다. 자유란 할 수 있는 권리가 있는 것을 하거나 도덕적으로 정당한 것을 하는 데 있다고 생각해보면 이 주장을 납득할 수 있다. 나는 나중에 이 일치―자유와 도덕의 일치―에 관하여 좀 더 얘기할 것이다. 지금은 드워킨과 로크 모두 어떤 이들이 자유에 관한 '도덕적인' 정의(定義)라고 부르는 자유관을 가지고 논의를 전개하고 있다고 지적하는 것으로 충분하다. 이 도덕적인 자유관은 '자유'에 관한 판단을, 우리가 무엇을 자유롭게 할 수 있어야 하는가(그리고 자유롭게 해서는 안 되는가)라는 도덕적 판단과 결합시킨다. 코헨은 이런 입장에 반대하여, 누가 언제 무엇을 자유롭게 할 수 있고 또 없는가에 관한 판단을, 사람들이 무엇을 자유롭게 할 수 있어야 하는가(그리고 해서는 안 되는가)라는 도덕적 판단과 분리시키기를 원한다.* 먼저, 우리는 사람들이 무엇을 자유롭게 할 수 있으며 자유롭게 할 수 없는가를 살펴본다. 그다음 우리가 관찰한 것이 과연 정당한지 생각해보고, 만일 정당하지 않으면 무엇이 정당화될지 생각하는 것이다.

도덕주의적인 자유관과 도덕주의적이지 않은 자유관의 구분은 우리가 권리로서의 정의라는 노직의 정의관을 논의하면서 마주쳤던 자유지상주의의 주장을 생각해보는 데 도움이 될 수 있다. 1부에서는 자유에 가치를 부여하는 사람들은 사유재산권의 존재를 확신하며 따라서 재분배를 위한 과세에 반대할 것이라는 주장을 살펴봤다. 물론 현실 정치에서 **모든** 재분배 과세를 반대하는 사람은 거의 없다. 하지만 우익 쪽에 서 있는 많은 사람들은 자유라는 가치는 반드시 시장의 결과에 대한 최소한의 재분배만을 요구한다고 생각한다. 그들은 만일 대폭적인 재분배가 정당화되려면, 자유와는 다른 근거―예컨대, 평등, 정의, 공공질서 등―에서 정당화되어야 한다고 생각한다.** 그러므로 그 주장이 과연 타당한지를 살펴볼 필요가

----

*즉 권리의 문제와 도덕의 문제를 엄격히 분리시키기를 원한다는 뜻이다.
**즉 자유에 가치를 두게 되면 그와 같은 재분배는 어떤 식으로도 정당화될 수 없기 때문에, 재분배가 정당화될 수 있으려면 다른 가치를 근거로 할 수밖에 없다는 뜻이다.

있다.

사유재산을 소유하고 있으면 재산이 없을 때는 자유롭게 할 수 없는 것들을 자유롭게 할 수 있다는 것은 사실이다. 발모럴 영지 주변을 거닐고 있는 여왕이나 비행단을 소유하고 있어서 원할 때마다 바하마군도로 날아갈 수 있는 부자를 생각해보라. 하지만 사유재산이 **없는** 사람들은 어떤가? 그들에게는, 여왕이 발모럴 영지에 딸린 언덕들을 소유하고 있다는 사실이 그 언덕 주위를 거닐 수 있는 자유를 제약하는 요인이 된다. 비행기를 소유하고 있는 누군가가 비행기 삯을 지불하는 사람들만 바하마군도에 날아갈 수 있도록 해준다는 사실은, 사람들의 바하마군도에 갈 자유를 제약하는 것이 된다. 자유지상주의자들은 자유에 관심을 갖고 있기 때문에 사유재산을 옹호한다고 말한다. 하지만 그들은 사유재산권의 존재가 함축하고 있는 (재산이 없는 자들의) 부자유(unfreedom)에 대해서는 관심을 갖지 않거나 심지어 인식하지도 못하고 있다.

자유지상주의자들이 자신들이 선호하는 제도적 형태가 함축하고 있는 부자유에 무감각한 것은 무엇 때문일까? 가장 나은 설명은 그들이 도덕적인 자유관을 가지고 논리를 전개하기 때문이라는 것이다. 그들의 입장은, 재산이 없을 경우 재산이 있으면 할 수도 있는 것들을 못하도록 하는 것이 정당화될 수 있다면, 사유재산은 재산이 없는 사람들의 자유를 제약하는 것이 아니라는 것이다. 이 견해에 따르면 발모럴 언덕에서의 산책을 금지당한 사람들은 자유를 박탈당한 것이 아니다. 왜냐하면 발모럴 영지에 대한 여왕의 사유재산권이 그런 제약을 정당화하기 때문이다. 하지만 여왕에게서 그녀의 재산을 취하는 것은 여왕의 자유를 침해하게 될 것이다. 왜냐하면 그것은 여왕의 정당한 소유이기 때문이다. 이런 논리는 자유지상주의적 견해가 궁극적으로 재산권의 정당성에 관한 견해임을 보여준다. 자유에 호소하는 경우, 그들은 무엇이 자유에 대한 제약인가 아닌가라는 판단을 개별적인 재산권의 정당성에 관한 판단에 맡기는 것이다. 그런 의미에서 '자유지상주의적(libertarian)'이라는 용어—'자유(liberty)'라는 단어를 끌어다 쓰고 있는 용어—는 오해를 불러일으키기 쉽다. 자유를 도덕주의적으로 이해하지 않는 사람들은, 자유지상주의적 사회에서 재산이 사적으로 소유되고 있다는 바로 그 사실 때문에 재산이 있었으면 할 수도 있었을 일들을 못하게 된 사람들이 겪는 자유의 결핍을 금세 알아차릴 수 있을 것이다. 그런 사람들은 자유의 이름으로 사유재산의 폐지나 재분배를 옹호할 수도 있으며 그들이 자유의 적이라는 주장에 분개할 가능성이 있다.

2. 정당화된 재분배가 세금을 낸 사람들의 자유를 제약한다고 할지라도, 그리고 재분배가 재분배로부터 혜택을 입은 사람들의 자유를 증대시키든 아니든, 재분배는 다른 측면에서 그들의 처지를 향상시켜주며 따라서 자유와는 다른 근거에서 정당화될 수 있다.

재산의 재분배가 자유의 이름으로 정당화될 수 있다는 주장을 검토해보기 전에 재분배는 또한 다른 가치들의 이름으로 정당화될 수도 있다는 것을 지적할 필요가 있다. 재분배가 세금을 내는 사람들의 자유를 감소시킨다고 생각할지라도 재분배로 인한 자유의 감소를, 자유를 근거로 정당화할 필요는 없다. 자유는 자유를 위해서만 제약할 수 있다고 생각해서는 안 된다. 자유에 대한 제약은 평등, 정의, 사회질서, 효용 또는 다른 많은 가치들 중 어떤 것을 증진시켜준다는 이유로도 정당화될 수 있다.

이 논점은 일반화시킬 수 있다. 안전벨트 착용을 의무화하는 법률을 제정한다고 가정해보자. 누구든지 다음과 같은 주장들을 다 완벽하게 이해할 수 있다. (a) 이것은 좋은 법률이다. (b) 그 법률은 사람들의 자유를 제약한다. (c) 그 법률은 다른 사람들의 자유를 증진하지도 않는다. 로크는 추측컨대 안전벨트 착용이 더 나쁜 해악들로부터 우리를 보호해주기 때문에 그것을 자유에 대한 제약으로 간주해서는 안 된다고 주장하려고 할 것이다.("그것은 교통사고로 인해 우리가 죽을 가능성을 현저히 낮춰주기 때문에 제약 이란 이름이 적절하지 않다.") 하지만 이 주장은 이미 그 자체로 완벽히 이해할 수 있는 입장에다 부적절하고 불필요한 부연설명을 덧붙인 것처럼 보인다. 물론 우리는 안전벨트가 억지로 그것을 착용하는 사람들의 자유를 실제로 증진시킨다고 **주장할 수도** 있다. 왜냐하면 아주 합리적인 사람은 안전벨트를 착용하려고 할 것이며 또 자유는 아주 합리적인 사람이 선택한 일을 하는 것으로 이루어져 있기 때문이다. 또한 사람들은 대개 안전벨트를 착용하는 것이 더 유익하다는 사실을 알고 있으며, 어떤 식으로든 사람들이 정말 원하는 것을 할 수 있게 해주는 습관을 길러주는 법률을 환영할 것이기 때문이다. 또는 사람들을 죽음으로부터 보호해주는 데 도움이 되는 것이면 어떤 것이든 자유를 증진시켜주는 것으로 간주해야만 하기 때문이다.(죽은 자들이 어떻게 자유로울 수 있는가?) 하지만 이런 주장들은 불필요한 논쟁이나 오해를 불러일으킬 수 있다. 왜 단순히 안전벨트 착용을 의무화하는 법이 좋은 것이기 때문에 정당하다고 말하지 않는가? 안전벨트 관련 법률은 사람들의 자유를 제약하긴 하지만 그 법률이 없을 때보다 사람들의 처지를 더 향상시켜준다. 물론 이 주장은 사람들이 언제나 자신의 처지를 향상시키는 일을 자유롭게 그리고 자발적으로 하는 것은 아니라는 주장을 포함하고 있다. 이런 의미에서 그런 제한은 온정주의적이다.* 그 주장은 자식들에 대한 부모의 관계에서와 같이 누군가가 시민들 자신보다도 시민들에게 유익한 것을 더 잘 알고 있다는 가정을 함축하고 있다. 하지만 이것은 법률이 자유를 증진한다는 주장보다는 더 설득력이 있어 보인다.

3. 재분배는 세금을 내는 사람들의 실질적 자유를 감소시키지만 전반적으로는

---

* 온정주의(paternalism)은 국가가 자식의 행복을 염려하는 아버지와 같은 마음으로 시민들의 행복을 위해 국가가 간섭하고 개입하는 태도를 말한다. 이 입장은 모든 성인들을 자유롭고 합리적으로 간주하는 자유주의 사회에는 부적합한 국가의 태도로 비판된다.

실질적 자유를 더 증진시키기 때문에 정당하다.

이미 설명한 바와 같이 오늘날의 정치적 논쟁에서 좌익과 중도좌익은 빈번히 실질적인 자유에 호소함으로써 재분배를 정당화한다. 재분배는 다수 가난한 사람들의 실질적 자유를 증진시킨다는 것이다. '자립능력 지원국가'에 관한 담론들을 떠올려보라. 이제는 실질적인 자유라는 관념의 의미가 분명해졌기 때문에 여기서는 이 주장이 갖는 차별적인 양(量)적 측면에 초점을 맞춰보자.

재분배를 위한 과세가 왜 실질적 자유의 총량을 증대시킬 수 있다고 생각하는가? 한 가지 가능한 답변은 다음과 같다. 큰 부자에게 1만 파운드를 세금으로 거둬서 20명의 가난한 사람들에게 각각 500파운드씩 나눠주게 되면 이들은 이전에는 자유롭게 할 수 없었던 것들을 자유롭게 할 수 있다. 다시 말해 실질적인 자유를 누리게 된 사람들의 수가 순수하게 19명이나 증가하게 된 것이다.* 이 경우 재분배가 더 많은 실질적 자유를 발생시킨다는 주장은, 재분배가 실질적인 자유의 측면에서 더 많은 사람들의 상황을 개선시켜주었다는 생각에 의존하고 있다. 동일한 성격의 또 다른 주장은 국가가 세금으로 거둬들이는 돈을 많은—아마도 모든—시민들이 이용할 수 있는 재화에 사용할 수 있다는 점에 주목한다. 1만 파운드을 세금으로 거둬들이지 않을 경우 그 부자는 그 돈으로 할 수 있는 것들을 자유롭게 할 수 있겠지만 그 돈을 세금으로 거둬들여 다수가 이용할 수 있는 고화질의 텔레비전에 사용하거나 보건의료에 사용할 경우 다수에게 여분의 선택지들—따라서 실질적인 자유—이 발생한다.

두 번째 가능한 답변은 다음과 같다. 부자 한 사람에게 500파운드를 거둬서 그것을 다른 한 사람에게 주게 되면 실질적인 자유의 순수한 증가가

---

*한 명의 부자는 과세의 결과로 자유를 제약받았기 때문에 재분배의 결과로 자유가 증진된 사람들의 순수 증가분은 19명이다.

일어난다. 왜냐하면 이 추가적인 500파운드는 부자보다는 가난한 사람에게 훨씬 가치가 있기 때문이다. 여기 있는 생각은 더 많은 사람이 더 많은 실질적인 자유를 갖는다는 것이 아니다. 한계효용체감의 법칙에 따라 500파운드의 돈이 (부자에게서보다) 가난한 사람이 더 많은 실질적 자유를 누릴 수 있도록 해준다는 것이다. 이 대답은 다소 의심쩍게 느껴질 수도 있다. 추가적인 500파운드란 돈이 부자보다는 가난한 사람에게 더 큰 가치를 갖고 있다는 점에 동의할 수 있고 따라서 그것이 재분배를 위한 좋은 근거가 된다고 생각할 수도 있다. 하지만 추가적인 500파운드가 가난한 사람에게 더 많은 가치가 있는 이유가 그에게 더 많은 실질적 자유를 주기 때문인가? 그보다는 오히려 그들이 실질적 자유로 **할 수 있는** 그 무엇이 더 가치 있고 중요하기 때문은 아닐까? 건강식품을 자유롭게 먹을 수 있고 텔레비전을 자유롭게 시청하는 것은 분명히 여분의 샴페인을 자유롭게 구입하는 것보다 더 중요하다. 하지만 그것이 곧 샴페인을 구입할 수 있는 자유를 박탈당한 사람의 자유의 양이, 그 덕분에 건강식품을 먹을 수 있게 된 사람이 얻은 자유의 양보다 더 적다고 주장할 수 있는 충분한 근거가 되지는 않는다.

자유의 양을 비교하는 것은 위험한 일로 잘 알려졌다. 다행스럽게도 자유의 **양은** 그다지 중요하지 않기 때문에 자유의 양적 비교는 피해도 좋을 것 같다. 중요한 것은 사람들에게 얼마나 많은 자유가 있느냐가 아니라 사람들이 자유롭게 할 수 있고 할 수 없는 것이 무엇이냐 하는 것과, 사회가 부과하는 제약이 과연 정당하냐 아니냐다. 캐나다의 철학자 찰스 테일러 (Charles Taylor, 1931~)가 제시한 예를 각색해서 영국과 아프가니스탄을 비교해보자. 영국에서는 사람들에게 종교의 자유가 있지만 수많은 교통신호등이 있다. 하지만 아프가니스탄에서는 교통신호등이 거의 없지만 종교의 자유가 없다. 우리가 두 나라의 다른 사항들은 전혀 모른다고 가정해보자. 어느 사회가 그 구성원들에게 최대의 자유를 주는 것일까? 자, 영국에서는 교통신호등 때문에 자유가 끊임없이 제약당한다. 하지만 아프가니스탄에

서는 자신이 신봉하는 종교를 믿지 못하는 단 한 가지만이 금지된다. 그러
므로 순전히 양적인 측면에서는 영국이 아프가니스탄보다 시민들의 자유
를 더 많이 제약하는 것처럼 보인다. 하지만 테일러는 이 결론이 불합리하
다고 생각한다. 그가 볼 때 영국이 아프가니스탄보다 시민들에게 더 많은
자유를 준다는 것은 명백하다. 테일러는, 이 예가 자유를 비교할 때는 불가
피하게 자유의 내용—예컨대, 종교활동과 길거리 통행의 예—에 대한 가치
판단을 수반할 수밖에 없다는 사실을 보여준다고 생각한다. 우리가 전반
적인 '자유'라는 측면에서 사회를 서로 비교하거나 심지어 개인들을 서로
비교할 때에도 이는 그대로 적용될 것이다. '자유'에 관해 종합적으로 판단
할 때 질적인 평가를 하지 않고 단순히 양적으로만 평가하기는 어렵다.(누
군가는 언짢은 기분을 참으며 영국이 아프가니스탄보다 자유가 더 제약된 사회라고
주장할 수도 있겠지만 그것은 확실히 잘못된 생각일 것이다.) 하지만 이상의 예에
서 얻을 수 있는 교훈은, '전반적인 자유'를 언급하는 것은 논점을 쓸데없이
다른 데로 돌릴 수도 있다는 것이다. 더러 영국인들이 자유롭게 할 수 없는
행위들도 있으며 아프가니스탄 사람들이 자유롭게 할 수 없는 것들도 있
다. 중요한 것은, '전반적으로 어느 나라 사람들이 최대한의 자유를 누리느
냐'가 아니라 '각국에서 금지되고 있는 행위들이 무엇'이며, '그런 제약이 정
당화될 수 있느냐'다.

**4. 사유재산권과 시장관계는 사람들로 하여금 그들의 진정한 이익을 잘못 인식
하도록 부추기고 따라서 타율적이며 부자유하게 만든다.**

지금까지 논의한 어떤 입장들도 논란이 되고 있는 의미—'자율성으로서
의 자유'—의 '적극적' 자유에 호소하지 않는다. 그 일부가 형식적 자유와
실질적 자유의 구분에 호소하고 있긴 하지만 어떤 입장도 사람들이 하고
싶어 할 수도 있는 행위 외에는 관심을 두지 않는다. 자율성, 고차적인 자

아, 이성적인 자아 혹은 내부의 자아는 전혀 언급하지 않는다. 이런 생각들은 비록 어떤 사람이 하고 싶어 하는 것을 한다고 해도 사실은 부자유한 상태라고 주장할 수 있는 근거가 된다. 자유는 사람들이 하고 싶거나 하고 싶어 할 수도 있는 행위들에 간섭하지 않는 것으로 이해되고 있다. 하지만 특히 마르크스주의 내지는 급진좌익 전통에서 유래한 다른 주장들이 있다. 이 주장들은 단순히 재분배를 옹호하는 정도가 아니라 사유재산을 폐지하고 시장관계를 초월할 것을 주장하면서 자율성으로서의 자유라는 매우 사변적이고 논쟁적인 관점을 채택한다.

예컨대 일부 마르크스주의자들은 사유재산과 시장교환에 토대를 둔 경제체제의 존재 자체가 사람들로 하여금 '진정한' 이익을 잘못 인식하도록 만들고, 자신들을 '소유 집착적인 개인주의자들' 내지 '물질주의적 소비자'로 여기도록 부추김으로써 인간존재의 참된 본질을 온전히 이해하지 못하게 만든다고 주장한다. 인간의 진정한 자아실현은 타인들과의 교환으로 사유재산을 취득함으로써 성취되는 것이 아니다. 부르주아 이데올로기에 현혹되어 자신의 진정한 자아로부터 소외된 사람들만이 인간의 진정한 자아실현이 타인들과의 협동적 활동이나 공동체 활동에 있다는 것을 알지 못한다. 다시 말해 교환을 위해서가 아니라 사용을 위해 생산하고, 생산능력에 따라서가 아니라 필요에 따라 분배할 때 자아실현이 가능하다. 이와 같은 자아실현이 인간의 진정한 자유를 이루는 것이며 자본주의 사회가 인간의 본성에 관한 어리석고 왜곡된 관념을 부추긴다면, 그런 사회는 타율성을 조장함으로써 자유를 방해하는 것이다. 자유로운 인간은 잘못된 의식을 불러일으키는 이데올로기와 그런 이데올로기를 구현하고 조장하는 제도들로부터 자유로운 인간이다. 따라서 진정한 자유는 인간에 관한 소외되고 왜곡된 이해를 담고 있는 사유재산과 시장을 거부하는 데 있다.

5. 자유=자율성, 자율성=합리성, 합리성=도덕, 도덕=정의, 정의=재분배, 따라

서 자신의 자원을 재분배해야 할 의무를 인식하고 있는 사람은 그런 의무를 인식하지 못하고 있는 사람보다 더 자유롭다.

이 마지막 입장은 '자율성으로서의 자유'라는 관념을 변형시킨 것이다. 하지만 이 주장은 진정한 자유가 자아실현에 있다는 생각으로 전개되지 않기 때문에 자아실현에 필요한 것이 구체적으로 무엇이냐에 관한 설명도 필요로 하지 않는다. 오히려 그 주장은 진정으로 자유로운 (즉 자율적인) 사람은 합리적으로, 따라서 도덕적으로 행위하는 사람이라는 생각에 근거하고 있다. 도덕적인 행위가 부자로부터 가난한 사람에게로의 재분배를 의미한다고 가정해보라.(어쩌면 이것이 보나 전통적인 소극적 의미의 자유를 분배하는 것이 정당화되는 이유일 수도 있다.) 이 입장은 부유한 자들이 자기 돈을 자기가 소유하는 것보다 가난한 자들에게 나눠줄 때 더 자유롭게 된다는 결론으로 나아간다. 부자들은, '간섭을 받지 않고 할 수 있는 선택의 범위'로 이해할 수 있는 자유는 덜 갖게 될 것이다. 하지만 그들은 '자신의 고차적인 (도덕적인) 자아에 복종하는 행위'로 이해할 수 있는 자유는 더 많이 갖게 된다. 도덕적으로 올바른 (혹은 합리적인) 오직 한 가지 행위방식만이 있다고 가정—이 가정은 내가 다음 항에서 문제를 제기할 것이다—하면 우리는 다른 어떤 것도 할 수 없고 오직 그 일만을 할 수 있는 자유만을 갖는 역설에 빠지게 된다. 자유는 실로 복종이, 도덕법에 대한 복종이 되고 만다.

이런 입장은 다음과 같은 논리로 전개될 수도 있다. 발모럴 영지에 대한 여왕의 주장이 정당화될 수 없고 따라서 재산을 공적인 용도를 위해 기부하거나 자신보다 더 필요한 사람들에게 분배하는 것이 재산을 정당하게 재분배하는 것이라고 가정해보라. 지금 여기서 살펴보고 있는 입장에 따르면 여왕 자신은 이런 도덕적 깨달음을 얻고 그에 따라 행동함으로써 진정한 자유를 성취한다.(비록 다른 사람들을 마주칠 것을 신경 쓰지 않고 소유지를 거닐 수 있는 자유는 상실하겠지만.) 여기서 중요한 것은 여왕이 재산을 내놓음으로써 이전에는 언덕을 자유롭게 거닐 수 없었던 사람들이 이제는 자유롭게 산책을 할 수 있게 되었다는 것—이것은 사실이긴 하지만—이 아니다. 중요한 것은 여왕 자신이 (덜 중요한) 자유를 스스로 포기함으로써 더 중요한 '진정한' 의미의 자유를 성취한다는 것이다. 하지만 여왕이 이런 도덕적 깨달음 없이 처신한다고 가정해보라. 그녀는 자신이 그 땅을 소유하는 것이 정당하다는 잘못된 믿음을 고집하고 있다. 그렇지만 그녀에게서 그 토지를 (애당초 그 땅은 그녀의 것이 아니었다는 아주 합당한 이유로) 빼앗을 경우에도 그녀의 자유가 여전히 증진된다고 볼 수 있는가? 어쨌든 우리가 여왕으로 하여금 하게 하는 것은, 그녀의 도덕적 자아가 진정한 도덕적 의무를 깨닫지 못하게 하는 것들—이데올로기적 환상이나 무비판적인 전통 추수주의—에 방해받지 않았을 때 진정으로 원할 법한 것들이다. 이와 관련하여 우리는 공동체의 '일반의지'—대체로 칸트의 도덕법으로 이해해볼 수 있는 개념—를 제대로 인식하지 못한 사람들을 억지로 그 의지에 따르도록 강제하는 행위를 자유에 해로운 것으로 생각해서는 안 된다는 주장을 듣곤 한다. 오히려 그들은 "자유롭도록 강제되고 있다"는 것이다. 이것이 바로 벌린이 그토록 싫어했던 사고방식이다.

전체주의의 위협에 맞서기

자유, 사유재산, 시장 그리고 재분배 사이의 관계에 관한 다양한 입장들을 개관한 끝에 우리는 한 쌍의 조합에 이르렀다. 이 한 쌍의 조합은 벌린과 다른 많은 사람들이 우리를 전체주의로 통하는 미끄러운 비탈길로 끌고 간다고 보는 적극적 자유관을 불러온다. 벌린은 전체주의적 위협을 전망하고 타인의 간섭으로부터의 자유라는 소극적 자유가 최선의 자유관이라고 제시했다. 이 마지막 절에서 나는 자율성으로서의 자유라는 이 특정한 '적극적' 자유 관념이 벌린이 주장하듯 그렇게 위험한지 생각해볼 수 있는 몇 가지 구분방법을 제시해보고자 한다. 목욕물을 버릴 때 그 안에 든 아이까지 함께 버려서는 안 되듯, 전체주의가 싫다고 해서 자율성의 의미를 담고 있는 모든 자유 관념을 버릴 필요는 없다. 토니 블레어가 벌린에게 쓴 편지를 내 나름대로 해석해보면, 블레어가 옹호하고 싶어 했던 적극적 자유관은 일종의 '실질적' 자유로서, 자립능력 지원국가라는 중도좌익의 입장과 잘 부합하는 자유관이다. 그 자유관은 논란의 여지가 큰 어떤 고차적이거나 진정한 자아관을 담고 있지 않다. 그래서 최소한 이 점에 관한 한 블레어는 밀실의 독재자라는 혐의에서 자유로울 수 있다. 나는 여기서 블레어가 내세울 수 있는 일곱 가지 논리를 제시해보고자 하는데 이것들에는 논란이 있기는 하지만 전체주의적인 위협은 없다.

1. 사람들의 자율성을 증진하는 방법은 단지 정보를 제공하고 사람들 스스로 생각하도록 돕는 것이다.

'자율성으로서의 자유'와 '원하는 것을 하는 것으로서의 자유'를 처음으로 대조했을 때 나는 교육을 예로 들었다. 교육은 교육을 받지 않는다면 불가능한 것들을 가능하게 해줌으로써 사람들의 실질적 자유를 증진시켜준다. 그뿐 아니라 교육은 사람들이 무엇을 선택할 수 있는가를 알게 해주고 또 그들이 취한 행위의 예상되는 결과도 이해할 수 있게 해준다. 이것은 교육이 주는 정보제공 효과다. 교육은 또한 다양한 선택지들을 평가할 수 있도록 해주며 그들이 입수한 정보를 가공하고 검토할 수 있는 능력도 함양시켜준다. 이것은 합리적 성찰을 증진시키는 교육의 한 측면이다. 두 사람을 생각해보라. 페니는 의사의 삶이 흥미롭고 많은 돈을 벌 수 있다고 생각하기 때문에 의사가 되고 싶어 한다. 페니는 텔레비전 프로그램에서 아주 매력이 넘치는 여의사를 보고 나서 아주 어린 나이에 의사가 되겠다고 결심했으며, 그 뒤에 다른 직업은 생각해보지도 않았다. 그녀는 의사의 진짜

생활에 대해 아는 바가 없으며 의사의 실제 수입도 전혀 모른다. 클레어 또한 의사가 되고 싶어 한다. 그녀는 많은 정보를 알고 있다. 그녀는 의사가 되는 데 필요한 것, 그녀가 성공할 가능성, 그리고 의사의 실제 생활, 벌 수 있는 돈의 액수를 알고 있다. 그녀는 또 다른 선택지들도 생각해보고 모든 것을 종합해본 결과 자신에게 의학이 가장 최선이라고 결정했다. 그렇게 돼서 페니와 클레어는 둘 다 의사가 되기를 원한다. 그들이 이런 희망에 따라 행동한다고 가정해보자. 그들은 둘 다 똑같이 자유롭게 행동하고 있는 것일까? 클레어가 더 자율적이고 더 책임감 있게 자신의 인생을 살고 있는 것이 아닌가? 그리고 그런 의미에서 더 자유롭지 않은가? 클레어의 희망은 적합한 정보에 근거한 합리적인 숙고 끝에 형성된 것이니 말이다.

여기서 자율성은 상당히 약하고, 논란의 여지가 적은 의미로 이해되고 있다. 올바로 생각할 수 있고 또 적절한 관련 정보를 갖고 있는 사람들은 그럴 수 없거나 그렇지 않은 사람들보다 더 자율적이다. 자율성을 이렇게 이해할 경우에도 '분할된 자아'나 내부의 장애와 같은 관념들이 필요할까? 글쎄, 클레어가 페니보다 더 자유롭다고 생각한다면, 그것은 필시 우리가 의사가 되고 싶은 클레어의 희망이 어찌되었건 페니보다 더 합리적이거나 자신의 진정한 자아에 더 충실하다고 생각하기 때문일 것이다. 페니는 자신의 비합리적인 자아에 좌우되고 있다. 그녀의 희망은 비록 자신의 것이긴 하지만 클레어의 희망에 비해 덜 진지하다. 이는 페니 자신의 잘못이 아닐지도 모른다. 그녀는 관련 정보를 접할 기회가 적었고 자신이 갖고 있는 정보를 명료하게 생각할 수 있는 법도 배우지 못했을 수도 있다. 하지만 그녀의 무지와 숙고할 줄 아는 능력의 부족은 진정한 자아실현, 다시 말해, 그녀가 자신의 삶을 진정으로 책임 있게 사는 데 장애가 되는 것으로 보인다. 그녀의 진정한 자아는 의사가 되기를 원할 수도 원치 않을 수도 있다. 어쩌면 현명하게 생각하는 법을 배우고 완전한 정보가 제공되었더라도 페니는 의사가 되기를 원할 수도 있다. 그 희망은 그녀가 우연히 갖게 된 희망보다는 더 진정성 있는 희망일 것이다. 자유는 더 합리적이고 더 좋은 정보를 갖고 있는 상황에서 원할 법한 것을 하는 데 있을 것이다. 페니의 무지와 합리적 사고능력의 부족은 정말로 그녀의 자유에 대한 내적 장애인 것처럼 보인다.

그러므로 자율성을 이런 식으로 생각하는 것은, 자유를 '합리적인 자기통제(rational self-direction)'와 내적인 제약의 부재로 이해하는 것이다. 이런 자유관은 벌린이 매우 싫어하는 적극적 자유관에 속하는 것이다. 하지만 이 자유관은 적극적 자유관에 속하면서도 분명히 해롭지 않다. 이런 자유관은, 국가가 우리를 자유롭도록 강제할 수 있다는 두려움과는 거리가 매우 멀다. 아이들은 정말 억지로 학교에 가는 경우가 많은데 이것은 보통 학교에 보내는 것이 나중에 ('유효한 선택지들로서의 자유'는 물론) 자율성으로서의 자유를 증진시켜줄 것이라는 근거에서 정당화된다.[*] 세상에 대해 배우고 생각하는 법을 배우는 것이 자율성을 증진시켜준다면, 자율성은 전체주의와 연관된 위험한 자유 관념과는 아무런 상관이 없다.

2. 자유에 대한 내적인 장애의 가능성을 인정하는 것이 곧 행위자가 아닌 다른 누군가가 그런 장애의 존재를 판단할 수 있는 최선의 판단자라는 뜻은 아니다.

전통적인 소극적 자유 관념에 따르면, 개인은 자기가 원할 경우 할 수 있는 것을 다른 누가 하지 못하게 막지 않는 한 자유롭다. 이 견해는 자유를 제한하는 내적인 장애가 있을 수 있다는 생각을 받아들이지 않는다. 하지만 찰스 테일러가 주장하듯이 우리가 그런 내적인 장애를 경험한다는 사

---

[*] 여기서 '유효한'이라는 형용사는 '실질적 자유'관에서 '실질적'이라는 형용사와 같은 단어다. 교육은 개인들이 자유롭게 선택할 수 있는 유효한 선택지들을 넓혀줌으로써 실질적인 자유를 증진시켜준다.

실은 부정하기 어려워 보인다. 정말로 정치인이 되고 싶어 하는 어떤 사람이 있다. 이 사람이 공개적인 연설을 너무 두려워한 나머지 자신의 목표를 추구할 수 없는 경우를 생각해보라. 아무도 그가 정치인이 되는 것을 가로막지 않지만 그 사람의 공포—내적인 장애—는 명백히 그가 정치인이 되는 것을 방해한다. 실제로 우리는 때로 자신의 욕구 자체가 장애가 되는 것을 경험한다. 그런 경우에는 그 욕구를 극복하는 것이 자유가 되고 그 욕구에 따라 행동하는 것이 부자유가 된다. 안락한 침대에서 자고 싶어 하는 욕구 때문에 어떤 탐험을 시도조차 못하는 자칭 탐험가를 상상해보라. 또 도덕적으로 옳은 일을 하고자 하지만 유혹에 굴복하고 마는 어떤 사람을 생각해보라. 아니면 시험을 정말로 잘 보고 싶어 하지만 밤마다 술을 마시러 나가고 싶은 욕구를 참지 못하는 사람을 생각해보라. 또는 담배를 정말로 끊고 싶어 하지만 니코틴에 대한 욕구가 너무 심해서 담배를 끊지 못하는 사람을 생각해보라. 그런 사람들은 '자율적이거나' '고차적인' 자아가 그들의 '타율적이거나' '저등한' 자아의 욕구들을 극복할 때 자유를 경험한다.

이런 경우들에서는 자아가 두 부분으로 분할되어 있다고 생각할 수도 있다. 그리하여 자유는 '진정한' 혹은 '고차적인' 부분이 '잘못된' 혹은 '저등한' 부분을 통제할 때 성취된다. 여기서 우리는 매우 긴요한 질문을 던져볼 수 있는데, 과연 우리가 자아의 어떤 부분이 '고차적이고' 어떤 부분이 '저등한지' 어떻게 알 수 있으며 또 그 문제에 대한 최상의 판단자가 누구인지 어떻게 알 수 있느냐는 것이다. 앞에서 열거한 예들이 적절한 까닭은 각 경우에 그 사람 자신이 그런 판단을 내리기 때문이다. 그러므로 적극적 자유 관념이 전체주의로의 타락을 초래할 수도 있다는 주장에 대한 가장 분명한 반박은 자유에는 비록 내적인 장애가 있을 수 있지만 무엇이 장애인지 판단하는 최선의 판단자는 언제나 그리고 반드시 그 사람 본인이라는 점을 강조하는 것이다. 이 주장은 국가가 개인들이 정말로 원하는 것을 개인들보다 더 잘 알고 있기 때문에 강제적으로 그들을 자유롭게 하는 것이 정당하다는 주장을 충분히 반박할 수 있게 해준다.

이 입장에 포함되어 있지 **않은** 사항을 지적할 필요가 있다. 어떤 사람은 어떤 것에 관하여 언제나 반드시 옳지 않고서도 그에 대한 최선의 판단자가 될 수 있다. 나는 내가 정말로 원하는 것을 언제나 정확하게 인식한다고 생각하지 않는다. 예컨대 때로 나는 내가 어떤 것을 원한다고 (**정말로** 원한다고) 확신하는 때가 있는데 나중에 내 판단이 편벽되거나 왜곡된 것이었음을, 모종의 자기기만이나 최소한 미흡한 자기 인식 때문에 정확한 판단을 내리지 못했다는 것을 깊은 자각과 함께 깨달을 때가 있다. 하지만 나 자신도 (내가 원하는 것에 대해) 잘못된 판단을 내릴 수 있다는 것을 인정해야 한다고 해서 다른 누가 나보다 더 정확한 판단을 내릴 수 있다고 인정할 필요는 없다. 물론 누군가가 나 자신보다 더 잘 알고 있다고 생각한다면 그가 더 좋은 판단자가 될 수 있다고 믿을 수는 있다. 하지만 반드시 그럴 것이라고 생각할 이유는 없으며 특히 우리가 이야기하고 있는 정치적 이슈들에 관련해서는 국가가 그런 유리한 입장에 있다고 믿을 이유가 없다고 나는 확신한다.

3. 내적인 장애가 있을 수 있다는 것을 인정하는 것이 곧 자유를 합리성과 동일시하는 것은 아니다.

자유를 제한하는 내적인 장애가 있을 수 있다는 관념은 진정한 혹은 더 고차적인 자아가 **이성적인(합리적인)** 자아라는 생각과 연관되어 있는 경우가 흔하다. 칸트의 경우에 이 점이 가장 분명하게 드러난다. 칸트가 생각하기에 자율적인 자아는 정말로 이성적인 (그리고 도덕적인) 자아로서 그 자아는 경험적인 욕구와 충동으로부터 자유롭다.(칸트는 욕구와 정념에 너무 적대적이었기 때문에 때로 그는 도덕적으로 옳은 일을 하기를 **원하는** 사람은, 원하지는 않지만 의무감 때문에 그렇게 하는 사람보다 덜 도덕적이라고 주장한 것으로 해석되기도 한다. 여기서 의무는 이성적인 자아가 인식한 의무다!)* 자율적인 사람이 어떤 것을 선택할 것인지 '옳은 답'이 있다는 생각은 확실히 자율성과 합리성을 동일시하는 입장에서 많은 지원을 받고 있다. 사람을 자유롭게 하는 것이 무엇이냐 하는 문제가 일단 무엇을 하는 것이 합리적이냐 하는 문제로 바뀌면 사람들에게 무엇이 정말로 합리적이냐 하는 논쟁이 시작되는 것처럼 보인다. 그리고 그 **논쟁**에서는 한 개인이 특별히 특권적인 위치에 있지 않은 것으로 여겨질 수도 있다.

하지만 앞에서 제시한 예들을 생각해보라. 이 예들은 모두 자유에 대한 내적 장애를 인정하는 것이 합당한 경우들로 제시되었다. 하지만 이 예들 중 어떤 것도 내적 장애로 **합리성**의 행사가 방해를 받는다고 보지는 않았다. 물론 한 정치인 지망생이 대중연설을 두려워해 겪는 문제를 비이성적인 공포증을 가지고 있기 때문이라고 타당하게 설명할 수 있는 것은 사실이다. 하지만 우리는 정치인이 되고 싶은 그의 욕구가 과연 그가 원하기에 합리적인 것인지 아닌지 알지 못하면서도 그가 비이성적인 공포증에 제약을 받는다고 간주할 수 있다. 또한 물론 우리가 시험에 대비하여 공부를 하는 사람이 매일 밤 외출을 하는 사람보다 더 합리적이라고 생각하며, 담배를 끊고자 하는 사람이 그렇지 않은 사람보다 더 합리적이라고 보는 경향이 있는 것은 사실이다. 하지만 이 예들은 그런 판단을 하지 않는다. 예를 들어, 정말로 술을 마시러 나가고 싶어 하는 한 학생이 자신의 '양심'을 억압적인 사회화로 형성된 비합리적인 충동으로 이해하며, 자신의 자율적인 자아가 누리고자 하는 자유가 이 때문에 제약되고 있다고 생각하는 경우를 상상해보라. 나는 정말로 옥스퍼드 유나이티드 팀의(혹은 밀워키 브루어스 팀의) 경기를 보러 가고 싶어 할 수도 있는데 따뜻함과 편안함에 대한 나의

---

*여기서 원한다는 것은 감정의 상태를 의미한다. 그러므로 이성과 감정을 대립시키고 있는 칸트적 관점을 극단적으로 해석하면, 도덕적으로 옳은 일을 '원하는' 것은 원하든 원치 않든 도덕률을 엄격히 따라야 하는 입장에서 보면 상대적으로 '덜' 도덕적인 것이다.

욕구가 (운동 경기를 보고 싶어 하는) 나의 진정한 목표를 추구하는 데 장애가 된다고 생각할 수도 있다. 하지만 그 경기를 구경한 사람들도 경기 관람이 오후를 보내는 합리적인 방식이라 말하기 어렵다는 데 동의할 것이다.

이 문제에 접근할 수 있는 한 가지 방식—미국의 철학자 해리 프랑크푸르트(Harry Frankfurt, 1929~)가 개발한 방식—은 '일차적인' 욕구와 '이차적인' 욕구를 구분하는 것이다. 일차적인 욕구는 안락한 침대 같은 것들에 대한 욕구나 탐험가가 되거나 시험을 잘 보거나 술을 마시러 나가는 것과 같은 욕구들이다. 우리가 알고 있듯이 이와 같은 욕구들은 서로 충돌할 수 있다. 그런 충돌을 생각해보는 좋은 방법은 우리에게는 또한 이차적인 욕구들이 있다고 이해하는 것이다. 이 이차적인 욕구들은 일차적인 욕구들에 관한 욕구들이다. 말하자면 다른 욕구들을 가지려 하는, 혹은 가지려 하지 않는 욕구이다. 탐험가 지망생을 예로 들어보자. 그 사람은 정말로 탐험가가 되고 싶고 그래서 안락한 침대에 대한 병적인 욕구를 없애기를 원하는가? 아니면 그가 정말로 원하는 것은 탐험가가 되고 싶은 낭만적인 꿈에 방해받지 않고 안락한 침대에서 잠을 자는 것인가? 이 문제에 답하기 위해서 그는 자신의 이차적인 욕구를 살펴보아야 한다. 이차적인 욕구들을 알게 되면 그는 자신이 정말로 원하지 않는 욕구 때문에 자신이 정말로 하고 싶은 것을 못하고 있는 건지 아닌지 알게 될 것이다. 비슷한 내용을 설명할 수 있는 또 다른 방법은 테일러처럼 '강한 평가'에 대해 얘기해보는 것이다. 우리에게는 그저 강도나 세기 측면에서만 측정할 수 있는 '맹목적인' 욕구만 있는 것이 아니다. 우리는 또한 우리의 욕구를 평가할 수 있으며 그 욕구들의 가치와 적절성을 판단할 수 있고 그것들을 지지하거나 버릴 수도 있다. 이것은 아마도 우리가 동물과 구분되는 특징들일 것이다. 동물의 욕구와 달리 인간의 욕구에는 그저 강약의 차이만 있는 것이 아니다. 우리는 욕구들을 성찰함으로써 어떤 것에는 공감하고 어떤 것은 거부할 수 있으며, 이를 통해 욕구들을 선별하여 어떤 욕구들이 우리의 자유에 장애 또는 제약이 되는지를 분간할 수 있게 된다. 그리고 이 평가 능력 덕분에 우리는 '참된' 혹은 '진정한' 욕구에 따라 행위할 수 있고 자유를 성취할 수 있다. 그러므로 우리는 욕구가 자유를 제약할 수 있다고 생각한다고 해서, 자유를 꼭 합리성으로 생각할 필요가 없다. 우리에게 필요한 것은 단지 덜 중요한 욕구들이 더 중요한 욕구들을 실현하는 데 방해가 될 수 있다는 생각일 뿐이다. 누가 최선의 판단자인가 하는 문제는, 어떤 한 사람의 욕구들 중에서 어떤 욕구가 더욱 중요한가를 가장 잘 판단할 수 있는 사람이 누구냐라는 형식으로 표현할 수 있을 것이다.

4. 자유를 합리성과 동일시하는 것이 모든 개인에게 합리적인 것이 동일하다는 주장은 아니다.

반드시 그럴 필요는 없지만 어쨌든 우리는 자율성과 (따라서 이 발상에 따르면, 자유와) 합리성을 어떻게 연관시키고 싶어 할 수도 있다. 합리적으로 행동하는 사람은 그렇게 해야 할 이유가 가장 많은 일을 하는 사람들이며, 그렇게 행동하는 사람이 비합리적인 사람보다 더 자유롭다는 것은 말이 안 되는 이야기는 아니다. 그리고 이번에도 역시 반드시 그럴 필요는 없지만, 그 사람 본인이 무엇이 자신에게 합리적인 것인가 결정할 수 있는 최선의 판단자가 아니라고 믿을 수도 있다. 최소한 다른 사람들이 보다 나은 정보를 갖고 있거나 이용 가능한 정보를 활용할 수 있는 능력이 더 뛰어난 경우에는 말이다. 어쨌든 우리들 대부분은 부모들이 자식들에게 무엇이 합리적인지 아닌지를 아이들 자신보다 더 잘 판단한다고 믿고 있다. 비록 제한적인 맥락에서라도 동일한 논리가 최소한 일부 성인들에게도 적용될 수 있지 않을까? 이런 두 가지 가정들을 모두 받아들이면서 앞선 두 부분에서 제시한 (전체주의로 떨어지는) 미끄러운 비탈길을 벗어날 방법을 거부한다면, 반드시 전체주의로 가게 될까?

답은 '아니다'다. 벌린은 일반적으로 적극적 자유에 관한 교의들을 자신이 일원론(monism)이라고 부른 입장과 동일시한다. 여기서 일원론은 우리가 어떻게 살아야 할지를 가르쳐주는 하나의 조화롭고 올바른 가치체계가 존재한다고 보는 관점이다. 이와 대조적으로 벌린은 서로 충돌하는 가치들이 존재한다고 생각한다. 그가 가장 완강히 거부하는 것은, 사람들이 어떻게 살아야 할지 제시해줄 수 있는 올바른 방법을 찾았다고 주장하면서 자유를 위한다는 명분으로 사람들을 그런 방법에 따라 살도록 강제하는 교의들이다. 하지만 자유를 합리성과 동일시한다고 해도 이런 의미의 일원론을 받아들일 필요는 없다. 우리는 삶을 사는 서로 다른 방식들이 저마다 합리적이라고 생각할 수 있으며, 따라서 국가가 그 구성원들을 똑같은 방식으로 살도록 강제함으로써가 아니라 고유성을 지닌 개인들이 각자에게 합리적인 방식으로 살 수 있도록 도와줌으로써 그들의 자유를 증진시킬 수 있다. 모든 사람들에게서 합리적인 것이 동일한 특수한 경우(운전하면서 죽지 않는 것이나 마약 중독을 피하는 것)가 있을 수도 있다. 따라서 제한적이긴 하지만 (교통신호를 지킨다든가 마약 중독을 피하는 것과 같이) 모든 사람들이 하거나 하지 않는 것이 합리적인 중요한 공통사항들이 있을 수도 있다. 지금 고찰하고 있는 견해에 따르면 국가는 우리의 자유를 위한다는 명분으로 그런 것들을 하게 할 수도 금지시킬 수도 있다. 하지만 국가의 이런 행위들은 일반적으로 전체주의와 연관되어 있는 포괄적인 일원론적 주장들과는 거의 상관이 없다고 보아야 한다. 그와 반대로 우리는, 개인들이 기본적으로 각자 합리적인 것을 자유롭게 결정할 수 있는 다원적이며 자유주의적인 국가를 갖게 될 가능성이 크다.

5. 자유를 합리성과 동일시하는 것이 곧 어떤 개인에게 합리적인 것이 단 하나뿐이라는 주장은 아니다.

그러므로 우리는 모든 사람들에게 합리적인 삶의 방식이 단 하나라고 가정할 필요가 없다. 하지만 또한 우리는 한 개인에 국한해서 보더라도 합리적인 삶의 방식이 단 하나일 뿐이라고 가정해서는 안 된다. 당신의 삶을 생각해보라. 분명히 비합리적인 방식으로 삶을 살 수 있는 몇 가지 방식들이 있을 수 있다. 내 역량을 두고 볼 때 내가 프로축구 선수의 삶을 추구하려 했다면 그것은 분명히 비합리적이었을 것이다. 내 관심을 두고 볼 때 내가 정원관리사가 되려고 했다면 그것도 비합리적이었을 것이다. 하지만 그런 사실이 나에게 적합한 합리적인 인생계획이 단 하나만 있다는 것을 의미하지는 않는다. 아마도 학자가 되고자 한 나의 결정은, 가정해보건대 배우가 되고자 결정했을 때와 합리성의 차원에서 별 차이가 없을 수도 있다. 아마도 이성은 우리가 몇 가지 삶의 방식들 중 하나를 선택해야 할 때 도움을 줄 수 있을 것이다. 하지만 그것이 곧 이성이 모든 삶의 방식들 중에서 우리 각자에게 적합한 단 하나의 올바른 답만 제시한다는 것을 뜻하지는 않는다. 아마도 몇 가지 상이한 삶의 방식들은 오늘날의 전문 용어를 사용하면 단순히 '통약불가능(incommensurable)' 할 것이다. 다시 말해 몇 가지 삶의 방식들은 공통된 척도로 서로 비교할 수 없기 때문에 우리는 그중 하나를 이성에 기반해서 선택할 수 없다.

이런 주장이 옳다면 어떤 사람이 합리적인 일을 할 때 진정으로 자유롭다는 관념은 전체주의적인 위험에 빠질 가능성이 더욱 낮아 보인다. 합리적인 삶의 방식은 사람마다 다를 뿐만 아니라 한 사람에게서도 상이한 삶의 방식들이 똑같이 합리적일 수 있다. 물론 국가는 여전히 모든 사람에게 비합리적인 삶의 방식이 있을 수 있다고 주장하며 시민들이 그런 삶을 살지 못하도록 함으로써 (혹은 최소한 방해함으로써) 시민들의 자유를 증진시키려고 할 수 있다. 어떤 삶의 방식들은 사악하며 어떤 것들은 공허하거나 무가치하다. 누구도 이런 것들을 추구할 이유는 없다. 따라서 국가는 사람들이 그런 삶의 방식들을 추구하지 못하게 억제하거나 금지시킴으로써 그들의 자유를 증진하게 된다. 하지만 시민들이 자유롭게 삶의 방식을 선택하도록 놔둠으로써 각자가 자신의 이성을 통해 똑같이 합리적이라 생각되는 다양한 선택지들 중에서 하나를 선택하는 국가의 이미지는, 적극적 자유를 수용하면 전체주의적 국가에 이르게 될 것이라고 본 벌린의 생각과는 정말로 큰 거리가 있다.

6. 한 개인에게 합리적일 수 있는 것을 확인했다고 해서 그들의 비합리적인 행위를 간섭하는 것이 반드시 정당화될 수는 없다.

바로 앞의 두 가지 명제들—4와 5—은 국가가 '합리성으로서의 자유'를 빙자하여 개인의 삶에 간섭하는 것을 싫어하는 사람들에게 안도감을 줄 수 있을 것 같다. 서로 다른 사람들에게 합리적인 것은 다를 수가 있다. 그리고 서로 다른 것들이 한 사람에게 똑같이 합리적인 것일 수도 있다. 그러므로 진정한 자유란 합리적인 것을 추구할 때 성취된다고 확신하며 시민들이 합리적인 삶을 선택할 수 있도록 도와주는 것이 정당하다고 믿는 국가도 다원적일 수 있으며, 그런 국가는 벌린이 두려워하는 일원주의적인 전체주의 국가가 아니다. 하지만 전체주의 국가로 통하는 미끄러운 비탈길을 피할 수 있는 또 다른 방법이 있다. 그것은 비록 어떤 사람에게 합리적인 것이 무엇인가를 확인할 수 있다고 해도 그 사람이 그 일을 하도록 간섭하는 것이 정당하다는 결론이 자동적으로 나오지 않는다는 점을 이해하는 것이다.

중독성이 있는 약을 사용하는 친구가 있다고 가정해보라. 당신은 그 일이 친구에게 비합리적이라는 것을 알 정도로 충분히 그를 잘 알고 있다.(그 친구는 주의 깊게 생각해보지도 않은 채 마약을 하기로 선택했다. 친구가 마약을 사용하는 이유는 그것이 그가 인기를 얻고 싶어 하는 친구들 사이에서 일반화된 관행이기 때문이라고 해두자. 하지만 당신은 그가 인기를 얻고 싶어 하는 이유가 믿을 수 없을 정도로 낮은 자존감 때문이라는 것을 알고 있기 때문에 그가 마약을 사용한다고 해서 더 인기를 끌 수 없다는 것을 잘 알고 있다.) 하지만 당신이 친구가 비합리적으로 행동하고 있다는 사실을 아주 확신하고 있을지라도, 당신의 친구가 마약을 하지 못하도록 강제하는 것이 정당하다는 결론은 여기서 나오지 않는다. 물론 당신이 그 친구를 의자에 앉힌 다음 자신의 행위에 대해 생각해보도록 하는 것은 정당할 수도

존 로크

있다. 심지어 **그렇게 하는 것**이 도덕적인 행위라고 할 수도 있다. 하지만 사람들 각자에게 무엇이 합리적인지 아닌지 생각해보도록 촉구하는 일과 합리적인 것을 억지로 시키는 일은 완전히 다르다. 후자는 존중이 결여되어 있다. 다시 말해, 개인이 자신의 (비합리적인) 방식대로 자신의 삶을 사는 것의 가치를 존중하지 않고 있다. 후자는 개인이 스스로 선택할 수 있는 자유에 부당한 제약을 가하는 것이라고 볼 수도 있겠다.

물론 우리가 그렇게 주장하는 경우에는 자유를 '합리성으로서의 자율성'이란 의미로 사용하는 것이 아니다. 그리고 왜 그런 제약이 부당한지, 다시 말해, **왜** 사람들이 비합리적으로 행위할 수 있는 자유가 있어야 하는지 알고 싶을 것이다. '존중'이란 관념이 부분적인 해답이 된다. 그리고 스스로 선택한 삶을 사는 것이 가치 있는 삶에 필수적이라는 생각은 또 다른 답을 제공한다.(이것은 『관용에 관한 서한』에서 로크가 제안한 아이디어에 입각해 있는데 그에 따르면 신자가 아닌 사람을 억지로 교회에 나가도록 강제하는 것은 그들에게 전혀 유익하지 않다. 그들에게 강요되는 종교적 교리의 모든 말들이 다 진리라고 해도 말이다.) 존 스튜어트 밀의 『자유론』(1859)은 여러 가지 답을 제시

해준다. 가치관을 형성·수정·변경할 수 있는 능력을, 도덕적으로 가장 중요한 인간적 능력으로 간주하는 (1부에서의) 롤스의 입장을 기억해보라. 이런 자유주의적 견해에서 자유가 중요한 까닭은 자유가 (타인들에 의해 강요된 삶이 아니라) 개인들이 스스로 신봉하는 삶을 살 수 있도록 해주기 때문이다. 이런 주장들에 대해서는 4부에서 더 깊이 살펴볼 것이다. 지금 이 맥락에서 중요한 것은 단순하다. 어떤 사람이 다른 사람보다 (그 다른 사람에게) 합리적인 것이 무엇인지를 더 잘 알고 있을지라도 모든 활용 가능한 수단을 동원하여 그 사람이 그 합리적인 것을 하도록 강제하는 것은 정당하지 않다.

7. 사람들을 합리적으로 행동하도록 만들기 위한 간섭은, 그 간섭이 자유에 대한 제약을 포함하며, 따라서 자유라는 이유로는 정당화될 수 없다고 하더라도, 정당화될 수도 있다.

지금까지의 논의는 전적으로 자유라는 관점에서 개진되어왔다. 하지만 사유재산의 경우에서 지적했듯이 반드시 이런 식의 논리만이 성립될 이유는 없다. 안전벨트에 관한 논의를 기억해보라. 자유를 제약하는 법률이 정당화될 수 있는 것은 그 법률에 규제를 받는 사람의 상황이 그 규제를 받지 않았을 때보다 더 나아진다는 이유, 다시 말해 자유와는 아무런 상관이 없는 측면에서 더 나아진다는 근거에서다. 적극적 자유에 관한 논의들 및 적극적 자유를 근거로 국가 개입을 정당화하는 논의들은 자유란 많은 가치들 중 하나에 불과하다는 것을 망각하게 만든다. 항상 그렇듯이 궁극적으로 중요한 것은, 국가의 행위가 모든 것을 고려해볼 때 정당화될 수 있는가의 여부다.

| 결론 |

자유라는 개념은 아주 다양한 방식으로 사용되고 있는데 많은 이론가들과 전통들은 서로 다른 자유 관념을 지지한다. 이런 상황은 충분히 이해할 수 있는 혼동, 벌린의 유명한 에세이가 제거하지 못한 혼동으로 이어진다. 자유에 관한 다양한 관념들—구체적인 이해들—을 두 가지로 분류하는 것이 도움이 되지 않는 까닭은 그런 이분법이 중요한 측면에서 서로 다른 자유관들을 함께 묶어버리기 때문이다. 최악의 경우 그런 이분법은 '~으로부터의 자유'와 '~할 자유' 사이의 구분이 사실은 아무런 차이도 드러내주지 못하는데도 불구하고 대단히 중요한 차이를 인식할 수 있도록 해주는 것인 양 정말로 잘못된 착각을 불러일으킨다. 자유에 대한 맥컬럼의 형식적 정의—x는 y로부터 자유롭게 z를 할 수 있다(또는 z가 될 수 있다)—는 다양한 자유관들을 보다 명확하게 이해할 수 있는 수단을 제공해준다. 이 개념으로 분석하게 되면 자유에 근거한 주장들의 내용을 더 자세히 알 수 있고 따라서 누가(x) 무엇(y)으로부터 자유롭게 무엇(z)을 할 수 있거나 무엇(z)이 될 수 있는지를 더 잘 판단할 수 있다.

자유 개념에 호소하는 많은 정치적 논쟁들이 재산과 재분배와 연관된 문제들에 관심을 집중시켜왔다. 1970년대와 1980년대에 걸쳐 우익 세력은 자신의 목적에 맞게 자유 개념을 이용했다. 자유를 신봉하는 것은, 곧 자유 시장을 지지하는 것을 의미했고 따라서 국가의 기능을 최소화함으로써 개인들이 될 수 있는 대로 국가의 간섭을 받지 않도록 하는 것을 의미했다. 좌익은 두 가지 상이한 방식으로 대응했다. 주류 혹은 자유주의적인 좌익은, 우익이 특히 재산을 갖고 있는 자들의 자유—그 재산으로 자신이 원하는 것을 할 수 있는 자유—에 관심을 갖고 있지만 재산이 적은 자들이나 아예 없는 자들의 자유에는 관심을 갖지 않는다고 주장했다. 급진좌익 혹은 마르크스주의적 좌익은 재산과 자유가 관계가 있다는 생각 자체를 문제 삼고서, 진정한 자유를 실현하기 위해서는 '부르주아적' 자유 관념을 극복할 필요가 있고 따라서 '부르주아적' 자유 관념을 촉진하는 자본주의 틀을 초월할 필요가 있다고 주장했다. 나는 이 2부에서 이 두 가지 대응 사이의 큰 차이점을 분명히 밝혔음은 물론 이 두 가지 대응방식이 취할 수 있는 상이한 논리들의 내용에 대해서도 꽤 구체적으로 설명했다고 믿고 싶다.

벌린이 생각한 것 이상으로 적극적 자유를 지지할 이유가 많다고 본 토니 블레어는 일종의 변형된 첫째 전략을 추구했다고 볼 수 있다. 그는 자유를 합리성과 동일시하는 은밀한 전체주의적 주장은 물론 자율성으로서의 자유라는 (논란의 대상이 되고 있는) '적극적인' 자유관도 옹호하지 않았다. 이 장의 마지막 부분은 '자율성으로서의 자유'가 보기보다는 그렇게 위험하지 않다는 것을 여러 가지 방식으로 설명해보았다. 벌린의 논문은 적극적 자유관이 왜곡됨으로써 장기적으로 자유의 이름으로 억압적인 체제를 정당화할 수 있다는 것을 훌륭하게 보여주었다. 하지만 정치철학자들에게 중요한 문제는 "어떤 일이 벌어졌는가?"라는 것보다는 "무엇이 옳은 생각인가?"라는 것이다. '자유는, 전체주의 국가가 당신의 이익이라고 정해주는 것을 수행하는 것이다'라는 잘못된 생각으로부터 '자율성으로서의 자유'라는 중요한 가치를 보호하는 것은 중요한 일이다. [●]

| 더 읽을거리 |

데이비드 밀러가 편집한 『자유(Liberty)』(Oxford University Press, 1991)는 자유에 관한 논문들을 엮은 탁월한 책으로, 업데이트된 『자유 선집(Liberty Reader)』(Edinburgh University Press, 2006)으로 대체된 이후에도 계속 유용할 것이다. 이 두 책은 여기서 논의된 몇 편의 논문들을 포함하고 있으며 밀

●저자가 이미 언급한 바 있듯이, 나쁜 것―전체주의의 위험성을 내포하는 것―을 버리는 과정에서 좋은 것마저 버리는 것은 어리석은 일이기 때문이다.

러가 쓴 서문들은 비슷한 것들 중에서 가장 뛰어나다. 과거와 현재의 광범
위한 자료들로부터 발췌한 것들을 엮은 또 다른 중요한 모음집은, 이안 카
터(Ian Carter), 매튜 크레이머(Matthew Kramer) 그리고 힐렐 스타이너(Hillel
Steiner)가 공동 편집한 『자유: 철학논집(Freedom: A Philosophical Anthology)』
(Blackwell, 2006)인데 이 책에는 유익한 해설이 달려 있다.

자유에 관한 공화주의적 견해들은 위에서 소개한 논문 모음집들에 들
어 있는 필립 펫팃(Philip Pettit)과 퀜틴 스키너(Quentin Skinner)의 글로 대변
된다. 그들의 생각을 더 알고 싶다면 펫팃의 『공화주의(Republicanism)』
(Oxford University Press, 1997)와 스키너의 『자유주의 이전의 자유(Liberty before
Liberalism)』(Cambridge University Press 1998)를 보라.

돈과 자유에 관한 생각들은 코헨(G. A. Cohen)에게서 유래한다. 그것을 요
약한 것이 코헨의 「사회주의적 기본원칙들로 돌아가기」에 대한 부록인데 이
논문과 부록은 제인 프랭클린(J. Franklin)이 편집한 『평등(Equality)』(Institute for
Public Policy Research, 1997)에 수록되어 있다. 더 충분한 설명을 원한다면 다음
온라인 사이트를 이용하라.

http://www.utdt.edu/departamentos/derecho/publicationes/rtj1/pdf/
finalfreedom.pdf.

신우익과 구분되는 중도좌익의 입장에서 자유를 이해하려고 시도한
가장 좋은 책으로는 로이 해터슬리(Roy Hattersley)의 『자유를 선택하라
(Choose Freedom)』(Michael Joseph, 1987)가 있다. 필립 반 파리지스(Philippe
Van Parijis)의 『만인을 위한 진정한 자유: 자본주의는 어떻게 정당화될 수
있는가?(Real Freedom for All: What (if Anything) Can Justify Capitalism?)』(Oxford
University Press, 1997)는 실질적 자유(effective freedom)라는 관념—그는 '진정
한' 자유('real' freedom)라고 부른다—을 사용하여 무조건적인 기본소득을
옹호한다. 로널드 드워킨의 견해를 가장 편하게 접할 수 있는 글은 폴 바
커(Paul Barker)가 편집한 『평등한 존재들로 사는 것(Living as Equals)』(Oxford

University Press 1996)에 수록된 「자유와 평등은 충돌하는가?」다.

루소의 『사회계약론』(1762)과 밀(J. S. Mill)의 『자유론』(1859)은 자유에 관한 고전적 문헌으로 값싸게 구할 수 있는 판본이 많다. 밀의 책은 대체로 그 주장이 분명해서 어렵지 않게 읽을 수 있다. 루소의 경우도 마찬가지일 것으로 본다. 밀의 『자유론』을 무료로 볼 수 있는 온라인 사이트는 다음과 같다.

http://www.knuten.liu.se/_bjoch509/works/mill/liberty.txt.

그리고 루소의 『사회계약론』을 무료로 볼 수 있는 온라인 사이트는 다음과 같다.

http://www.constitution.org/jjr/socon.httm.

3부
평등

평등은 정의—심지어 사회정의—나 자유보다 더욱 논란이 심한 개념이다. 많은 사람들이 평등을 거부한다. 평등주의자들은 시샘의 정치를 옹호하고 국가의 보살핌을 받는 개인들이 모든 책임의식을 상실해버리는 의존의 문화를 조장한다고 비판을 받는다. 그리고 글로벌 시장에서 작동하는 현대의 역동적인 경제에 적응하는 데 필요한 요소들을 의도적으로 무시해버린다는 비판을 받는다. 평등은 심지어 예전의 옹호자들로부터도 한물간 이상으로 간주된다. 실험해본 결과 결함이 많기 때문이라는 근거에서다. 그리하여 평등은 '이해관계자 사회(stakeholder society)', '사회적 포용' 혹은 '공동체'에 명예를 부여하는 '제3의 길'로 계승되어야 한다고 간주된다. ● 정치적으로, 평등은 오늘날의 유권자들이 열망하는 개인주의적인 가치들과 단절된 나쁜 소식이다. 미국의 대통령 조지 W. 부시(George W. Bush)는 상속세를 폐지하겠다고 약속하여 많은 지지를 받았다. 상속 액수가 60만 달러까지는 일단 면제되고 있는 상황인데도 말이다. 영국의 재무상 고든 브

● 국유화와 같은 전통적인 목표를 포기하고 노동당을 새롭게 인식시키기 위해 도입한 슬로건 혹은 정책들이다. 여기서 이해관계자 사회란 사회의 구성원들이 사회로부터 권리를 부여받기도 하지만 의무와 책임도 가지고 있는 사회를 의미한다.

라운(Gordon Brown)이 (옥스퍼드대학 진학과 관련된) 기회의 평등에 관심을 기울이려고 노력하자 일부 사람들은 언론을 통해 그가 수정된 '계급전쟁'을 수행하고 있다고 조소했다. 재분배를 위한 과세, 곧 사회의 최소 수혜자들을 돕기 위해 부유한 사람들에게 세금을 부과하는 정책은 거의 비밀리에 집행되기 때문에 '부유세'가 아니라 '비밀세'로 일컬어지기도 한다. 아직 재분배에 찬성하는 사람들마저도 그들의 목표를 다른 용어로 표현하곤 한다. 이를 테면 '소수를 위한 기회가 아니라 다수를 위한 기회'라는 식으로 말이다.

이 모든 것은 대중적인 수사의 수준에서 진행된다. 하지만 평등은 정치철학자들에 의해서도 배척되어왔다. 그들은 평등에 가치를 부여하는 것은 잘못이라고 주장한다. 중요한 것은, 사람들이 좋은 것들을 똑같은 몫으로 나눠 갖는 것이 아니다. 또한 사람들이 좋은 것들에 대한 (혹은 좋은 것들에 접근할 수 있는) 평등한 기회를 갖는 것도 중요한 일이 아니다. 생각해보면 중요한 것은, 모든 사람들이 충분히 가질 수 있도록 해주는 것이거나 가장 가난한 사람들이 가능한 한 많이 가질 수 있도록 해주는 것이다. 그것도 아니면 가장 필요로 하는 사람들을 우선적으로 고려해주는 것이다. 하지만 평등에 대한 관심의 독특한 특징은 사람들이 서로 똑같은 양을 갖도록 하는 데 관심을 두는 것이다. 어쨌든 사람들이 똑같은 양을 갖고 있는 사회가 가능하다면 그것은 아무도 어떤 것을 진정으로 소유하지 못한 사회일 것이다.

오늘날의 선거정치 담론에서 재분배를 위한 과세는 부정적으로 인식되고 있으며, 따라서 (아직도 그런 논의가 진행되고 있다면) 다소 은밀하게 진행된다. 그래서 겉으로는 일체 평등과 무관한 것으로 표현된다. 한편 정치철학자들은 점점 더 평등을 정치적 이상으로 인정하지 않고 있다. 이런 배경과 대조적으로, 평등을 반대하는 철학자들의 주장이 꼭 재분배를 위한 과세에 반대하는 것은 아니라는 점을 이해할 필요가 있다. 평등을 거부하는 사람들도 부유한 사람들로부터 가난한 사람들에게로 자원 이전이 이루어져야 한다며 열정적으로 주장할 수 있다. 그런 의미에서 평등을 거부하는 것은 재분배를 정당화하는 데 사용되는 한 가지 특별한 근거—즉 평등—를 배제하는 것이라 할 수 있다. 그러므로 재분배를 꺼려하는 정치인들에 전혀 공감하지 않으면서도, 재분배 정책들이 평등이 아닌 다른 목적들을 성취하기 위한 방법으로 제시될 수 있다는 점을 받아들일 수 있다. 철학적 수준에서는 평등을 근본적인 이상으로 보지 않으면서도 다른 이유들 때문에 자원이 현재보다 좀 더 평등하게 (아마도 훨씬 더 평등하게) 분배되어야 한다고 주장하는 것은 전혀 문제가 없다.

하지만 철학적 주장과 실천적 주장을 구분하는 것도 중요하다. 철학적 수준에서 평등을 거부하는 입장은 평등한 몫에 집중하는 태도를 이상하게 생각하는데 이는 실천적인 수준에서 평등을 거부하는 것과는 큰 차이가 있다. 실천적 수준에서 평등에 반대하는 입장은 재분배가 초래한다고 알려진 결과 때문이다. 예컨대 내가 사회의 가장 가난한 구성원들이 가능한 한 잘 사는 것을 무엇보다 원한다고 가정해보자. 그럼에도 나는 누진율이 높은 '과세를 통한 이전(tax-and-transfer)'에 반대할 수 있다. 어째서? 나는 만약 그 정책을 시행한 결과 (산출될) 파이의 크기가 작아질 것이고 그에 따라 시간이 가며 그 파이의 크기가 아주 작아져버릴 정도로 경제적 생산성을 심각히 저하시킬 것이라고 생각한다면 그 정책에 반대할 수 있다. 정책으로서의 재분배를 못 미더워하는 사람들은 순전히 실용적이고 경험적인 근거에서 재분배정책에 반대할 수 있다. 그러면서도 어려움에 처해 있는 사람들을 돕는 목적에는 아주 헌신적일 수 있다. 정치에서는 언제나 수단과 목적을 명확히 구분해야 한다. 이 책에서 다루고 있는 정치철학은 개념과 주장을 명료하게 밝혀줌으로써 사회가 추구할 수 있는 목적들을 더 정확히 이해할 수 있도록 해준다. 어떤 정책들이 그런 목적들의 달성에 가장 효과적일 것인가 하는 문제는 추가적으로 논의되어야 할 별개의 문제다.

평등주의적 전제

　최근에 정치철학자들은 평등을 비판하고 있다. 하지만 대부분의 사람들—모든 정치철학자들을 포함해서—은 어떤 의미로든 평등을 신봉한다. 일부 인종주의자들을 제외하면, 현대 정치와 정치철학은 캐나다 철학자 윌 킴리카(Will Kymlicka, 1962~)가 '평등주의적 전제'라고 부르는 것에 근거를 두고 진행된다. 거의 대부분의 사람들이 정치공동체의 구성원들은 평등한 존재들로서 취급되어야 한다는 점과 국가는 평등한 관심과 존중을 가지고 시민들을 대해야 한다는 점에 동의할 것이다. 그들이 의견을 달리하는 지점은 '평등한 존재로서 대우하는 것'의 구체적인 의미다. 1부에서 살펴보았듯이 노직과 같은 자유지상주의자들에게 사람들을 평등한 존재로 대우한다는 것은 자기소유권을 포함한 재산권을 똑같이 존중해준다는 것을 의미한다. 달리 말해, 사람들을 평등한 존재로 대우한다는 것은 일부 사람들을 다른 사람들을 위한 수단으로 사용하지 않는다는 것을 의미한다. 이런 대우방식은 엄청난 불평등을 낳을 수 있지만 노직은 이를 중요한 문제로 보지 않는다. 어떤 이들은 사람들을 평등한 존재로서 대우하는 것은 그들에게 기회의 평등을 주는 것이라고 생각한다. 인종이나 성별에 근거한 편견도 개인들이 자신을 향상시키고자 하는 노력에 장애가 되어서는 안 된다고 생각하는 것이다.(나는 곧 기회의 평등에 관한 상이한 해석들을 검토할 것이다.) 다른 이들은 기회의 평등에는 소득과 부를 훨씬 더 평등하게 분배한다는 뜻이 함축되어 있다고 본다. 그 외에도 다른 이해방식들이 있다.

　참 이상한 일이지 않은가. 평등은 최근에 정치철학자들로부터 근본적인 비판을 받아왔는데 현대 정치철학은 '평등주의적 전제' 위에서 진행되고 있다니 말이다. 평등을 신봉하는 사람은 거의 없지만 누구나가 '평등한 존재로서 대우하는 것'이 중요하다는 점은 동의하고 있고 단지 그 내용의 구체적인 의미에만 생각을 달리하고 있는 것이다. 어떻게 이럴 수 있을까?

그 답은 다음과 같다. "국가는 모든 시민들을 동등한 관심과 존중을 가지고 대하라"는 주장은 분배적 이상으로서의 평등에 관한 주장이 아니다.(평등을 분배적 이상으로 이해하는 것은 그 주장에 반대하는 사람들이 이해하고 있는 평등관이다.) 그 주장의 실제 의미는, 모든 시민들에겐 동등한 관심과 존중을 받을 권리가 있다는 것인데 그들에게 그런 권리가 있는 유일한 근거는 (인종, 성, 종교, 지능의 고저와 부의 정도 등과 같은 기준이 아니라) 시민이라는 자격이다. 이와 같은 원칙은 더 평등한 분배를 목적으로 하는 것이 아니라 모든 시민들의 행복이 똑같이 중요하다는 인식을 고양하기 위한 것이다. 곧 알게 되겠지만 일부 견해에 따르면 모든 시민들이 관심과 존중의 측면에서 동등한 권리를 갖고 있다는 인식은, 재화의 정당한 분배방식에 관한 함의를 갖고 있다. 어떤 불평등이 용인할 수 있는 (정당한) 불평등인가에 대한 함축성을 포함해서 말이다. 그럼에도 근본 원칙 혹은 토대가 되는 원칙은 분배적 이상으로서의 평등이 아니다.

그 원칙은 사람들이 서로 간에 맺고 있는 관계—따라서 국가가 모든 사람들과 맺고 있는 관계—가 평등하다는 것이다. 평등의 가치를 기본적으로 재화의 분배와 연관시켜 이해하고 있는 사람들은 때때로 사회적 관계에서 평등이 갖고 있는 중요성을 인식하지 못하고 있다. 이 설명에 따르면 평등에 관심을 갖고 있는 사람들이 정말로 반대하는 것은, 사람들 사이의 물질적인 불평등이 아니라 사람들 사이의 관계를 위계적으로 인식하는 것, 다시 말해 우월한 자와 열등한 자들 사이의 관계로 이해하는 경향이다. 불평등한 사회적 관계는 억압—주변화, 착취, 배제, 지배—으로 나아감으로써 대개는 재화의 불평등한 분배로 이어진다. 하지만 근본적으로 중요한 문제는 사회적 관계에서의 억압과 불평등이다. 역사적으로 평등을 지향한 정치운동들은 어떤 사람들—백인, 남성, 귀족들—이 다른 사람들보다 우월하다는 생각에 도전해왔으며 모든 인간들이 평등한 가치를 갖고 있다는 사실이나 인간은 공동체의 평등한 일원으로서 다른 모든 사람들과 평등한 관계라는 것을 옹호해왔다. 오늘날 소수인종들, 게이 단체, 레즈비언 단체 그리고 장애인 단체들은 재화의 평등한 분배를 추구하기보다는 지위의 평등 혹은 동등한 승인을 목표로 삼고 있다. 국가가 사람들을 평등한 존재로서 대우해야 한다는 생각은 비록 '분배적 이상'으로서의 평등 관념은 아니지만, 그 관념은 여전히 위계적 질서가 아닌 평등이 두드러진 관계에 대한 헌신을 반영한다. *

우리가 아직도 억압적인 (배제적인, 착취적인, 기타 등등) 사회관계들이 두드러지는 사회에 살고 있다는 것은 분명한 사실이다. 성별, 인종집단들, 상이한 섹슈얼리티 혹은 신체적인 능력을 갖고 있는 사람들 사이에서 이런 억압과 배제가 나타난다. 그럼에도 앞으로 평등과 관련된 나의 논의는 특별히 분배적 이상으로서의 평등을 다룰 것이다. 그것은 두 가지 이유에서다. 첫째, 나는 불평등하고 억압적인 사회관계를 옹호한 정치철학자들을 보지 못했기 때문이다. 일부 철학자들이, 다른 철학자들이 그런 불평등한 사회적 관계들을 무시해버리기 일쑤거나 알지 못하는 사이에 그런 불평등한 사회적 관계들에 이바지하고 있다고 비판하는 것은 사실이다. 또한 어떤 철학자들은 그런 불평등한 사회적 관계들이 어떤 식으로 존재하고 있는가를 밝힘으로써 우리의 관심을 촉구하고, 그런 불평등한 사회적 관계들을 치유하기 위한 정치적 행동을 제안하기도 한다. 하지만 내가 관심을 갖고 있는 평등의 측면에서 볼 때는 그동안 불평등을 시정하기 위한 행동이 거의 취해지지 않았다. ** 둘째로 더 중요한 점은, 불평등하고 억압적인 사회관계가 나쁜 것은, 추측해보건대 그 관계에서 불리한 쪽에 있는 사람들에

---

*즉 분배적 이상으로서의 평등이 아니라, 동등한 관심과 존중을 받아야 할 시민의 자격에 있어서의 평등을 의미한다. 분배적 이상은 사회의 재화와 기회들을 평등하게 분배하는 것과 연관이 있지만, 관심과 존중의 평등은 '일차적으로' 시민들의 도덕적 평등을 의미한다.

**즉 모든 시민들은 관심과 존중을 받을 등등한 권리를 갖고 있다는 주장의 측면을 말한다. 이는 드워킨이 자유주의의 근본적인 정치도덕으로 간주하는 평등에 대한 한 가지 해석이라 할 수 있는데, 자율성과 독립성이라는 도덕적 능력을 갖춘 평등한 시민들에 대한 동등한 존중 정신을 표현하는 것이다. 이것은 '부수적으로' 분배적 함의를 가질 수 있지만, 일차적으로는 시민들의 도덕적 평등을 의미한다.

게 나쁘다는 것이다. 이런 지적을 불평등하고 억압적인 사회관계가 사람들의 행복(well-being)에 미치는 영향에 관한 논의—전체적으로 볼 때 그들이 얼마나 잘살고 못사는가에 관한 논의—로 바꿔보면, '행복'은 우리가 신경을 써야 할 분배적 요소라 할 수 있기에 즉각적으로 분배적 관점에서 논의를 시작할 수 있는 것처럼 보인다. 내가 돈과 같이 구체적이고 개인주의적인 성격이 강한 재화들의 불평등에 과도한 관심을 보이는 것으로 비춰질 수도 있을 것이다. 하지만 내가 지적한 사항들은 행복의 분배에 영향을 미치는 다른 요인들, 이를테면 사람들 사이의 관계의 질과 같은 요인들을 포함시켜 더 일반적으로 확장시킬 수도 있다.

'평등한 존재들로 대우하는 것'이란 관념으로 되돌아가보자. 이 표현은 다양한 방식으로 해석될 수 있는데 해석에 따라 더 급진적인 혹은 온건한 분배적 함의를 가질 수도 있다. 예를 들어, 국가가 사람들을 이론의 여지없이 평등한 존재들로 대우한다고 여겨지는 두 가지 측면들을 고찰해보자. 법 앞에서의 평등과 시민권의 평등 말이다. 법 앞에서의 평등은 단지 법이 모든 사람들에게 예외 없이 적용되어야 한다는 것을 의미할 수 있다. 다시 말해 부자에게 적용되는 법과 가난한 사람들에게 적용되는 법이 따로 있지 않으며, 사람들의 지위—유산자, 노예, 혹은 그 무엇이든—에 따라 법을 다르게 적용하지 않는다는 것이다. 이는 법 앞에서의 평등이란 개념의 매우 피상적이고 형식적인 해석일 것이다. 하지만 (2부에서 검토한 바와 같은) '형식적 자유'보다 '실질적 자유'를 더 선호하게 하는 근거들에 호소함으로써 '법 앞에서의 평등'을 보다 더 풍부하고 설득력 있게 해석할 수도 있다. 즉 법 앞에서의 평등을 사람들이 개인적으로 활용할 수 있는 자원의 불평등 때문에 사법 과정 전반에서 시민들의 평등한 지위가 영향을 받아서는 안 된다는 의미로 해석할 수 있다. 이것을 좀 약하게 해석하면 법률 구조(legal aid)를 옹호하게 될 것이다. 즉 이 해석에 따르면 법 앞에서의 평등은 법에 호소할 수 있는 사람들의 능력이나, 적절한 변호인을 세울 수 있는 능력이 자원의 결핍으로 영향을 받아서는 안 된다는 것을 의미한다. 이 해석이 약하다고 보는 이유는 부자들이 자신의 법적 입장을 대변하기 위해 원하는 만큼 자원을 쓸 수 있도록 허용해주기 때문이다. 이런 의미의 법 앞에서의 평등은, 만인이 법을 통해 이루려는 목적에 필요한 최소한의 기본적인 자원만을 보장받도록 해준다는 것일 뿐이다. 법 앞에서의 평등을 더 강하게 해석하면 사람들은 법 소송에 자신의 자원을 사용하여 자신의 입장을 옹호하거나 다른 사람들을 반박하도록 허용되어서는 안 된다는 해석이 가능하다. 만일 자원을 마음대로 쓸 수 있다면 소송당사자들의 입장이 매우 불평등하게 대변될 것이기 때문이다. 예컨대 법 소송에 사용할 수 있는 자원양의 한계치를 정할 수도 있다. 이를테면 법률 구조에 드는 비용의 두 배를 상한선으로 정할 수도 있을 것이다. 법 앞에서의 평등을 가장 강력하게 해석할 경우에는, 사람들은 동등한 양의 자원만을 사용하도록 엄격히 제한될 것이다. 그럴 때만이 사람들은 **실제로** 법 앞에서의 평등을 누리게 될 것이다. 이 경우 법 앞에서의 평등은 사람들이 동질적인 법적 대변을 받을 수 있는 평등으로 이해할 수 있다.

평등한 시민권도 법 앞에서의 평등과 유사하다. 형식적으로 볼 때 시민권의 평등은 단지 모든 시민들이 투표권과 공직에 출마할 수 있는 권리 등을 소유하고 있다는 것을 의미한다. 하지만 그 이상을 의미할 수도 있다. 예를 들어, 모든 시민들이 시민으로서의 역할을 적절히 수행하는 데 필요한 최소한도의 기본적 재화를 소유해야 한다는 것을 의미할 수도 있다. 여기서 재화는 교육과 빈곤으로부터의 자유—다음 끼니를 확보하려고 필사적으로 노력하는 사람들은 공동체가 직면한 문제들을 현명하게 심사숙고할 수 있는 처지에 있지 않다—와 같은 조건들을 말한다. 시민권이 충분한 정보와 지식을 가지고 정치과정에 참여하는 것과 관계가 있고 당신이 정말로 모든 시민들이 자신의 시민권을 행사하는 데 관심을 갖고 있다면, 시민권을 실제로 행사할 수 없는 처지에 있는 시민들에 더 많은 배려를 하는 것이 당연할 것이다. 그렇지만 이보다 더 강력한 해석이 있을 수 있는데 이는 개인적 자원의 불평등이 정치적 영향력의 불평등으로까지 이어질 가능성에 대한 우려를 반영한다. 미국의 정치는 점점 더 후보자들이 TV에 홍보 영상을 내보내는 데 들어가는 기금을 확보하는 능력에 좌우되어가고 있다. 일부 사람들은 그런 추세가 민주적인 시민권의 평등 원리를 침해한다고 보며 여기에 반대한다. 법 앞에서의 평등과 마찬가지로 시민권의 평등에 관한 한 가지 (강한) 해석은 불평등을 용인 가능한 수준으로 유지하기 위해서 개인이나 정당이 사용할 수 있는 자원(선거자금)에 상한선을 설정할 필요가 있다고 본다. 또 다른 해석은 정치적 홍보를 공적인 기금으로 수행하도록 함으로써 선거자금의 평등성을 엄격히 유지해야 한다고 주장한다.

이처럼 사람들이 법에 평등하게 취급받아야 한다는 원칙이나 평등한 시민들로서 대우받아야 한다는 원칙은, 그 분배적 함의를 더 엄격하게 혹은 덜 엄격하게 해석하여 적용될 수 있다. 그 원칙들은 분배적 함의가 전혀 없이 순전히 형식적으로 취급될 수도 있고 일정한 분배적 조치들을 요구하는 것으로 받아들여질 수도 있다. 후자일 경우 그 조치들은 평등에 얼마나 관심을 두느냐에 따라 차이를 보일 것이다. 모든 시민들이 다 글을 읽고 쓸 수 있도록 해주고 너무 가난해서 정치에 참여할 수 없는 일이 벌어지지 않도록 보장해주기 위해서는 상당 정도 교육과 돈의 재분배가 필요하다. 하지만 그 분배가 얼마나 평등해야 하는가에 관해서는 아무것도 이야기해주지 않는다. 소송에서 대립하는 두 당사자들이 자신들의 입장을 변호하는 데 사용하는 돈의 액수가 지나치게 차이 나지 않도록 해야 한다는 주장은 상대적인 격차(relativities)—상대방과 비교하여 얼마나 많은 돈을 쓸 수 있는가—에 어느 정도 관심을 보여주지만 엄격한 평등을 성취하는 것과는 상관이 없다. 극단적인 평등주의적 입장에서는 실제로 시민권의 평등은 사람들이 소유하고 있는 자원의 불평등이 정치적 영향력에 전혀 영향을 미쳐서는 안 된다는 의미로 받아들여야 한다고 볼 것이다.

마이클 왈저

이런 생각들 중 일부는 "같은 경우들은 같게 취급되어야 한다"거나 불평등은 '적절한 근거'로 정당화되어야 한다는 원칙들로 설명할 수 있다. 당신과 내가 소유하고 있는 돈이 엄청나게 차이가 난다고 가정해보자. 아마도 당신은 시장에서 엄청난 수입을 올린 성공적인 기업가일 것이며, 그것은 아마도 당신과 내가 불평등한 자원을 갖게 된 적절한 근거가 될 것이다. 그것이 바로 당신이 나보다 더 부유하다는 사실을 정당화해준다. 하지만 그 근거는 우리들이 시민으로서 누리는 (평등한) 지위와는 관계가 없거나, 없어야 한다. 시민으로서 우리는 평등하기 때문에 공통적인 시민권에 관련된 문제에서는 동등한 대우를 받아야 한다. 이런 식으로 생각하면 무엇을 적절한(또는 관련된) 근거로 간주해야 할 것인가에 관한 문제가 분명한 관심사가 되는데 이것이 바로 미국의 철학자 마이클 왈저(Michael Walzer, 1935~)가 아주 완벽하게 발전시켜놓은 접근방법의 핵심적 내용을 이루고 있다. 왈저는 자신이 '복합평등(complex equality)'이라 부르는 것을 옹호한다. 이는 상이한 재화들은 상이한 분배 '영역들'에 속하기 때문에 각각에 적합한 분배원칙들이 있다는 생각을 표현한다. 돈이 불평등하게 분배되는 것은 전혀 잘못된 일이 아니다. 그 불평등의 근거—시장에서 돈을 벌 수 있는 사람들의 능력의 차이—가 옳고, 돈의 불평등이 건강, 교육, 혹은 정치와 같은 다른 영역들에 속하는 재화의 분배에 영향을 미치지 않는다면 (그리고 왜곡시키지 않는다면) 말이다. 이 설명에 따르면, 반대할 대상은 불평등 자체가 아니라 적절한 근거로 정당화되지 않은 불평등이다. 돈의 불평등을 (그리고 시장에서 거래되는 것이 적합한 상품과 관련된 불평등을)

걱정하는 대신 돈이 시장에서 판매될 수 없거나 판매되어서는 안 되는 재화들로 전환되는 것을 막는 데 힘써야 한다.* 시장에서 판매될 수 없거나 판매되어서는 안 되는 재화들은 그 자체만의, 그 영역 고유의, 내적 기준에 따라 분배되어야 한다. 이런 '영역적' 주장은 실질적으로는 평등에 관한 주장이 아니다. 하지만 (분배되어야 할) '각 재화의 고유 영역에 적합한 이유들'이라는 관념에 호소하는 과정에서 왈저가 활용하고 있는 몇몇 직관들은 법 앞에서의 평등과 시민권의 평등에 관한 주장들에 깔려 있는 직관과 유사하다.

기회의 평등

사람들이 기회의 평등을 누려야 한다고 생각하지 않는 사람을 상상할 수 있겠는가? 가장 열렬한 반(反)평등주의자도 물론 기회의 평등을 지지한다고 말할 가능성이 크다. 다만 그가 반대하는 것은, 어떤 다른 것의 평등—개인의 자유에 불리하거나 효율적인 경제에 해가 되는 것—이다. 기회의 평등은 광범위한 정치적 스펙트럼에서 지지를 확보하고 있는 널리 받아들여질 만한 평등관이다. 그런데 이것이 곧 모든 정치적 입장들이 어떤 근본적인 가치에 동의하고 있다는 것을 의미하는가? 불행히도 그렇지는 않다. 외양상의 합의는 착각일 뿐이다. 그와 달리 '기회의 평등'이란 용어는 아주 상이하고 서로 양립하기 어려운 많은 것들을 표현하기 위해 사용된다. 정말로 중요한 의견 불일치가 외관상 논란이 없는 듯 보이는 표현에 가려져 있는 것이다. 정치인들은 때로 이런 상황을 즐긴다. 왜냐하면 모든 사람들과 의견이 같은 것처럼 보일 수 있기 때문이다. 하지만 철학자들은 그런 것을 싫어한다. 철학자들은 사람들의 진정한 의도와 믿음을 알고 싶어

---

* 예컨대, 시장에서 판매되어서는 안 되는 재화들의 예로는 공직과 성적을 들 수 있다. 이런 재화들은 시장에서의 교환이나 거래를 통해 획득할 수 있는 돈과 달리 다른 기준들에 따라 분배되어야 한다. 만일 돈으로 이런 재화들을 살 수 있다면 그것은 돈이 자신이 속해야 할 고유한 영역을 넘어서 다른 영역을 침범한 것이므로 정의를 위배한 것이라 할 수 있다. 왈저는 이것을 지배(domination)라 부르고 있다.

하기 때문에 표면상 아무런 문제가 없어 보이는 겉모습 아래로 파고들어가 불일치가 무엇인지를 드러내려고 한다.

'기회평등'으로 통하는 많은 다른 것들 중에서 내가 '최소치의' 기회평등, '관례적인' 기회평등, '급진적' 기회평등으로 부르고자 하는 세 가지의 기회평등을 택해보자. 이 용어들은 내가 만든 것으로 문헌 속에 나오는 유명한 명칭들과는 상관이 없기 때문에 설령 이상하게 보일지라도 신경 쓸 필요 없다.(도움이 된다면 다른 철학자들은 '우파-자유주의적' 기회평등, '좌파-자유주의적' 기회평등 그리고 '사회주의적' 기회평등으로 부를 수도 있다.) (대체로 내 견해 ─다소 논쟁적일 수도 있다는 점을 주의하라─로는 그리고 정치인이 아닌 철학자로서 생각해볼 때는 어떤 입장이나 주장이 어떻게 불리건 중요하지 않다. 그것은 단지 용어의 문제일 뿐이다. 중요한 것은 그 내용이다. 우리네 철학자들은 말의 의미가 무엇인지를 고민하며 많은 시간을 보내지만 그것은 어떤 생각들을 나타내기 위해서 무슨 용어를 사용할 것인지 고민하기 때문이 아니다. 사람들이 말할 때 의미하는 바가 무엇인가를 이해하기 위해서는 그들이 단어를 어떤 맥락으로 사용하는지를 이해해야만 한다. 일단 사람들이 단어를 사용하는 방식을 이해하게 되면 그들이 사용하는 단어가 무엇이든 그것은 그다지 중요하지 않다. 내가 위에서 언급한 세 가지 관념들을 각각 톰, 딕, 해리라 불러도 무방할 것이다. 이 각각의 단어가 나타내는 의미를 알고만 있다면 말이다. 물론 그런 이름들은 내용을 이해할 수 있는 단서를 제공하지 않기 때문에 독자들에게는 별로 도움이 되지 않을 것이다. 사실 우리가 일단 마음에 드는 관념을 결정하게 되면 우리는 그것이 매력적으로 들리도록 보통은 '평등'과 '기회'와 같이 가치를 가진 언어를 사용하고 싶어 한다. 하지만 원칙상 우리는 이런─그리고 모든 다른─분야에서의 주장이 어떤 용어로 표현되든 그 용어의 의미를 알고 있는 한, 그 주장의 의미를 분석하고 평가하는 작업을 진행할 수 있다.)

그렇다면 내가 '최소치의' 기회평등이라고 부르는 기회평등의 내용은 무엇인가? 이것은 단순히 개인이 속한 인종, 성 혹은 종교는 그 개인이 직업을 얻을 수 있는 기회 및 좋은 교육을 받을 수 있는 기회 등과 관련하여 어떤 영향도 미쳐서는 안 된다는 것을 의미한다. 기회균등 입법이나 기회균등 입학 혹은 기회균등 고용 정책을 얘기할 때 우리가 마음에 두고 있는 것은 편견이나 차별과 싸우고자 하는 이와 같은 부류의 노력이다.

이 견해에 따르면 인종, 젠더, 혹은 종교는 보통의 경우에는 누가 특별한 일을 수행하거나 대학에 들어가기에 가장 적합한가 하는 문제를 결정하는 데 적절한 기준이 아니다. 중요한 것은 그들의 기량과 잠재력, 즉 해당 영역에 적합한 능력이다. 이와 같은 종류의 기회평등을 확립하기 위해서는 교육기관과 노동시장에서의 충원과 승진 절차를 주의 깊게 감시하고 규제할 필요가 있다.

하지만 대부분의 사람들에게는 이것만으로 충분하지 않다. '관례적인' 기회평등관을 옹호하는 사람들에 따르면, 기회평등은 일자리나 교육기회가 해당 분야에서 요구하는 능력―타인들의 편견보다는―에 따라 결정되어야 한다는 것 이상을 요구한다. 모든 사람들이 그런 능력을 **획득할** 수 있는 동등한 기회를 누려야 하는 것 또한 중요하다. 사람들의 인생 전망은 그들의 사회적 배경이 아니라 능력과 노력에 좌우되어야 한다. 영국에서 재산이 하위 50퍼센트에 속하는 가계의 대학진학률이 7퍼센트에 불과하다는 사실은, 영국이 교육 분야에서 아이들에게 기회평등을 제공해주지 못하고 있다는 사실을 말해준다. 중간계급의 아이들은 노동계급에 속하는 아이들에 비해 중간계급 직업을 구할 가능성이 대략 세 배가 높고 노동계급의 직업을 구할 가능성은 3분의 1밖에 안 된다는 사실은, 계급적 배경이 사람들의 직업 전망에 영향을 미친다는 것을 시사해준다.(여기서 입증해준다는 표현 대신 '시사한다'는 표현을 쓴 이유는 중간계급 아이들이 더 영리하고 동기부여가 잘되어 있을 가능성이 있기 때문이다. 그 경우 직업선택에서의 불평등 정도는 관례적인 의미에서의 기회의 불평등을 반영하지 않을 것이다. 직업선택에서의 불평등 정도는 오히려 노동계급 출신의 아이들이 그들의 평등한 기회를 이용하기에 충분히 영리하지 않거나 충분히 노력하지 않은 결과일 것이다.) 관습적인 견해에 따르면 가난한 가정 출신이라는 사실이 대학진학이나 직업을 구하는 데 영향을 미쳐서는 안 된다. 그것은 개인의 자연적 능력과 그 개인의 선택에 좌우되어야 하기에 국가는 경쟁이 공정하게 진행될 수 있도록 관리할 필요가 있다.

관례적인 의미의 기회평등을 진지하게 받아들일 경우 극단적인 조치들이 필요해질 수도 있다.(아직 '급진적인' 기회평등을 논의하고 있지 않다는 것을 기억하라!) 개인의 사회적 배경은 여러 가지 방식으로 그 사람의 장래에 영향을 미치기 때문에 그 영향을 완전히 제거할 수 없거나, 부모의 자유를 대폭 제약함으로써만 그 영향을 봉쇄할 수 있다. 가족이란 제도를 아예 폐지해버린다면 거의 확실히 그렇게 할 수 있을 것이다. 이것은 이 관례적인 의미의 기회평등을 신뢰한다고 말하는 사람들이 보통은 단지 생각만 그럴 뿐이라는 것을 말해준다. 그들은 아이들의 사회적 배경 차이가 삶의 기회에 영향을 미치는 몇 가지 방식을 정말로 제거하기를 바랄 수도 있다. 아마도 그들은 사교육을 반대하고 전체 학생들에 대한 보조금 지급을 지지하며 불우한 아이들이 입학 전 교육—아이들의 발전에 엄청나게 중요한 영향을 미친다는 연구 결과가 나온—을 받을 수 있도록 하는 정책을 지지할 것이다. 짐작컨대 그들은 이런 부류의 기회평등을 증진시키기 위해서는 자원의 재분배 정책이 필요하다는 것을 인정할 것이다. 불우한 사람들은 자신의 아이들이 인생에서 좀 더 평등한 출발을 할 수 있도록 해주는 정책들에 필요한 비용을 스스로 충당할 수 없으니 말이다. 이것은 인생이란 경기를 좀 더 공정하게 하기 위해 경기장 자체를 평평하게 하는 것, 다시 말해 출발선 자체를 좀 더 평등하게 해주는 것이다. 하지만 그것이 곧 경기를 완전히 평등하게 하는 것은 아니다. 우리들이 알기로는 잠자기 전 부모들이 이야기책을 읽어주는 아이들은 그렇지 않은 아이들보다 더 학업능력이 우수하다. 하지만 기회의 평등을 신봉하는 사람들이, 아이들이 잠자기 전 부모가 이야기책을 읽어주는 것을 금지시키기를 원하는 (혹은 부모들이 아이들이 잠자기 전에 이야기책을 읽어주도록 법을 제정할 것을 지지하는) 경우는 거의 없다.

흔히 그렇듯 지지할 만한 좋은 이유들이 있는 정치적 이상은 우리가 가치를 부여하는 다른 것—여기서는 가족의 자율성—들과 충돌하곤 한다. 많은 사람들은 자신이 기회의 평등을 원한다고 말하지만 실상은 모든 것을 고려해보면 그보다는 더 적은 기회평등을 원하고 있는 경우가 흔하다.

급진적인 견해에 따르면 관례적인 의미의 기회평등을 강력하게 추구하는 것도 여전히 불충분하다. 이 입장은 사회적 열세를 시정해준다고 해서 기회의 평등이 달성되지 않는다고 보는데, 왜냐하면 자연적인 혹은 타고난 유불리함은 건드리지 않기 때문이다. 사람들은 장래가 사회계층적 위치나 타고난 자연적 재능에 영향을 받지 않아야 한다는 의미에서 기회평등을 누려야 한다. 그런 경우에만 그들이 성취한 상이한 결과가 스스로 선택하지 않은 환경적인 차이가 아닌 자기 자신의 선택을 반영할 것이다. 그럴 경우에만 사람들은 자신이 어찌해볼 수 없는 요인들로 결정된 가능한 선택지들에 좌우되지 않고 스스로 선택한 인생을 살 수 있는 동등한 기회를 누리게 될 것이다. 영리하지만 가난한 아이가 영리하고 부유한 아이와 똑같은 기회를 갖는 것만으로는 충분하지 않다. 기회의 평등은 또한 재능이 없는 아이들—부유하건 가난하건—이 재능이 있는 아이들과 똑같은 기회를 가져야 한다고 요구한다. 꼭 어떤 특정한 직업을 가질 기회를 말하는 것이 아니다. 음악적인 재능이 없는 아이에게 신동과 같은 콘서트 피아니스트가 될 수 있는 동일한 기회를 주는 것은 이상할 것이다. 하지만 특정한 직업을 가질 수 있는 기회는 통상적으로 그 일에 따라오는 보수를 얻을 수 있는 기회와는 다른 것이다. 일부 급진적인 기회의 평등을 옹호하는 사람들은, 재능이 있는 사람들과 재능이 없는 사람들이 특정한 직업을 얻을 기회가 불평등할 수 있다는 것을 인정한다. 그들이 반대하는 것은, 동일한 보수를 얻을 기회가 불평등할 수 있다는 생각이다. *

----

* 이 표현은, 동일한 보수를 받을 수 있는 동등한 기회가 주어져서는 안 된다는 생각에 반대한다는 의미로 바꾸는 것이 더 자연스러울 듯싶다.

관례적인 입장은 견고한가? 그것이 슬그머니 급진적인 견해로 빠져버리릴 가능성은 없는가? 그렇지 않다고 생각하는 사람들은 다음과 같이 주장한다. 최소치의 기회평등관보다 관례적인 기회평등관을 옹호하는 이유는, 사람들이 사회적인 열세로 뒤처지는 것은 공정하지 않기 때문이다. 어떤 사람들은 왜 은 숟가락을 손에 쥐고 태어나야 하는가? 그래서 우아한 가정에서 비싼 학교를 다니고 좋은 대학에 진학하며 그다음에는 좋은 직장을 잡게 되는 등 잘 다져진 길을 가야 하는가? 반면에 다른 사람들은 형편없는 학교에 다니고 학교를 계속 다닐 수 있는지 혹은 대학에 갈 수 있는 여건이 되는지를 고민해야만 하는가? 아이들에 관한 한 그런 상황이 불공정한 것은, 그들이 어떤 가정에서 태어나는가 하는 것은 순전히 운의 문제이기 때문이다. 하지만 이런 이유에서라면 (1부에서 꽤 길게 논의한 바 있듯이) 사람들이 얼마나 영리한가 하는 것 역시 운의 문제라는 롤스식의 생각을 피하기 어렵다. 비슷한 수준의 타고난 능력을 지니고 있지만 상이한 사회적 배경을 가지고 태어난 사람들 사이에 좀 더 많은 기회의 평등을 제공해야 한다고 생각하는 사람들은, 계급적 배경이 아닌 '능력'만이 결과에 영향을 미치는 공정한 경쟁을 원한다. 하지만 그 경쟁을 더 공정하게 만들기 위해서는 '도덕적으로 임의적인' 요인들—개인의 책임이 아닌 요인들—의 영향을 줄여야 할 것인데, 이는 자연적 재능이 서로 다른 사람들 사이에서 더 큰 기회의 평등을 추구해야 한다는 것을 의미한다. 어쨌든 어떤 재능을 타고 났는지에 그 사람들의 책임은 없기 때문이다.(1부의 응분의 몫에 관한 논의도 이와 연관되어 있다.)

급진적 기회평등에 반대할 수 있는 한 가지 방법은 기회의 평등을 송두리째 거부해버리는 것이다. 노직과 같이 자기 소유권 원칙을 긍정하는 식으로 말이다. 노직은 모든 사람들이 다 기회의 평등을 옹호한다는 내 주장의 훌륭한 예외다. 정치인이 아니라 정치철학자인 노직은, 정의에 관한 자기의 자유지상주의적인 이론은 어떤 의미의 기회평등에도 관심이 없다는 것을 기꺼이 인정한다. 그는 사람들이 어떤 근거로든 자신이 원하는 사람을 고용할 수 있다고 보기 때문에 최소치의 기회평등조차도 지지하지 않는다. 이런 입장은 기차가 역을 출발하기도 전에 기차에서 내리는 것과 같으며 관례적인 의미의 기회평등을 지지하는 사람들로부터는 관심을 끌 것 같지 않다.

관례적인 의미의 기회평등관을 다른 식으로 옹호할 경우 급진적인 기회평등관으로 빠지지 않을 수도 있다. 공정성을 근거로 사회적 핸디캡을 보상해주어야 한다고 주장하는 대신 다른 이유로 사회적 배경의 영향을 축소—또는 제거—하고자 할 수도 있다. 가난한 가계에서 태어난 영리한 아이들이 부유한 가계에서 태어난 영리하지 않은 아이들보다 대학에 들어가는 것이 더 어려울 경우 일종의 비효율이 발생한다. 경제적인 관점에서 볼 때 이런 부류의 기회불평등은 자원분배의 최적성을 훼손할 수 있다. 경기가 공정할수록 개인들이 교육과 직업을 선택하는 과정에서 왜곡과 편견이 덜 생기게 되며, 인적 자원이 시장에서 거래될 수 있는 능력으로 전환되는 과정도 더 효율적이 된다.(그리하여 다른 사람들이 원하는 것도 더 효율적으로 생산된다.) 불우한 가정에서 태어난 아이들의 상황을 더 어렵게 만들면 우리는 우리가 혜택을 얻을 수 있는 '능력의 풀(pool of ability)'을 낭비하게 되는 셈이다.

실제로 이런 주장이 사회적 핸디캡 때문에 뒤처질 수밖에 없는 사람들의 기회를 향상시켜주기 위한 국가의 행동을 옹호하는 데 영향을 미쳐왔다. 하지만 이는 완전히 다른 성격의 주장이다. 그 주장은 사회적 핸디캡 때문에 발생한 불평등이 경제적 비효율을 발생시키는 곳에서만, 그리고 그 불평등이 경제적 비효율성을 발생시키기 때문에, 그런 불평등을 걱정해야 한다고 본다. 기회의 불평등에 반대하는 이유는 더 이상 개인들에게 불공정해서가 아니다. 그보다는 오히려 기회의 불평등이 사회적 낭비를 초래한다고 보기 때문이다. 이런 주장은 기회의 평등에 대한 관심이 정의에 근거하고 있다는 사실을 간과하고 있기 때문에 관례적인 기회평등관을 옹호하는 사람들은 이 주장을 매력적으로 생각하지 않을 수도 있다.(경제적 효율성은 자신의 탓과는 상관없이 가난하게 된 사람들에게 쓸 수 있는 더 많은 자원을 생산하게 해주기 때문에 중요하다는 견해와 결합되지 않을 경우, 이 주장은 별로 매력적이지 않을 것이다. 그 경우 능력의 풀을 최적으로 활용해야 할 이유는 도움을 가장 필요로 하는 사람들에게 도움을 줄 수 있기 위해서다. 여기서 관례적인 기회평등의 가치는 도구적이다. 다시 말해 그 자체가 목적이 아니라 다른 목적에 대한 수단이다. 하지만 여기서 기회의 평등이 기여하는 목적은 그 자체가 도덕적으로 바람직한—아마도 나아가 공정한—결과일 수도 있다.)

이처럼 기회의 평등은 표면적으로는 별 문제가 없는 듯 보이지만 실상은 매우 논쟁적인 개념이다. 이 생각이 갖는 매력의 일부는 정확히 말해 결과의 평등보다 요구하는 것이 적어 보인다는 점이다. 그것은, 우리가 가치를 부여하는 다른 것들과 별로 충돌하지 않을 것처럼 보인다. 사람들이 결과의 평등을 거부하는 경우는 많지만 그런 사람들도 기회의 평등은 확실히 지지할 만한 것으로 간주한다. 하지만 이것은 기본적인 원칙 수준에서만 맞는 얘기다. 더 많은 기회평등을 달성하기 위해서는 결과와 관련된 (더 많은) 평등이 필요할 수도 있고 (또 일부 견해에 따르면) 결과의 평등을 수용해야 할 수도 있다. 이 논의를 마치기 전에 몇 가지 문제를 더 검토해보자.

관례적인 의미로 이해할 경우에도 기회의 평등은 몇 가지 측면에서 결과의 평등과 연관되어 있다. 아이들이 불평등한 기회를 갖게 되는 이유는 자원이 불평등한 가계에서 태어나기 때문이다. 혜택을 누리는 가정에서 태어난 아이들은 바로 그런 사실 때문에 혜택을 누리지 못한 가정에서 태어난 아이들보다 더 좋은 기회를 더 많이 누릴 수 있다. 그러므로 기회를 평등하게 만들기 위한 한 가지 방법은 아이들의 출발점을 같게 해주는 것이다. 하지만 아이의 출발점—이를테면 좋은 학교가 옆에 있는 유복한 중산층 가정—은 부모의 결과물이다. 이 사실은 곧 정말로 우리가 기회를 평등하게 하고자 한다면 결과를 평등하게 하는 방법도 생각할 필요가 있다는 것을 의미한다. 어떤 사람들은 이런 계열의 주장을 기회평등이라는 이상에 있는 모순성을 드러내는 것으로 받아들인다. 일단 우리는 사람들이 기회의 평등을 부여받아 그들이 성취한 결과가 사회적 환경보다는 능력과 선택에 따라 결정되기를 바란다고 주장한다. 하지만 이런 주장이 자식들에게도 적용되기 위해서는 부모의 결과도 평등해야 한다는 주장을 하지 않을 수 없다.* 게다가 종종 사람들이 자신의 능력을 사용하여 성취하고자 하는 목표—그들이 성취하기 위해 노력하는 결과들—자체가 바로 다른 아이들보다 더 좋은 기회를 자신의 아이들에게 제공해줄 수 있는 기회를 확보하는 것인 경우도 있지 않은가!

사람들이 자신의 능력으로 무엇을 할 것인가를 결정하는 행위를 존중해주는 것과 관례적인 의미의 기회평등을 조화시키는 데는 실제로 문제가 있다.** 하지만 그것이, 우리가 그 사이에서 균형을 잡아야 한다는 뜻은 아니다. 부모들이 비록 평등한 기회를 가지고 출발했지만 상이한 능력과 선택 때문에 불평등하게 되었다고 해도, 기회의 평등을 확립하기 위해서는 자식들에게 유리한 상황을 만들어주려는 부모의 행위를 저지하는 것이 정당화될 수도 있다. 우리가 사는 사회는 사람들의 불평등한 처지가 오직 그들의 능력 및 선택의 합당한 결과라고 말할 수 있는 곳이 아니다. 그 때문에 기회의 평등을 강화하기 위해 어느 정도 결과의 평등을 도모하는 것도 충분히 정당화될 수 있다. 우리는 이미 사회적 핸디캡을 보상해줌으로써 아이들의 출발점을 비슷하게 해주는 일—예컨대 불우한 사람들이 사는 지역에 유치원을 무료로 제공해주는 것과 같은—에는 비용이 든다는 점을 지

---

*왜냐하면 자식들이 동등한 출발선에 서기 위해서는 부모들의 능력이 비슷해야 하는데, 이는 부모들이 성취한 결과가 비슷해야 한다는 것을 의미하기 때문이다.

**부모의 선택은 자신의 아이들이 보다 나은 기회를 가질 수 있도록 해주는 것이기 때문에, 모든 아이들에게 동등한 기회를 제공해주는 것은 부모의 선택과 충돌하기 때문이다.

적한 바 있다. 그 돈은 돈이 있는 사람들에게서 나온다. 돈이 있는 사람들로부터 거둬들인 돈을 빈곤층을 교육시키는 데 사용하는 것이 자원의 재분배다. 관례적인 의미의 기회평등을 위해서는 불평등한 사회적 배경을 갖고 태어난 사람들 사이에서처럼 자원을 보다 평등하게 분배하는 것이 필요할 수 있으며, 또 확실히 필요하다.

급진적인 견해에 따르면 기회의 평등과 결과의 평등 사이의 연관성은 훨씬 더 강하다. 그것은 결과의 평등이 기회의 평등에 필요하기 때문이 아니다. 그보다 급진적 견해의 입장에서 보기에 이 두 가지 평등은 같은 것이다. 급진적인 기회의 평등관은 선택의 결과가 아닌 한, 사회적인 핸디캡이건 타고난 핸디캡이건 모든 핸디캡을 보상해주려고 한다는 점을 기억해보면 그 이유를 알 수 있다. 만일 이런 교정이 이루어진다면 결과의 차이는 진정으로 취향과 선택의 차이만을 반영할 것이다.(만일 그런 불평등한 결과들이 개인 탓으로 볼 수 없는 상이한 재능이나 가족적 배경 혹은 취향이나 선택—아마 그 결과가 어떻게 될지 정확히 알 수 없어서—들을 반영한다면 그것은 근본적인 의미에서 진정으로 평등한 기회를 갖지 못했다는 것을 의미한다.) 예를 들어 어떤 사람들은 다른 사람들보다 더 많은 시간을 일함으로써 더 많은 돈을 벌어 결국 부자가 될 수도 있다. 반면에 다른 사람들은 더 많은 여가를 누리는 것을 선호하여 단지 생계를 유지할 수 있는 정도만 벌기 때문에 가난하게 될 수도 있다. 돈이란 측면에서 보면 그들은 불평등하게 될 것이다. 하지만 전체적으로 볼 때 그들을 불평등하다고 볼 수 있는가? 그렇지 않다. 그들은 '돈 더하기 여가'라는 전체 꾸러미를 볼 때는 동등한 결과를 갖게 될 것이다. 여기에는 불평등이 있는 것처럼 보이지만 단지 상이한 선택들만이 있었을 뿐이다. 일반화시켜보면 사람들이 정말로 스스로 선택을 하고 또 그 결과에 대해 충분히 알고 있다면 기회의 평등은 결과의 평등과 동일하다고 말할 수 있다. 결과의 평등을 신봉하는 사람들이 급진적인 의미의 기회평등에서 발생하는 결과의 차이에 반대할 이유가 없다. 왜냐하면 이와 같은 결과의 불평등은 실제로는 불평등이 아니기 때문이다. 만일 그런 불평등이 오직 사람들이 (그 결과에 대해 진정으로 책임을 질 수 있을 정도로) 충분히 알고 있는 선호와 선택의 결과라고 한다면 그것은 결코 불평등한 결과라고 할 수 없다.

평등과 상대적 격차

평등이 정치철학자들로부터 비판을 받게 된 이유는 그것이 불가피하게 비교 및 상대적인 격차와 관련되어 있기 때문이다. 사람들이 어떤 가치를 동등하게 갖도록 하는 것은 그들이 서로 같은 양의 가치를 갖도록 하는 것이다. 하지만 왜 우리가 **이런 문제에** 관심을 가져야 하는가? 사람들이 서로와 비교해볼 때 더 많은 것을 갖고 있다는 사실이 도대체 왜 중요한가?

자신이 평등을 표방한다고 생각하는 사람들─완전한 평등은 아니지만 상당한 정도의 평등을 신봉한다고 생각하는 사람들을 포함해서─은 그것을 목적으로서가 아니라 수단으로서 지지한다. 그들은 더 평등한 자원분배를 주장하며 정부가 재분배를 위한 과세에 찬성하기를 꺼려하는 태도에 좌절을 느낀다. 하지만 그들에게 그 이유를 물으면 그들은 빈곤을 완화시키거나 자원이 필요한 사람들에게 자원을 집중시켜주거나 모든 사회 구성원들이 공동생활에 참여할 수 있도록 보장해주는 것이 중요하다고 말한다.(이 마지막 이유는 중도좌익에 속하는 '사회적 포용'론이다.) 그들은 더 평등한 자원분배를 원한다. 하지만 그것은 단지 더 평등한 분배가 이런 다른 목적들을 달성하는 데 필요한 수단이 된다는 우연한 사실 때문이다. 확실히 그들은 모든 사람들은 어떤 근본적인 의미에서 평등하다는 관점에서 그런 주장을 전개한다. 모든 사람들이 도덕적으로 평등하기 때문에 빈곤이나 결핍 그리고 사회적 배척이 용인될 수 없다는 것이다. 하지만 '평등'을 이런 식으로 사용하는 것은 앞에서 언급한 것처럼 '모두가 똑같이 귀중하다'는 의미로 사용하는 것이다. 그것의 진정한 의미는 모든 시민들—모든 이들과 같이 빈곤한 자들도 마찬가지로—의 도덕적 요구들이 정부에 의해 인정되고 정부의 행위에 반영되어야 한다는 것이다.

평등에 가치를 부여하는 것이 얼마나 이상한가를 알아보기 위해서 X와 Y라는 두 나라를 대조해보자. 이 두 나라는 모두 A와 B라는 두 계급으로 구성되어 있다. X사회의 A계급과 B계급은 모두 아무것도 소유하고 있지 않다. Y사회에서는 A계급의 구성원들이 99를 그리고 B계급은 100을 가지고 있다.

	A	B
X	0	0
Y	99	100

당신은 어느 사회—그리고 A와 B계급 중에서 어느 계급—에서 더 살고 싶은가? 어느 사회가 더 평등한가?

이 예는 우리의 반(反)평등주의적 직관을 자극하는 데는 도움이 되지만 전달하는 메시지는 약하다. 평등은 우리가 가치를 부여하는 유일한 것은 아니다. 우리는 또한 사람들이 아무것도 소유하지 않는 것보다 무엇인가를 소유하기를 바란다. 이것은 그다지 대단한 일이 아니다. 흥미 있는 문제는 도대체 평등에 가치를 부여해야 할 어떤 이유라도 있는가 하는 것이다. 사람들이 평등한—혹은 지나치게 불평등하지 않은—몫을 갖는다는 것에는 어떤 도덕적 중요성이 있는가? 왜 상대적인 차이들이 문제가 되는가?

앞의 예에서 우리의 직관은 X사회에 사는 사람들이 어떤 것도 소유하고 있지 않다는 생각에 영향을 받을 수도 있다. 그들이 모두 굶주려서 죽어가고 있는 것으로 상상될 수도 있다. 아마도 X사회와 Y사회 사이의 차이가 큰 것에 영향을 받을 수도 있을 것이다. 99와 100은 확실히 0과 비교해보면 대단히 큰 것처럼 보인다. 아마도 99와 100이 매우 비슷하다는 사실 때문에 영향을 받을 수도 있다. Y사회는 약간의 불평등이 있지만 그 차이는 크지 않다. 우리가 평등을 생각하는 바를 더 간명하게 확인해보기 위해 다음 예를 살펴보자.

	A	B
X	20	20
Y	20	40

자, X사회는 계급들 사이에 완전한 평등이 이루어져 있으며 모든 사람들이 다 20을 가지고 있다.(기아를 혐오하는 마음이 작용하지 않도록 20이 생존에 충분하다고 가정해보자.) Y사회에는 불평등이 있다. A계급은 X사회의 구성원들과 동일한 양을 소유하고 있다. 하지만 같은 Y사회의 B계급에 비해서는 반밖에 갖고 있지 않다. 절대적인 관점에서 볼 때 A계급은 두 사회에서 동일 수준의 혜택을 누리고 있다. 하지만 Y사회에서는 B계급에 비해 열악한—B계급에 비해 상대적으로 불리한—처지에 있다. 우리가 고찰하고 있는 문제에 좀 더 집중해보기 위해 재화가 어디서 오는지—즉 그 재화를 누가 만들고 그들이 그 자원을 누릴 만한 자격이나 권리가 있는지—는 생각하지 않기로 한다. 양쪽 사회에서 두 계급들이 소유하고 있는 양은 완전히 운의 문제라고 가정해보자. B계급의 구성원들이 A계급의 구성원들보다 더 영리하다든가 더 열심히 일한다든가 더 신중한 것도 아니다.(더구나 그들의 부모가 A계급의 부모들보다 더 영리하다든가 더 열심히 일한다든가 더 신중한 것도 아니다.)(1부에서 논의한 것처럼 노직이 사용한 용어로 표현하면 우리는 하늘에서 떨어진 '만나'에 관하여 얘기하고 있다.) 이런 상황은 '날것 그대로인' 불평등—다른 근거로는 정당화되지 않는—의 상황이다.

당신은 어느 사회를 더 선호하는가? 당신이 만일 X사회가 어떤 측면에서 더 낫다고 생각한다면, 그 의미는 당신이 정말로 평등이 귀중하다고 믿고 있다는 것이다. 당신이 정말로 Y사회보다 X사회를 선호한다면 당신은 기꺼이 Y사회의 B계급 구성원들에게서 그들의 상대적인 혜택—비교해볼 때의 차이—을 박탈함으로써 그들을 더 열악한 처지로 내몰 것이다. 당신은 A계급의 구성원들에게 더 혜택을 주지 못한다 해도 단지 B계급의 구성원들이 A계급의 구성원들보다 더 많이 갖지 못하도록 할 것이다. 당신은 B계급에게서 박탈한 여분의 자원들을 다 낭비해버리며—헛되이 써버리며—일부 구성원들의 처지를 더 열악하게 만들면서도 다른 누구의 처지도 개선시켜주지 못할 것이다. 이런 예를 통해서 보면 때때로 평등을 옹호하는 사람들이 왜 시샘의 정치를 조장한다고 비판받는지 이해할 수 있다.

　이처럼 평등과 낭비의 연관성은 두 명 혹은 그 이상의 아이들을 둔 부모들에게 공감을 얻을 것이다. 나의 두 아이들 중 한 명의 차지가 될 수밖에 없는 나눌 수 없는 것(앞자리에 앉는다든가 남아 있는 마지막 한 조각의 단 음식)이 생기는 경우 어떤 한 명이 이것을 차지해야 할 명확한 이유가 없는 때가 종종 있다. 두 아이들은 둘 중 한 명이 차지하는 것보다는 아무도 차지하지 못하는 경우를 바랄 것이다. 그들은 내가 그것을 치워버리거나 다른 아이에게 줘버리기를 원하면 원했지 둘 중 누구에게 줌으로써 멋대로 불평등한 상황을 만드는 것을 바라지 않는 경향이 있다. 두 아이들은 둘 중 하나가 그것을 차지함으로써 한쪽이 다른 쪽보다 더 만족하는 상황이 벌어지는 것보다는 차라리 그것을 차지하지 않으려 할 것이다. 시샘이나 심술 혹은 비이성적인 죄책감을 예감한 때문일까? 아니면 형제애 때문일까?(내 아이들은 동전을 던져 문제를 해결하는 것과 같이 절차적 평등이나 기회의 평등을 도입해서 문제를 해결하려는 나의 노력에 마음이 움직이지 않는다. 그들은 그것을 차지할 수 있는 동등한 기회를 갖는 것보다 그것을 치워버리기를 바라곤 한다. 이것은 그들이 어리석다는 것—이 결론은 많은 다른 증거들에 의해 뒷받침된다—을 보여준다. 나로서는 다행스럽게 순서를 정해 차례로 우선권을 가지라는 제안은 별로 반대하지 않는다. 그 방법은 낭비를 발생시키지 않는 더 성공적인 평등주의적 전략임이 입증되었다.) 아이들이 평등과 공정성에 집착한다는 것은 잘 알려진 사실이다.

그래서 정신분석의 창시자인 오스트리아의 지그문트 프로이트(Sigmund Freud, 1856~1939)는 집단심리를 다룬 저서들에서 그런 이상—평등과 공정성과 같은 이상—이 유아기의 경험 속에 뿌리를 두고 있다는 매혹적인—하지만 다소 당황스러운—설명을 제공한다. 대략 말하자면, 우리의 정의감은 이른 시기에 경험하는 시샘과 질투의 감정들에 대한 반응으로서 발전한다는 것이다. 그의 접근방법을 설명하는 것—평등과 같은 것에 유독 집착하는 사람들은 유난히 시샘이 많은 유아들이었다는 것으로 해석되곤 하는—은 지금의 논제로부터 너무 이탈하는 것이라 생각하기 때문에 언급하지 않아도 될 것이다.

나는 X사회가 어느 면으로 보나 Y사회보다 더 낫다고 생각하는 사람들은 정말로 평등이 가치 있는 것으로 믿는다고 말했다. 하지만 그들이 Y보다 X를 선호하는 이유는 다음과 같이 다른 것일 수도 있다. "모든 것은 우리가 측정하는 것이 무엇인가에 달려 있어. 우리가 얘기하고 있는 단위가 자원이라고 가정해보자. A계급의 구성원들은 자원의 측면에서 보면 Y사회에 있는 것이 X사회에 있는 것보다 더 열악하지 않아. 하지만 다른 점에서는 더 열악한 상황에 있게 될 거야. B계급의 구성원들이 A계급의 구성원들보다 더 많은 자원을 갖고 있는 상황이 A계급의 구성원들에게는 나쁜 일이지. 설사 가지고 있는 자원의 양에는 차이가 없어도 말이야. 그래서 A계급의 구성원이 얼마만큼의 자원을 소유하고 있다는 것을 알려주고 Y사회가 X사회보다 결코 더 열악하지 않다고 말하는 것은 기만적인 행위야. 모든 것을 고려해볼 때 A계급의 구성원들은 X사회에서보다 Y사회에서 더 처지가 좋지 않아. 이것은 시샘이나 심술, 혹은 이유 없이 뛰어난 것을 인정해주지 않으려는 심리와는 아무런 상관이 없어. 달리 말하면 자원이 불평등한 상황을 원하지 않는 것은, 불평등이 상대적으로 가장 불리한 처지에 있는 사람들의 상황을 더 악화시키기 때문이지."

자원의 불평등이, 상황이 가장 불리한 쪽에 있는 사람들에게 왜 혹은 어떻게 안 좋은가를 고찰해보기 전에 이런 생각이 만약 설득력이 있다면 다음과 같은 상황에도 적용될 수 있다는 점에 유의해보라. 즉 자원이 평등하게 분배된 상황과 처지가 가장 안 좋은 사람들이 자원의 측면에서 더 나은 상황 사이에서 선택하는 경우를 가정해보라. 다음과 같은 시나리오를 고려해보라.

	A	B
X	20	20
Y	25	40

자 **모든 사람들이** 자원의 측면에서 X사회에서보다 Y사회에서 더 상황이 나아졌다. B계급은 100퍼센트나 더 나아졌다. 그리고 A계급은 25퍼센트 나아졌다. 우리가 관심을 갖는 것이 오직 자원이라고 한다면 X보다는 분명 Y를 원할 것이다. 하지만 불평등은 상대적으로 상황이 열악한 사람들에게 다른 측면에서도 좋지 않다는 주장에 일리가 있다면 이런 경우에서도 A계급 구성원들의 처지가 Y사회에서보다 X사회에서 더 나을 수가 있는 것이다.

이런 생각은 특히 경제적 불평등을 '적하효과'에 근거해 옹호할 때 동원된다. 표준적인 주장에 따르면 불평등은 경제성장을 촉진함으로써 사회의 가장 가난한 사람들에게도 혜택을 가져다준다고 한다. 가장 열악한 처지에 있는 사람들에게 자원을 재분배하는 데 너무 치중해서는 안 되고 처지가 가장 열악한 사람들을 도울 수 있는 진짜 방법은 경제성장을 촉진하는 것임을 알아야 한다는 것이다. 왜냐하면 재분배에 너무 치중하여 가장 생산적인 사람들에게 과세를 하게 되면 더 많은 것을 생산하고자 하는 그들의 의욕을 꺾어버릴 수 있다고 보기 때문이다. 경제성장이 이루어지면 전체 파이 중에서 열악한 처지의 사람들이 차지하는 몫의 비율은 그대로이거나 작아진다고 해도, 파이 전체가 커짐에 따라 그들이 차지하는 절대적인 몫 또한 그에 비례하여 커지게 될 것이다. 오늘날 공식적으로 '빈곤층'에 속하는 사람들의 처지가 절대적인 관점에서 볼 때 20년 전의 공식적 빈곤층에 속하는 사람들의 처지에 비해 얼마나 나아졌는지 보면 이 주장이 입증된다. 그 자체로서는 전혀 중요하지도 않은, 부자들과 가난한 사람들 사이의 '상대적인 차이에 신경을 쓰기보다는' 상대적으로 불리한 처지에 있는 사람들의 처지를 절대적으로 향상시켜주는 것에 관심을 가져야 한다는 것이 이 입장의 결론이다.

이 상대적인 격차는 전혀 중요하지 않은가? Y보다 X를 선호하는 사람은 바로 이 점을 부정한다. 그의 견해에서는 그 격차가 나쁜 것이다. 그 자체가 나쁜 것이 아니라—불가해한 형이상학적 이유 때문에 나쁜 것이 아니라—그런 격차가 존재하는 사회에 사는 사람들에게, 또는 적어도 불리한 쪽에 있는 사람들에게 나쁜 것이다. 그 격차가 중요한 까닭은 사람들의 전반적인 행복이 경제적 자원의 총량에 영향을 받을 뿐만 아니라 소유하고 있는 자원의 상대적인 격차에도 영향을 받기 때문이다. 우리는 사회의 가장 열악한 처지에 있는 사람들을 가능한 한 최대한으로 잘살게 해주는 데만 관심을 가질 수도 있으며, 사람들의 생활수준이 높든지 낮든지 평등하게 하는 데는 전혀 관심을 갖지 않을 수도 있다. 하지만 돈이 전부는 아니다. 어쩌면 경제적 불평등은 낙수효과를 옹호하는 사람들이 주장하듯이 시간이 지남에 따라 사회의 최소 수혜자 계층의 경제적 상황을 개선시켜줄 수 있을 것이다. 하지만 그것이 곧 그들의 **전반적인** 처지를 개선시켜준다는 것을 의미하지는 않는다. 그것은 그들의 전반적인 상황을 악화시킬 수도 있다. 그렇다고 가정해보자. 이 경우 우리가 최소 수혜자 계층의 전반적인 행복을 극대화시키고자 한다면 그 상대적 격차를 우려해야만 한다. 롤스의 용어로 표현하면 경제적 불평등에 관심을 가져야 할 최소 극대화 형태(maximin-type)의 이유들이 있을 수 있다.

그 이유가 무엇일까? 설명을 위해 경제적 불평등이 절대적으로 나쁘

게 작용하는 행복의 세 측면들, 곧 자존감, 건강 그리고 우애를 고찰해보
자.(이 세 가지 외에도 다른 측면들이 있겠지만 설명에는 이 정도면 족하다.)

아마도 문제는 이것일 것이다. 자존감은 사람들의 전반적인 행복에 중
요한 구성요소다.(롤스는 주요 가치들 중에서 이것이 가장 중요하다고 말한다.)
하지만 개인의 자존감은 상당 정도 다른 사람과 비교해볼 때 자신이 무엇
을 할 수 있는가에 달려 있다. 이것은 부분적으로 상대적인 능력 차이가,
개인이 타인들에게 존중받는 정도에 영향을 미치기 때문이다. 예를 들어,
그 구성원들 일부—여성이나 특수한 인종집단 구성원들—에게 시민권을
인정해주지 않는 사회는, 그들이 집단적인 심의과정에 참여할 수 있는 가
능성을 부정하는 것이며 또 그렇게 함으로써 그들에게 공개적으로 열등한
존재들이라는 딱지를 붙이는 것과 같다. 이런 경향들은 그 구성원들의 자
존감을 상실하게 만들며 따라서 배제된 자들이 스스로를 부정적으로 여기
게 된다. 하지만 공동체의 공동생활에 참여할 수 있는 능력 및 타인들의 존
중을 받는 정도는 둘 다 자존감을 형성하는 요소들로서 시민권의 소유 여
부뿐만 아니라 상대적인 경제적 처지에도 영향을 받는다. 경제적 격차가
너무 클 경우 상대적으로 불리한 처지에 있는 사람들은 사회의 구성원 자
격을 결정하고 자존감을 얻을 수 있는 핵심적인 참여 활동으로부터 자신이
배제되어 있다고 여길 수가 있다. 빈곤은 절대적인 관점에서가 아니라 상
대적인 관점—예컨대, 평균소득의 절반 이하—에서 정의되어야 한다는 견
해에는 바로 이런 부류의 주장이 깔려 있다. 중요한 것은 단지 모든 사람들
이 먹을 것을 충분히 갖고 있다는 사실도 아니며 행복이 절대적인 물질적
형편과 함수관계에 있다는 것도 아니다. 다른 사람들에 비해 아무리 가진
것이 많다고 해도, 사회의 공동생활에 참여하고 다른 사람들로부터 존중을
받음으로써 자존감을 지닌 사회구성원들이 되는 것 또한 중요하다. 물론
그렇다고 완전한 평등이 필요하다는 것은 아니다. 하지만 이상의 설명은
그런 격차에 대해 우리가 관심을 가져야 할 이유를 말해준다.

어떤 사람들에게는 구성원 자격(시민권)과 자존감에 관한 이런 설명이 약간 모호하게 느껴질 수도 있다. 질병과 죽음은 더 엄밀하고 측정 가능한 기준처럼 느껴진다. 최근 몇 년 동안 의료사회학자들은 경제적 불평등이 가장 가난한 계층에 속하는 사람들의 건강에 나쁜 영향을 미친다는 흥미 있는 연구결과를 내놓았다. 물론 우리는 경제적 상황과 건강 사이에 긴밀한 관계가 있다는 것을 예전부터 알고 있었다. 가난할수록 병에 걸리기 쉽고 일찍 사망하며 병약하고 일찍 사망하는 아이를 낳을 가능성도 커진다. 이런 사실은 가난한 사람들의 건강을 증진시키기 위해서는 그들의 경제적 처지를 향상시킬 필요가 있음을 시사했지만, **불평등**이 모든 사람들의 건강에 나쁘다는 의미는 전혀 함축하고 있지는 않았다. 내가 기억하고 있는 연구는 훨씬 더 흥미롭게도 사회계층의 가장 밑바닥에 있는 사람들의 건강이 최정상에 있는 사람들보다 더 나쁜 이유가 **타인들에 비해 상대적으로 더 못살기 때문이라는 것**을 보여준다. 전반적인 경제발전 수준이 매우 다른 사회들을 대상으로 물질적인 형편의 절대 수준에 따라 다양한 계층의 건강 정도를 측정·비교해보면 사회에서 가장 못사는 사람들은 바로 그 이유 때문에 더 건강하지 못할 개연성이 높다는 것을 알 수 있다. 그 정확한 이유가 무엇인지는 분명하지 않다. 더 잘사는 사람들의 존재가 가난한 사람들에게는 스트레스가 되고 불안감을 야기함으로써 병에 걸릴 확률에 영향을 미치는 것일까? 혹은 가장 가난한 사람들은 직장이나 국가기관에서 다른 사람들의 권위에 예속될 가능성이 높고 그래서 이런 자율성의 부족이 건강에 악영향을 미치는 것인가? 가난한 사람들이 질병에 걸릴 확률이 높은 정확한 원인이 무엇이든 간에 불평등과 질병 사이에 이런 연관성이 있다는 믿음은, 어쨌든 경제적 격차가 중요한 문제라고 주장할 근거가 될 수도 있다.

마지막으로 다소 모호한 문제로 되돌아가서, 우애 혹은 공동체에 바탕을 둔 주장이 있다. 이 견해에 따르면 경제적 불평등은 사회 구성원들 사이의 우애를 해치기 때문에—혹은 우애를 해치는 정도에 따라—나쁘다. 불평등이 비록 경제성장을 촉진하고 따라서 시간이 지나면서 모든 사람들—최소 수혜자 계층을 포함하여—의 경제적 상황을 개선시켜준다고는 하지만 그것은 또한 계층으로 분열된 사회를 조장할 수도 있다. 그리하여 사회 구성원들이 서로 다른 지역에 살게 되고 다른 라이프스타일을 추구하게 되며 자신의 아이들을 서로 다른 학교에 보내게 됨으로써 각 계층 사이의 교류가 거의 또는 완전히 없어질 수도 있다. 그런 사회에서는 유대감이나 공동체의식, 곧 서로가 같은 사회의 구성원들이라는 의식이 없을 것이다. 사람들이 평등한 사회에서보다 더 부유해질 수는 있을 것이다. 하지만 인간의 행복에서 그에 못지않게 중요한 친밀함이나 공동체의식은 잃어버리고 말 것이다. 이것은 '참여를 통해 자존감을 얻는다'는 식의 주장과는 다르다. 공동체의식에 근거한 주장은 불평등 때문에 주류사회로부터 배제된 사람들이 자신을 부정적으로 인식하게 된다는 것이 아니라, 파편화되고 분열된 사회는 사회의 모든 구성원들—가난한 사람들은 물론 부자들을 포함해서—로부터 우애라는 가치를 박탈해버린다고 보는 것이다.(부자는 물론 다른 측면에서 잘살 수 있겠지만, '우애가 있는 사회에서 사는 것'의 가치를 중요하게 여기는 입장에서 보면 그들 역시 가장 가난한 사람들과 별반 다를 바가 없다.)

이 셋째 부류의 주장은 의문의 여지가 있는 행복 관념에 호소하고 있기 때문에 다른 두 주장보다 더 논쟁적이다. 경제적 불평등이 사람들의 자존감이나 건강에 영향을 미친다는 점을 부정할 수는 있다. 하지만 경제적 불평등이 사람들의 자존감에 정말로 영향을 미친다면 경제적 불평등이 나쁘다는 것을 부정할 길은 없다. 그와는 달리 '우애가 있는 사회에서 사는 것'은 훨씬 더 논란의 여지가 크다. 상대적 불평등 때문에 자존감이나 건강이 악화되는 것이 사실이라면, 자존감과 건강을 위해 가난한 사람들의 절대적인 경제적 편익을 어느 정도 희생시키는 것은 이해가 될 수도 있다. 하지만 우애를 위해 경제적 불평등을 제거하는 사회를 정말로 선호할 수 있는가?

우애를 위해 경제적 불평등을 제거한 결과 가난한 사람들이 더욱더 가난하게 될 수 있는데도 말이다.(그 답은 가장 가난한 사람들의 절대적인 경제적 형편에 달려 있을 **수도** 있다. 연구 결과에 따르면 일정한 한계 수준을 넘어설 경우 더 많은 돈을 가지고 있는 것이 사람을 더 행복하게 만들어주지는 않는다. 우리가 정말로 관심을 갖는 것이 행복이라고 가정해보자. 그 경우 불평등이 있을 때만 가장 가난한 사람들이 더 잘살 수 있게 되기 때문에 불평등을 허용해주어야 한다는 논리는 오직 가장 가난한 사람들의 경제적 형편이 최소 한계수준 이하에 있을 때뿐이다. 일단 그들의 경제적 형편이 최소 한계수준을 넘어서게 되면 공동체의 우애를 고려한 주장들이 더 설득력을 얻기 시작할 것이다.)

우애에 호소하는 주장에는 한 가지 더 까다로운 문제가 있다. 우리가 지금 고찰하고 있는 것은 최소 극대화 전략, 다시 말해 가장 가난한 사람들의 전반적인 **절대적** 형편을 극대화시켜주는 전략이 우리가 기꺼이 받아들일 수 있는 상대적인 **경제적** 격차(평등)에 어떤 영향을 주느냐 하는 것이다. 이런 맥락에서 지적할 필요가 있는 것은, 롤스가 최소 극대화에 입각한 사고 자체를 일종의 우애의 표현으로 간주하고 있다는 점이다. 차등의 원리에 따라 관리되고 있거나 차등의 원리로 관리되는 것으로 알려진 사회에서는, 사회의 모든 구성원들이 모든 경제적 불평등이 존재하는 이유가 바로 그 불평등 때문에 최소 수혜자의 행복이 증진되기 때문이라는 사실을 알고 있다. 내가 사회의 가장 가난한 계층의 일원이며 다른 사람들이 나보다 더 잘산다는 것을 알고 있다고 가정해보자. 롤스의 견해에 따르면 그 경우 내가 그들이 더 가난해지기를 원하거나 나아가 그들의 소유의 일부를 더 갖기를 원하는 것은 말이 안 된다. 그들이 나보다 더 많은 것을 소유하고 있다는 사실 자체가 장기적으로 볼 때 그렇지 않은 경우—그들과 나의 소유가 평등한 경우—에 비해 내가 더 잘살게 된다는 것을 의미하기 때문이다. 그들이 나보다 더 많은 것을 소유하는 것이 나에게 유익한 것이 아니라면 애당초 그들이 더 많이 갖게 되는 일은 일어나지 않았을 것이다. 그러므로 사회가 차등의 원리에 규제되는 것을 수락하고 지지하는 것은 우애의 감정을 제도적으로 구현하는 것과 같다. 자신이 더 잘살게 됨으로써 가장 가난한 사람들이 더 잘살게 된다는 조건이 충족되지 않는다면 어떤 누구도 다른 사람들보다 더 잘살기를 원하지 않는다. 나는 나중에 이 견해에 있는 이상한 요소를 다시 검토할 것이다. 다른 사람들이 나보다 더 잘사는 것이 과연 어떻게 나에게 도움이 될 수 있단 말인가? 그들이 정말로 나를 돕기 원한다면 그들이 갖고 있지만 내게는 없는 것 일부를 그냥 나한테 주면 되지 않는가? 지금 중요한 요지는 롤스가 차등의 원리를 우애라는 가치를 제도화한 것으로 제시하고 있다는 점이다. 이것은, 경제적 불평등이 사회적인 우애 관계에 해로울 수도 있다―내가 언급한 계층화와 사회분열 때문에―는 생각을 반박하는 것이라기보다는 경제적 불평등이 반드시 우애가 결여된 상황을 의미할 필요가 없다는 것을 보여줄 뿐이다. 차등의 원리로 정당화된 불평등은 우애와 조화를 이룰 수도 있다.

지위재

차등의 원칙에서 보면 결코 이해할 수 없는 몇 가지 재화들이 있다. 그런 재화의 경우에는 불평등이 가장 가난한 처지에 있는 사람들의 상황을 개선시켜줄 수 있는 방법이 없다. 이런 재화들은 일부 사람들에게 많이 주게 되면 다른 사람들에게는 반드시 덜 주어야만 한다. 돈의 경우에는, 물론 어떤 특정 시점에서, 가난한 사람들의 상황을 최적 상태로 만들어주기 위한 방법은, 부자들이 갖고 있는 것을 평등한 수준까지 나눠주는 것이다. 하지만 이것은 상당히 단기적인 관점에서 볼 때 그렇다. 긴 안목을 갖고 가난한 사람들을 도와주기 위해서는 파이의 크기를 증대시킬 수 있는 불평등들을 용인해줄 필요가 있다. 하지만 이런 사고가 적용되지 않는 재화들이 있다.

교육제도와 관련된 기회의 평등을 생각해보라. 일부 대학들이 다른 대학들보다 더 우수하다고 전제하고서 더 우수한 대학에 입학할 수 있는 기회를 분배한다고 생각해보자. **그런 기회들을** 불평등하게 분배한다고 해서 가장 기회가 낮은 학생들의 기회가 더 향상될 수 있는가? 중간계급 출신 자녀들이 노동계급 출신 자녀들보다 더 나은 기회를 가지고 있다면 노동계급 출신 자녀들은 더 낮은 기회를 갖게 된다. 이런 불평등이 노동계급 자녀들의 기회를 어떻게 향상시킬 수 있는지 알 수 없다. 정해진 자리를 놓고 경쟁이 붙기 때문에 다른 사람들에게 낮은 기회를 주지 않고서는 일부 사람들에게 더 좋은 기회를 줄 수 없다. 그리고 그 때문에 이런 재화와 관련된 불평등은 낮은 기회를 가진 아이들의 기회를 향상시켜줄 수 없다. 어떤 적하효과—파이를 크게 하는 것—도 기대해볼 수 없다. 노동계급 출신 아이들의 기회를 향상시켜줄 수 있는 유일한 방법은 중간계급 아이들의 기회를 축소시키는 방법 외에는 없다. 정치인들에게 이런 상황은 문제가 된다. 그들은 어떤 사람에게든 기회를 축소시킨다는 인상을 주기 싫어하기 때문이다. 경제성장의 아주 훌륭한 장점은 정치인들로 하여금 분배 문제를 슬쩍 피할 수 있게 해준다는 점이다. 파이가 커지고 있는 한 모든 사람들의 상황이 더 나아질 수 있다. 이런 논리는 다른 영역에서도 적용될 수 있다. 하지만 모든 영역에 다 적용되지는 않는다.

물론 우리는 고등고육을 받을 수 있는 기회를 더 높여줄 수 있다. 1950년대와 1960년대에 미국정부가 바로 이런 일을 했으며 영국정부가 20세기의 마지막 15년 동안 소송에 휩싸인 것도 바로 이 문제 때문이다. 이런 일이 노동계급 출신의 아이들에게 대학에 입학할 수 있는 기회를 늘려줄 수도 있지만, 중간계급의 아이들과 비교해보면 그들이 대학에 들어갈 수 있는 기회가 반드시 더 늘어나는 것은 아닐 것이다.(우리가 흥미를 갖고 있는 것은 기회의 평등이라는 점을 기억하라.) 아마도 그런 확대정책은 중산층 아이들의 기회를 더욱더 늘려줄 것이기 때문에 노동계급 출신의 아이들이 더 좋은 대학에 들어갈 수 있는 기회가 늘어나지 않을 수도 있다. 하지만 더 좋은 대학에 입학하는 것—단순히 어느 대학이든 입학하는 것이 아니라—이 더욱더 특별한 중요성을 가질 때가 있다. 그 이유를 살펴본다.

교육은 재미있는 가치다. 왜냐하면 본래 가치 있는 것이기도 하면서 지위재의 측면도 동시에 갖고 있기 때문이다. 몇 가지 측면에서 교육은 다른 사람들이 얼마나 교육을 많이 받았는가 하는 문제와는 상관이 없이 그 자체로서 가치가 있다. 내가 셰익스피어를 이해할 수 있는 능력이나 4차 방정식을 풀 수 있는 능력은 다른 사람들이 나와 같은 정도 혹은 그 이상의 능력을 갖고 있는 것과는 상관없이 그 자체로서 가치가 있다. 하지만 교육이 중요성을 갖는 몇 가지 다른 측면들—특히 노동시장에서 교육에 대한 경제적 보상을 생각할 때—이 있는데, 그 한 가지는 교육의 분배에서의 개인의 위치, 곧 다른 사람들과 비교해볼 때 그 개인이 얼마나 많은 교육을 받았는가 하는 것이다. 교육은 사람들이 직업을 선택하려 할 때 사람들을 서열화할 수 있는 좋은 기준이다. 따라서 중요한 것은, 사람들이 실제로 배운 내용보다는 다른 사람들과 비교해볼 때 그 사람 본인의 교육수준이 어느 정도 되는가 하는 점이다.

교육을 그 자체로서 가치 있는 것으로 간주할 경우 25 : 30의 분배를 20 : 20의 분배보다 선호하는 것은 이해할 수 있다. 가장 적은 교육을 받은 사람들을 비교해볼 경우 뒤의 경우보다 앞의 경우가 절대적으로 더 많은 교육을 받았다. 그들은 본유적으로 가치가 있는 것을 더 많이 갖고 있기 때문에 모두가 더 적은 교육을 받은 사회를 선호하는 것은 잘못으로 보인다. 하지만 지위재적 관점에서 보면 20 : 20이 그렇게 얼빠진 것처럼 보이지 않는다. 내가 '관례적인' 기회평등이라고 부르는 것이 존재하려면 사람들의 계급적 배경이 교육의 성취에 별 영향을 미치지 않는 교육제도가 계급적 배경의 차이로 불평등이 생기는 교육제도—이 제도에서 노동계급 출신의 아이들이 실제로 절대적인 측면에서는 더 많이 안다고 해도—보다 더 나을 것이다. 교육이 지위와 관련하여 중요하다면—그래서 사람들의 절대적 교육수준이 아니라 다른 사람들과 비교해볼 때 얼마나 많은 교육을 받았느냐가 중요하다면—노동계급 출신 아이들이 역사와 수학을 절대적으로 약간 더 아는 것보다는 정해진 수의 직업을 놓고 다른 계급 아이들과 동등한 조건에서 경쟁할 수 있다는 사실이 더 중요한 것이다.

이런 사고를 사교육 문제에 적용해보라. 사교육을 시킬 여유가 있는 사람들이 단순히 자녀들이 본유적으로 가치 있는 것들—라틴어를 배우고 라크로스 경기를 하는 등—을 배우는 것이 좋겠다고 생각하며 자녀들을 엘리트 사립학교에 보낼 수도 있다. 그들이 그런 것들을 배우는 자녀들이 그것들을 배우지 않는 학생들에게 해를 끼치지 않는다고 말하는 것은 합당하다. 심지어 그들은 자신들은 공교육을 위해 세금을 내고 있지만 자기 아이들은 공교육을 받고 있지 않기 때문에 자신이 자녀를 사립학교에 보내는 행위가 공교육을 받고 있는 아이들에게 사실상 도움이 된다고 주장할 수도 있다. 이 주장들은 교육을 본유적으로 가치 있는 것으로만 생각한다면 맞을 수도 있다. 하지만 교육의 지위재적 측면을 고려하면 얘기는 달라진다. 사교육비를 충당할 수 있는 부모의 아이가 공교육 대신에 사교육을 받아서, 그 아이에게 소요되는 돈이 다른 아이들을 위한 공교육에 투입됨으로써 공교육이 더 개선된다고 가정해보자. 그렇다고 해서 공교육을 받은 아이들이 엘리트 사립학교가 없을 경우에 비해 전반적으로 상황이 더 나아진다는 결론은 나오지 않는다. 사립학교에 가는 것이 공립학교에 가는 것보다 아이들에게 더 좋은 교육기회를 준다면, 그것은 대학입학과 구직과 같이 교육수준이 중요한 선발기준인 경우에 좋은 지위를 얻는 데 유리한 요소가 된다. 그러므로 공립학교에 다니는 아이들은, 그나마 거기에 다니지 않는 것보다는 약간 더 많은 것을 배우겠지만, 사립학교에 다니는 아이들에 비해 상대적으로 불리한 상황에 놓이게 된다.

이것이 바로 사교육이 사적인 보건의료보다 더 골치 아픈 문제가 되고 있는 이유다. 영국의 공적인 보건의료 제도인 NHS(the National Health

Service)로부터 탈퇴한 사람들은 (환자 대기 목록을 짧게 함으로써 그리고 여분의 의료자원을 남김으로써) 그 안에 남아 있는 사람들이 받고 있는 의료의 질을 더 향상시키고 있다—혹은 최소한 더 악화시키고 있지는 않다—는 주장이 있다. 그 주장의 현실적 타당성을 어떻게 평가하든지 간에, 최소한 원칙적으로는 누가 나보다 더 좋은 보건의료를 받고 있다는 사실이 내가 받고 있는 보건의료의 질을 떨어뜨리지 않는다는 것은 분명하다. 그리고 나아가 그 질을 향상시킬 개연성도 있다. 교육과 달리 보건의료는 지위재적 측면이 없는 것처럼 보인다.(이것은 경제적 불평등이 사람들의 건강에 나쁜가의 여부와는 다른 문제다.) 그러므로 아마 보건의료—질병과 생사의 문제이기 때문에—가 교육보다 더 중요하겠지만 평등주의적 정서를 갖고 있는 사람들은 사적인 보건의료보다 사교육에 반대할 이유가 더 크다고 생각할 수 있다. 이것은 누군가 다른 사람들보다 더 좋은 교육을 받으면서 자동적으로 그렇지 않은 다른 사람들을 더 열악한 상황—지위의 측면에서—으로 떨어뜨리기 때문이다.

그러므로 재화가 지위재적 측면을 갖고 있는 한 최소 수혜자 계층이 그 재화를 가능한 한 많이 갖도록 하기 위해서는 평등을 옹호해야 한다. 우리가 최소 극대화적 사고에 끌릴 수도 있지만 그런 상황을 실현할 수 있는 유일한 방법은 평등에 찬성하는 것이 될 것이다. 적하효과에 기반을 둔 사고 방식은 적합하지 않다.

평등주의적으로 보이지만 사실은 그렇지 않은 세 가지 입장들

나는 이미 평등이 얼마나 엄밀하고 특수한 개념인지 꽤 길게 설명했다. 여기서는 관례적으로는 '평등주의적'이라 여겨질 수도 있지만 꼼꼼히 살펴보면 그렇지 않은 세 가지 입장을 다뤄보겠다.

1. 공리주의 (혹은 총합의 원칙)

공리주의는, 도덕적으로 중요한 것은 효용 또는 행복이며 따라서 어떤 상황에서 옳은 행위는 효용이나 행복의 총량을 극대화하는 행위라고 보는 관점이다.(영국의 공리주의자 제레미 벤담[Jeremy Bentham, 1748~1832]은 '최대 다수의 최대 행복'에 대해 말했다.) 우리가 목표로 하는 것이 전반적인 효용을 극대화하는 것이라는 생각은 더 평등한 자원분배를 정당화할 수도 있다. 하지만 총 효용의 극대화가 평등한 분배를 정당화시켜줄 수 있는 경우는 한계효용체감의 가정(즉, 자원이 추가적으로 한 단위 늘어났을 때 산출되는 효용은 갈수록 떨어진다는 것)이 유효한 경우일 뿐이다. 모든 사람들의 한계효용체감이 동등하다고 가정하는 한에서만 완전한 자원의 평등이 이뤄질 것이다. 효용의 전반적인 양을 증대시킬 수 있는 확실한 방법은 같은 양의 자원에서 더 적은 효용을 얻는 사람들에게서 더 많은 효용을 얻는 사람들에게로 자원을 이전하는 것이다. 만일 당신이 자원을 더 많이 갖게 되는 그만큼 효용이 늘어나지 않는다면, 공리주의적 근거에서 볼 때는 자원을 더 많이 갖고 있는 사람들에게서 자원을 취하여 덜 갖고 있는 사람들에게 주는 것이 합당할 것이다. 이것이 바로 재분배를 옹호하는 입장에 깔려 있는 상식적인 직관이다. 수백만 달러를 빌 게이츠에게 주는 것보다는 수천 명의 사람들에게 재분배하는 것이 더 가치 있을 것이다.

그런데 이 경우 분명히 해야 할 점은, 이렇게 해서 자원의 불평등이 조금이라도 줄어든다면 그것은 우연한 부수효과일 뿐이라는 점이다. 이를 이해해보는 방법은, 상당히 기상천외하지만, 철학자들이 '쾌락 마법사'라 부

제레미 벤담

르는 사람에 대해 얘기해보는 것이다. 간단히 말해 '쾌락 마법사'는 자원을 효용으로 바꾸는 최고의 능력을 갖고 있으며 얼마만큼의 자원을 갖고 있든 그것에서 최대의 효용을 얻는 사람이다. 우리가 정말 관심을 갖는 것이 총효용이라면 평등이라는 것은 그냥 잊어버리고 모든 활용 가능한 자원을 그에게 집중시켜야 할 것이다. 이 생각은 총합을 극대화하려는 모든 목표들에 적용된다. 어떤 것의 총량을 극대화시키는 것이 목표라면 효용이나 효용을 발생시키는 자원에 대한 관심은 우연하고도 도구적인 성격을 지닐 뿐이다. 당신은 전체적으로 최대 효용을 산출할 수 있는 분배방식에 찬성할 것이다.

이것은 '총합을 극대화하려는 관심 대 분배적 관심'과 관련하여 중요한 점을 시사해준다. 이 문제를 평등과 효용에 관한 논의에서 표준적으로 제기되는 또 다른 이슈와 구분하는 것이 중요하다. 쾌락 마법사의 예는 우리에게 효용의 총량을 극대화하는 데만 관심을 가져서는 안 된다는 점을 일깨워준다. 이 예는 효용의 '분배'에도 관심을 가져야 한다는 것을 분명히 보여준다. 어쩌면 우리는 사람들이 동등한 양의 자원을 갖도록 분배해야 한다고 생각할 수도 있다. 이것은 진정으로 평등주의적인 입장이다. 우리가 여기서 관심을 갖는 평등은 효용의 평등이다. 여기서 이 견해에 있는 문제들을 깊이 다루기엔 마땅치 않지만 두 가지 정도만 언급해보자. 먼저 쾌락 마법사의 반대 경우를 생각해보자. 그를 '비참한 무한욕망의 사나이'라고 불러보자. 정말로 보통의 행복한 사람들에게서 자원─그리고 효용─을 계속 거둬 모든 사람들이 그 사람처럼 비참한 상황에 이를 때까지 그 사람에게 주어야만 할까? 둘째, 값비싼 취향은 어떤가? 내가 맥주와 감자칩에서 얻는 효용이 당신이 샴페인과 철갑상어 알에서 얻는 효용과 동일하다고 가정해보라. 효용을 평등하게 하기 위해서는 당신이 나보다 더 많은 돈을 가져야 하는데 이것은 우리의 직관에 어긋나는 것으로 보인다. 우리는 당신이 그런 취향을 갖게 된 책임이 누구에게 있는지 숙고하여 입장을 정할 수도 있다. 만일 그런 비싼 취향을 갖게 된 것이 당신 책임이 아니라면 당신이 불행한 삶을 살도록 내버려두는 것은 모진 일일 것이다. 당신은 행복해지는 데 나보다 더 많은 자원을 필요로 하도록 길러졌기 때문이다.("내 부모님이 내가 샴페인과 철갑상어 알이 있어야만 행복해지도록 나를 기른 것은 내 잘못이 아니야.") 우리가 관심을 갖는 것은 효용을 평등하게 하는 것이 아니라 우리가 효용을 얻는 자원이라는 견해에 깔려 있는 가정은, 사람들은 자신의 선호에 대해 책임이 있다는 것이다.("당신이 나와 똑같은 액수의 돈을 가지고 있지만 나보다 덜 행복하다면 참고 견디든지 당신의 선호를 바꿔라.") 이런 부류의 문제는 학술문헌에서 '무엇의 평등인가?'라는 문제를 발생시켰다. 우리가 분배적 평등에 관심을 갖고 있다고 한다면, 과연 무엇을 평등하게 분배한다는 것인가? 여기서 그 문제를 깊이 논의할 여유는 없지만 아래에서 몇 가지 설명을 추가해본다.

2. 체감의 원칙들, 최소 수혜자 계층의 우선성, 그리고 최소 극대화

우리는 빈번히 어떤 것을 적게 갖고 있는 사람들은 더 많이 갖고 있는 사람들보다 그것을 더 강력히 요구할 수 있다고 생각한다. 이런 직관이 자원을 최소 수혜자 계층에게 이전하는 것이 정당하다고 주장하는 입장에 깔려 있다. 하지만 그것은 평등과는 아무런 상관이 없다. 그것은 오히려 이스라엘계 영국인 철학자 조지프 라즈(Joseph Raz, 1939~)가 체감원칙들이라 부르는 것과 연관성이 있다. 이 원칙들은 누군가에게 어떤 좋은 것을 주어야 할 이유의 크기는 그 좋은 것을 소유할 자격을 주는 특성이 그 사람에게 얼마나 있는가에 달려 있다는 것이다. 그들이 이미 소유하고 있는 것이 많을수록 그들에게 더 주어야 할 이유는 감소된다.

배고픈 사람일수록 그 사람에게 음식을 줄 이유는 커진다. 하지만 그가 음식을 먹어 배가 덜 고플수록 그 사람에게 음식을 주어야 할 이유는 작아진다. 우리가 더 배고픈 사람에게 빵을 주는 것은 평등 때문이 아니라 더 배고프다는 사실이 그가 음식에 대해 더 강력하거나 긴급한 요구를 할 수 있는 근거가 되기 때문이다. 보건의료와 돈에 대해서는 물론 다른 모든 것들에 대해서도 동일한 논리가 적용될 수 있다. 체감원칙들은 재화를 분배할 때 그 재화에 대한 요구가 덜 긴급한 사람들로부터 더 긴급한 사람들에게 재분배하도록 촉구할 수 있다. 하지만 이 경우 평등이 중요하다는 생각은 전혀 개입할 여지가 없다. 평등이 아니라 체감원칙과 관련된 이유들이 재분배를 지지하는 우리의 모든 직관들을 설명해준다는 것이 라즈의 생각이다.

나는 라즈보다 그것을 더 잘 설명할 수가 없다. "다양한 불평등들에 우리가 관심을 갖는 이유는 불평등 자체 때문이 아니라 (겉으로는 불평등을 시정하기 위한 원칙들처럼 보이는) 기본원칙을 통해 확인할 수 있는 더 근본적인 관심 때문이다. 그것은 배고픈 자들의 배고픔이며 가난한 자들의 필요이며 아픈 자들의 고통 같은 것들이다. 관련 영역에서 어떤 사람들의 처지가 이웃과 비교해볼 때 안 좋다는 사실이 마땅히 고려될 수도 있겠지만 그것이 마땅히 고려되어야 할 이유는 불평등이란 별개의 악과는 상관이 없다. 우리가 상대적으로 불우한 처지에 있는 사람들에게 더 우선적인 관심을 갖는 이유는 그들의 배고픔이 더 크고 그들의 필요가 더 절박하며 그들의 고통이 더 괴롭기에, 배고픈 자들과 가난한 자들 그리고 질병으로 고통받는 자들에 우리의 관심이 쏠리기 때문이지 평등에 대한 관심 때문이 아니다." 비교가 중요하긴 하지만 그것은 단지 누가 가장 강력한 요구를 할 수 있는지 확인하기 위한 수단일 뿐이다. 우리가 사람들을 서로 비교하는 것은 평등을 실현하기 위해서가 아니다. 동일한 논리가 최소 수혜자 계층에게 우선성을 주어야 한다는 생각이나 최소 극대화 원칙에도 적용된다.(이 두 가지 입장은 서로 다르며 그리고 라즈의 생각과도 약간 다르지만 여기서 우리의 관심을 끌 만한 문제는 아니다.)

3. 권리와 충분함

"우리의 모든 아이들은 주택에서 거주할 권리, 삼시 세 끼를 먹을 권리, 온당한 보건의료를 받을 권리, 정치생활에 참여할 수 있도록 준비시켜주고 구직시장에서 경쟁할 수 있는 능력을 갖추게 해주는 교육에 대한 권리를 갖고 있다." 이런 주장들은 빈번히 평등의 이름으로 행해지는데 이런 주장들을 실현하기 위해서는 지금보다 훨씬 더 평등한 사회가 필요할 수 있다. 하지만 이제는 분명해졌기를 희망하는데, 그런 주장들이 유난히 평등주의적인 내용을 담고 있지는 않다. 그 주장들은 "모든 X들은 Y—혹은 Y에 대한 권리—를 가져야 한다"는 형태를 취하고 있다.

우리는 이런 형식의 주장을 충분함이란 관념과 연결시킬 수 있다. 중요한 것은, 사람들이 어떤 가치 있는 것들을 평등하게 소유하는 것이 아니라 모두가 **충분하게** 소유하는 것이다. 모든 사람들이 충분히 소유하고 있다면, 분배—어떤 사람들이 다른 사람들보다 더 많이 갖고 있다는 사실—는 중요하지 않다. 모든 사람들이 갖춰야 할 최소 기준이 있다면 불평등 자체는 별로 중요하지 않다. 이것은 체감원칙과 비슷한데, 어떤 것을 가장 적게 가진 사람에게 그것을 주어야 할 이유가 더 크다는 것을 의미하는 측면이 있기 때문이다. 이 입장은 차단점(cut-off point)이라 부를 수 있는 특정한 기준점을 설정한다. 이 입장은 어떤 것에 대한 사람들의 요구 강도는 그들이 소유하고 있는 정도에 따라 쭉 완만하고 점진적으로 감소하기보다는 일정한 지점에 이르면 더 이상 효력이 없게 되는 급격한 차단점 혹은 불연속적인 지점이 있다고 상정한다. 여기서 차단점 혹은 불연속점은 그 수준까지는 제공해주는 것이 적절하지만 그 수준을 넘어서면 분배가 더 이상 문제가 되지 않는 지점을 의미한다.(우리는 정교한 혼합적 견해를 상상해볼 수 있다. 이 혼합적 견해는 사람들이 충분하게 가질 **권리**를 갖고 있고 따라서 우리에게는 서로에게 충분하게 제공해줄 의무가 있다고 보지만, 체감원칙의 개념을 따라서 최소 기준점 이상으로 더 많은 것을 주어야 할 다른 도덕적 이유들이 있다고 주장한다.)

기본원칙의 문제로서, 만인이 충분히 가질 수 있도록 보장해주는 것은 분배의 평등에 대해 몇 가지 함의를 가질 수 있다. 아마도 모두에게 충분히 주는 것은 충분한 몫 이상을 갖고 있는 사람들로부터 거둬들이는 것을 의미할 것이다. 그리고 사람들이 충분한 몫에 접근하는 것에 동의할 수 있다고 해도 어느 정도가 충분한가에 대해서는 첨예하게 엇갈릴 수 있다는 것을 이해하는 것이 중요하다. 어떤 사람들에게는 모든 사람들이 주거시설을 갖고 기본적인 생계수단을 갖는 것이 '충분할' 수 있다. 다른 사람들은 충분한 수준에 훨씬 더 많은 것을 요구하고 있을 수 있다.(이 절의 첫째 문장에서 제시된 것과 같이 말이다.) 확실히 이런 입장 차이는 상이한 분배적 함축성을 가질 것이다. 진정으로 평등주의적인 견해를 취하기보다 충분한 몫에 초점을 맞춘 견해를 받아들인다고 해서 그것이 얼마나 '급진적인' 내용을 가질 것인지는 알 수가 없다. 어떤 이는 충분함을 급진적으로 생각할 수 있다. 철학적으로 말해 중요한 것은 목표를 무엇으로 삼느냐 하는 것이다. 사람들에게 어떤 것을 동등하게 보장해주는 것이 목표인가 아니면 각 개인에게 (그 개인이 생각하기에) 충분한 것을 보장해주는 것이 목표인가? 게다가 상대적인 격차에 신경 쓸 필요가 있는지에 대한 나의 논의를 기억해보면 어떤 상태가 충분한 상태인지에 대한 개인의 생각은 불평등 문제와 더 직접적인 연관성이 있을 수도 있다. 모종의 경제적 불평등이 존재하는 사회에서는 사람들이 자존감을 가질 수 없다는 것이 사실이라고 가정해보라. 단순히 모든 사람들이 자존감을 가져야 한다는 주장—무엇이 '충분한' 것인가에 관한 생각 속에 자존감을 끼워 넣으면서—만으로도 그런 불평등들을 제거하려는 이유로 충분할 것이다.

평등의 반격

평등은 지금까지의 논의와 여기서 소개한 정치철학자들의 저술 속에서 비판을 받아왔다. 평등을 변호하는 주장을 살펴봄으로써 이 장을 마치기로 하자.

첫째, 분배적 이상으로서의 평등과 상관이 없는 보다 느슨한 평등 관념은 여기서 소개할 다른 비(非)평등주의적 원칙들을 강조한다는 점을 기억할 필요가 있다. 차등원칙을 내놓은 롤스의 경우는 그 명백한 예다. "롤스는 평등주의자인가"고 물으면 엄격한 답변은 다음과 같다. "아니야. 그는 불평등이 최소 수혜자 계층에게 혜택을 가져다줄 경우 불평등을 허용하며 평등 자체의 가치를 인정하지 않아." 하지만 1부에서 다룬 바와 같이 롤스가 차등원칙을 내놓은 방법을 기억해보면 사람들은 서로에 대해 평등한 존재라는 관념이 그의 주장에서 중심적인 역할을 수행하고 있다는 것을 쉽게 알 수 있다. 롤스의 설명에 따르면 사람들이 무지의 장막 뒤에서 사회의 혜택과 부담의 분배를 규제할 원칙들을 선택하는 원초적 상황은, 시민들이 자유롭고 **평등한** 존재로서 이해되어야 한다는 견해를 모델화한 것이다. 시민으로서 우리는 모두 평등하기 때문에 정의는 우리로 하여금 재능이나 사회적 환경의 차이를 잊은 채 생각할 것을 요구한다. 롤스는 우리가 그런 식으로 생각하게 되면 사회의 최소 수혜자 계층의 처지를 최대로 개선시켜줄 수 있는 방식을 찾게 될 것이며 따라서 소득과 부의 분배를 관할할 엄격한 평등보다는 차등원칙이 선택될 것이라고 본다. 그러므로 롤스를 엄격한 의미의 평등주의자로 묘사하는 것은 잘못이겠지만 그가 전혀 평등에 관심이 없다는 주장 또한 대단히 잘못된 것이다. 그의 이론은 사람들이 시민으로서 누리는 평등을 기본 전제로 삼고 있다. 평등주의적으로 보이지만 사실은 그렇지 않은 모든 다른 원칙들도 이와 유사한 점이 있다.

둘째, 평등보다는 최소 극대화를 선호하는 것이 합당하다고 해도, 혹은 부자보다는 가난한 사람들에게 돈을 주는 이유가 평등과는 아무런 상관이 없다고 해도, 자신이 어찌해볼 수 없는 환경 때문에 발생하는 불평등에는 무언가 잘못된 것이 있다는 우리의 직관을 포기할 필요는 없다. 상대적 격차가 문제가 되는 이유를 감안하는 '이익의 (모든 것을 고려한) 적절한 척도'가 있다고 가정해보라. 모든 것을 고려해볼 때 유일한 선택이 25 : 30과 20 : 20 둘 중 하나일 경우 20 : 20을 선택하는 것은 상식을 벗어난 일일 것이다. 20 : 20을 선택한다면 누구에게 이익이 될 것인가? 하지만 25를 가진 사람들과 30을 가진 사람들 사이의 불평등이 별도로 정당화되지 않을 경우—예컨대, 그 불평등이 30을 가진 사람이 열심히 일한 결과가 아니라 단순히 운의 문제일 경우—25 : 30을 선택하는 것이 20 : 20보다 전체적으로 더 낫긴 하지만 공정성이라는 특별한 측면에서는 더 나쁘다는 느낌을 줄 수도 있다.(급진적인 기회평등에 관한 나의 논의에서 다뤄진 것을 기억해보라. 만일 25 : 30에 나타난 격차가 전적으로 얼마나 열심히 일할 것인지에 대한 선택을 반영한다면 그것은 전혀 불평등한 상태가 아니라고 주장할 수도 있다. 우리는 단순히 시점 t에서 나타난 특정 재화의 분배 상태만을 보고 불평등이 정당한지의 여부를 판단할 수 없다. 그 불평등이 어떤 과정을 거쳐 발생했는지 알 필요가 있는 것이다. 결과의 평등과 기회의 평등이 동일한 의미를 가질 수 있는 이유도 바로 이 때문이다.)

마지막으로 차등원칙을 좀 더 상세하게 검토해보자. 1부는 정의에 관한 세 가지 관념들, 곧 롤스의 공정으로서의 정의, 자기 소유와 권리 개념에 기초한 노직의 견해, 응분의 몫 개념에 기초한 정의를 살펴봤다. 평등을 좋아하는 이들은, 사람들이 행운으로 갖게 된 재능을 발휘하여 남달리 많은 보상을 받는 것이 합당하다고 주장하는 관례적인 (응분의 몫 개념에 근거한) 입장과 노직의 자유지상주의를 반대할 명분은 충분하다고 본다. 하지만 그 정신이 평등에 더 가까운 차등원칙은 평등주의자들에게 더 큰 도전이 된다. 최소 극대화보다 평등을 선호하는 것이 어떻게 더 합당한가? 평등주의자들은 오히려 되묻는 전략을 사용할 수 있다. 그들은 다음과 같이 질문한다. "좋아, 우리가 평등이 아니라 가장 적게 가지고 있는 사람들의 절대적인 처지를 최대로 개선시켜주는 것에 관심이 있다고 치자. 우리는 그런 목적에 이바지하는 경우 불평등을 정당한 것으로 인정해주는 원칙을 지지해. 자, 불평등이 어떻게 그런 목적에 이바지하고 있거나 이바지할 수 있는지를 말해보시지."

물론 그들은 차등의 원칙에 호소하는 사람들이 다음과 같이 대답할 것을 알고 있다. "인센티브가 필요하고…… 경제성장에는 불평등이 중요하며…… 분배하기 전에 먼저 생산을 해야 하고…… 파이가 클수록 모든 사람들의 몫이 커질 것이며…… 국가사회주의에서 어떤 일이 일어났는지 보라고." 이런 주장들은 익히 알려진 것들이며, 여기에 깔려 있는 기본 생각은 다음과 같다. 어떤 사람들이 다른 사람들에 비해 더 많은 보상을 받지 않는다면 더 생산적인 방식으로 일할 유인이 없을 것이며 심지어 일할 동기가 전혀 생기지 않을 것이다. 일에 따라 다르게 책정되는 시장가격은 사람들이 다른 사람들이 원하는 일들을 수행하는 중요한 동기가 된다. 모든 사람들이 똑같은 소득을 올린다면 사회는 혼란스러운 비효율 상태에 빠져버릴 것이다. 그러므로 불평등은 사회의 최소 수혜자들에게 도움이 된다.

부수적인 사항으로, 시장가격은 아무도 돈에 대한 욕심 때문에 일하지 않는다고 해도 중요한 역할을 할 것이라는 점을 주목하라. 시장이 제대로 작동한다면 시장가격은 사람들의 선호를 모두 합계해서 우리에게 사람들이 전체적으로 원하는 것이 무엇인지를 알려준다. 이것이 바로 경제학자들이 시장의 '신호' 기능(signalling function)이라고 부르는 것이다. 남들에게 그들이 바라는 것을 해주는 일에만 관심을 갖고 있는 완벽히 이타주의적인 성인들도 사람들이 원하는 것을 알기 위해서는 시장가격이 주는 신호를 알 필요가 있다. 시장신호는 자원—인적 자원(사람과 그들의 기술)을 포함하여—이 가장 생산적으로 사용될 수 있도록 **할당하는 역할**을 한다. 이것은 원칙적인 측면에서 시장이 사람들에게 돈을 분배하는 방식과는 전혀 다르다. 어떤 평등주의 철학자는 노골적으로 유토피아적인 제도를 고안해냈는데 그 제도는 시장의 자원할당 기능과 분배적 기능을 구분하고 있다. 즉 가격신호가 있지만(그래서 사람들은 무엇을 하는 것이 가장 유용한가를 알고 있다.) 모든 사람들은 똑같은 액수의 돈을 번다.(그래서 사람들은 현실 시장에서 벌었을 수 있는 액수의 돈을 소유하고 있지 않다.) 이런 제도에 깔려 있는 가정은 사람들의 동기가 경제적이라기보다는 도덕적이라는 것이다. 그들은 돈을 위해서가 아니라 다른 사람들이 자기에게 해주기를 바라는 것을 하고 싶어 한다. 왜냐하면 다른 사람들이 그것을 원하기 때문이다.

이상적인 평등주의 체제의 성인들이 아닌 실제 사람들이 살고 있는 현실 세계로 되돌아가보자. 그런 현실 세계에 대한 묘사로서 그리고 경제적 불평등이 제거되면 무슨 일이 일어날 것인가에 관한 예측으로 익히 알려져 있는 설명은 꽤 정확한 듯 보인다. 사람들은 경제적 유인에 이끌려 행동을 하며 따라서 어느 정도의 불평등이 없다면 사회는 붕괴되어버리고 말 것이다. 하지만 그 설명을 사람들의 실제 행동에 관한 묘사나 경제적 유인이 없을 경우의 행동에 대한 예측으로 생각하지 않고 불평등을 **정당화**하는 방식이라고 생각해보자. 그 정당화는 어떤 방식으로 이루어지는가? 그것은 사람들이 경제적 보상에 대한 이기적인 욕구에 따라 행동한다는 사실에 호소한다. 더 구체적으로 말해 그 방식은 사람들이 최소 수혜자 계층의 행복을 극대화하고자 하는 동기 때문에 행동하지는 않는다고 가정한다. 만일 사람들이 최소 수혜자 계급의 행복을 극대화하고자 하는 동기로 행동한다면, 그렇게 하는 대가로 어떤 보상을 받을 수 있는지는 신경 쓰지 않고 장기적으로 최소 수혜자 계층에게 가장 큰 혜택이 돌아가는 일이면 어떤 일이라도 해야 할 것이다. 뭔가 대단히 우스운 논리가 돼버렸다. 최소 수혜자 계층의 이익을 극대화하는 데 관심이 있다고 말하는 동시에 사실상 최소 수혜자 계층에게 도움이 되는 일을 하기 위해서는 인센티브 지급이 필요하다고 말하는 개인은 어떤 분열증적인 증세를 겪고 있다. "롤스처럼 나도 사람들이 어떤 정도의 재능을 가지고 있느냐는 순전히 운의 문제라는 것을 인정해. 그리고 내가 그 때문에 많은 돈을 벌 자격이 있다고 믿지 않아. 나는 불평등이 최소 수혜자 계층에게 도움이 되는 한에서만 정당화된다고 보는 롤스에게 동의하지. 하지만 당신이 만일 내가 내 재능을 사용하기를 원하고 따라서 내가 대기업의 CEO가 되기를 원한다면 유감스럽게도 당신은 나에게 많은 돈을 지불해야만 해. 그렇지 않을 경우 단순히 말해 나에겐 그 일을 할 동기가 없을 거야."

물론 조세정책을 고안하는 사람들은 실제로 사람들이 이런 식으로 자기 이익에 따라 행동한다는 사실을 감안해야만 한다. 우리가 만일 차등원칙을 지지한다면 시간이 지나면서 최소 수혜자 계층의 상황을 최대로 개선시켜줄 것으로 생각되는 조세제도를 수립해야 할 것이다. 우리는 사람들의 행위동기를 있는 그대로 인정하고 그 동기가 올바른 방향으로 표출될 수 있도록 최선을 다해야 한다. 이것은 특히 세계적인 노동시장을 놓고 볼 때 매우 어려운 일이다. 왜냐하면 어떤 나라의 조세제도가 맘에 들지 않을 경우 그냥 기업을 다른 나라로 옮기겠다고 위협할 수 있기 때문이다. 결국 우리가 모든 사람들이 소유하는 몫을 똑같게 만드는 조세제도를 시행하기보다는 사람들의 소득 차이를 인정할 수밖에 없다는 것은 의심의 여지가 없다. 아마도 사람들의 이기적인 동기를 놓고 볼 때 오늘날의 영국과 미국을 특징짓는 불평등들은 **정당하다고** 볼 수 있을 것이다. 하지만 중요한 문제는 그런 동기들이 과연 정당하냐는 것이다. 정당하지 않다면 인센티브에 근거한 주장은 불평등을 정말로 완벽하게 옹호해준다고 보기는 어렵다. 기껏해야 그것은 불평등이 필요악이라는 사실을 보여줄 뿐이다. 내가 내 아이를 인질로 데리고 있는 어떤 사람에게 돈을 주는 것은 정당한 일일 수도 있다. 하지만 그렇다고 인질범에게 돈을 지불한 이후의 분배 상태가 정당한 분배라는 주장은 성립되지 않는다.

우리는 지금 불평등을 차등의 원칙에 근거하여 매우 구체적으로 고찰하고 있다. 이 맥락에서 자기소유 관념이나 여론의 지지를 받고 있는 응분의 몫 관념에 호소하는 것은 온당치 않을 것이다. 평균 이상의 급여를 받고 있는 많은 사람들은 이 두 가지 중 한 가지나 두 가지 근거를 가지고 자신이 그런 높은 급여를 받는 것이 정당하다고 믿고 있다. 이 경우 평등주의적 반응은 그들과 다를 것이다.(대략 다음과 같다. "아니야, 사람들은 그와 같은 경제적 불평등을 충분히 정당화할 수 있을 정도로 자기 자신을 소유하고 있지는 않아. 아니야, 시장에서 버는 것에 대해 우리들 각자가 응당 받을 만한 자격이 있다고 생각하기에는 운이 너무 큰 역할을 해.") 하지만 우리는 이상의 두 가지 근거에서가 아니라 정확히 최소 수혜자 계층을 돕는다는 근거에서 불평등을 정당화하는 사람들에 대해 얘기하고 있다. 이 입장의 모순은 그런 정당화 논리를 지지하는 동시에 인센티브 지급을 받는 것 또한 정당하다고 주장하는 점에 있다.

평등주의적 관점에서 보면 인센티브 지급을 요구하는 사람들은 다른 사람들을 부당하게 이용—협박—하고 있다. "우리는 재능이 있는 사람들이야. 시장은 우리가 만들 수 있고 할 수 있는 것들이 당신들에게 매우 가치가 있는 것이라고 말해주지. 당신은 우리가 재능을 사용하기를 원하는가? 물론 우리는 재능을 사용할 테지만 다른 사람들보다 더 많이 받는다는 조건이 있어야만 그럴 거야. 그렇지 않다면 거래는 없어." 그들이 차등원칙을 지지하지 않기 때문에 이렇게 주장한다고 하면 모순될 것은 없다. 단순한 강요일 뿐이다. 여기에 차등원칙을 끼워 넣으면―"불평등들은 최소 수혜자 계층에 도움이 되는 한에서만 정당화될 수 있을 뿐이다"―모순적인 강요가 된다.

이런 관점에서 접근할 때조차도 어떤 불평등들은 정말 진심으로 차등원칙을 지지하는 사람에 의해서 정당화될 수 있다. 뇌 외과의나 대기업의 CEO가 되는 일은 매우 스트레스가 많아서 기포 목욕을 즐기고 긴 휴가를 보내며 주중 홀수 날에는 골프를 치는 사람들만이 해낼 수 있다고 가정해보자. 그 경우 그들이 그런 혜택들을 누리는 것은 정말로 최소 수혜자 계층에게 도움이 될 수도 있다. 내가 뇌 외과의에게 수술을 받기 직전이라면 나는 그가 유쾌한 저녁을 보내고 간밤에 잠을 잘 잤기를 바랄 것이다. 어떤 혜택들은 일을 잘 수행하는 데 도움이 되는 필요조건일 뿐이다. 아마도 공장이나 사무실에서 효율적인 생산을 하려면 몇몇 사람들이 다른 사람들에게 할 일을 지시해주는 것이 필요할 것이다. 아마도 대학교수들은 지적인 잠재능력을 충분히 발휘하기 위해서 상당한 자율성이 있어야 할 것이고 매우 긴 휴가와 (시도해볼 가치가 있는) 평생 보장된 자리가 필요할 것이다. 이런 것들은 순수한 의미의 인센티브가 아니다. 그것들은 뇌 외과의나 기업관리인 혹은 대학교수들이 그런 일을 할 수 있도록 유인하는 외적인 혜택들이 아니다. 우리가 지금 가정하고 있는 것은 단지 그런 혜택들은 애초에 사람들이 일을 잘 수행하는 데 필요한 것들이라는 것이다. 차등원칙을 지지하는 동시에 이런 혜택들을 요구하는 것은 전혀 모순적인 일이 아니다. 이것이 사실이라면 이런 불평등들이 존재하는 이유는, 그 불평등들이 그 일을 수행하는 사람들에게 혜택을 주기 때문이 아니라 그 혜택이 우리들에게 도움이 되기 때문이다. 여기에 어떤 사람을 억류해놓고 몸값을 요구하는 사람은 없다.

불평등처럼 보일 수도 있는 어떤 것들은 사실은 불평등이 아니다. 간단히 말해 특별히 고되고 스트레스가 많거나 불쾌한 일에 지불되는 높은 급료는 '차등적 부분에 대한 보상'으로 이해하는 것이 최선이다. 이 점에 대해서는 이미 1부 중 응분의 몫을 논의한 부분에서 살펴봤다. 비정상적으로 스트레스가 많은 일을 하는 사람들은, 보통은 그리고 정당하게, 그런 일을 하지 않은 사람들보다 더 높은 급료를 받을 만하다고 주장할 수 있다. 하지만 이것은 진정으로 응분에 몫에 근거한 주장도 아니며 불평등을 정당화하는 주장도 아니다. 그것은 상쇄적인 평등논리, 다시 말해 모든 것을 고려해볼 때 그렇게 해주는 것이 평등하다는 논리다. 이와 비슷하게 어떤 일들은 상당히 긴 훈련기간이 필요할 수 있는데 이 기간 동안 사람들은 벌이가 적거나 전혀 없는 것이 보통이다. 그 경우 평균 이상의 높은 급료는 훈련기간 동안 벌지 못한 것들에 대한 보상으로 생각할 수도 있다. 두 가지 경우 모두 여분의 소득에 대한 '인센티브' 요소가 있다. 어느 정도 추가적인 돈을 벌 수 없다면 그런 힘든 일이나 긴 훈련기간이 필요한 일들을 할 동기를 잃어버릴 수도 있다. 실제로 분명한 점은 이와 같은 근거들로 정당화되는 종류의 불평등한 보상은 시장에서의 불평등한 보상과는 매우 다르게 보일 것이라는 점이다. 넓게 볼 때 지금 이 시점에서는 어떤 일이 더 즐겁거나 만족스럽거나 흥미 있을수록 더 많은 소득이 따른다. 사람들은 일반적으로 재능을 발휘하는 것을 즐기기 때문에 그런 일들을 우대해줌으로써 더 많은 보상을 지불해줄 필요가 없다. 이런 입장은 특별한 재능이 없어 유난히 짐스러운 일—지루하거나 불쾌한 노동조건에서 수행하는 일—을 하게 된 사람들에게 더 큰 보상을 해주어야 한다고 주장할 것이다.

이처럼 면밀히 검토해보면 최소 극대화(혹은 차등원칙)에 근거하여 불평등을 정당화하는 것은 애초의 짐작과는 달리 그렇게 단순하지 않다. 평등과 최소 극대화 중 하나를 선택해야 하는 상황이라면 우리는 후자를 선호할 수도 있다. 25 : 40은 20 : 20보다 더 나을 수 있다. 하지만 왜 우리가 반드시 둘 중 하나만을 선택해야 할까? 우리는 왜 우리가 선호하는 사회에서 자원을 평등하게 분배할 수 없을까? 25 : 40이 아니라 32.5 : 32.5를 선택함으로써 말이다. 대체로 이에 대한 답은 다른 사람들이 최소 극대화를 신봉하지 않는다는 것이다. 그들은 자신들의 타고난 자산—재능과 사회적 배경 등—을 활용하여 보상을 극대화할 수 있는 원칙을 신봉한다. 이것은 그렇게 운으로 얻은 자산에는 도덕적인 근거가 없고 따라서 그런 자산에 차별적으로 보상하는 것이 정당하지 않다는 최소 극대화 사고에 놓여 있는 사고방식과는 모순되는 것으로 보인다.

여기서 우리는 서로 밀접히 연관된 두 가지 아주 일반적인 이슈들에 직면한다. (1) 사회구조를 관장해야 할 규칙들에 대한 사람들의 믿음과, 그 사회구조 속에서 어떻게 정당하게 행위할 수 있는가에 대한 사람들의 믿음 사이의 관계가 첫 번째 이슈이며, (2) 사람들이 불편부당하게 행위하기보다 자신들의 편파적인 이익—반드시 자기 자신의 이기적인 이익은 아닐 수도 있다. 그 이익은 친구들과 가족들의 이익을 포함할 수도 있다—을 정당하게 추구할 수 있는 정도가 두 번째 이슈다. 내가 지금까지 개관해온 입장은 다음과 같은 주장을 모순적인 것으로 본다. "나는 롤스에게 동의해. 재능이 있는 사람들은 단지 운이 좋을 뿐이지. 그래서 우리는 규칙을 정할 때 불평등들이 최소 수혜자 계층에게 도움이 될 수 있는 한에서만 발생하도록 해야 해. 하지만 그런 규칙들이 관장하는 제도 속에서 일하고 있는 개인인 나는 그 규칙들이 허용하는 범위 내에서 내 행운을 활용함으로써 최대한의 돈을 버는 것이 정당하지." 다른 사람들은 이와는 다른 생각을 갖고 있다. 그들은 맥락에 따라 상이한 사고방식이 필요하다고 생각한다. 사회구조 수준에서 정의를 생각해야 하는 시민으로서 나는 불편부당해야 하며 따라서 내가 행운을 타고났다고 해서 나에게 유리한 규칙을 추구해서는 안 된다. 하지만 경제적 행위자로서 나는 내 행운을 이용해서 나의 편파적인 이익을 추구하고 이익을 극대화하는 것이 전적으로 정당화된다. 맥락의 차이에 따라 다른 사고방식을 적용하는 것이 적합한가? 아니면 이것은 오래된 단순한 위선에 지나지 않는가? 다른 사람들은, 나의 행운을 이용하여 이기적으로 나의 이익만을 극대화하는 것은 정당하지 않지만 내가 수행한 일에 평균 이상의 대가를 요구할 수 있는 좋은 도덕적 이유들—예컨대, 내 아이들이 명백한 음악적 재능을 실현할 수 있기를 바라는 나의 사랑스런 소망—이 있을 수 있다고 주장한다. 이것은 내 아이들의 이익을 챙기고자 하는 부적절한 편견인가 아니면 부모로서의 적절한 관심인가? 이런 질문들은 현재 상당히 많은 관심을 끌고 있다.

한 가지 분명한 점은, 대학의 정치철학자들과 정치인들 사이에는 근본적인 시각차가 있다는 것이다. 정치인들은 일반적으로 자신들이 사람들을 있는 그대로—위선적이고 자기 이익을 추구하며 편파적이고 기타 등등의 특성을 갖고 있는—파악함으로써 실천 가능하고 또 실제로 실효성이 있는 규칙들을 고안하고 있다고 본다. 게다가 정치인들은 자신들이 원하는 규칙들을 제정하기 전에 먼저 선거에서 당선되어야 하기 때문에 유권자들의 가치 및 태도와 타협해야 하는 또 다른 이유를 갖고 있다. 이와 달리 철학자들은 다른 생각을 갖고 있다. 그들은 사람들이 왜 다르게 생각하고 행위하는가를 더 잘 설명해준다. 위대한 정치인들 역시 경우에 따라서는 그런 대로 그렇게 하곤 한다.

| 결론 |

한편으로 평등은 진지하게 고려할 만한 모든 정치철학—혹은 정당—의 출발점이라는 데 이론이 없다. 우리의 다른 차이들이 무엇이든 간에 시민으로서 우리들은 서로에 대해 평등한 존재들이다. 국가는 우리를 평등한 존재들로서 대우해야 한다. 그리고 그렇게 하기 위해서는 모든 사람들의 이익을 동등하게 고려할 필요가 있으며 일부 사람들의 이익을 다른 사람들의 이익보다 더 중시해서는 안 된다. 이것이 바로 '평등주의적 전제'인데 거의 모든 정치적 논쟁은 바로 이와 같은 전제 위에서 벌어지고 있다. 다른 한편으로 평등에 대한 관심은 좀 유별난 측면이 있으며 심지어 심술궂기까지 하다. 모든 사람들이 다 충분히 갖고 있거나 가능한 한 잘살면 되지 왜 사람들이 서로 평등해야 한다고 생각하는가? 혼란의 한 가지 원인은 분배적 이상으로서의 평등—사람들이 얼마나 잘살고 못사는가와 관계가 있는—과, 정치공동체의 구성원들인 시민들의 평등한 기본적 지위를 옹호하는 평등 사이의 차이를 구분하지 않는 데서 온다. 하지만 이것은 단지 한 가지 원인일 뿐이다. 이제 여기에 실천적인 혹은 '현실 세계'적 측면들을 추가해보자. 불평등은 (우리가 고려할 만한 좋은 이유가 있는) 특정한 분배적 목표를 달성하는 데 필요하다는 견해와 같은 것들 말이다. 이렇게 되면 사람들이 혼란에 빠지는 것은 전혀 이상한 일이 아니다.

"당신은 평등을 신봉하나요?"

"음, 그렇습니다. 저는 모든 사람들이 어떤 기본적인 도덕적 의미에서 평등하다고 믿습니다. 그래서 국가가 모든 시민들의 행복에 동등하게 관심을 가져야 한다고 생각합니다. 하지만 아니기도 한데, 저는 최소 수혜자 계층이 가능한 한 많이 가질 수 있도록 보장해주는 대신 행복을 동등하게 분배하려는 것은 이해가 가지 않습니다. 저는 개인 행복의 특별한 측면들ㅡ예컨대, 그들의 건강ㅡ이 특정 부류의 불평등들에 여러 가지 방식으로 영향을 받을 수 있다는 것을 충분히 민감하게 받아들입니다. 게다가 어떤 재화들ㅡ지위재적 측면이 있는ㅡ의 경우는 최소 수혜자 계층에게 도움이 될 수 있는 유일한 분배방법이 그 재화를 똑같이 분배하는 것밖에 없지요. 물론, 불평등은 기능상 필요하기는 합니다. 특히 우리가 살고 있는 글로벌한 환경에서는 말이죠. 하지만 불평등이 최소 수혜자 계층의 행복을 증진시키는 데 필요하다고 한다면 그것은 사람들이 이기적이기 때문이란 걸 잊어서는 안 돼요. 우리가 모두 성인(聖人)이라면 불평등은 필요 없을 테죠. 어느 정도의 이기적이거나 편파적인 행위가 아주 합당하다는 것은 의심할 여지가 없어요. 하지만 오늘날 급료의 차이에 반영되어 있는 것으로 보이는 정도는 결코 합당하지 않습니다."

"질문에 답하세요, 수상. 당신은 평등을 신봉하나요? 그런가요 아니면 아닌가요?"

정치인들이 평등의 '평'자도 사용하기를 꺼리는 경향이 이와 같은 복잡성을 충분히 알아차린 결과라고 생각해보는 것은 흐뭇한 일일 것이다. 더 많은 정치인들이 재분배정책들에 대한 옹호가 시샘이나 하향평준화와는 아무런 상관이 없으며ㅡ진실로 분배적 평등과는 전혀 상관이 없으며ㅡ생활수준의 개선이 가장 시급한 사람들의 상황을 개선시켜주는 것과 완벽히 밀접한 관계가 있다는 것을 이해한다면 그것 또한 흐뭇한 일일 것이다.

| 더 읽을거리 |

평등에 관한 가장 유용한 모음집은 매튜 클레이튼(Mattew Clayton)과 앤드류 윌리엄스(Andrew Williams)가 공편한 『평등이란 이상(The Idea of Equality)』(Macmillan, 2000)이다. 그에 근접한 수준의 것으로는 루이스 포즈먼(Lewis P. Pojman)과 로버트 웨스트모어랜드(Robert Westmoreland)가 공편한 『평등: 논문선집(Equality: Selected Readings)』(Oxford University Press, 1997)과 앤드류 메이슨(Andrew mason)이 편집한 『평등이라는 이상들(Ideals of Equality)』(Blackwell, 1998)이 있다. 이 책들은 내가 개관한 많은 아이디어들을 심도 있게 다룬 가장 유명하고 중요한 논문들을 수록하고 있다.

평등에 관한 조지프 라즈의 견해는 그의 『자유의 도덕(The Morality of Freedom)』(Oxford University Press, 1986)에 나타나 있다. '운 평등주의'에 비판적이면서 사회관계의 한 가지 특징으로서 평등의 중요성을 옹호하고 있는 중요한 논문으로는 『윤리(Ethics)』(1999)에 실린 엘리자베스 앤더슨(Elizabeth Anderson)의 「평등의 의의(What is the Point of Equality?)」와 『철학과 사회문제(Philosophy and Public Affairs)』(2003)에 실린 사무엘 쉐플러(Samuel Sheffler)의 「평등주의란 무엇인가?(What is Egalitarianism?)」가 있다. 앤더슨의 논문은 클레이튼과 윌리엄스가 공편한 『사회정의(Social Justice)』(Blackwell, 2004)에도 수록되어 있다.

로널드 드워킨의 『최고의 덕목(Sovereign Virtue)』(한국어 번역본은 『평등이란 무엇인가?』, 염수균 옮김)(Harvard University Press, 2000)은 '동등한 관심과 존중'에서부터 '자원의 평등'(그리고 '복지의 평등'에 대한 반론)에 이르기까지 엄청나게 영향력 있는 주장들을 한 권에 담고 있다. "무엇에 관한 평등인가?"에 관한 논쟁을 접근하기 쉽게 소개하고 있는 책으로는 아마티야 센 (Amartya Sen)의 『불평등의 재검토(Inequality Re-examined)』(Sage, 1992)가 있다.

단지 마지막 장만이 책 제목에 있는 문제를 다루고 있긴 하지만 코헨 (G. A. Cohen)의 『당신이 평등주의자라면 어떻게 그토록 부자가 되었단 말 인가?(If You're an Egalitarian, How Come You're So Rich?)』(Harvard University Press, 2000)는 제목이 보여주듯 매우 재미있고 도발적이다. 인센티브에 관 한 주장은 그의 가장 쉽게 쓰인 논문인 「인센티브, 불평등 그리고 공동체 (Incentives, Inequality and Community)」에서 다뤄지고 있는데 이 논문은 스티 븐 다월(Stephen Darwall)이 편집한 『평등한 자유(Equal Freedom)』(Michigan University Press, 1995)에 수록되어 있다. 평등과 편파성 사이의 갈등은 토머 스 네이글(Thomas Nagel)의 『평등과 편파성(Equality and Partiality)』(Oxford University Press, 1991)에서 우아하게 탐구되고 있다.

더 대중적인 책으로는 존 베이커(John Baker)의 『평등의 옹호(Arguing for Equality)』(Verso, 1987)가 특별히 쉽고 생동감이 있다. 그리고 제인 프랭클 린(Jane Franklin)이 편집한 『평등(Equality)』(Institute for Public Policy Research, 1997)은 1994년 발간된 사회정의위원회보고서(1994 Report of the Social Justice Commission)에 대한 정치철학자들의 대응들을 담고 있다. 앤 필립(Anne Phillip)의 『어떤 평등이 중요한가?(Which Equalities Matter?)』(Polity, 1999)와 알 렉스 캘리니코스(Alex Callinicos)의 『평등(Equality)』(Polity, 2000)은 흥미를 자 극하는 내용들을 담고 있다. 불평등이 건강에 미치는 해로운 영향에 관해서 는 마이클 마못(Michael Marmot)의 『지위 징후군(Status Syndrome)』(Bloomsbury, 2004)이 가장 쉽게 읽을 수 있는 책이다.

1789년의 프랑스혁명주의자들은 '자유, 평등, 박애'라는 슬로건에 영
감을 받았다. 오늘날 '박애'─문자 뜻대로는 '형제애(brotherliness)'─는 좀
예스럽고 별스러운 느낌이 들고 정치적으로도 부정확한 단어다. '연대
(solidarity)'─오늘날의 젠더중립적인 대용어(代用語)─는 노동조합과 피켓
라인을 생각나게 한다. 하지만 '공동체'는 크게 유행하고 있다. 그것은 따뜻
하고 보살펴주는 실체이긴 한데 누구도 그 정확한 의미를 모른다. 공동체
와 연관되어 거론되는 여러 가지 특징들은 공동체가 자체의 '주의(ism)'를
만들어내는 데 일조했다. 이른바 공동체주의(communitarianism)라는 것이
그것인데 공동체주의는 완벽한 잡탕이다.(나와 같은 정치철학자들은 모든 '주
의들'을 의심스럽게 바라본다고 하는 것이 공정할 것이다. 그 모든 '주의들'은 뒤섞인
것들로, 시간이 지남에 따라 변하고 서로 상충하기도 하며 또 쉽게 분리될 수도 있는
여러 가지 관념들을 결합시키는 경향이 있다.● 우리의 관점에서 볼 때 세상의 불행
한 특징은 실제 정치에는 일반인들이 포함되어 있다는 점이다. 이들은 '보수주의' 혹

●즉 여러 가지 개념들을 서로 다른 식으로 정의하고 결합시킴으로써 상이한 이데올로기를 만든다는 것을
의미한다. 서로 다른 주의 혹은 이데올로기들은 자유, 평등, 정의, 질서, 민주주의, 국가 등등의 개념들을
다르게 정의하고 결합시킴으로써 여러 가지 이데올로기를 만들어냈다.

은 '자유주의' 등으로 불리는 어수선하고 유동적인 신념 집합의 관점에서 생각한다. 만일 그들이 모두 정치철학자들이어서 추상적이고 엄밀한 명제들을 긍정하거나 부정할 수 있는 능력이 있다면 모든 것이 얼마나 더 쉽고 명확해질 것인가. 그렇지만 '공동체주의'는 다른 '주의들'의 기준들을 놓고 보더라도 정말 유난히도 불분명한 주의다.)

'공동체'에 관한 최근의 담론들은 두 가지로 분류해볼 수 있다. 한편으로는 학문상의 논쟁으로서 롤스와 같은 자유주의 철학자들이 전개한 입장들을, 다른 철학자들—특히 마이클 샌델(Michael Sandel, 1953~), 찰스 테일러(Charles Taylor, 1931~), 마이클 왈저(Michael Walzer, 1935~), 그리고 알래스데어 매킨타이어(Alasdair MacIntyre, 1929~)—이 공동체의 중요성을 무시한다고 비난한 논쟁이다. 이 논쟁은 다음과 같은 광범위하고 복잡한 철학적 이슈들을 망라하고 있다. 자아 혹은 인간관의 문제, 국가가 중립적일 수 있으며 중립적이어야 하는가의 문제, 정의의 원칙들이 보편적으로 적용되는지 아니면 특정 문화에만 적용되는지의 문제 등등. 자유주의에 대한 '공동체주의적 비판'의 상당 부분은 잘못된 설명과 오해에 근거해 있다. 하지만 그 비판의 영향력이 지극히 컸다는 사실과 정치이론의 몇 가지 근본 문제들에 대한 우리의 이해를 상당히 향상시켜주었다는 점을 부인하기는 힘들다.

이와 같은 '철학적' 공동체주의와 나란히 '정치적' 공동체주의라는 흐름도 존재해왔다. 이것은 정치적 운동으로서의 공동체주의다. 이 공동체주의는, 특히 이스라엘계 미국인 아미타이 에치오니(Amitai Etzioni, 1929~)와 연계되어 있는데 선언서를 발표하고 정책들을 제안하며 정치인들에게 영향을 미치려고 하는 등 정치운동의 성격을 띠고 있다. 이 정치운동에서 담론의 초점은 주로 권리와 책임의 균형, 소송문화의 결함, 가족의 중요성, 지역 공동체를 재건할 긴급한 필요성 등에 맞춰져 있다. 이 정치운동이 타깃으로 삼는 것은 인간에 관한 철학적으로 잘못된 관념도, 그와 유사한 아주 추상적이거나 심원한 어떤 것도 아니다. 그것은 이기주의 문화, 개인주의 문화, 자기만족 문화를 타깃으로 한다. 정치적 공동체주의에 속하는 한 입장에 따르면, 이런 문화는 사회의 해체를 조장하고, 공동체의 유대를 상실한 원자화된 개인들이 무의미하고 소외된 삶을 사는 세계를 조장한다. 정치적 공동체주의는 어느 정도 성공을 거뒀다고 볼 수 있는데 그 증거는 지도적인 정치인들이 연설문에서 '공동체'에 호소하는 것을 흔하게 볼 수 있다는 사실에서 확인할 수 있다. 잠시 동안 '공동체'는 마치 중도좌파가 ('제3의 길'이나 '이해관계자 사회'와 나란히 혹은 그 일부로서) 찾고 있었던 큰 아이디어(Big Idea)가 될 수 있는 것처럼 여겨졌다. 하지만 공동체란 아이디어는 또한 우익의 '온정적인 보수주의자들' 역시도 사용했다.

철학적 공동체주의와 정치적 공동체주의의 관계는 복잡하다. 이 두 가지가 동시에 대두한 것은 우연히 아니다. 그 두 가지 흐름은 어떤 곳에서는 중첩되기도 하며 정치적 공동체주의가 철학적 공동체주의로부터 빌린 아이디어들에 호소하는 경우도 흔하게 볼 수 있다.(미국의 철학자 윌리엄 갤스턴[William Galston, 1946~]은 클린턴 대통령 시절 백악관에서 일했는데 이 양쪽에 모두 관여했다.) 그렇지만 놀라운 점은 유사성보다는 차이가 더 크다는 사실이다. 주도적인 철학적 공동체주의자들 중 어떤 누구도 에치오니의 '공동체주의 강령'에 서명하지 않았으며 일부는 오히려 적극적으로 거리를 두려고 했다. 철학적 공동체주의는 빈번히 분명한 정책적 함축성이 전혀 없다는 지적을 받아왔으며 또 때로는 그렇게 인정되곤 한다. 사실 정치적 공동체주의의 관심을 끄는 이슈들은 철학적으로 상당히 단순하거나 빤한 경향이 있거나(예컨대 권리는 의무나 책임과 균형을 이루어야 한다는 주장), 철학적 요소가 거의 또는 전혀 없는 경향이 있다.(예컨대 공동체에 기반을 둔 솔선수범이 빈곤과 범죄에 대항할 수 있는 최선의 방법이라는 주장.) 그러므로 오랜 시간 동안 이 두 가지 공동체주의는 단지 서로 관계없는 것들을 주장해왔을 뿐이다.

설상가상으로 철학적 공동체주의와 정치적 공동체주의는 다양하고 때로 모순적인 관념들로 구성되어 있어서 혼란을 가중시키고 있다. 샌델, 테일러, 왈저, 매킨타이어가 비판하는 대상들은 서로 다르다. 일부는 특히 롤스를 타깃으로 삼는 반면 다른 일부는 현재의 일반적인 도덕문화를 대상으로 삼고 있다. 일부는 자유주의가 전제하고 있는 자아에 관한 관념(자아관)에 초점을 맞추고 있는 반면 다른 일부는 자유주의가 문화전통과 관행에 취하고 있다고 여겨지는 무관심한 태도에 초점을 맞춘다. 공정히 말해, 이 다양한 철학자들을 '공동체주의자들'로 한데 분류한 것은 다른 사람들이었다. 당사자들은 그 이름을 좋아하지 않는다. 비록 그 이유의 일부는 정치적 공동체주의와 자신들을 동일시하는 것을 원하지 않았기 때문이긴 하지만 말이다.

정치적 공동체주의는 그 자체가 여러 가지 것을 담고 있는 가방과 같다. 어떤 분파는, 중요한 공동체는 국가이며, 진정한 공동체는 그 구성원들을 평등한 존재들로 간주하는 공동체이고, 동등한 구성원 자격은 경제적 차원을 포함하고 있다고 주장한다. 그렇게 해서 이들은 '공동체'를 복지국가와 그것이 함축하는 재분배과세를 옹호하기 위해 활용한다. 다른 분파들은 그보다는 오히려 가족, 자조집단(自助集團) 그리고 지역 공동체에 관심을 갖는다. 이 경우 복지국가─비인격적이고 관료적이며 의존의 문화를 조장하는─는 해결책이 아니라 문제가 된다. 많은 사람들이 단순하게 '공동체'에 호소함으로써 사람들은 서로에 대해 관심을 가져야 한다는 기본적인 생각을 표현하고 싶어 한다. 어떤 사람들은 정부가 특별한 삶의 방식─예컨대, 가족적 가치들, 동성애보다는 이성애─을 증진시키는 것이 정당할 수 있는 것과 마찬가지로 '공동체'도 도덕적 권위의 정당한 원천이라는 더 강력한 주장을 한다. 공동체주의가 관례적인 정치적 구분─좌/우의 구분─을 초월하고 있다는 사실은 꼭 문제가 되지는 않는다. 실로 '좌익'과 '우익'을 넘어서는 통일성 있는 '제3의 길'이 있을 수도 있으며 '공동체'가 그런 입장을 표현하는 데 충분히 중심적인 역할을 할 수도 있다. 하지만 사람들이 그 용어를 서로 다르고 모순적인 의미로 사용하는 것은 문제가 있다.(『공동체주의: 정치와 시민성을 위한 새로운 의제(Communitarianism: A New Agenda for Politics and Citizenship)』(1998)라는 책의 저자인 영국의 지도적인 공동체주의자 헨리 톰(Henry Tom, 1959~)은 공동체주의라는 용어가 아주 일반적으로 보수적인 전통주의와 동일시되고 있기 때문에 그 용어를 포기하고 대신 '글로벌 진보주의'를 사용하기로 결정했다.)

이런 혼란을 다루기 위한 나의 전략은 두 부분으로 나눌 수 있다. 첫째 전략은 자신의 입장을 스스로 '공동체'라 불리는 것의 관점에서 옹호하는 사람들은 일반적으로 공동체를 다른 대안들—때때로 '자유주의적 개인주의'로 불리는—과 대비시키는 전략을 쓰고 있다는 점을 보여주는 것이다. 이 전략은 '자유주의적 개인주의'를 도덕적으로 빈곤하며 철학적으로 단순하고/단순하거나 사회학적으로 부정확한 것으로 비판한다. 이처럼 개인들에 관심을 갖는 자유주의자들과 공동체에 관심을 갖는 공동체주의자들 사이에 대항 혹은 대립 관계가 세워진다. 하지만 이런 표면적인 대치 관계는 오도된 것이다. 자유주의를 옹호하고 개인들의 행복에 관심을 갖고 있는 사람들은 '공동체'를 강조하는 사람들이 주장하는 것들을 대부분 수용할 수 있다. 둘째 전략은 이런 명료화 절차로도 해결되지 않고 남아 있는 몇 가지 자유주의적 문제점들을 검토해보는 것이다. 공동체주의적 저술들은 자유주의자들에게 예전에는 당연시되었던 것들을 명백히 설명하도록 압박을 가한 것 그 이상의 임무를 수행했다. 그들은 철학적으로 중요한 근본적이고 중요한 문제들을 제기했다.

공동체주의의 일곱 가지 오해

앞서 말했듯 나는 모든 '주의들'이 시간이 지나면서 그 내용이 바뀔 뿐만 아니라 같은 부류에 속하지만 서로 아주 다르고 때로는 양립하기 어려운 여러 가지 관념들을 혼란스럽게 배합하여 구성되었다는 점을 불만스럽게 생각한다. 자유주의도 예외가 아니다.(내 목적—자유주의자들이 왜 비판의 표적이 되는 실수들을 저질렀는가를 설명하는—에 이 점은 유리하게 작용한다. 자유주의 전통에 속하는 일부 철학자들이 그런 비판을 받을 만한 것은 사실이다. 나는 비판을 받지 말아야 할 사람이 누구인가도 지적할 것이다.) 그렇지만 우선 자유주의 이론의 핵심적인 주장을 확인하는 것이 유용할 것인데, 대략 다음과 같다. 자유주의자들은 일차적으로 개인의 자유와 자율성에 관심을 갖고 있다. 1부로 되돌아가서 롤스가 원초적 상황에 있는 개인들에게 '가치관을 형성·수정·추구할 수 있는 능력에 대한 가장 고차적인 관심'을 부여하고 있다는 점을 기억해보라. 온갖 구체적인 특징들에서는 다르지만 자유주의자들의 공통적인 관심은 그런 능력을 보호하고/보호하거나 증진시키는 것이다.

그것이 자유주의자들의 관심사라면 그들이 공동체에 무관심한 듯—혹은 심지어 적대적인 듯—이 보일 수 있다는 것은 쉽게 이해할 수 있다. 그들은 공동체가 아니라 개인에게 관심이 있다. 그들은 사람들이 스스로 사는 방식을 자유롭게 선택할 수 있어야 한다고 생각한다. 그래서 언뜻 보기에는 그들의 선택이 과연 좋은 것인가 하는 문제에는 관심이 없는 듯 보이며 그들이 살고 있는 공동체의 가치들에 대해서 그리고 그들의 선택이 다른 사람들에게 어떤 영향을 미치는지에 대해서도 관심이 없는 것처럼 보일 수도 있다. 확실히 자유주의는 자기중심적인 사람들을 위한 정치철학으로서, 사람들을 다른 이들에게는 거의 관심을 보이지 않고 자기만을 위해 애쓰는 존재들로 이해하고 있는 것처럼 보인다. 자신이 사는 사회를 규제할 원칙들을 선택하는 원초적 상황에 있는 사람들은 '서로 무관심하고' 자신에게만 관심을 갖는 것으로 묘사된다. 이렇게 자유주의의 선구적인 이론가인 롤스도 자유주의 국가는 단지 사람들이 자신에게 최선이라고 보기 때문에 합의한 결과물이라고 인정하는 듯 보인다. 그리고 롤스가 구성한 자유주의 체제는 더 핵심적인 두 가지 자유주의적 오류를 명백히 보여준다. 그 오류는 사람들이 추구할 가치들을 스스로 **선택한다**는 것과 사람들이 자신이 자라나서 살고 있는 공동체들―문화와 하위문화들―로부터 분리되어 초연한 상태에서 선택한다는 것이다. 현실에서 동떨어져 있고 인격적 요소들이 상당 부분 없으며, 인생관을 선택할 수 있는 자유를 보호하는 데 무엇보다 관심을 갖고 있는, 원초적 상황의 이 기이한 사람들을 어떤 다른 방식으로 이해할 수 있을까?

개인의 자유를 강조하는 자유주의적 입장은 자유를 불가피하게 공동체란 가치와 충돌할 수밖에 없는 것처럼 이해하고 있는 듯 보인다. 자유주의적인 관념들을 표현하고 있는 롤스의 엄청나게 영향력 있는 설명은 이 점을 긍정하는 듯하다. 자유주의를 오해하게 만드는 셋째 요인은, 정치철학자들이 이해하고 있는 자유주의를 '경제적 자유주의' 또는 '신자유주의'(neo-liberalism)와 혼동하는 것이다. * 이 후자―'신우익'의 핵심 요소―는 시장을 왜곡과 규제로부터, 그리고 국가의 간섭으로부터 지키는 것이 매우 중요하다고 주장하는 주의다. 이것은 시장메커니즘의 우월한 효율성과 생산성에 관한 경험적인 주장을, 사유재산 및 개인들의 자유로운 경제행위의 중요성에 대한 도덕적 주장과 결합시킨다.(후자는 2부에서 다뤘다.) 경제적 자유주의를 자유주의 일반과 혼동하는 현상은 특히 공산주의가 붕괴된 국가들에서 흔하게 발생한다. 그런 국가들에서는 (잘못해서 평등을 신봉한) '공산주의'와 (올바르게 개인의 자유를 신봉한) '자유주의'를 조잡하게 대조하여 생각하기 쉽다. '자유'는 '시장자유'와 동일시되고 '자유주의'는 시장의 '자유화'와 동일시된다. 말하자면 국가의 통제와 규제로부터 '자유로운 시장'으로 변화한다는 것이다. 그 결과 자유주의자들은 자유방임경제를 신봉하는

---

* 여기서 신자유주의는 19세기 말 20세기 초에 영국에서 대두한 신자유주의(New Liberalism)와는 근본적으로 다른 것이다. 후자는 경제적 자유주의와 달리 개인의 자율성을 실현할 수 있는 공동체의 중요성을 강조했다는 점에서 공동체주의적인 요소를 많이 포함하고 있었다. 이 자유주의는 독일의 헤겔 철학으로부터 많은 영향을 받아 형성되었다.

자들이라고 정의된다. 자유주의가 무엇을 포함하고 무엇을 포함하지 않는지 제대로 이해한다면 가장 많은 도움을 얻을 수 있는 국가들이 바로 그런 국가들이다.(한편, 미국에서는 자유주의가 보통 복지국가에 대한 지지와 동일시된다. 나는 이미 이런 이름들이 문제가 있다고 지적했다!)

여기에 때때로 공동체의 이름으로 자유주의에 가해지는 일곱 가지 반론이 있다. 그 내용은 아래로 갈수록 점점 더 복잡해진다.

1 자유주의자들은 사람들이 이기적이거나 자기중심적이라고 가정한다.
2 자유주의자들은 최소국가를 옹호한다.
3 자유주의자들은 의무나 책임보다는 권리를 강조한다.
4 자유주의자들은 가치를 주관적이거나 상대적이라 믿는다.
5 자유주의자들은 개인이 사회적으로 구성되는 방식을 무시한다.
6 자유주의자들은 공동의 관계, 공유된 가치, 공동의 정체의식이 갖는 중요성을 인식하지 못한다.
7 자유주의자들은 국가가 중립적일 수 있고 또 중립적이어야 한다는 잘못된 생각을 갖고 있다.

이 반론들은 (다소 정도의 차이는 있지만) 모두 잘못 제기된 것들이다. 차례로 이 반론들을 살펴보자. 이 반론들을 살펴 내려가면서 나의 시도가 자유주의를 옹호하기 위한 것이 아님을 기억해두길 바란다. 나는 단지 위에서 확인한 핵심적인 자유주의적 주장을 지지한다는 것이 무엇을 의미하고 또 의미하지 않는지 설명하고자 할 뿐이다.

하나, 자유주의자들은 사람들이 이기적이거나 자기중심적이라고 가정한다

정치인들은 때때로 사람들이 자신만이 아니라 서로에 대해서 관심을 가

저야 한다고 말하고 싶어 할 때 '공동체'에 호소한다. 신우익의 조잡한 '개인주의'—이른바 '탐욕은 좋은 것'이라거나 '사회와 같은 것은 없다' 같은 슬로건들로 표현되고 있는 풍조—와는 대조적으로, 공동체는 사람들이 단순히 일등을 목표로 삼아서는 안 된다는 것을 의미한다. 사람들은 자기 이익을 무한정 추구하는 대신에 공동체의 다른 구성원들과 유대감을 갖고 있어야 한다. 다른 구성원들과 자신을 충분히 일체화함으로써 그들을 위해 어느 정도 자신을 기꺼이 희생할 수 있는 유대감 말이다. 여기서 '공동체'를 이야기하는 것은 본질적으로 도덕을 이야기하는 일종의 코드다. 도덕은 우리가 단순히 자기중심적인 존재들로서 행위해서는 안 되며, 타인들이 우리에게 요구할 수도 있는 존재들이라는 점을 인정하도록 촉구한다.

왜 코드로 말해야 하는가? 정치인들의 경우 노골적으로 도덕을 말하는 것은 위험하기 때문이다. 그것은 설교하는 것처럼 보이며, 부적절하리만치 고결하게 보인다. 도덕은 사람들이 어떻게 살아야 하는가에 대하여 상당히 구체적인 내용의 처방책을 제시해주는 것으로 간주되는 경우가 많다. 사람들은 정치인들이 자신들에게 어떻게 살아야 할지 말하는 것을 바라지 않으며, 정치인들은 보통 그렇게 하는 시늉조차도 하지 않으려고 한다. 그렇지만 정치인들은 자신들이 주장하는 정책들을 정당화해야만 하기 때문에, 그리고 정책에 대한 모든 정당화는 궁극적으로 도덕적인 정당화이기 때문에, 그들은 코드에 기대게 된다. 그것이 바로 '공동체'를 끌어들이는 이유다.(정책에 대한 모든 정당화는 궁극적으로 도덕적이다. 왜냐하면 정책이 단지 기술적인 것으로서만 제시될 때도, 다시 말해 단순히 특정한 목적을 달성할 수 있는 가장 실질적이거나 효율적인 수단으로서만 제시될 때도 그때마다 추구하는 목적이 도덕적으로 바람직한가의 여부를 물어야 하기 때문이다.)

여기에는 두 가지 오해가 있다. 첫째 오해는 도덕에 대해 말하기 위해서는 '공동체'에 호소할 필요가 있다고 생각하는 공동체주의자들에게서 확인할 수 있다. 그들은 적절히 해석할 경우 자유주의 자체가 하나의 도덕적 이론이라는 점을 이해하지 못하고 있다. 자유주의는 개인들이 자기이익을 무절제하게 이기적으로 추구하는 것을 찬성하지 않는다. 자유주의는 사람들이 서로에 대해 도덕적인 요구를 할 수 있는 충분한 여지를 허용하고 있다. 그리고 그런 도덕적 요구들 중 일부—타인들에게 의무를 부과하는—는 국가가 강제할 수도 있다는 것을 인정한다. '개인주의'(중요한 것은 개인의 행복이다) 혹은 '자유주의적 개인주의'(개인의 자유와 자율성은 개인 행복에 필수적이다)는 이기주의와 동일한 것이 아니다. 개인들이 중요하다면 모든 개인들이 다 중요하지 **유독** 나만 중요한 것은 아니다. 내가 나의 개인적 이익을 추구할 수 있는 것은 오직 내가 다른 사람들을 정당하게 대우해야 한다는 도덕적 요구와 양립 가능한 선에서다. 자유주의를 지지하는 것은 개인들이 자신의 욕구를 다른 모든 것들보다 우선시하는 문화를 지지하는 것이 아니다. 정확히 말해 자유주의의 목적은 이기주의를 제한하는 규칙과 법률체계를 지지함으로써, 모든 사람들이 자율적인 개인으로서 당연히 누려야 할 동등한 관심과 존중을 보장받도록 하는 것이다.

둘째 오해는 도덕에 관한 담론을 특정한 삶의 방식(이성애, 일부일처제, 마약이 없는……)을 처방하는 것으로 간주하는 사람들에게서 확인할 수 있다. 자유주의에 핵심적인 도덕적 관념은, 정확히 말해 사람들은 삶의 방식을 스스로 결정할 수 있는 자유를 누려야 한다는 것이다. 이 자유가 앞 문단에서 논의한 바 있는 모든 개인들에 대한 동등한 관심 및 존중과 일치하는 한에서 말이다.(이것은 무엇보다 타인들에게도 비슷한 자유가 보장되어야 한다는 것을 함축한다.) 그러므로 자유주의는 그 자체가 하나의 도덕적 교의다. 하지만 그것은 얇은 도덕적 교의다. ● 자유주의는 어떻게 살아야 하는가

● 여기서 자유주의가 '얇은' 도덕적 교의라는 주장은 개인 스스로가 삶의 방식을 결정하는 것이 좋은 삶의 특징이라고 본다는 것을 의미한다. 다시 말해 자유주의는 개인들이 추구해야 할 구체적인 가치관을 제시해주는 교의(두터운 도덕적 교의)가 아니라, 그런 구체적인 인생관은 개인 스스로 결정하는 것이 바람직하다고 보는 (그런 의미에서 얇은) 도덕적 교의라는 뜻이다. 즉 다소 형식적인 듯 보이지만 자유주의 역시 좋은 삶에 관한 특수한 견해—도덕적 견해—를 갖고 있다.

에 관하여 (서로를 정당한 방식으로 대해야 한다는 것을 제외하고는) 반드시 어떤 특정한 한 가지 또는 그 이상의 방식을 구체적으로 제시해주는 것은 아니다. 공동체주의자들은 도덕에 대해 말하기 위해서는 자유주의적 개인주의를 포기해야 한다고 주장한다. 정치인들과 저널리스트들은 도덕에 대해 말하는 것이 특정한 삶의 방식을 처방하거나 심지어 옹호하는 것으로 잘못 생각하고 있다.

'공동체'에 호소하는 전략은 정말로 타인들에 대한 관심을 불러일으킬 수 있는 효과적인 방법일 수 있다. 또한 '도덕'으로 제시될 경우에는 설교조로 보일 수도 있고 온당치 않을 만큼 명령조로 보일 수도 있는 주장을 옹호하는 데 효과적일 수도 있다. 철학자들은 사람들을 좀 더 도덕적으로 행위할 수 있게 해주는 것이면 어떤 것이든 호의적으로 받아들인다. 하지만 철학자들은 또한 이론적인 명료성에도 관심이 많다. '공동체'는 '도덕'을 말하는 수사학적인 대용물로 사용될 수 있다. 하지만 이런 식으로 사용되는 '공동체'는 '자유주의적 개인주의'와 아주 잘 양립할 수 있다는 것을 이해하고 있어야만 한다.

둘, 자유주의자들은 최소국가를 옹호한다

자유주의자들은 국가의 임무가 개인의 자유를 보호하고 증진시켜주는 것이라는 데 동의한다. 하지만 자유주의의 다양한 분파들은 '자유를 보호하고 증진하는 것'의 의미에 이견을 보인다. 일부 분파들은 자유주의 국가를 최소국가 혹은 '야경'국가라고 본다. 야경국가는 국가의 임무를 사람들의 소극적 권리들—타인들에게 간섭받지 않을 권리—을 보호하고 가로등과 방위와 같은 공공재를 제공하는 것에 국한시킨다.('공공재'는 만인이 원하는 재화인데 일단 제공되면 만인이 그로부터 혜택을 입는다. 국가는 공공재를 제공하며 사람들에게 그 비용을 충당하도록 정당하게 강제할 수 있다. 왜냐하면 국가에 의한 조직적인 강제가 없을 경우 한 개인으로서는 타인들의 기여에 '무임승차'하는 것이 합리적일 것인데 그런 상황은 공공재의 공급을 어렵게 할 것이기 때문이다. 모두가 그런 재화를 원한다고 할지라도 말이다.) 특히 강제적인 재분배는 정당화되지 않는다. 재산을 소유하고 있는 사람들이 재산이 없는 사람들에게 재산을 주고자 한다면 그것은 좋다. 아마도 그렇게 해야 할 것이다. 하지만 그런 식으로 부의 이전을 강제하는 것은 국가의 소관사항이 아니다. 이것이 (1부에서 논의한 바와 같이) 로버트 노직이 조리 있게 설명한 (자유주의의 한 분파인) '자유지상주의'적 입장이다.

어떤 사람들은 자유주의를 좋아하지 않는데 그 이유는, 자유주의가 이런 종류의 국가를 의미하고 있다고 생각하기 때문이다. 이에 따르면 자유주의자가 된다는 것은 '자유방임' 경제의 옹호자가 되는 것이며 일반적으로 시민들의 삶에 대한 국가의 최소 개입만을 지지하는 것이다. 이미 언급한 대로 자유주의를 이와 같은 경제적 자유주의나 자유지상주의로 오인하는 것은 특히 동유럽에서 흔하다.

하지만 모든 자유주의자들이 다 자유지상주의자들인 것은 아니다. 말하자면 롤스는 노직이 아니다. 롤스가 옹호하는 국가는 자유지상주의적인 최소국가 이상의 역할을 하는 국가다. 롤스가 보기에 자율성의 능력을 지닌 시민으로서 사람들이 서로에 대해 갖는 의무들을 강제하면서 자유주의적 정의를 실현하는 일은, 개인의 재산권을 보호하고 공공재를 제공하며 공공재 제공에 필요한 세금을 걷는 것 이상의 일을 포함한다. 때문에 국가는 롤스의 원칙들이 이루어지도록 활동을 한다. 즉 단순히 기본적 자유들을 보호하는 일만이 아니라 분배적 기능도 수행한다. 공정한 기회의 평등과 차등원칙을 실현하는 것이다. 자율성의 능력을 지닌 시민들을 존중심을 가지고 대한다는 것은, 그들이 자율성을 행사하는 데 필요한 공정한 몫의 자원을 보장해준다는 것을 의미한다. 자유주의 내의 상이한 분파들은 국가의 정확한 역할이 무엇인지에 대해 서로 다른 견해—재분배의 정도와 정당화 논리에서―를 제시할 것이며, '자유주의적 개인주의'의 원칙들에 근거해 있는 국가가 자유지상주의자들이 옹호하는 최소 역할만 수행해야 할 이유는 없다. 자유주의자들은 이론적으로 조리 있게 복지국가와 그 이상의 국가도 완벽하게 정당화할 수 있다.(지금 우리는 공동체와 그와 연관된 생각들을 다루고 있으니 [3부에서] 롤스가 차등의 원칙을 우애원칙의 한 가지 해석으로 생각하고 있다는 것을 떠올려보라. 이 원칙을 따르는 사람은 자신이 더 큰 이익을 얻음으로써 더 못사는 사람들에게 혜택이 돌아가지 않는 한 그 이익을 원하지 않는다.)

셋, 자유주의자들은 의무나 책임보다는 권리를 강조한다

정치적 공동체주의자들의 가장 흔한 불평은 권리에 대한 얘기는 너무 많지만 의무와 책임에 관한 얘기는 충분하지 않다는 것이다. 이것은 사실일 수도 있다. 아마도 사람들은 타인들에게 자신의 권리를 주장하는 데는 너무 신속하나 자신들과 타인들에 대한 (혹은 자신과 타인들을 위한) 의무와 책임을 인정하는 데는 너무 느릴지도 모른다. 새로운 권리들을 제정하는 것을 10년 동안 일시 정지하자는 에치오니의 촉구가 옳을지도 모르겠다. 소송문화가 잘못된 것일 수도 있다. 하지만 문제가 있다고 해서 그 문제의 책임이 자유주의에 있다고 비난해서는 안 된다. 이미 분명해졌다고 보는데, 자유주의적인 철학적 접근은 의무나 책임의 중요성을 전혀 부정하지 않는다.

의무의 경우에는 단순히 개념적 명료성만 문제가 될 뿐이다. 다시 말해 누가 어떤 것에 대한 권리를 가진다고 말할 때 그 정확한 의미만 밝혀주면 된다. 권리에 관한 개념적 분석들은 아주 까다로울 수 있지만―미국의 법이론가 웨슬리 호펠드(Wesley Hohfeld, 1879~1918)는 권리의 네 가지 상이한 용법들을 확인했다―대부분의 경우 "A는 X에 대한 권리를 갖고 있다"는 진술은 정확히 다른 사람들에게 A가 X를 가지도록 하거나 A에게 X를 줄 의무가 있다는 것으로 이해하면 별 무리가 없다. 정의, 권리 그리고 의무 사이의 연관성을 기억해보라. 만일 A가 X에 대한 권리를 갖고 있다면 이는 단순히 A가 X를 갖는 것이 좋을 것이라거나 나아가 A가 X를 가지는 것이 당연하다는 의미가 아니다. 권리를 갖는다는 것은 정의에 근거한 주장으로서 타인들이 이행해야 할 의무를 함축하고 있는 종류의 주장이다.

권리에 대한 아주 영향력 있는 접근—조지프 라즈의 접근—은 권리를 다음과 것이 규정한다. "X는, X가 권리를 가질 수 있고, 또 다른 모든 것들이 같고 X가 누리는 행복의 한 측면(그의 이익)이 어떤 다른 사람(들)에게 의무를 지우기 충분한 이유가 되는 경우에만, 권리를 갖는다." 권리에 대한 라즈의 정의는, 권리는 (다른 사람의) 의무를 포함한다는 지당한 생각을 넘어서는 두 가지 주장을 담고 있다. 첫째는 어떤 사람에 관련된 무엇이 그 사람에게 권리를 부여하는가에 대한 주장으로, 그 사람의 행복의 측면(다르게는 그의 '이익'으로 알려진)이 그 사람에게 권리를 부여한다고 주장한다. 둘째는 그 이익이 권리와 어떻게 연관되어 있는가에 관한 주장으로, 다른 사람들에게 의무를 지울 수 있을 정도로 충분한 이유가 있을 때 권리를 부여할 수 있다는 주장을 담고 있다. A는 X에 대한 권리를 가지고 있는가? 라즈의 견해에 따르면 우리는 X를 가짐으로써 A가 누리게 되는 이익이 다른 사람에게 (혹은 사람들을) 의무를 지우기에 충분한지 아닌지 검토함으로써 그 질문에 답할 수 있다. 나는 내가 항상 갖고 싶어 했던 스타인웨이 피아노를 가질 권리가 있는가? 없다. 왜냐하면 내가 그 피아노를 갖게 되면 정말로 나는 행복해질 수 있겠지만 그런 행복은 내게 그 피아노를 제공할 의무를 다른 사람에게 부과할 정도로 충분한 이유가 될 수 없기 때문이다. 나는 살해당하지 않을 권리를 가지고 있는가? 그렇다. 왜냐하면 내가 살해당하지 않는 것은 실제로 다른 사람들에게 나를 살해하지 말아야 할 의무를 부과할 정도로 충분히 나의 행복에 기여하기 때문이다.

권리와 의무를 연계시키는 이와 같은 기본사고를 가지게 되면, 자유주의는 자신에게만 관심을 갖고 타인은 무시한다고 비판하는 공동체주의자들의 주장이 얼마나 터무니없어지는지 보라. 이 논리에 따르면 우리는 자신이나 타인을 위해 권리 주장을 할 때마다 동시에 의무 주장을 하고 있는 것이다. 사람들이 서로에 대해 더 많은 권리를 가질 때마다 더 많은 의무를 서로에게 빚지게 된다. 권리와 의무는 반드시 함께 결합되어 있다. 그리고 그 의무는 개인들에게 귀속된다. 우리는 의무를 말하기 위해 '공동체'를 편들고 '개인주의'를 포기할 필요가 없다.

　권리를 주장하는 사람들은 그런 주장을 할 때 의무에 대해 주장하고 있다는 것을 확실히 알고 있다. 필시 권리 주장의 요점은 권리의 문제로서 주장되는 것은 그것이 무엇이든 누군가가 그것을 제공할 의무가 있다는 것이리라. 어떤 사람들은 권리를 주장할 때는 그 의무들이 자신에게도 적용된다는 것을 인식하지 못한 채 자신의 권리만을 주장할 수도 있다. 하지만 그것은 모순적인 태도다. 나에게는 언론의 자유에 대한 권리가 있지만 타인들의 동일한 권리를 존중할 의무는 없다고 주장하는 것은, 내가 왜 특별한 예외가 되어야 하는지 설명하는 이유가 없을 경우 분명히 모순적인 것이다. 내가 배심원들에게 재판받을 권리가 있다면—따라서 타인들은 내게 그런 재판을 제공해야 할 의무가 있다—아마도 나 역시 내 순서가 돌아오면 배심원으로 봉사해야 할 의무를 지게 될 것이다. 이와 똑같은 이유에서, 비록 권리와 의무의 연계성에 관한 경험적인 주장은 더 복잡한 문제를 제기하겠지만, 투표할 수 있는 나의 권리는 내가 투표장에 나가는 것이 (내가 그 권리를 주장할 수 있는) 민주적 제도의 유지에 필요할 경우 투표해야 할 의무를 함축하고 있는 것이다.

　지금까지 내가 언급한 어떤 것도, 일부 사람들이 새로운 권리를 너무 쉽게 만들어대고 정말로 권리의 지위를 누릴 자격이 없는 요구들을 너무 쉽게 '권리'로 간주하려 한다는 사실을 부정하지는 않는다. 이런 경향은 공동체주의적 입장이 일말의 진실성을 가질 수 있는 이유다. 아마도 이런 사람들이 주장하는 많은 권리들은 사실 전혀 권리가 아닐 것이다. 하지만 **그런 문제를** 판단하기 위해서 '공동체' 개념에 호소할 필요는 없다. 그런 문제를 결정하기 위해서는 개인들이 어떤 권리들을 가지고 있고 가지고 있지 않은지 진지하게 생각해보면 된다. 여기서 바로 라즈와 같은 접근방법이 큰 도움이 된다. 자신이 신봉하는 종교가 모독받지 않는 것에 대한 사람들의 관심은 다른 사람들이 그 종교를 모독하지 말아야 할 의무를 지게 할 정도로 충분한 이유가 되는가? 라즈에 따르면, 그것은 불경스러운 말을 하는 것이 그 사람의 행복에 얼마나 해를 끼치는가에 달려 있으며 우리가 판단하기에 불경스러운 발언이 사람들에게 그런 말을 하지 말아야 할 의무를 부과할 정도로 충분히 해로운가의 여부에 달려 있다. 우리의 이런 판단에는 의무를 지게 될 사람들이 (그런 의무가 없을 경우에) 말하거나 글로 쓸 이유가 있는 것들을 말하거나 쓰지 못함으로써 초래되는 비용까지도 고려되어 있다. 사람들은 신분증을 소지하지 않을 권리를 갖고 있는가? 사람들은 운전중 약물검사 목적의 불심검문에 따르지 않을 권리를 갖고 있는가? 혹은 치과의를 지망할 때 에이즈 검사를 받지 않을 권리를 갖고 있는가? 이런 질문들에 대한 대답은 단순하지 않다. 라즈의 접근방법은 이런 문제들에 쉽게 대답할 수 있는 근거를 전혀 제공해주지는 않는다. 하지만 최소한 라즈의 접근방법은 어떤 고려사항들이 적합한가 이해할 수 있도록 해준다. 공동체주의자들이 영국의 '자유(Liberty)'나 '미국시민자유연맹(American Civil Liberties Union)' 같은 조직들이 주장하는 특정한 권리들을 거부하는 것은 옳을 수도 있다. ● 하지만 그들이 옳다면 사람들이 그와 같이 특수한 권리와 의무를 가지고 있지 않기 때문이지 '자유주의적 개인주의'에 무엇인가 잘

●자유(Liberty)는 1934년에 설립된 단체로 특정 정당과 상관없이 민권을 보호하고 만인의 인권을 증진시키기 위한 목표를 갖고 있다. 캠페인, 대표사례 소송, 대 의회로비, 정책분석, 자문 등의 방법을 사용하여 이런 목적을 추구한다. 미국에서 1920년에 설립된 미국시민연맹도 이와 유사한 목표를 갖고 있다. 주로 소송, 입법, 대중교육 등을 통해 개인의 자유와 권리를 보호하고 신장하는 데 주력하고 있다.

못된 것이 있어서 그런 것은 아니다.

　책임에 대해서도 비슷한 취지의 평가가 가능하다. 공동체주의의 영향을 받은 정치인들이, 사람들이 책임을 받아들이거나 인정하는 것이 중요하다는 점을 강조할 때 등장하는 두 가지 이슈들을 고찰해보자. 건강한 사람들이 (국가가 제공해주는 것을 '우려내려는 것'보다는) 할 수 있는 일이 있을 때 그 일을 맡아야 할 책임과 부모가 (국가가 그들 대신에 해주기를 바라는 대신에) 자녀를 부양할 책임에 대해서 말이다. 영국에서는 첫째 경우에 관련된 책임은 실업혜택을 받을 수 있는 자격에 변화를 초래함으로써 (기본적으로 게으른 자들과 정말로 장애가 있는 실업자들을 구분하기 위한) 더 엄격한 신체장애 테스트를 도입하게 했다. 둘째 경우는 아동지원국(Child Support Agency)이라는 정부기관 설립으로 이어져 부모(특히 같이 살지 않거나 소원해진 아버지들)들이 재정적으로 아이들 양육비용을 부담하도록 독려하고(실패하는 경우가 많지만) 있다. 두 경우에서 그 목적은 개인과 국가 사이의 '책임의 경계'를 다시 설정함으로써 개인들이 자신의 행동에 책임을 질 수 있는 (책임이 있다고 여겨지고, 그 결과를 감수하는) 영역을 확립하고자 한 것이다.

　자유주의자들은, 사람들이 스스로 내린 자유로운 선택의 결과에 책임을 져야 한다는 것을 아무런 문제없이 인정할 수 있다. 물론 많은 것이 '자유로운 선택'이 무엇인가에 달려 있다. 사람들이 선택하는 데 얼마나 많은 선택지들이 있어야 하는가? 선택하는 사람은 가능한 결과에 대해 얼마나 많은 정보를 갖고 있어야 하는가? 게다가 평등주의적 자유주의자들은 사람들이 선택하는 상황에서 (어떤 재능을 가지고 태어났는가와 같은) 배경적인 조건들에 책임이 없음을 강조할 것이다. 공동체주의자들은, 사람들이 스스로 책임져야 할 결과를 국가에 기대어 해결하려고 하는 문화를 개탄할 때, 책임의 중요성을 받아들이고 있다고 볼 수 있다. 자유주의 계통에 속하는 어떤 입장들이 사람들이 스스로 통제할 수 없는 요인들에 좌우되는 정도를 지나치게 강조하여 사람들이 도덕적 책임을 지나치게 경시해버리는 문화를 조성하는 데 기여했다는 지적은 맞을 수도 있다. 하지만 자유주의 정치철학이 책임의 문제를 무시하고 있다고 말하기는 어렵다. 오히려 그 반대다.

분명 자유주의자들은 행위자가 일정한 조건들을 충족시킬 경우에 한해서만 권리를 인정하는 데 아무런 문제를 제기하지 않는다.(그래서 권리는 '조건적'이다.) 이것은 단지 권리를 아주 정확하게 구체적으로 밝히는 문제일 뿐이다. 사람들이 복지에 대한 권리를 가지고 있다는 주장은 모호하며, 사람들이 무엇을 하든 (또는 하지 않든) 상관없이 그런 권리를 가진다고 암시함으로써 자유주의적 권리담론은 사람들이 스스로 져야 할 책임을 면제시켜준다는 생각을 강화하기도 한다. 하지만 예컨대 자신의 불찰이 아닌 이유로 인해 복지보조를 필요로 하는 사람들은 복지보조에 대한 권리가 있다고 보는 반면, 자신들의 가난에 책임이 있는 사람들은 복지보조를 받을 권리가 없기 때문에 자기 행동의 결과에 책임을 져야 한다는 보는 입장(예컨대, 드워킨의 입장) 역시 완벽히 자유주의적이다. 물론 누가 무엇에 책임이 있는가의 여부를 결정하는 것은 지극히 어려운 문제다. 하지만 그것은 권리를 강조하는 것은 곧 책임을 무시하는 것이라는 잘못된 주장과는 아무런 상관이 없다.

넷, 자유주의자들은 가치를 주관적이거나 상대적이라 믿는다

미국의 시인 로버트 프로스트(Robert Frost, 1874~1963)는 말하기를, 자유주의자는 어떤 주장을 개진할 때 자기 자신의 편을 들 수 없는 사람이라고 했다. 때때로 '공동체'의 옹호자들은, 자유주의자들이 가치를 '주관적인' 것으로, 다시 말해 어느 것이 옳고 그른지를 결정할 객관적인 척도가 없는 개인적 선호의 문제로 인식한다고 비판한다. 개인적 선택의 자유에 대한 강조와 어떻게 살아야 하는가에 대한 개인적인 신념의 존중은 일종의 회의주의의 결과라고 설명된다. 오직 어떤 삶의 방식도 다른 것들보다 더 낫다고 할 수 없는 경우에만 사람들이 그런 것들을 스스로 선택하는 일이 합당하다. 어떤 특정한 가치들을 강요하거나 권장하는 것은 특정한 맛이 나는 아이스크림을 강요하거나 권장하는 것과 마찬가지로 정당화될 수 없다. 가치들은 단지 취향의 문제일 뿐이며 따라서 국가는 어떤 사람이 우연히 갖게 된 가치들을 장려해서는 안 된다. 자유주의자들은 도덕적 상대주의자들이라고 일컬어진다.(그리고 도덕적 상대주의, 즉 "모든 것이 허용된다"는 견해는 마약, 가족붕괴 등 많은 사회문제들의 원천으로 간주된다.)

　자유주의에 주관주의 혹은 상대주의의 혐의를 씌우는 것은 모든 도덕적 가치들에 관한 주장으로서는 견지하기 힘들다. 개인의 자유와 자율성이 중요하며 국가는 우리가 서로에게 지는 (정의와 관련된) 의무들을 강제할 수 있다는 자유주의적 믿음은 가치 일반이 단지 취향의 문제라는 주장과 양립하기 어렵다. 개인적 자유의 도덕적 중요성을 부인하는 사람은 단지 선호를 표명하고 있는 것이 아니라 잘못을 저지르고 있는 것이다. 그런 반대가 설득력이 있으려면 최소한 두 종류의 가치를 구분할 필요가 있다. (자유주의자들이 가치를 부여하고, 가치를 부여하는 것이 객관적으로 옳다고 믿는) 자유, 자율성, 권리, 정의라는 가치들과 (자유주의자들이 주관적 취향의 문제라고 믿고 있다고 여겨지곤 하는) 선택될 수도 있는 특정한 삶의 방식들로 말이다.

　이 구분은 내가 앞서 자유주의 자체가 하나의 도덕적 교의라고 말했을 때 언급한 구분과 비슷해 보인다. 나는 그때 정치인들은 도덕에 관해 얘기하는 것을 꺼려한다고 말한 바 있다. 왜냐하면 그들은 그런 이야기가 대개 시민들에게 특별한 삶의 방식을 지시하는 것으로 오인받을 수 있다고 우려하기 때문이다. 이런 구분을 분명히 인지하면서 우리들은 다음과 같이 주장하고 싶어 할 수도 있다. 즉 사람들은 자유와 정의와 같은 가치들에 대해서는 주관주의적이 아니지만 자신들의 정당한 자원을 가지고 자유롭게 무엇을 할 것인가를 선택하는 데는 주관주의적이라고. 이것이 과연 옳은가?

우리 자신의 선택을 '가치관(conceptions of the good)'—철학자들의 용어로, 무엇이 사람들의 삶을 가치 있거나 훌륭하게 만드는가에 관한 견해—에 국한시켜볼 경우, 자유주의자들이 철두철미한 공리주의자 제레미 벤담과 마찬가지로 압정놀이(pushpin)*와 시가 똑같은 가치를 갖고 있다고 믿고 있을까? 자유주의자들은 비디오게임을 하는 삶이 철학과 고투하는 삶과 똑같이 가치 있는 삶이라고 믿고 있을까?

　답은 '아니다'다. 내가, 플라톤을 공부하는 삶이 플레이스테이션 비디오게임을 하는 삶보다 모든 사람들에게 있어 객관적으로 낮다고 절대 확신하고 있다고 가정해보라. 나와 다른 생각을 갖고 있는 사람들은 단순히 나와는 다르지만 동등하게 건전한 선호를 표현하고 있는 것이 아니다. 그들은 실수를 하고 있다. 그렇다고 내가 자유주의를 포기하고 자신의 삶을 선택할 권리를 옹호해주는 (자유주의) 국가에 대한 나의 지지를 버려야 하는가? 내가 또한 사람들이 자신이 스스로 선택한 삶을 사는 것이 가치 있다고 생각한다면, 그것은 아니다. 올바르게 플라톤의 책을 선택한 사람은 플레이스테이션 게임을 선택한 사람보다 더 나은 삶을 살 수도 있다. 하지만 그것이 그들의 선택인 한 그 선택은 여전히 중요하다. 사람들이 스스로 선택할 수 있는 능력을 존중해주지 않는 것은 사람들에게서 좋은 삶을 살 수 있는 필요조건을 박탈하는 것일 수 있다. 그러므로 나는 사람들이 잘못된 선택을 할 수도 있다는 것을 전혀 의심하지 않으면서도, 국가는 그런 선택을 그들에게 맡겨야 한다고 아주 일관되게 촉구할 수 있는 것이다. 시민사회의 일원으로서 나는 내 개인적인 삶에서 플라톤이 얼마나 놀라운 철학자인지 알리는 데 전념할 수도 있다. 하지만 자유주의는 국가를 어떻게 사용하는 것이 정당한가에 관한 이론이며 국가가 정당하게 추구할 수 있는 정책들에 관한 이론이다. 어떻게 사는 것이 좋은가에 관한 나의 견해는 그 문제와는

---

*1500년대와 1600년대에 영국에서 유행했던 아이들 놀이로, 핀을 밀거나 튀기거나 해서 방해를 하고 있는 상대방의 핀 위를 넘어가는 놀이.

전혀 상관이 없는 것으로 볼 수 있다. 나의 견해들이 아무리 객관적으로 타당하다고 할지라도 말이다.

일부 비판자들의 눈에는 이와 같은 자유주의적 대응이 일종의 도덕적 분열증을 수반하고 있는 것으로 비춰질 수도 있다. 내가 플라톤의 가치를 절대적으로 확신하고 있고 (내 자신뿐만 아니라 모든 동료시민들을 위해) 그것을 알리려고 헌신하고 있지만 정치와 관련해서는 그 사실을 무시해야 하는가? 플라톤을 신으로 대체해보라. 당신이 특정한 종교적 교리, 당신의 전체적인 삶의 방식에 영향을 미치고 당신에게 정체의식과 의미, 특수한 공동체의 구성원자격을 제공해주는 종교적 교리에 헌신하고 있다고 상상해보라. 자유주의적인 사고는 당신에게 정치의 목적을 위해서는 그런 종교적 견해들을 보류해두라고 요구한다. 분열증에 대한 염려는 우리를 공동체주의적 지향성을 갖는 중요한 주장들로 이끌어가는데 이에 대해서는 나중에 살펴볼 것이다. 지금 시점에서 중요한 논점은 자유주의자들은 가치에 대해 주관주의적이거나 상대주의적일 필요가 없다는 것, 그들은 단지 개인적 자유라는 가치에 우선적인 중요성을 부여한다는 것이다.

아이러니하게도 어떤 공동체주의적 사고방식에는 상대주의에 관한 우려가 (자유주의에 대해서보다도) 더 설득력 있게 적용될 수 있는 것 같다. 이 사고방식은 공동체의 가치, 전통, 그리고 공유된 이해들을 존중하는 것이 중요하다고 강조한다. 그 이유는 단지 그것들이 해당 공동체에 속해 있기 때문이다. 철학적 관점에서 보면 이 입장은 재화의 '사회적 의미'에 따라 그 재화를 분배하는 것이 사회정의라고 주장하는 마이클 왈저와 가장 밀접히 연관되어 있다.(사회적으로 정해진 역할이 개인의 행복에 미치는 중요성을 강조한 알래스데어 매킨타이어도 비슷하다.) 자유주의가 자처하고 있는 보편성과 사회적·문화적 맥락으로부터의 명백한 추상화—롤스의 원초적 상황을 생각해보라—를 의심스러워하면서, 공동체주의자들은 정치철학을 하는 적절한 방법은 특수하고 구체적인 사회의 삶의 방식에 내재해 있는 가치들과

알래스데어 매킨타이어

원칙들을 해석하고 명료화하는 것이라고 주장해왔다.

이것이야말로 상대주의인 것이다. 왈저의 공식화에 따르면 "정의는 사회적 의미들에 따라 상대적이다". 그것은, 가치들이 단순히 개인들의 취향 문제일 뿐이라는 의미에서 주관적이라는 뜻은 아니다. 이 견해에 따르면 개인들은 가치에 대해서 그릇될 수

도 있다. 하지만 그들이 **그릇된** 것은 '자신들이 속한 사회의 공유된 전통과 이해에 대한 올바른 해석' 또는 '그들 문화의 사회적 관행들에 함축되어 있는 가치들'에 대해서이다. 이 지점에서 우리는 메타도덕철학(meta-moral philosophy)과 관련된 매우 어려운 문제에 봉착한다.('실질적인 도덕철학'은 무엇이 옳고 그른가와 관련된 것이고, '메타도덕철학'―'메타윤리meta-ethics'로도 알려져 있다―은 도덕적 판단의 지위, 보다 구체적으로 말하면 우리가 어떤 것이 옳고 그르다고 말할 때 그 의미가 무엇이며 그것을 어떻게 알 수 있는가 하는 문제와 연관이 있다.) 다행히 여기서는 그런 문제에까지 깊이 들어갈 필요가 없다. 꼭 짚고 넘어가야 할 것은, 철학적인 것이건 정치적인 것이건 공동체주의는 때때로 도덕적 가치나 원칙을 올바르게 정당화하는 방법은 그 가치나 원칙이 발원한 공동체의 공유된 직관들에 호소하는 것이며 또 그렇게 호소할 때만 가능하다고 본다는 것이다. 여기에다 각각의 공동체들이 공유하고 있는 직관이 서로 아주 상이하다는 생각을 덧붙여보라. 그러면 그 결과는 일종의 사회적인 혹은 문화적인 도덕상대주의가 된다. 이것이 바로 일부 철학자들이 공동체주의적 사고방식에 반대하는 이유다. 그들은 이런 입장이 일종의 보수주의를 담고 있다고 보며 정치철학이 근본적으로 비판적인 역할을 할 수 있는 가능성을 부정하고 있다고 본다. 여기서 우리는 조심할 필

요가 있다. 왈저와 같은 공동체주의자들 역시도 모든 문화 혹은 거의 모든 문화가 공유하고 있는 얇은 종류의 '보편적인' 도덕이 있는 것으로 생각하고 있다.[•] 그리고 미국인들의 '공유된 의미들'에 대한 해석에 근거한 (미국을 위한) 왈저의 처방은 분명히 '근본적 사회비평'으로서의 자격을 갖추고 있다. 하지만 전반적으로 볼 때 이와 같은 부류의 상대주의는 대개 자유주의자들보다는 공동체주의자들과 더 연관성이 있다.

다섯, 자유주의자들은 개인이 사회적으로 구성되는 방식을 무시한다

아주 철학적인 공동체주의는 자유주의의 핵심에 놓여 있다고 여겨지는 인간관에 초점을 맞추고 있다. 일부 비판가들은 롤스의 원초적 상황의 계약 당사자들이 보여주고 있는 환영(幻影)과 같은 탈(脫)사회화된 모습에 깊은 의심을 품고서, 자유주의자들은 개인들이 '사회적으로 구성되고' 공동의 관계를 맺고 있으며 그들이 살고 있는 공동체 안에서 온전한 인간으로 형성되는 정도를 인식하지 못하고 있다고 비판한다. 인간을 자신의 삶을 자유롭게 선택하는 존재라고 보는 자유주의적인 인간관은 천진난만할 정도로 '개인주의적이다'. 자유주의가 전제하고 있는 개인주의적인 인간관은, 사람들이 (그가 살고 있는) 사회에 의존하여 가치관과 개인으로서의 자아정체성을 형성할 수 있다는 것을 간과하고 있다. 때로 이 의존성―사회적 맥락의 우선성―은 개인이 정체성을 형성하는 데 사회화과정이 갖는 중요성에 관한 경험적 주장으로 제시된다. 그리고 때로는 언어 혹은 사고는 사회적 배경 바깥에서는 이해가 불가능하다는 더욱 철학적인 관념을 나타내기도 한다.

[•]여기서 얇다(thin)는 의미는, (거의) 모든 문화들이 그 도덕의 옳음에 대해 동의하지만 깊은(thick) 의미에 대해서는 다를 수 있다는 측면에서 이해할 수 있다. 즉 그 도덕의 깊고 구체적인 의미보다는 그 도덕의 다소 피상적인 내용의 측면에서 일치할 수 있다. 살인하지 말라는 규범은 모든 문화들이 다 동의할 수 있지만, 그 구체적인 인류학적 의미는 모든 문화마다 다소 차이가 있을 수 있다는 것을 예로 들 수 있다.

어느 쪽이든 잘못된 비판이다. 자유주의자들이 실수를 할 수도 있지만 이처럼 명백한 실수를 하지는 않는다. 과연 누가 사람들이 자신에 관한 이해(자아정체성)를 자신이 사는 사회로부터 얻는다는 점을 부정할 수 있을까? 중요한 것은 이런 사실이 사람들이 삶을 어떻게 살지 스스로 생각할 수 있어야 하고, 자신이 선택한 삶을 살아야 하며, 마음을 바꿀 수 있어야 한다는(물론 다른 사람도 똑같이 할 수 있는 것을 존중한다는 제약을 따라야 하지만) 자유주의의 주장에 어떤 문제를 제기하느냐는 것이다. 사람들이 **아무런** 선택도 할 수 없다면, 우리가 어떻게 살 것인가를 스스로 결정한다는 느낌이 환상에 불과하다면, 이것은 정말로 문제가 될 것이다. 자유주의자들은, 사람들이 실제로 소유하고 있지 않은 능력에 엄청난 중요성을 부여하고 있는 셈일 것이다. 하지만 우리가 사회적으로 정해진 일군의 선택지들을 선택한다는 사실과 우리가 개인들로서 (가족, 학교, 미디어 등의) 사회적 영향을 받고 따라서 어떤 특정한 것들을 선택하게 된다는 것은 틀림없다는 사실로부터 (그러므로) 우리의 심사숙고와 선택이 환상이라는 주장은 나오지 않는다. 자신의 삶을 비판적으로 성찰할 때 우리는 확실히 어떤 것들을 주어진 것들로 간주하면서 성찰을 한다. 우리가 소중히 여기는 모든 가치들로부터 우리 자신을 분리시키게 되면 우리는 어떤 판단근거도 갖지 못하게 될 것이다. 하지만 그럼에도 불구하고 중요한 것은, 사람들이 다른 사람들이 선택해준 삶을 사는 것보다는 자신이 신봉하는 삶을 사는 것이 자유롭다는 것이다.

개인들이 사회적으로 구성된다는 사실은 정말로 자유주의자들에게 여러 가지로 도전이 된다. 만일 사람들이 자아정체성을 (자신이 속해 있는) 특정 집단들의 구성원이라는 사실로부터 획득하고 또 그런 자기 이해가 행복에 매우 중요하다고 한다면, 개인의 행복에 관심을 갖고 있는 사람들은 개인의 자유나 순전히 개인주의적인 정의관과 (잠재적으로) 충돌할 수 있는 방식으로 집단에 관심을 보일 수도 있다. 어떤 문화집단들은 생존을 위해

보조금을 요구할는지도 모른다. 어쩌면 그들의 생존은 관례적인 개인의 권리와 충돌하는 집단권리를 부여받아야만 가능할 수도 있다. 우리는 조금 뒤에 그런 이유들에 대해 논의할 것이다. 여기서의 요점은 자유주의자들이 자아가 사회적으로 구성된다는 것을 인정하지 않고 있다는 잘못된 생각을 일소하는 것이다.

정말로 자유주의자들은 사회적 맥락이 사람들의 정체성 형성에 미치는 영향을 잘 인식하고 있다는 바로 그 사실 때문에 개인들의 신념이 형성되는 조건에 관심을 가질 것이다. 여기서 '자유주의적 개인주의'와 '공동체' 사이에 당연히 갈등이 존재할 수 있다. 헌신적인 종교인들을 생각해보라. 그들이 긴밀히 결합된 공동체 속에서 아이들을 기르고 종교학교에 보내며 아이들이 다른 종파들로부터 영향을 받지 않도록 노력한다고 가정해보라. 국가가 이것을 허용할 수 있을까? 자유주의자들에게 이 문제는, 어떻게 하는 것이 자율성에 대한 시민들의 능력을 적절히 존중해주는 방법일까라는 고민과 연관되어 있다. 어떤 사람들은 자신들이 자라온 공동체를 벗어날 수 있는 권리를 주는 것으로 충분하다고 생각한다. 다른 사람들은 그 정도로 충분하지 않다고 본다. 국가는 미래의 시민들이 자율성의 능력을 행사하도록 보장해야만 하는데, 시민들은 그저 특정한 종교적 견해로 훈육되어서는(세뇌되어서는?) 안 되고, 스스로 생각할 수 있도록 교육을 받아야 하며, 자신이 선택할 수 있는 선택지들의 범위를 어느 정도는 인식하고 있어야 한다.(그들의 시민적 권리가 무엇인지를 포함해서 말이다.) 이런 일을 위해 어느 정도의 국가개입이 필요한가 하는 문제는 자유주의자들 사이에서도 이견이 있을 수 있는 어려운 문제다. 이 문제를 다룬 많은 책들—그리고 미국 대법원 소송들—이 있다. 일반적인 관점에서 볼 때, 이 문제는 (자신의 가치관에 따라 자녀들을 특정 방식으로 가르치려 하는) 부모의 자율성을 존중하는 것과 아이들의 자율성을 보호하고 길러주는 것 사이의 적절한 균형을 모색하는 문제다. 이것을 공동체주의적인 논리로 변형시켜보면 부모의 자율성을 존중하는 것은, 곧 '공동체'(여기서는 종교집단)를 존중하는 것이 될 수 있다.(이것이 반드시 이런 식으로 표현될 필요가 없다는 것을 이해하기 위해서 자신의 자녀에게 정상적인 교육을 시키기를 거부하는 이상한 부모를 상상해보라. 그들은 자기 아이들이 사회적으로 단절되기를 원하기 때문에 그렇게 한다. 이 경우에는 부모들이 원하지 않는 것을 자녀들에게 가르칠 것을 요구하는 국가의 결정에 고통을 당하는 '공동체'가 없다. 그러므로 [미래] 시민들의 자율성을 보장하기 위해 국가가 무엇을 해야 하는가 하는 문제는 '공동체'를 존중하는 것과 필연적인 연관성이 없다.) 이런 경우들에 대한 옳은 답이 무엇이든지 간에 사회화와 교육에 관한 자유주의적 관심은 정말이지 자유주의자들이 사회적 맥락의 우선성을 인정하고 있다는 바로 그 점 때문에 제기되는 것이다.

여섯, 자유주의자들은 공동의 관계, 공유된 가치, 공동의 정체의식이 갖는 중요성을 인식하지 못한다

자유주의적 인간관에 대한 공동체주의자들의 우려는 때로 다른 형식을 띤다. 사람들이 표방하는 가치관들의 원천에 대해 자유주의가 갖고 있다고 여겨지는 견해—즉 가치들의 **원천**인 사회적 맥락의 중요성을 무시하는 견해—에 반대하는 대신 그들은 이른바 자유주의가 무시하기도 하고 또 촉진하기도 하는 특별한 종류의 내용에 불만을 토로한다. 여기서 주된 비판은 자유주의가 공동체와 개인의 관계에 대한 특별한 이해방식, 즉 사회란 개인의 이익을 추구하기 위한 협동적인 시도에 지나지 않는다는 관념에 근거해 있으며 또 그런 관념을 촉진한다는 것이다. 그 결과 사람들 사이의 사회적 유대와 관계의 가치를 강조하는 공동체적인 가치관들은 그 지위가 격하된다고 본다. 자유주의자들은 또한 공유된 가치와 공동의 정체의식이 갖고 있는 중요성을 제대로 인식하지 못하고 있다고 비난받기도 한다.

이런 비판과는 달리 자유주의자들이 공동의 관계가 본유적으로 가치 있다는 생각을 수용할 수 있는 두 가지 양립 가능한 방식이 있다. 첫째 방식에서는, 자유주의는 국가가 시민들에게 또 시민들을 위해 무엇을 할 수 있는가에 관한 이론이라는 것을 기억할 필요가 있다. 자유주의 이론에서 국가는 본질적으로 자유롭고 평등한 시민들이 서로 필요한 일을 하게 만들고 또 필요한 것들을 하도록 서로 도와주는 수단이다. 그 때문에 자유주의는 곧 사람들이 서로를 **시민으로서** 어떻게 대우하는 것이 좋은가에 관한 이론이라고 볼 수 있다. 그것은, 사람들이 사적인 삶 속에서 혹은 시민사회의 구성원들로서 서로를 일반적으로 어떻게 대하는 것이 좋은가에 관한 이론이 아니다.(이렇게 서로를 대우하는 방식이 다른 사람의 자유롭고 평등한 시민적 지위와 조화되지 않거나 그들의 지위를 침해하는 경우는 예외다. 다시 말해, 이런 경우는 자유주의 이론의 관심사에 포함된다). ● 그러므로 자유주의적 개인주의가 정치활동과 국가를 순전히 도구적인 관점에서 인식하고 있다는 것이 사실이라고 해도 자유주의는 여전히 사람들이 공동의 가치를 추구할 수 있는 충분한 여지를 허용해준다고 볼 수 있다. 국가는 사람들이 그 안에서 자신의 삶을 살아갈 수 있는 틀을 제공해준다. 그런 삶은 기본적으로 아주 공동체적인 활동을 포함할 수 있으며 공유된 관행 및 특정 공동체의 소중한 구성원이 되는 것을 포함할 수도 있다. '자유주의적 개인주의자'는, 국가가 사람들이 종교적인 삶을 사는 것을 막아야 한다고 생각하지 않으며, 예술적인 자치공동체의 삶도, 집단적으로 과학적 진리를 추구하는 삶에의 헌신도 혹은 대가족이 중요한 역할을 하는 삶도 막아서는 안 된다고 생각한다. 그는 또한 이런 삶의 방식들 모두가 삶을 영위하는 가치 있는 방식들이라

● 자유주의는 그 적용범위에 따라 포괄적 자유주의와 정치적 자유주의로 분류할 수 있다. 포괄적 자유주의는 인간의 삶 전체에 적용되는 자유주의인 반면, 정치적 자유주의는 사회의 기본구조에만 적용되는 한정된 적용영역을 갖고 있다고 할 수 있다. 정치적 자유주의는 개인의 사적인 삶이나 정치적이라고 보기 어려운 (시민사회에서의) 제한된 사회적 관계에는 적용되지 않는다. 그리고 정치적 영역에서의 인간은 시민이라는 정체성을 통해 표현되기에 정치적 자유주의는 (개인의) 시민으로서의 정체성을 중심으로 이론을 구성한다. 반면에 포괄적 자유주의는 시민으로서의 측면과 사적 개인으로서의 측면을 굳이 구분하지 않는다.

는 것을 부인하지 않으며, 자기이익에 이끌려 돈을 벌고 자기만족을 추구하는 삶보다 더 가치가 있다는 것도 부인하지 않는다. 그는 시민들이 자유롭게 자신이 신봉하는 삶을 영위할 수 있도록 해주는 데 관심이 있다. 그런 삶들은 완벽히 공동체주의적인 내용을 가질 수도 있고, 공유된 목적을 추구하는 집단들 혹은 결사들의 구성원이 될 것을 요구할 수도 있다.

하지만 자유주의 국가가 개인들이 공동체적인 가치관을 자유롭게 추구할 수 있는 테두리를 제공해준다는 설명은 이 이야기의 일부일 뿐이다. 왜냐하면 자유주의자들은 정치활동이나 국가를 순전히 개인의 도구라는 관점으로 이해할 필요가 없기 때문이다. 그와 달리 자유주의 국가 그 자체가 정치공동체에 대한 특정한 이해방식이 표현 또는 구현된 형태라고 이해할 수 있다. 자유주의 국가의 시민들은 공동의 목적을 공유하며 합동으로 그것을 추구한다. 그 목표는 시민들을 정의롭게 대우해줄 수 있는 일군의 사회·정치제도들을 창출하고 유지하는 것이다. 자유주의자들이 공동선을 무시한다고 비난하는 공동체주의자들은 자유주의적 정의 자체가 하나의 공동선**일 수** 있다는 점을 간과하고 있다. 그것은 시민들이 공유하고 시민들이 함께 추구한다는 점에서 공동선이다. 이 설명을 앞의 설명과 결합시켜보라. 그러면 우리는 자유주의 국가를 공동체들의 공동체로 볼 수 있을 것이다. 개인들에 대한 존중에 기초한 포괄적인 공동체로서 자유주의 국가는 시민들이 공동의 (종교적, 예술적, 가족적) 활동에 참여하도록 허용해줌으로써 그들이 다른 사람들과 공유하는 더욱 특수한 목적들을 추구할 수 있도록 해준다.

사실 이런 생각에는 역설적인 점이 있다. 가치의 내용은, 그것이 시민들이 공동으로 지지한다는 의미에서 공동적이다. 그 가치를 공동으로 지지하고 있다는 점은 그 가치가 공동선이 되는 데 절대로 필요한 요소다. 일부 시민들이 정의로운 사회를 유지하고자 하는 목적을 공유하지 않고 따라서 그런 목적이 그들 의지에 반하여 강요되는 사회는 그 가치가 성취되지 않는 사회일 것이다. 하지만 그 가치의 내용은 '개인주의적'인데, 그 까닭은 자신의 정당한 자원 몫을 가지고 자신이 선택한 삶을 자유롭게 추구할 수 있는 개인들의 권리를 존중해주는 데 관심이 있기 때문이다. 개인주의가 곧 공동선이 되는 것이다.(여기서 개인주의는 '모든 개인들의 자유와 자율성에 대한 존중'을 의미하지 '이기적인 자기만족의 추구'를 의미하지는 않는다.)

공동체주의에 속하는 일부 흐름들은 이보다 더 두텁고 강력한 공동선 관념을 열망한다. 더 공동체적이며 덜 개인주의적인 공동선 관념을 말이다. 하지만 이미 살펴보았듯이 자유주의자들은, 개인들이 국가가 제공하는 정의의 틀 내에서 공동체주의적인 가치관을 추구하는 것을 허락한다. 그러므로 어떤 실제적인 의견차가 있으려면 공동체주의자들은 국가 자체가 모든 개인들의 자유와 자율성을 존중해주는 것 이상의 특정한 가치들을 구현할 수 있다고 (추구할 수 있다고) 주장해야만 한다. 하지만 일군의 자유주의자들이 보기에 현대 서구 사회들의 한 가지 주요 특징은, 어떤 생활방식이 가치 있는가에 관하여 시민들이 서로 다르게 생각한다는 것이며, 그런 아주 다양한 많은 견해들이 다 합당해 보인다는 것이다.

롤스의 두 번째 책 『정치적 자유주의』에서 그가 사용한 용어로 표현하면 그런 사회들은 '합당한 다원주의'로 특징지어진다. 이런 사실을 놓고 볼 때, 그리고 국가의 강제력을 모든 평등한 시민들이 공동으로 소유한다고 가정해볼 때, 국가가 일부 시민들이 신봉하는 특정한 가치관들에 호의를 베푸는 것은 정당하지 않다. 이는 국가를 편파적으로 만드는 것으로 진정한 공동의 계획을 실행하는 데 적합한 태도가 아니다. 진정한 공동의 계획을 실행하려면 국가는 진실로 만인이 공유하는 가치들을 실현하는 데 자신의 행위를 엄격히 국한시켜야 한다. 이런 가치들은 자유, 평등, 자율성 그리고 정의와 같은 자유주의적 가치들이다. 이런 식으로 이해해볼 때, 시민들이 무엇을 공유하고 무엇을 공유하지 않는지 인식하고 있으며 국가가 공동의 근거로 정당화될 수 있는 방식으로만 행위할 것을 요구하는 자유주자는 실제로 존재하는 정치공동체를 더 많이 존중하고 있다고 할 수 있다. 특정한 실질적 가치를 중심으로 보다 두텁게 결합되어 있는 정치공동체를 옹호하는 공동체주의자들보다 더 말이다. 개인들이 어떻게 살 것인가라는 문제를 스스로 결정할 수 있도록 허용해주는 것은 오늘날의 상황에 적합한 정치공동체의 특징이다.(물론, 그런 가치들이 확실한 '공동의 근거'라는 주장에는 문제가 있다. 이런 접근방식에 연관된 문제는 뒤에 논의할 것이다.)

개인적인 삶의 영역에서 사람들은 온갖 다양한 방식으로 자신의 정체성 —이성애자, 기독교인, 예술가, 스포츠애호가—을 정할 수 있다. 하지만 정치공동체의 구성원들로서 자신을 자유롭고 평등한 시민들로 간주하는 데서는 일치한다. 롤스의 원초적 상황이 모델로 삼고 있는 것이 바로 이 공통의 정체성이다. 그러므로 현실에서 개인들이 자신의 특수한 이해관계보다 정의의 요구들을 더 중요시하는 경우 그들은 사실상 '시민으로서의 정체성'—그들이 동료시민들과 공유하고 있는 정체성—을 자신들의 다른 특수하고 차별화된 정체성들보다 더 중요하게 취급하고 있는 것이다. 사람들은 시민으로서의 정체성이 다른 정체성들과 충돌할 경우 시민의 역할을 우선시할 것을, 다시 말해 (자신을 시민으로 인식하기에 충분한) 강력한 시민적 정체성을 갖추도록 요구받는다. 그러므로 자유주의자들은 공유된 정체성의 중요성을 충분히 인정하고 있는 셈이다.

일곱, 자유주의자들은 국가가 중립적일 수 있고 또 중립적이어야 한다는 잘못된 생각을 갖고 있다

국가는 시민들 사이에서 중립적이어야 한다는 생각은 흔히 자유주의와 연관된다. 그 관념은 불편부당한 심판자로서의 국가란 관념과 잘 부합한다. 자유주의 국가는 공정한 경기장을 제공해주는 것으로, 다시 말해 그 안에서 개인들이 자신만의 방식으로 자신의 가치를 자유롭게 추구할 수 있는 공정한 틀을 제공해주는 것으로 인식된다. 국가가 개인들이 어떤 삶을 살아야 하는지 판단하는 것은 정당하지 않으며, 판단이 민주적으로 이루어진다고 해도 그렇다. 왜냐하면 그것은, 시민들은 동등한 관심과 존중의 원칙에 따라 대우받아야 한다는 요구에 반하여 공동체가 자신의 의지를 개인들에게 부과하는 것이기 때문이다. 국가는 특정한 삶의 방식을 증진하거나 억제할 때마다 중립성 원칙을 어긴다. 그러므로 (과세를 통해) 도박을 억제하고 (보조금을 통해) 예술을 장려하며 국교회에 특별한 지위를 부여하는 영국 국가는 이런 의미에서 중립적이지 않다. 마찬가지로 미국의 연방정부도 개인의 자유를 공식적으로 표방함에도 불구하고 특수한 삶의 방식들을 의도적으로 장려하고 있다. 국립공원과 미국국립예술기금에 보조금을 지급하고 교회에 세금을 감면해줌으로써 종교활동을 장려하며, 이성애에 우호적이어서 이성결혼은 인정하지만 동성결혼은 허용해주지 않는다.

한 가지 명백한 문제점은 이른바 '중립적' 국가가 갖추어야 할 중립성의 기준이 전혀 분명하지 않다는 것이다. 국가가 특정한 가치들—개인의 자유와 자율성—을 노골적으로 장려하고 있기 때문에 중립성에 대한 주장이 허위는 아닐까? 중립성 원칙의 타당성을 주장하기 위해 중립적 자유주의자들은 전형적으로 (a) 가치관을 선택하고 추구할 수 있는 개인들의 능력과 (b) 그들이 선택하고 추구할 수 있는 가치관을 구분한다. 중립적 자유주의자들은 (a)에 관해서는 중립적이지 않지만 (b)에 관해서는 중립적이다. 실제로 일부 설명에 따르면 자유주의자들은 바로 (a)에 큰 관심을 가지고 있기 **때문에** (b)에 관한 중립성을 중요하게 여긴다. 개인의 자유와 자율성이 그토록 중요하기 때문에 국가는 그런 능력을 공정하게 실현할 수 있는 조건을 보장하는 역할에 충실해야 한다. 국가가 스스로 특정한 삶의 방식들을 촉진하거나 억제해서는 안 된다.

때때로 이런 생각은 '옳음(right)'과 '좋음(good)' 사이의 구분으로 표현된다. 국가는 정의와 더불어 사람들이 시민으로서 갖고 있는 (자율성의 능력에서 비롯되는) 권리들을 보호해야 한다. 하지만 (어떻게 살아야 하는가에 관한 문제인) '가치(good)'와 관련된 문제에는 필요 이상으로 개입해서는 안 된다. 정의에 관한 이론조차도 사실상 사람들이 어떻게 삶을 살아야 하는지 그리고 무엇이 그 사람들에게 좋은지에 관하여 몇 가지 발상을 전제하고 있다는 것을 인식하고 롤스는 그것을 다음과 같이 구분한다. 국가는 가치에 관한 얇은(thin) 이론에 근거하여 행위할 수 있다.[●] 왜냐하면 그것은 시민들 사이의 공통의 근거이며 정치적 영역에만 적용된다는 의미에서 중립적이기 때문이다. 롤스는 자신의 자유주의가 가치(무엇이 사람들에게 좋은지)에 관한 정치적 발상을 (혹은 정치적 가치에 관한 발상을) 포함하고 있다는 것을 인정한다. 하지만 국가는 일부 사람들은 지지하지만 다른 사람들은 거부하는 특정한 포괄적 교의들—전반적으로 사람들이 어떻게 살아야 하는가에 관한 매우 구체적인 견해들—에 근거하여 행위해서는 안 된다. 롤스가 볼 때 오늘날 선진 사회의 구성원들은 상이한 포괄적 교의들을 신봉한다. 하지만 그럼에도 그들은 자유(가치관을 형성·수정·추구하는 능력이란 관점에서 구체화된 가치)와 평등을 긍정한다는 점에서는 일치한다. 그가 볼 때 이처럼 두드러지게 정치적인 가치들에 대해서는 '중첩합의'가 존재한다. 그러므로 이런 가치들은 원초적 상황과 같은 모델 장치를 통해 정치적 정의관 안에 편입될 수 있다. 롤스의 이론은 '공통의 근거'에 서 있다는 의미에서 중립적이다. 그것은 어떤 의미에서 모든 사람들이 공유하는 근거들에만 호소하고 있다.(그리고 사람들 사이에 합리적인 의견차가 있는, 특별하고 논쟁적인 교의들에 호소하지 않는다.)

이와 같은 롤스식 접근이 야기하는 난점들은 뒤에 다뤄질 것이다. 지금은 자유주의 전통에 속하는 일부 흐름들은 다양한 가치관들 (혹은 포괄적 교

[●]가치에 관한 얇은 이론은 두터운 이론과 달리 특별한 삶의 방식(가치)들을 전제하지 않고, 다양하고 특별한 가치관들이 공통적으로 필요로 하는 수단들—권력, 기회, 소득, 부, 여가, 자존감 등—에 관한 이론이라는 측면에서 얇은 이론이다. 따라서 제한된 의미에서이긴 하지만 '중립적'이라고 할 수 있다.

의들) 사이의 중립성을 전혀 지지하지 않는다는 사실을 이해하는 것이 중요하다. (시민들이 서로를 자유롭고 평등한 시민으로서 어떻게 대해야 하는가 하는 문제를 넘어서) 시민들이 구체적으로 어떻게 살아야 하는지 아무런 입장도 취하지 않는 국가가 특수한 입장을 취하는 국가보다 더 '자유주의적'이라고 생각하기 쉽다. 그런 견해에 따르면 현재의 미국과 영국은 예술을 보조하고 이성결혼에 호의를 보이는 편파성을 버리지 않는 이상 충분히 자유주의적일 수 없을 것이다. 이런 주장에는 어느 정도 직관적인 호소력—그리고 일부 자유주의자들은 실제로 이런 주장을 지지할 것이다—이 있지만 자유주의와 국가 중립성이 필연적으로 결합되어 있다는 식으로 단정해버리는 것은 위험하다.

그렇게 단정하는 것이 위험한 이유는 두 가지다. 비교적 덜 중요한 한 가지 이유는, 롤스 역시도 특정한 포괄적 교의들에 유리한 어떤 국가 행동은 정당화될 수 있다고 생각하고 있다는 점이다. 그런 국가 행동이 정당화되지 않는 경우는, 포괄적 교의들이 **헌법적 기본원칙들과 기본적 정의의 문제들에 관련된** 국가 행동에 영향을 미칠 때이다. 헌법적 기본원칙들과 기본적 정의의 원칙들이 존재하고 또 그것들이 올바른 의미에서 중립적이거나 '정치적인' 한, 사람들은 자신의 포괄적 교의들과 부합하는 국가정책들에 찬성투표를 할 수 있고 국가는 그 결과에 따라 행동할 수 있다. 그러므로 롤스의 국가는 만일 시민들이 찬성한다면 미술관과 박물관 그리고 국립공원을 보조할 수 있다. 롤스의 국가가 할 수 없는 것은 헌법적 제도들 혹은 기본적 정의에 관한 원칙들을 어떤 특정한 포괄적 교의에 입각하여 수립하는 것이다.(롤스가 이 문제에 대해 생각을 바꿨다는 것을 지적할 필요가 있다. 1971년에는 미술관을 보조하는 것도 배제했다.)

자유주의를 중립적 국가관과 동일시하지 말아야 할 보다 중요한 이유는 중립성을 전혀 필요로 하지 않는 종류의 자유주의들이 있기 때문이다. 그런 견해들은 자유주의에 국가가 시민들이 가치 있는 삶을 살 수 있도록 권

조지프 라즈

장하고 무가치한 삶을 사는 것을 억제하는 것에 반대하는 요소가 없다고 생각한다. 사람들이 타인들의 의지에 예속되지 않고 자율적인 삶을 살며 삶의 주체가 되는 것은 중요하다. 하지만 그들이 영위하는 삶의 내용이 가치 있어야 하는 것 또한 중요하다. 누군가가 특정한 삶의 방식을 스스로 선택했다는 단순한 사실이 그 삶이 반드시 좋다는 것을 의미하지는 않으며, 그 사람 본인의 입장에서 봐도 꼭 좋다고 할 수는 없다. 선택은 개인의 행복에 필수적이지만 충분조건은 아니다. 개인이 좋은 선택을 하는 것 또한 중요하다. 국가가 개인들이 선택을 잘할 수 있도록 도울 수 있다면 그렇게 하는 것이 정당하다.

간단히 말하면 이 주장은 조지프 라즈가 체계적으로 발전시킨 부류의 '완전주의적 자유주의'다. 그의 견해에 따르면 자유주의는 꼭 사람들이 어떻게 살아야 하는가에 관한 판단을 피하고 국가의 역할을 공정한 경쟁을 만들어주는 것에 국한시키는 (제한국가에 관한) 이론일 필요가 없다. 자유주의는 국가가 그런 판단을 내리고 또 그런 판단에 입각하여 행동하는 것을 허용해주며 또 어떤 경우에는 그렇게 행동하도록 요구할 수도 있는 이론이다. 가치 있는 삶의 방식들을 보조함으로써(그리고 다른 방법들을 사용하여 장려함으로써) 그리고 무가치하고 공허한 삶의 방식들에 세금을 부과함으로써(그리고 다른 방법들을 사용하여 억제함으로써), 국가는 시민들의 행복을 증진시킬 수 있다. 국가는 자유주의 국가이기 때문에 사람들이 좋은 선택을 하도록 강제할 수 없으며 또 사람들이 나쁜 선택에 입각하여 행동하는 것을 막을 수도 없다. 하지만 예술을 보조하는 것은 사람들을 극장과 미술관에 강제로 집어넣는 것은 아니다. 이성애 결혼을 권장하는 것은, 사람들이 결혼하도록 요구하는 것이 아니다. 도박에 과세하는 것은 그것을 금지시키는 것이 아니다.

중립주의적 자유주의와 완전주의적 자유주의의 차이를 이해하기 위해 섹슈얼리티 관련 입법을 예로 들어보자. 중립적 자유주의자들에 의하면 국가는 오직 정의에만 관심을 가지고 있어야 하며 사람들이 원하는 대로 성적인 행동을 할 수 있도록 자유롭게 허용해야 한다. 물론 사람들은 타인들에게 해악을 끼쳐서는 안 되며 아이들을 보호하는 것은 국가의 정당한 관심사다. 그러므로 동성 간의 섹스가 이성 간의 섹스보다 아이들에게 더 해가 된다면, 중립적인 근거에서 동성 섹스 허용 나이를 16세인 이성 섹스의 경우와 다르게 제시할 수도 있다. 중립적 자유주의자들이 금기시하는 것은 어떤 종류의 성적 활동이 다른 것들보다 본유적으로 더 가치가 있다는 (혹은 타락했다는) 근거에서 다르게 취급해야 한다는 주장이다. 개인적으로 우리들은 그 문제에 특정한 견해를 가질 수도 있다. 어쩌면 그런 견해는 우리의 종교적 믿음에서 나왔을지도 모른다. 하지만 그런 믿음들은, 우리가 시민으로서 서로를 어떻게 대우해야 하는가 하는 문제를 생각할 때에는 제외되어야 한다. 어떤 사람들은 가톨릭 학교에 다니는 아이를 둔 토니 블레어가 동성 섹스 허용 나이를 16세로 낮추는 데 동의했다는 것을 이상하게 생각한다. 하지만 블레어가 동성 섹스를 이성 섹스보다 더 나쁜 것으로 간주하는 종교적 견해를 갖고 있다고 해도, 그는 여전히 그런 종교적 견해가 국가가 어떻게 행동해야 하는가 하는 정치적 이슈와는 무관한 것이라 생각할 수도 있다.(미국에서 상원의원 테드 케네디는 가톨릭 신자임에도 불구하고 낙태 금지에 반대했다.)

반면에 완전주의적 자유주의자들은 우리가 서로의 보다 나은 삶을 위해 국가를 사용할 수 있다고 생각한다. 만일—이것은 정말로 큰 가정인데—이성 섹스가 동성 섹스보다 더 가치가 있다고 한다면 국가가 이성애를 권장하고 동성애는 억제하는 것이 정당화될 수도 있다. 국가가 동성애 행위를 강제적으로 금지하는 것은 용인될 수 없을 것이다. 우리는 여전히 기본적으로 자유주의적인 시각을 다루고 있다. 그리고 그런 강압적인 금지는 시민들의 자율성을 침해하는 것이다. 하지만 중립주의자들과 달리 완전주의자는 **원칙상** 완전주의적인 고려들을 배제하지 않기 때문에 더 많은 것들을 정치적 결정의 의제로 삼게 된다.

또 다른 예로서 '가족의 가치들'을 다뤄보자. 그런 가치들을 증진시키기 위한 한 가지 근거는 사람들이 다른 대안 형태에서보다 안정된 이성결혼에서 삶을 영위하는 편이 본질적으로 더 낫다는 것이다. 이것은 완전주의적인 이유로서 중립주의자들은 이런 이유가 국가정책을 결정하는 데는 부적합하다고 간주할 것이다. 하지만 국가가 가족의 가치들을 증진하는 것이 정당화될 수 있는 또 다른 '중립적인' 이유들이 있을 수 있다. 어쩌면 다른 가족형태들은 양육되는 아이들에게 해가 되거나 (예컨대, 문제아가 됨으로써) 다른 사람들에게 해가 될 수 있는 아이들을 배출할 가능성이 높을지도 모른다.(물론 무엇이 '해'로서 간주될 수 있으며, 해를 끼쳤다고 볼 수 있는 증거가 무엇인지에 대해서는 의견차가 있을 것이다. 핵심은 가족의 가치에 대한 국가의 지원이 중립적인 근거에서 정당화될 수 있는가의 여부를 쉽게 판단할 수 있다는 것은 아니다. 이것은 단지 가족적 가치들에 대한 국가의 지원에 찬성하는 두 가지 주장의 차이를 잘 보여준다.) 포르노그래피의 경우에도 비슷한 논리가 적용된다. 만일—아마도 이번에는 그렇게 큰 가정이 아니겠지만—포르노그래피가 여성에게 해를 끼친다면 중립적 자유주의자들은 그것에 반대하는 국가적 조치들을 고려할 것이다. 중립적 자유주의자가 포르노그래피에 반대하는 국가정책을 지지할 경우 그 근거는 포르노그래피가 그것을 소비하는 사람을 타락시키거나 그 사람에게 나쁘다고 보기 때문이 아니다. 한 개인으로서 나는 포르노그래피를 즐기는 것을 인생의 낙으로 삼는 사람들은 그렇지 않은 사람들보다 보람이 적고 가치가 떨어지는 삶을 사는 것이라고 생각할 수도 있다. 하지만 그런 삶이 다른 사람들에게 해를 끼치지 않는 한 국가가 그것을 금지시킬 근거는 없다.

이상의 설명 중 과연 어떤 것이 공동체와 연관되어 있는가? 요컨대 국가가 일부 시민들이 지지하는 삶의 방식들의 가치를 완전주의적으로 판단하여 행위할 수 있고 또 그렇게 해야 한다는 생각에는 어떤 공동체적 내용도 없다.(물론 '공동체적' 삶의 방식은 '고독하거나' '개인주의적인' 삶의 방식들보다 더 가치 있다는 주장을 덧붙일 수도 있다. 하지만 그 생각—국가가 일부 시민들이 지지하는 삶의 방식들의 가치에 대한 완전주의적 판단에 따라 행위할 수 있고 또 그렇게 해야 한다는 생각—은 이런 가정을 하고 있지 않다. 은둔자 혹은 속세를 떠난 예술가의 삶은 가치가 있으며 바로 그런 이유 때문에 국가에 의해 증진될 필요가 있다고 보는 사람도 그 생각을 받아들일 수도 있다.) 중립성에 관한 이런 논의가 적절한 이유는, 그것이 정치공동체와 개인 사이의 올바른 관계와 관련되어 있기 때문이다. 완전주의자는, 정치공동체가 개별 구성원들의 삶을 더 향상시키거나 악화시킬 수도 있는 요인들에 대해 판단할 수 있고 또 그런 판단에 따라 행위하는 것이 정당하다고 생각한다. 중립주의자는 반대로 그런 판단은 개인들에게 맡겨져야 한다고 생각하며, 국가는 단지 상황에 적합한 공정한 규칙과 제도들을 제공하는 역할에 만족해야 한다고 본다. 그러므로 이런 특수한 의미에서 완전주의적 자유주의자들은 중립적 자유주의자들에 비해 더 '공동체주의적인'—그리고 덜 '개인주의적인'—것으로 생각될 수도 있다.

공동체주의와 자유주의

때로 '공동체'의 이름으로 저질러진 잘못된 설명과 오해를 교정하는 데 할애되고 있는 이 절은 몇 가지 사항을 명료화하는 작업으로부터 출발했다. 자유주의는 이기주의에 관한 이론이 아니며 또한 (철학자들이 '필히' 함축하고 있다고 보는) 최소국가를 함축하고 있지도 않다. 내가 공동체주의자들의 주장에 반대하여 자유주의자들이 의무와 책임에도 관심을 갖고 있고 (최선의 삶과 관련된 가치들과 관련해서도) 가치들이 단지 주관적이라고 믿는 것은 아니며 개인들이 자신이 살고 있는 사회적 맥락이나 '공동체'에 '구성되어지는' 방식들을 완벽히 인정할 수 있다는 점들을 지적했을 때 논의가 약간 흥미롭게 진행되었다. 자유주의 전통에 속하는 일부 흐름들은 공동의 관계와 공유된 가치 그리고 공동의 정체의식에 중요성을 부여하는 데 아무런 문제점이 없다는 추가적인 지적은, 자유주의 자체가 일종의 '공동선'에 관한 이론으로 이해될 수 있다는 점을 부각시켜주었다. 마지막으로 내가, 자유주의자들이 반드시 국가의 역할을 공정한 경기의 틀—곧 개인들에게 더 좋은 삶이 무엇이고 더 나쁜 삶이 무엇인가에 관한 판단을 맡기는 중립적 틀—을 제공하는 데 국한시키는 것은 아니라는 생각을 도입함에 따라 우리는 현재 벌어지고 있는 철학적 논쟁의 최전선에 더 가까이 다가서게 되었다. 이 지점에서 나의 논의는, 자신들이 도덕적 쇠퇴라 진단하는 현상을 멈추게 하고자 하는 일부 공동체주의자들의 관심사와 연결되었다.

　나는 같은 자유주의 계통에 속하지만 중요한 측면에서 서로 다른 두 가지 흐름들을 소개했다. 하나는 롤스의 정치적 자유주의이며 다른 하나는 라즈의 '완전주의적 자유주의'다. 롤스는 최소한 헌법적 기본원칙들과 기본적 정의에 관련된 것으로 볼 수 있는 부분들에서는 국가의 역할이 어떤 의미에서 만인이 공유하고 있는 가치들을 추구하는 데 국한되어야 한다고 말한다. 이것은 정의, 평등, 자유 그리고 자율성과 관련된, 가치에 관한 엷은 혹은 정치적인 이론이라 불린다. 이런 부류의 자유주의는 '중립적인' 공동의 근거에서만 수립되기 때문에 '공동체주의적'이다. 자유주의에 관한 라즈의 발상은 이런 의미의 공동체를 추구하지 않는다. 시민들이 보다 나은 삶을 사는 데, 다시 말해 다른 사람들이 아닌 **자신들에게** 보다 나은 삶을 사는 데 자유주의가 도움이 되고자 한다면 자유주의는 그 역할을 이 공동의 근거에 국한시킬 필요가 없으며, 더 논쟁적인 판단을 내리고 그 판단에 따라 행위할 수도 있다. 이것은 다른 의미에서 공동체주의적이다. 여기서 정치공동체는 정당하게 그 구성원들의 행복을 증진시킬 수 있다. 이 임무가 중립적 국가를 넘어선다고 해도 말이다.

나는 앞서 공동체주의적 비판으로부터 자유주의를 변호할 때 자유주의와 다른 '주의들'의 공통적 특징이라 할 수 있는 내부적 다양성을 활용할 수 있다는 것을 인정했다. 독자들은 내가 너무 지나치게 속임수를 썼다고 느낄 수도 있다. 내가 자유주의를 서로 다른 두 가지 입장과 연관된 것으로 설명한 것은 사실이다. 하지만 이 두 가지 이론들은 다 개인의 자유와 자율성이 개인의 행복에 필수적이라고 주장한다.(행복에 관한 간략한 정의는 논의의 시작 부분에서 제시했다.) 그러므로 자유주의자들이 '공동체'의 중요성을 무시한다는 비난을 반박하기 위하여 두 가지 흐름에 모두 호소하는 것은 정당하다. 어떻든 그 차이에도 불구하고 두 가지 흐름들은 모두 자유주의를 일종의 공동체에 관한 이론으로 간주한다고 볼 수 있다. 공동선, 즉 '정의로운 사회란 가치'를 증진하는 데 관심을 갖고 있는 공동체 말이다. 그 구성원들이 단지 자신이나 가족들에만 관심을 갖지 않고 모든 동료시민들의 자율성에 관심을 갖고 있으며 또 (예컨대, 더 잘사는 사람들로부터 더 못사는 사람들에게 이전해주기 위한 재분배 세금에 찬성함으로써) 동료시민들에 대한 의무를 충실히 이행한다는 조건에서만 자기이익을 추구하는 사회는 유대, 우애, 공동체라는 특징이 있는 사회인 것이다.

남은 문제들

유감스럽게도 이것이 이야기의 전부는 아니다. 여기서 멈추는 것은 전체 상황에 대한 일방적인 설명에 그침으로써, 공동체주의적 사고가 아무것도 기여한 바가 없고 실수와 혼란만 조장했다는 오해를 불러일으킬 수도 있다. 사실상 자유주의가 정확히 무엇을 의미하는가—또는 그보다 자유주의가 얼마나 다양하게 이해될 수 있는가—를 명료하게 표현하도록 압박한 것을 포함해서 공동체주의적 비판은 많은 중요한 미결 문제들을 제기했다. 공동체주의자들은 때때로 자유주의적 저술들을 무자비하게 해석해왔다는 비난을 받아왔다. 하지만 공동체주의자들이 말해야만 했던 것을 관대하게 해석해보면 그들이 아직도 규명할 필요가 있는 매우 근본적이고 중요한 문제들을 제기하고 있는 것으로 볼 수 있다.(문헌에 대한 관대한 해석은 문헌 속의 주장을 가능한 한 옳은 것으로 이해해보려고 시도하는 것이다. 특히 어떤 사람의 생각이 당신과 다를 때 그 사람의 주장이나 그 일부가 옳은 측면이 있는가를 찾아보려는 것은 좋은 전략이다. 이 전략은 정반대의 전략보다 지적으로 더 많은 성과를 얻을 가능성이 크다. 반대 전략은 정치인들이 익숙하게 훈련된 방법으로 상대방의 주장 속에 있는 좋은 것들은 의도적으로 회피하고 나쁜 [그리고 하찮은] 측면들에 집중한다.)

1. 자유주의, 중립성 그리고 다문화주의

자유주의적 중립성에 관한 논의를 기억해보라. 자유주의의 모든 분파들이 다 국가가 중립적 심판관이 되는 것을 원하는 것은 아니며 일부만이 원할 뿐이다. 이미 살펴본 바와 같이 중립적 국가를 원하는 사람들은, 자유주의 국가가 모든 것에 중립적일 수는 없다는 명백한 비판에 대처할 필요가 있다. 그들이 일반적으로 대응하는 방식은 일단 자유주의 국가가 모든 점에서 중립적일 수 없다는 분명한 사실을 인정하고, 자신들이 관심을 갖고 있는 것은 특수한 종류의 중립성이라고 주장하는 것이다. 정의, 권리, 자율성 그리고 평등에 대한 중립성—롤스가 가치에 관한 엷은 이론이라고 부르는 것—이 아니라, 정의로운 국가 내에서 사람들이 선택할 수도 있는 삶의 방식들에 관한 중립성을 추구한다는 것이다. 때로 그들은 자신들이 선호하는 국가는 (행위의 의도가 중립적이지) 사람들이 추구하는 다양한 삶의 방식들에 대한 **결과**의 측면에서 중립적인 것은 아니라고 덧붙인다. 예를 들어, 자원이 정의롭지 않게 분배될 경우에만 유행할 수 있는 사치스러운 생활스타일은, 일단 모든 사람들이 자신의 공정한 몫만을 갖게 될 경우에는 덜 유행하는 경향이 있을 것이다. 사람들에게 거부할 자유가 없는 상황에서만 유지될 수 있는 생활방식들—사람들이 자유롭게 선택할 수 있는 적정 수준의 선택지들이 없을 때만 지지자들을 확보할 수 있는 생활방식들—역시 마찬가지다. 하지만 중립적 자유주의자들은 국가가 결과의 중립성을 추구하는 것은 불합리하다고 말할 것이다. 국가가 시민들이 추구하는 모든 상이한 삶의 방식들에 국가정책이 미칠 수 있는 모든 가능한 결과들을 어떻게 다 감안할 수 있단 말인가? 오히려 중립적 자유주의가 옹호하는 종류의 중립성은 **목표** 혹은 **정당화**의 중립성이다. 중요한 것은 국가가 다양한 삶의 방식들의 우열을 판단하여 행동해서는 안 되며 (개인의 자유와 자율성이란 가치에 호소하는 것과 같이) 삶의 방식들 사이에서 중립성을 지켜야 한다는 것이다.

과연 이런 방법으로 충분할 것인가? 그것은 단지 형식만 바꾼 똑같은 내용의 도전을 초래하는 것처럼 보인다. 반론은 이제 다음과 같이 전개된다. "좋아요, 당신이, 국가가 '옳음'의 문제—혹은 당신들 중 일부가 가치에 관한 '엷은' 이론이라고 부르는 것—에 중립적이기를 원치 않는다는 것은 알겠어요. 당신이 사람들의 다양한 삶의 방식에 미치는 결과에 대해 국가가 중립적일 수 있다고 주장하지 않는다는 것을 알겠어요. 하지만 그렇다면 군이 국가가 중립적이라고 생각해야 할 이유가 있는지 모르겠군요. 그저 국가가 실질적이며 구체적인 여러 가치들을 구현하고 있는 것으로 인정해버리면 되지 않나요? '중립성'에 관한 당신의 말은 약간 수사적인 것 같네요. 당신의 국가가 사회를 어떻게 조직할 것인가를 놓고 대립하는 비전들 사이에서 논쟁을 중재하는 공정한 조정자인 것처럼 설득하려는 수사적 표현으로 보여요. 하지만 그것은 솔직하지 못한 설명이에요."

　중립적 자유주의자들은 이와 같은 딜레마에 봉착한다. 그들은 그저 자신이 지지하는 가치들—개인의 자율성 등—의 중요성을 강조할 수 있다. 아니면 중립적이라는 주장의 특수한 의미를 옹호하려 할 수도 있다. 앞의 전략을 택한다면 그들은 사실상 국가가 중립적 심판자일 수 없다는 것을 인정하는 셈이다. 그 전략은, 국가가 증진하는 가치들이 옳거나 타당하다고 주장하는 한편 그런 가치들을 옹호하지 않는 사람들은 실수—필요할 경우 그 실수를 교정하기 위한 국가의 강제행위를 정당화시켜줄 수 있는—를 저지르고 있다고 주장함으로써 국가의 행위를 정당화해야 한다. 많은 자유주의자들이 실제로 이 방법이 옳은 전략이라고 생각한다. 자유주의자들은 중요한 의미를 담고 있는 것 같은 중립성 개념을 내세워 상황을 얼버무리며 넘어가지 말고 더 솔직히 자유주의적 가치들을 옹호해야 한다는 것이다. 하지만 일부, 특히 롤스는 유독 다른 노선을 취하려고 한다. 롤스의 견해로는 첫째 전략은 자유주의를 '단지 또 다른 분파적 교리'로 제시하기 때문에 받아들일 수 없다. 자유주의자들이 중요하게 여기는 것은 국가의 강제권력—자유롭고 평등한 시민들이 공유하는 권력으로서—은 최소한 헌법적 기본원칙과 기본적 정의의 문제들이 관련되어 있는 경우에, 국가의 명령을 억지로 이행해야 하는 사람들에게 정당화될 수 있는 방식으로만 행사되어야 한다는 점이다. 자유주의적 가치들이 객관적으로 '참되거나' '타당한' 것이어야 한다는 것으로는 충분하지 않다. 그것들은 시민들이 서로 다른 점들이 있음에도 불구하고 동의할 수 있는 정치적 '중첩합의'의 일부여야만 한다.

　사람들이 이런 정치적 가치들을 긍정하는 데 우연히 일치할 수 있는가? 많은 사람들의 의견이 일치한다. 실제로 다양한 종교의 신자들과 상이한 포괄적 가치관을 옹호하는 많은 사람들이 자유주의적인 정신을 가지고 그런 교의들을 표방한다. 그들은 자신들의 교의들이 참되다고 믿는다. 하지만 그런 교의들 자체가 개인의 자유와 자율성에 충분한 중요성을 부여해 주기 때문에 국가가 시민들의 자유주의적 권리들을 부정하는 것을 바라지 않는다. 만일 자유주의 국가의 권위에 복종하며 사는 모든 사람들이 이와 같은 종류의 교의들을 지지한다면 공동의 근거에서만 자유주의 질서를 구축해야 한다는 주장은 타당할 수도 있다. 하지만 많은 사람들이 그런 교의들을 지지함에도 불구하고 모든 사람들이 다 그런 교의들을 지지하는 것은 아니다. 국가의 권위에 따르는 사람들 중 일부는 개인의 자유에 거의 또는 전혀 가치를 부여하지 않는 교의들을 신봉한다. 그런 가치관들을 신봉하는 사람들은, 가치들이 서로 충돌할 때 개인의 가치에 전혀 우선성을 부여하지 않는다. 살만 루시디(Salman Rushdie)의 경우를 살펴보자. 그의 소설 『악마의 시(Satanic Verses)』는 이슬람 신앙의 몇 가지 요소들을 조롱한 것으로 여겨졌다. 영국의 일부 이슬람 신자들—결코 모든 영국 이슬람 신자들이 아니다—은 루시디의 표현의 자유를 보호하는 것은 이슬람교를 신성모독으로부터 보호하는 것에 비하면 중요성이 떨어진다고 주장했다. 앞에서 제시한 예로 돌아가서 아이들을 특별한 종교의 가르침으로 양육하기를 원하는 사람들의 주장을 살펴보자. 행복스럽게도 그 아이들은 알았더라면 잘못 선택할 수도 있는 다른 선택지들을 알지 못하고 있다. 대부분의 자유주의자들은 자율성을 옹호하기 때문에 이런 상황에 최소한 아이들의 자율성을 위한다는 명분으로 국가가 개입하기를 요구한다. 롤스는 오늘날 다문화사회의 일부 구성원들이 자유주의적 가치들에 대한 중첩합의를 긍정하지 않고 있다는 사실을 어떻게 처리할 수 있을까?

그의 대응은 그들이 '불합리하다'고 말하는 것이다. 가톨릭, 이슬람, 공리주의, 예술에 헌신하는 삶과 같은 포괄적인 교의들에 다른 생각들을 갖고 있는 것은 합당하다. 이는 부분적으로 사람들이 어떤 교의를 추구할 것인가 선택하는 것이 중요하기 때문이다. 하지만 자율성, 자유 그리고 평등과 같은 가치들에 반대하는 것은 합당하지 않다. 정말로 그런 가치들을 부정하는 사람은 중첩합의의 바깥에 존재한다. 하지만 그것은 그 사람의 문제다. 그가 중첩합의의 바깥에 있는 이유는 그가 불합리한 사람이기 때문이다. 중요한 합의는 합당한 포괄적 교의들 사이의 합의다.

하지만 이것은 자유주의적 정의관을 공동의 근거에 세우고자 한 롤스의 전략이 결국은 첫째 전략—'자유주의적 가치들을 지지하고 그것들을 위해 투쟁하는 것'—과 다르지 않다는 것을 의미한다. 만일 위기에 봉착하면, 다시 말해 정치에서 실제로 자유주의적 가치들을 옹호하지 않는 사람들 앞에 서게 되면 그는 그들을 '합리적이지 않은' 사람들이라 주장하며 배제시켜야 한다. 어쩌면 옳은 말일지도 모른다. 하지만 어떤 사람이 선호하는 국가가, 시민들이 지지하는 다양한 교의들 사이의 '공통의' 근거에 서 있다고 말하는 동시에 또 그렇게 되어야 한다고 주장하는 것은 약간 무리인 듯 보인다. 중첩합의에 참여하지 않는 사람들—자유주의적인 정치적 가치들의 궁극적 중요성을 인정하지 않는 포괄적 교의들을 신봉하는 사람들—에게는 롤스의 자유주의마저도 '단지 또 다른 분파적 교의'에 불과한 것으로 보일 것이다. 이것이 바로 오늘날 자유민주주의 사회의 다문화적 특성이, 우리가 살고 있는 사회들이 그처럼 깊고 광범위한 교의적 다양성을 특징으로 하고 있다는 바로 그 사실이 정치적 원리들을 정당화하는 문제와 관련하여 자유주의자들에게 제기하고 있는 중대한 도전이다. 물론 이런 정당화 문제는 모든 다른 사람들에게도 해당된다.

이런 문제들이 과연 공동체와 무슨 연관성이 있는가? 자유주의 자체를 '공동체'에 관한 이론으로 정당화하는 한 가지 입장은 자유주의는 공동의 관계, 공유가치 그리고 공동의 정체의식이 갖는 중요성을 인정하고 있다는 생각에 근거한다. 자유주의 국가의 시민들이 공동의 목표를 공유하고 있으며 그 목표를 합동으로 추구하고 있다는 설명을 기억해보라. 하지만 일단 그런 목표들을 공유하지 않는 시민들이 있고, 그들은 자유주의 국가가 요구하는 것들을 다수의견의 강제적인 부과로 느끼게 될 것이라는 점을 인정하게 되면 그와 같은 낙관적인 묘사는 훨씬 더 부적절하게 된다. 국가 자체를 일종의 공동체로 보고자 하는 자유주의자들에게는 다문화주의가 문제가 될 수 있다. 그것은 공유된 가치의 집단적 실현으로서의 정치공동체란 관념과 결코 쉽게 조화될 수 없는 세계관적인 차이를 수반한다.

게다가, 자유주의 국가는 본질적으로 보다 특수하고 지역적인 공동체 형태와 대립적인 것으로 여겨질 수도 있다. 이런 상황은 개인의 자유와 자율성을 보호하기 위해 자유주의 국가가 특수한 공동체의 일처리 방식에 개입하게 될 때마다 발생하게 될 것이다. 특정 종교의 구성원들이 아이들을 영적으로 빈곤하고 성적(性的)으로 기형화된 대중문화로부터 보호한다며 자녀를 자신들이 원하는 방식으로 기르려는 것을 허용해야만 할까? 아니면 국가가 그들이 진정으로 원할 경우 (단지 형식적으로만이 아니라) 실질적으로 그 공동체를 자유롭게 떠날 수 있도록 교육되어야 한다고 주장하며 (미래의) 시민들의 자율성을 보호하는 것이 정당한가? 문화집단—예컨대, 퀘벡에 있는 프랑스어 사용 공동체—은 그 경계 내에서 살고 있는 개인들이 사업을 영어로 광고할 자유를 거부할 수 있는가? 미국의 토착민 공동체들은 개별 구성원들이 외지인들에게 토지를 팔지 못하도록 집단적인 결정을 할 수 있는가? 이런 질문들은 다음과 같이 일반화시켜볼 수 있다. 우리는 특수한 문화의 생존과 번영을 개인의 자율성보다 중시하는 집단을 관용해야만 하는가? 일차적인 관심이 종교적·인종적·언어적 혹은 문화적 공동체의 가치에 있는 사람들에게 자유주의 국가는 '공동체'의 구현이라기보다는 공동체의 적으로 보일 수 있다.

정치철학에서 공동체주의적 주장들은 집단이나 집합체의 도덕적·정치적 중요성에 초점을 맞춰왔다. 그들은 전통적으로 자유주의와 연계되어 있는 견해들에 심오한 도전을 제기한다. 하지만 자유주의자들이 집단이나 집합체의 도덕적·정치적 중요성을 전적으로 무시하고 있다고 생각하는 것은 잘못일 것이다. 공동체주의적 비판의 한 가지 성과는 개인의 행복이 문화와 같은 집단적 요인들에 달려 있다는 사실에 더 많은 관심을 기울이게 했다는 점이다. 예컨대, 캐나다의 철학자 윌 킴리카는 자유주의자들이 그토록 관심을 갖고 있는 자율성 자체가 어떤 문화의 구성원이 되느냐에 달려 있다고 주장해왔다. 다시 말해, 개인의 자율성 자체가 상당히 풍부하고 안정된 문화구조 속에서의 성장과정을 통해 형성된다고 주장해왔다. 소멸되어가고 있는 공동체 안에서 자라난 사람들은 의미 있는 선택지들을 알 수 없는 상태이기 때문에 자신의 삶을 어떻게 살 것인지 현명하고 사려 깊은 판단을 내릴 수 없을 것이다. 이 견해에 따르면 자유주의자들은 에스키모족이나 프랑스계 캐나다인들과 같은 소수집단들을 도와야 할 이유가 있으며 그 소수문화들이 지배문화와의 불공정한 투쟁에 직면했을 경우 그 공동체의 삶의 방식을 보호해야 할 이유가 있다.

그러므로 한편으로 자유주의자들은 공동체의 지나친 영향—스스로 인생관을 선택할 수 있는 개인의 자유를 질식시키는—으로부터 개인들을 보호하는 데도 관심을 가져야 하지만 다른 한편으로는 문화적 자기보전의 중요성을 인정하고 소수집단들에게 (국가가 개인의 자율성을 근거로 개입할 필요가 있을 경우) 다수에게 대항할 수 있는 집단적 권리를 인정해주어야 할 필요가 있다. 선진 민주국가들의 다문화적 특성은 자유주의적인 질서의 틀에 심대한 도전들을 제기하고 있는데 여기서는 이 정도의 윤곽만을 제시하는 데 만족할 수밖에 없다. 자유주의를 공동체주의가 저지르고 있는 오해와 잘못된 설명으로부터 구해냄으로써 우리는 공동체주의적인 도전들이 갖는 설득력과 중요성을 더 명확히 이해할 수 있으며 공동체주의적인 사고에 들어 있는 진정으로 가치 있는 통찰들을 접할 수 있다.

2. 자유주의와 민족국가

오늘날의 자유민주주의 사회들이 다문화적이라는 사실은 그 시민들이 근본적으로 서로 다른 가치들과 교의들을 신봉하고 있다는 사실을 의미하는 것으로, 이런 상황은 자유주의 이론에 공동체주의적 저술들이 집중적으로 다루어온 한 가지 문제를 제기한다. 또 다른 문제는 자유주의 원칙들의 적용 **범위**와 관련되어 있다. 국가가 문화적으로 동질적이라고 할지라도, 우리는 여전히 왜 자유주의적 정의 원칙들이 국가 내부에서만 적용되고 인류 전체에게 적용되지 않는지 알 필요가 있다.

다문화주의 이슈를 논외로 치면 자유주의는 다음과 같이 옹호될 수도 있다. 공동체에 적대적이거나 해롭기는커녕 자유주의는 그 자체로 공동체에 관한 이론으로 이해될 수 있다. 그것은 특수한 (종교적, 인종적, 예술적) 공동체들이 개인의 자율성 존중 원칙에 근거해 수립된 국가의 틀 내에서 번창할 수 있도록 허용해준다. 더 중요한 것은 국가 자체가 하나의 공동체라는 점이다. 다시 말해, 국가는 시민들이 단합하여 정의사회라는 공동선을 성취하는 집단적인 기획인 것이다. 정상적으로 기능하고 있는 자유주의 사회에서는 '시민으로서의 정체성'이 매우 중요하기 때문에 우리는 연대의식을 가지고 행동할 준비가 되어 있다. 다시 말해, 우리는 동료시민들을 정의롭게 대한다는 조건—동료시민들의 자율성을 존중하고 증진해야 한다는 것—에서만 자기이익과 가치관을 추구할 각오가 되어 있다. 사람들이 공유하고 있는 '자유롭고 평등한 시민'이란 정체성은 그들의 특수한 종교적·인종적 혹은 문화적 정체성들보다 우선성을 가져야만 한다. 그리고 그 정체성은 그들의 개인적인 경제적 이익보다 강해야만 한다. 세금으로 일정 재산이 징수되더라도 잘살 수 있는 사람들은, 정의가 아무리 많은 재분배 세금을 요구한다고 할지라도 기꺼이 응할 것임이 틀림없다.

'자유주의적 공동체'론에 근거한 이와 같은 대응전략은 확실히 '자유주의적 개인주의'에 대한 더욱 혼란스러운 비판들 몇 가지를 극복할 수 있게 해준다. 하지만 정교한 공동체주의자는 그 정도에 만족하지 않을 것이다. 그의 견해로는 '자유주의적 공동체'론에 근거한 반박은 속임수와 같으며 공동체주의자가 중요하게 생각하는 것과 똑같은 (숨겨진) 전제를 이용하고 있다. 개별 공동체들의 도덕적 중요성, 곧 특수한 공동체와 자신을 동일시하는 것의 중요성을 이용하고 있는 것이다. 그는 다음과 같이 지적할 수도 있다. "사실이야, 자유주의 국가는 당신이 개략적으로 설명한 것처럼 하나의 공동체로, 다시 말해 시민들이 단합하여 정의라는 공동선을 서로에게 제공해주는 집단적 기획으로 이해할 수 있어. 하지만 지금까지 당신이 제시한 어떤 설명도, 정의가 우연히 같은 국가에서—동일한 정치적 규칙들 아래—살게 된 사람들에게만 적용될 뿐 인류 전체에게 적용되어서는 안 된다는 이유를 보여주지 않아. 나는 또한 자유주의적 시민이라는 관념만으로 사람들이 정의롭게 행위할 수 있다고 보지 않아. 철학적 관점에서나 실천적 관점에서나 당신의 주장은 그 자체로는 충분하지 않아. 당신은 도덕적인 측면과 동기부여 측면에서 모두 공동체가 중요하다는 모종의 특수주의적인 주장에 의존하고 있음이 틀림없어."●

　그러므로 문제는 자유주의적 주장의 근거가 개인의 자율성 능력이 갖는 중요성에 있는 것으로 보인다는 점에 있다. 내가 존중하고 증진시켜야 하는 것은 내 동료시민들의 이런 특성—자율성—이다. 하지만 이런 능력이 있는 것은 나의 동료시민들만이 아니다. 아마도 다른 모든 인간들도 마찬가지일 것이다. 그렇다면 내가 자율성을 증진시키기 위한 재분배 납세의 의무를 제3세계의 굶주린 사람들을 위해서가 아니라 가난한 동료 영국인들을 위해서 져야 할 이유는 무엇인가? 자유주의적 주장의 추상적이고 보편적인 표현과 개별 정치공동체 구성원들 사이의 관계에 적용할 수 있는 시민권 이론으로서의 자유주의 사이에는 이론적인 간극이 존재한다.

●특수주의적 주장은 보편적 주장과 대비된다. 특수주의적 주장은 개인들의 도덕 판단과 행위에서 개별 공동체나 문화가 결정적인 역할을 하는 것으로 본다. 이런 입장은 보편주의적 입장이 개별 공동체와 문화의 고유한 가치를 무시 또는 억압하는 경향이 있다고 본다. 이런 입장은 최소치의 보편적인 도덕이 있다는 것을 부정하지 않지만, 개인적인 도덕 판단과 행위에서 일차적인 역할을 하는 것은 개별 공동체나 문화의 지배적인 가치라고 본다.

여기서 우리는 조심할 필요가 있다. 먼저 다른 사람들보다는 동료시민들에게 더 광범위한 의무를 지고 있다고 생각하는 자유주의자들은, 우리가 동료시민이 아닌 다른 존재들에게도 **어느 정도** 의무를 지고 있다는 사실에 기꺼이 동의할 수도 있다. 국가적인 수준의 자유주의 공동체를 옹호하는 사람들이, 우리가 인간이라는 사실만으로 서로에게 어떤 요구를 할 수 있다는 점을 부정할 것 같지는 않다. 그는 아마도 내가 다른 사람들보다 내 동료시민들에게 **더 많은** 의무를 지고 있다고 주장할 것이다.(아마도 외국인들에게 나는 그들의 소극적 권리들—쉽게 이해할 수 있는—만을 존중해주거나 극심한 고통을 피하도록 도와줄 의무만을 질 것이다. 반면에 같은 정치공동체의 구성원들에게는 더욱 까다로운 분배원칙들에 따라야 할 의무를 지게 될 것이다.) 또한 일부 자유주의자들은 '자유주의 공동체'론을 세계 전체를 대상으로 확장시키고 있다는 점을 분명히 인식할 필요가 있다. 이런 사람들은 '사해동포주의자들'로서 정의의 원칙들과 공동체에 관한 착상들을 전 지구적으로 적용해야 한다고 생각하는 철학자들이다. 그들은 여전히 '시민'이라는 개념을 사용할 수도 있지만 '세계 시민권'을 언급함으로써 그 개념의 함축성을 근본적으로 변경시킬 것이다. 그리하여 분배적 정의를 국가 내부에서만 적용해서는 안 되고 전 세계에 걸쳐 적용해야 한다고 주장할 것이다.

분명히 해둘 필요가 있는 다른 한 가지 사항은 사해동포주의자라고 해도 일부 의무들은 전 인류에게가 아니라 우리가 속해 있는 정치공동체의 구성원들, 곧 동료시민들에게만 적용된다는 것을 인정할 수 있다는 점이다. 어쨌든 시민으로서 우리들은 자치를 하고 법을 제정하는 과정에 집단적으로 참여한다. 그리하여 개인적으로 하고 싶은 것들에 스스로 제약—법—을 부과한다. 내가 그런 법에 복종할 의무가 있다면 아마도 그 의무는 전체 인류를 위해서가 아니라 나와 함께 법을 만들고 그 법에 복종할 의무를 지고 있는 동료시민들에게 지는 의무일 것이다. 개인이 자신이 속해 있는 국가의 법에 복종해야 할 이유는 많다. 법률을 어기면 붙잡히기 때문에 복종한다. 어쨌든 그렇게 하는 것이 옳은 일이라 생각하기 때문일 수도 있다.(대부분의 사람들은 살인이 도덕적으로 나쁘기 때문에 살인을 안 하지 살인을 금하는 법률이 있어서 살인하지 않는 것은 아니다.) 하지만 어떤 사람들은 때로 특수한 이유 때문에 법에 복종한다. 다시 말해 법에 복종하는 것이 동료시민들에 대한 의무라고 믿기 때문에 법에 복종한다. 철학자들이 '정치적 의무'라고 부르는 것에 관한 장이 있다면 어느 정도 이 주제를 다룰 수 있을 것이다. 여기서의 핵심은 단지 이런 부류의 의무—자신이 속한 국가의 법률에 복종할 의무—가 존재한다면 그것은 실로 어떤 다른 사람들이 아닌 동료시민들에 대한 의무라고 보는 것이 합당하다는 것이다. 사해동포주의자들은 이 점을 인정할 수 있다. 그들이 동의하지 않는 것은 분배적 정의와 관련된 권리와 의무들이 자신이 속해 있는 정치공동체의 구성원들에게만 유효하다는 주장이다.

이미 언급한 바와 같이 우리는 주의할 필요가 있다. 이제 우리가 전 인류에게 어느 정도 의무를 지고 있지만 동료시민들에게는 더 까다로운 (정의에 근거한) 의무를 진다고 보는 자유주의자들에게로 되돌아가보자. 자율성의 능력에 대한 존중만으로는 그 차이를 충분히 설명하기 어렵다. 공동의 시민권, 곧 한 **정치**공동체의 일원이라는 사실에는 도덕적으로 특별한 무엇인가가 있다. 그것은 사람들이 동료시민들에 대해 더 많은 권리와 의무를 갖는 이유를 설명해준다. 가족 구성원들이 자신들만의 관계에서 특별한 도덕적 유대를 형성한다는 생각은 별로 문제될 것이 없다. 우리들은 부모, 아이들 그리고 친척들에게 다른 사람들에게서 느끼는 것 이상의 의무감을 느낀다. 이와 유사한 논리가 같은 국가의 구성원들에게도 적용된다. 시민들 사이의 유대감은 의심할 여지없이 우리가 가족에게 느끼는 유대감보다는 약하지만, 우리가 전체 인류에게 가지고 있는 유대의식보다는 강하다.

하지만 정치공동체인 국가가 가족과 어떻게 같은가? 그리고 자율성, 평등 및 자유와 같은 추상적이고 보편적인 이상들이, 타인들과의 일체감, 연대의식 혹은 공동체의식을 발생시킬 수 있는가? 그래서 자유주의자들이 서로에 대해 지고 있는 것으로 믿고 있는 의무들을 이행하도록 촉구할 수 있겠는가? 여기서 우리는 공동체주의적 반론에 들어 있는 둘째 요소로 향하게 된다. 즉 만일 '자유주의 공동체'가 작동하려면, 다시 말해 시민들이 서로를 정의롭게 대하기 위해 자기이익의 추구를 기꺼이 절제하려면 단지 '같은 국가의 시민'이라는 정체성보다는 더 깊고 정서를 자극할 수 있는 공동의 정체성을 공유해야만 되지 않겠는가 하는 의문을 품을 수 있다. 내가 만일 다른 사람들보다 내 동료시민들에 더 많은 관심을 갖는 것이 사실이라면 그것은, 우리가 같은 추상적인 원칙들에 따르고 자유주의 국가를 유지하는 기획에 함께 관여하기 때문이 아니다. * 그것은 내 동료시민들이 또한 나의 동포이기 때문이다. 그 이유는 그들이 나와 같은 영국인으로서 같은 언어를 쓰고 전통과 역사를 공유하는 특별한 존재들이기 때문이다. 다시 말해 내 동료시민들은, 내가 자유주의 이론이 단지 공동의 시민권이란 관점에서 설명하고자 하는 권리와 의무를 받아들일 수 있을 만큼 그들과 충분한 일체감을 가지고 있다는 의미에서 특별하다. 우리가 느끼는 의무감의 동기는 공유된 국민적 정체성, 영국 시민으로서의 정체성이지 추상적인 시민권 관념이 아니다.(물론, 영국인들이 공유된 정체성을 갖고 있다는 관념—그리고 그들이 공유된 정체성을 가지고 있다고 볼 때 그 정체성의 연원이 어디에 있고 또 그것이 어떻게 유지되는가 하는 문제—은 논란의 여지가 있는 문제다. 사실상 공동체적 정체성은 복합적이며 서로 중첩되고 부분적으로는 유럽연합과 같은 정치운동으로 끊임없이 재형성된다. 집단정체성의 정치는 엄청나게 복잡한 문제다. 여기서의 내 의도는 단지 정치철학에서 제기되는 문제로서 그 일반적인 윤곽을 그려보는 것이다.)

---

* 여기서 추상적인 원칙들이라 함은 헌법적 원칙들과 정신을 가리키는 것으로 보면 된다. 시민은 이 동일한 추상적 원칙들을 통해 결합되어 있다.

반론에 따르면 비록 보편적이고 추상적인 용어로 표현되고 있긴 하지만 '자유주의적 공동체'란 관념은 더 배타적인 어떤 것, 곧 가족과 더 유사한 어떤 것을 전제하고 있다. 가족의식처럼 국가의 일원이라는 의식 또한 공동의 역사에 대한 믿음에 기초하고 있다. 그것은 우리가 누구인지에 대한 생각을 형성한다. 그리고 그것은 특수한 도덕적 유대를 발생시킨다. 우리는 정치공동체인 국가가 우리 민족과 일치하기 때문에 그리고 또 일치하는 정도에 따라 정치공동체인 국가와 일체감을 갖는다. 우리의 민족과 국가가 일치하지 않는다면 우리는 민족과 국가가 일치할 수 있도록 변화를 꾀할지도 모른다.(소련 붕괴 이후 유럽에서 발생한 갈등들은 주로 동일 민족으로서 일체감을 갖고 있는 사람들이 민족과 국가를 일치시키려는 과정에서 발생했다.) 그러므로 공동체주의적 설명에 따르면 '자유주의적 공동체'란 관념은 자체만으로는 완벽한 관념이 될 수 없다. 그것만으로는 특수한 도덕적 관계를 설명할 수 없거나, 평등주의적 자유주의자들이 기대하는 것처럼 사람들이 행동할 것이라고 기대하기 어렵다. 단순히 동료시민들을 정의롭게 대하는 수준을 넘어선 (더 끈끈한) 공동체 관념을 전제하지 않는다면 말이다. 사람들의 정체의식은 때로 '시민권'이란 추상적인 관념보다는 더 특수한 어떤 것으로 '구성되는' 것이 틀림없다. 이것이 바로 공동체주의자들이 내내 주장해온 것이다.

이 책의 다른 이슈들과 마찬가지로 이것은 이야기의 시작이지 끝이 아니다. 일부 자유주의 이론가들은, 사회정의는 개별 국가들 내에서 추구되어야 할 문제라고 보며 동료시민들은 서로에게 정의에 근거한 특별한 의무를 지고 있다는 것을 인정한다. 그들은 또한 정의를 실현하기 위해서는 애국심을 고양시킬 수 있는 국가의 행위가 필요할 것이라는 점도 인정한다. 애국심이 있어야만 분파적 사고를 부추기는 계급과 문화 그리고 모든 다른 요소들의 분열적 영향을 상쇄시킬 수 있기 때문이다. 어떤 사람들은 사해동포주의 노선을 지향한다. 그들은 사람들이 외국인들보다는 같은 동포에게 더 친밀한 감정을 **느낄** 수도 있다는 것을 인정하지만 그것은 초월해야할 감정이라고 본다. 부모들이, 흔히 그런 유혹을 받음에도 불구하고, 자기 자녀들을 지나치게 편애해서는 안 되는 것처럼—예컨대 사람을 고용할 때 특혜를 주는 것을 피하고 평등과 공정성 원칙을 준수해야 하는 것처럼—도덕적인 숙고를 할 때 단지 같은 국민이라는 사실에 너무 많은 비중을 두어서는 안 될 것이다. 아마 전혀 그래서는 안 될 것이다. 어떤 경우든 민족은 보통 하나의 신화—'상상의 공동체'—가 아닌가? 사실상 존재하지 않은 것이었지만 공동의 정체의식을 불러일으킬 목적으로 의도적으로 구성된 것이 아니었나? 게다가 우리는 민족성이라는 관념이 얼마나 위험한지 잘 알고 있다. 민족이란 관념이 예전의 유고슬라비아에서 일으킨 재난을 보라.(민족이 지닌 도덕적 중요성을 재건하려는 최근의 시도들이 '민족주의'가 아니라 '민족(성)'에 관해 언급한다는 사실은 중요한 의미가 있다. 오늘날 민족을 옹호하는 사람들은 '피와 땅'을 지나치게 강조한 열광적인 민족주의와는 거리를 두고 원한다.) 또한 심지어 사해동포주의자들도 세계가 독립된 국가들로 구성되는 것이 적절하고, 그 국가들이 민족단위와 일치할 때 가장 이상적으로 기능하며, 같은 국가의 구성원들이 서로를 도울 수 있는 가장 적합한 사람들이라고 주장할 수 있다는 점에 유의해보라. 만일 사해동포주의자들이 단일한 '세계국가'가 실천 가능하지 않고, 지구 전체에 정의를 실천할 수 있는 가장 가능성 있는 방법이 각 국가가 구성원들을 보살피는 것이라는 점을 인정하는 한편 공동의 민족문화를 공유하는 사람들이 그런 일에 가장 이상적이라고 믿는다면 바로 그런 입장을 취하게 될 것이다. 여기서 민족, 그리고 정체의식을 공유하는 시민들로 구성된 개별 국가들은 수단적 가치—다른 목적을 위한 도구로서—가 있다. 민족과 민족국가로 이뤄진 세계가 필요한 이유는, 그것들이 존재하는 편이 여러 가지 실천적 측면에서 더 실효성 있고 편리한 결과를 가져다주기 때문이지, 결코 사람들이 다른 사람들보다 동료시민들 혹은 동포들에게 더 특별한 의무를 느끼고 있기 때문은 아니다.

공동의 정체의식은 어떻게 발생하는가? 무엇이 사람들로 하여금 서로에 대해 유대감을 느끼게 하는가? 그래서 재분배를 정당화하는 자유주의의 까다로운 원칙들을 준수하며 서로를 대하도록 만드는가? 전쟁은 좋은 동기다. 영국 복지국가에 대한 지지가 제2차 세계대전 직후에 절정에 이르렀다는 사실은 우연이 아니다. 공동의 목표의식을 조장하는 데는 전쟁만 한 것이 없다. 전쟁은 사람들을 같은 배에 태움으로써 사회적 경계들을 무너뜨리고 통합을 촉진한다. 사람들 사이의 일체감이 점차 약화됨에 따라—그리고 사회가 더 다원적이 되고 다양해지며 따라서 문화적 동질성이 약화됨에 따라—모종의 민족적 혹은 시민적 봉사에 대한 요구는 점점 더 강해지게 된다. 이제는 사람들이 국가의 일원이라는 감정보다는 더 국지적이고 특수한 집단들—인종, 종교 그리고 라이프스타일 집단—과 일체감을 느끼는 경우가 더 흔하다. 그들에게 인생의 한 해를 이른바 '국가에 대한 봉사'—지역 수준에서 이행된다고 해도—에 바치라고 요구한다면 아마도 '시민적 정체성' 의식을 촉진시킬 수도 있을 것이다. 물론 이런 요구는 그들의 자유를 제약할 것이다. 일부 자유주의자들은 그 때문에 그런 정책에 반대할지도 모른다. 하지만 자유주의자들은 단지 자유에만 관심이 있는 것이 아니라 정의에도 관심이 있다. 사람들이 자신과 공동의 정체성을 갖고 있는 사람들에게서만 정의롭게 행위하고, 강제적인 국가봉사만이 그런 의식을 함양할 수 있다면 자유주의자는 그런 정책이 초래할 자유의 제약 효과를 기꺼이 수락해야 할 것이다.

| 결론 |

정치적 공동체주의자들은 이런 논의가 핵심을 놓쳤다고 느낄 수도 있다. 그것은 이 자유주의와 철학적인 공동체주의자들 사이의 논쟁에 (혹은 표면상의 논쟁에) 초점을 맞춰왔기 때문이다. 지금까지의 논의를 통해 자유

주의가 어떻게 해서 국가를 하나의 공동체로 이해하고 있는지 설명했다. 그리고 공동체에 대한 자유주의적 발상은 공동의 정체의식—강한 문화적 다양성에 위협받고 있다고 할 수 있는—을 전제할 수도 있다고 주장했다. 물론 자유주의자들은 자신이 이런 공동의 정체의식을 전제하고 있다는 사실을 의식하지 못하는 경향이 있지만 말이다. 어떤 사람들이 보기에 자유주의적 국가공동체는 너무 추상적이고 일반적이다. 그들이 관심을 갖고 있는 부류의 공동체는 더 특수하고 더 지역적인 소규모 공동체들—가족, 교회, 이웃—이다. 나는 자유주의가 인류 전체보다는 동료시민들에게 더 특별한 관심을 가져야 하는 이유를 설명하는 데 문제가 있다고 말했다. 하지만 현실감이 없는 철학자만이 그것을 문제로 생각할 수 있다고 반박할 수도 있다. 진짜 문제는 국가 혹은 민족이 이미 소속감과 동료애를 느낄 수 없을 정도로 너무 흩어져버렸거나 거리가 생겨버렸다는 점이다. 그런 의식과 애정은 사람들이 잘못된 부류의 개인주의—소외를 발생시키고 이기주의적인 개인주의—에 빠지지 않도록 막아준다.

이런 관점에서 보면, 공동의 시민권 관념에 입각하여 정당화된 재분배 국가는 결속의 동기가 너무 약해서 오래 유지되기 어렵다. 전쟁 직후 잠시 동안에 영국에서는 국민적 유대와 공동의 목표의식이 실제로 존재했었다. 복지국가가 바로 그런 정신과 의식을 구현했다. 하지만 그것은 오래 지속될 수 없었다. 게다가 복지국가는 지역에 기반을 둔 자발적 결사들의 역할까지 떠맡아버리면서 더 특수한 형태의 공동체들을 도태시켜버렸다. 장기적으로 볼 때 개별적인 지역 공동체들은 사람들에게 고립된 개인 이상의 존재라는 의식을 훨씬 더 잘 심어줄 수 있었는데도 말이다. 자신을 '시민'으로 의식하는 사고방식은 실로 자신을 특정 공동체의 일원으로 보는 정체의식을 함축하고 있다. 하지만 그것이 함축하는 국가공동체는 너무 관료적이고 비인격적이며 멀리 떨어져 있어서 사회가 사익을 추구하는 개인들 혹은 잘해봐야 핵가족들로 해체되는 것을 막아주기 어렵다. 국가공동체의 일원이라는 의식만을 가지고서는 정치활동과 '시민사회'—정치이론가들이 그렇게 부르는데—에 참여함으로써 얻을 수 있는 의미와 목적의식을 갖기 어렵고 따라서 행복하기도 어렵다. 국가 수준의 정치는 너무 거리가 멀어서 관심을 갖기 어렵다. 우리가 점증하는 소외감 및 무관심과 맞서 싸우려면, 정치가 적절한 인간적 수준으로 되돌아가야만 된다. 이와 같은 부류의 공동체주의자는, 아일랜드의 보수주의자 에드먼드 버크(Edmund Burke, 1729~1797)가 '작은 소대들(little platoons)'이라 불렀던 것들, 곧 가족과 국가 사이에 존재하는 시민적 결사 형태들의 재건을 원한다. 그들은 그런 시민적 결사 형태들의 재건과 지역 공동체의 강화, 개개 이웃에서의 '공동체 의식'의 복원 등이 필요하다고 말한다. 공동체 치안, 공동체 학교, 공동체 정치, 공동체 개발, 공동체 실천주의 등은 그런 희망을 담고 있는 표현들이다.

오늘날 자신의 가족을 넘어선 귀속감, 타인과의 일체의식, 타인과의 애착관계 등이 갖는 가치를 부정하는 사람은 거의 없을 것이다. 하지만 여기서 우리는 점점 더 경험적인 문제들을 향하여, 다시 말해 정치철학자들보다는 정치사회학자들이 더 좋은 해답을 제시해줄 수 있는 문제들을 향하여 나아가고 있다. 어떤 종류의 귀속성, 정체성, 애착관계가 어떤 조건 속에서 지속 가능하며 또 그것은 서로 어떤 관계에 있는가? 그런 요소들은 서로 서로를 강화시키는가? 지역 공동체가 주도하는 사업에 참여할 수 있을 만큼 충분히 사적 영역을 벗어날 수 있는 사람들은 또한 일반적으로 더 폭넓은 견해를 취하는 경향이 있는가? 그 경우 지역 공동체에 소속되어 있다는 사실과 지역 공동체 활동에 참여한다는 사실은 국가 차원의 유대와 우애를 표출하는 데 장애가 되는가? 지역적 결사체들은 시민정신의 요람인가? 아니면 지역적 공동체와 국가공동체는 서로 반대 방향으로 작용하는가? 공동체는 구성원 자격과 포용에 관한 것이다. 하지만 그것은 또한 누가 구성원이 아니며 누가 배제되는가에 관한 것이기도 하다. 지역 주민들은 문화적·경제적으로 비교적 동질적이다. 비슷한 인종, 종교, 부(富)를 갖고 있는 주민들은 서로 가까이서 사는 경향이 있다. 전국을 무대로 활동하는 정치인들에게는 틀림없이 중요한 사항일 텐데, 전체 시민들 사이에 공동의 정체성이 있는 것이 정말로 중요하다면—그래야 어떤 지역에 사는 부유한 가톨릭 신자들이, 자신이 시장에서 번 돈의 일부가 다른 지역에 사는 실업상태의 이슬람 신도들에게 재분배되는 것이 합당하다고 생각한다면—우리는 지역 공동체나 다른 정체성을 지나치게 강조하는 행위가 분열적이고 불평등을 강화시키는 결과를 가져올 수 있다는 것을 간과하지 말아야 한다. 왜냐하면 지역 공동체나 다른 정체성을 강조하는 것은, 우리가 같은 시민이라는 의식을 약화시키는 경향이 있기 때문이다.

| 더 읽을거리 |

쉴로모 아비네리(Shlomo Avineri)와 애브너 드샬릿(Avner de-Shalit)이 공편한 『공동체주의와 개인주의(Communitarianism and Individualism)』(Oxford University Press, 1992)는 이른바 자유주의-공동체주의 논쟁의 주역들이 쓴 글들을 손쉽게 접할 수 있도록 함께 엮은 유용한 책이다. 가장 좋은 방법은 철학 분야의 핵심적인 일차 문헌들을 거의 다 섭렵하는 것이다. 예컨대 존 롤스의 정치적 자유주의와 조지프 라즈의 완전주의적 자유주의는 각각 『정치적 자유주의(Political Liberalism)』(Columbia University Press, 1993)와 『자유의 도덕(Morality of Freedom)』(Oxford University Press, 1986)에서 개진되고 있다. 스티븐 멀홀과 애덤 스위프트의 『자유주의자들과 공동체주의자들』(재판, Blackwell, 1996)은 여기서 다뤄지고 있는 다른 이슈들에 대한 보다 상세한 논의들은 물론 그들의 입장을 장별로 제공하고 있다. 그들이 쓴 「롤스와 공동체주의(Rawls and Communitarianism)」는 새뮤얼 프리먼(Samuel Freeman)이 편집한 『롤스에 대한 케임브리지 가이드(Cambrdige Companion to Rawls)』(Cambridge University Press, 2002)에 수록되어 있는데 유

익한 개관을 제공한다. 다니엘 벨(Daniel Bell)의 『공동체주의와 그 비판자들(Communitarianism and its Critics)』(Oxford University Press, 1993)은 파리의 가벼운 레스토랑에서 벌어진 대화체로 쓰여졌다.

정치적 공동체주의 측면에서는 핵심 문헌이 아미타이 에치오니(Amitai Etzioni)의 『공동체정신(The Spirit of Community)』(Crown Publishers, 1993)인데 이 책은 「반응성 있는 공동체 강령(Responsive Community Platform)」을 포함하고 있다. 헨리 탐스(Henry Tams)의 『공동체주의: 정치와 시민권을 위한 새로운 의제(Communitarianism: A New Agenda for Politics and Citizenship)』(Macmillan, 1998)는 특히 영국을 배경으로 한 가장 충실한 설명이다. 엘리자베스 프레이저(Elizabeth Frazer)의 『공동체주의 정치의 문제점들(The Problems of Communitarian Politics)』(Oxford University Press, 1999)은 어렵긴 하지만 지금까지 '공동체주의'라 불리고 있는 당혹스러울 만치 다양한 것들을 통합·정리해놓은 가장 이상적인 저서다. 다음의 인터넷 사이트는 '공동체주의 네트워크'에 연결된다.

http://www.media.gwu.edu/~ccps/links.html

윌 킴리카(Will Kymlicka)가 편집한 『소수문화들의 권리(Rights of Minority Cultures)』(Oxford University Press, 1995)는 아마도 소수자 권리에 관한 논쟁에 입문하기 위한 최상의 통로일 것이다. 브라이언 배리(Brian Barry)의 『문화와 평등(Culture and Equality)』(Polity, 2000)은 다문화주의란 이름으로 일컬어지는 많은 것들을 가차 없이 비판하고 있는 흥미 있는 비판서다. 그런데 배리의 저서는 반대로 폴 켈리(Paul Kelly)가 편집한 『다문화주의의 재고찰(Multiculturalism Reconsidered)』(Polity, 2002)에 기고한 저자들로부터 흥미로우면서도 통렬한 비판을 받고 있다. 데이비드 밀러(David Miller)의 『시민권과 민족정체성(Citizenship and National Identity)』(Polity, 2000)은 다루고자 하는 주제를 섬세하지만 명확하게 논의하고 있다.

5부
민주주의

민주주의는 정말로 '어머니의 사랑과 애플파이'[•] 같은 정치형태인가? 그것에 누가 반대하는가? 온갖 종류의 이상한 정권들이 스스로 민주적이라고 부르고 있다는 사실은, 정치권력은 인민의 손에 있어야 한다는 생각의 도덕적·수사학적인 힘을 입증해준다.(그리스어 *kratos*='권력', *demos*='인민', 따라서 민주주의Democracy는 문자 그대로 '인민의 권력'을 뜻한다.) 실로 일반적인 통념은 민주주의가 보편적으로 가치가 있으며 모든 사람들에게 좋다고 생각한다. 정말로 너무 좋기 때문에 일부 국가들은 민주주의를 전파하는 것을 대외정책의 정당한 목표로 간주하게 되었다.

한편 '민주주의'는 하나의 이상으로서는 상당히 모호한 측면이 있다. 사람들은 민주주의를 빈번히 자신이 좋다고 생각하는 정치체제 혹은 사회의 모든 측면을 포괄하는 용어로 사용한다. 물론 때로 수사학적으로 민주주의에 호소함으로써 이득을 보려는 시도는, 속이 빤히 들여다보여서 우스꽝스럽기까지 하다. 사냥개를 데리고 사냥하는 것을 금지하는 법률이 영국인들의 민주적 권리를 박탈해버렸다고 하는 사냥옹호 로비집단의 주장에

[•] 거의 모든 사람이 좋아하고, 거의 거부하지 않는 것을 뜻하는 미국의 관용어다.

동의할 사람들은 별로 없을 것이다. 하지만 그들은 민주주의란 이상에 호소했다. 어쩌면 사냥할 권리가 있을지도 모른다. 그리고 정부가 그것을 인정해주지 않는 것이 잘못일 수도 있다. 하지만 노동당의 성명을 통해 발표되고 하원에서 다수가 찬성하여 통과된 그 법률이 **비민주적**인가? 또는 미국의 이른바 총을 소지할 수 있는 권리를 생각해보라. 그 권리를 인정할 수도 부정할 수도 있다. 그리고 그렇게 하는 근거가 헌법에 의거할 수도 의거하지 않을 수도 있다. 하지만 그 구성원들에게 총을 소지할 권리를 인정해주는 사회가 그렇게 하지 않기로 (민주적으로) 결정한 사회보다 더 민주적인지는 이해하기 어렵다.

민주주의에 대한 이와 같은 보편적인 경의와, 좋은 것들을 민주적이라고 부르는 경향은 상당히 아이러니한 측면이 있다. 오늘날 민주주의가 좋은 것이라는 생각은 명백해 보이며, 단순한 상식이 되어버린 듯하다. 하지만 인류 역사의 대부분은 그 반대였다. 명석한 사고를 할 줄 아는 사람들은 만일 민주주의가 실천된다면 재앙이 될 것이라고 생각했다. 도대체 누가 권력을 **인민**—제멋대로 굴며, 무지하고, 자기이익만을 추구하는 무리—에게 주는 것이 바람직하다고 생각할 수 있는가? 인민은 가난했고 그 수가 많았다. 그들의 손아귀에 권력을 쥐어줄 정도로 어리석은 국가는 순식간에 자멸해버리고 말 것이다. 마치 수세기에 걸쳐 귀족 엘리트들이 세운 부와 문명을 광포하게 먹어치우는 무식한 대중들이 단기간에 파괴해버렸듯 말이다.

그와 같은 역사는 우리를 주저하게 한다. 염려할 필요 없다. 나는 독자들이 결국 민주주의를 정말로 신봉하는 것은 아니라고 납득시키려는 것은 아니다. 하지만 민주주의에 대한 이처럼 광범위하고 무비판적인 지지를 놓고 볼 때, 어느 정도 반(反)민주적인 직관들을 자극시켜보는 것은 유익할 듯싶다. 우리가 왜 민주주의를 원하고 어느 정도만큼의 민주주의를 원하는가를 정확히 알기 위해서 그럴 필요가 있다. 어떤 이들은 비관론자들이 틀린 이유—민주주의가 파괴로 이어지지 않는 이유—가, 우리가 민주주의를 그 정도로 많이 갖고 있지 않아서라고 생각한다. 그렇지만 다른 사람들은 문제가 완전히 정반대라고 생각한다. 분명히 밝힐 필요가 있는 것은, 사람들이 서구의 '자유민주주의' 국가들이 민주주의의 가치를 실현하고 있는 정도를 지나치게 과신하고 있다는 것이다. 이어질 논의는 그들에게 우리가 참된 민주국가의 구성원 자격을 얼마나 초라하게 누리고 있는지 보여줄 수 있을 것이다.

한 가지 중요한 이슈—민주적 원칙들의 범위—는 다루지 않을 것이다. 나는 서문에서 시민들과 국가의 관계를 다루는 전통적인 정치에 초점을 맞출 것이라고 설명한 바 있다. 거기에 초점을 맞추는 것이 어떤 사람들에게는 지나치게 협소하게 느껴질 것이다. 그리고 민주적인 사고가 더 광범위하게—직장, 회사, 가정에서—적용되어야 하는지에 대한 정말로 중요한 이슈들이 있다. 완전하게 민주적인 국가는 아마도 민주적인 가치들이 단순히 국가적인 제도들뿐만 아니라 시민사회 제도들과 관련된 우리의 이해와 실천 속에 스며들어 있는 국가일 것이다. 나의 국가 중심적인 접근은, 내가 그런 몇 가지 주장들에 관심이 없다거나 심하게는 열의가 없다는 것을 뜻하지 않는다.(비록 민주주의가 가치 있는 것임에도 나는 가정을 민주화시키는 것을 전혀 좋아하지 않지만 말이다.) 하지만 나는 국가가 수행하는 의사결정 절차가 국가 차원에서 가장 잘 다뤄질 수 있는 고유한 도덕적 이슈들을 제기한다고 생각한다. 그것이 바로 내가 여기서 목표로 삼고 있는 전부다.

민주주의란 무엇인가?

"인민의, 인민에 의한, 인민을 위한 지배." 미국 대통령 에이브러햄 링컨(Abraham Lincoln, 1809~1865)의 민주주의에 대한 정의는 좋은 출발점이다. 중요한 부분이 '인민에 의한' 부분이라는 것을 분명히 알고 있다면 말이다.

모든 정부는 인민의 정부일 것이다. 통치되는 것은 바로 인민이다. 그리고 원칙적으로 자비로운 독재자 혹은 계몽된 귀족계급은 인민을 위해 지배할 수 있다. 사실 그런 시나리오들은 약간 실현될 가능성이 낮다고 생각할 수도 있다. 민주정권은 독재나 귀족정치보다는 인민을 위해 지배할 개연성이 높을지도 모른다. 그리고 그것이 바로 민주주의를 선호할 좋은 이유일 수도 있다. 하지만 그렇다면 선호하는 것은 바로 인민에 의한 지배―인민이 스스로 통치하는 정치체제―다.

만일 이것이 민주주의의 의미라 한다면 이내 한 가지 문제에 직면하게 된다. 가장 민주적이라 자처할 수 있는 정치체제들조차도 순수한 자치집단으로 보기 어렵다는 것이다. 실제 상황은 때때로 선거가 행해진다는 것이며 이 선거기간 동안 전체 인구의 일부가 다음 몇 년간 의사결정을 할 매우 소수의 사람들―대의원들―을 선출한다는 것이다. 일반적으로 선거의 승자들은 실제로 투표하는 유권자들 중 일부의 표만을 얻을 뿐이며 투표를 하지 않은 다른 유권자들까지 감안하면 득표율은 그보다 훨씬 더 낮아진다. 이런 선거들은 대중매체의 대부분을 자신만의 분명한 정치적 선호가 있는 부유한 엘리트층이 소유하고 있는 상황에서 이뤄지며 정당들이 기부금을 광고에 마음대로 쓸 수 있는 상황에서 일어난다. 이런 식의 통치방식이 정말로 '인민에 의한 통치'인가?

이런 회의주의에 대한 빤한 대응은 실천 가능성을 언급하는 것이다. 진정한 '인민에 의한 지배'는 작은 도시국가에서는 생존력이 있었을 것이다. 이런 곳에서는 시민들이 정말로 함께 모여 평등한 존재들로서 공동의 문제를 놓고 집단적으로 심의할 수 있었다. 하지만 오늘날은 정치체제의 크기와 복잡성 때문에 이런 직접민주주의가 불가능하다. 간접민주주의 혹은 대의민주주의를 버리고 권력을 다시 인민에게 완벽하게 되돌려줄 수 있는 가능성은 거의 없다. 정치적 의사결정이 이루어져야 할 시간 및 의사결정에 필요한 전문지식을 생각하면, 이런 시도는 시작조차 할 수 없다. 정치적 안건에 있는 이슈는, 어떻게 하면 그나마 사람들이 4년이나 5년에 한 번씩이라도 귀찮음을 이기고 투표를 하게 만들 수 있느냐는 것이다. 이런 상황에서 (최소한 국가적 수준에서) 더 직접적이고 평등주의적인 민주주의 형태로의 변화를 제안하는 것은 유토피아적인 생각으로 보인다. 고대 아테네의 시민들은 함께 모여서 심의할 수도 있었을 테지만 그렇게 할 수 있었던 사람들은 사실상 여가를 누릴 수 있는 남성 시민들이었으며—여성과 노예들은 정치로부터 배제되었으며 가사노동을 했다—이들이 토론했던 문제들은 오늘날의 정체들이 직면하고 있는 것들보다 훨씬 더 단순했고 전문성이 떨어졌다.

실행 가능성의 문제를 원칙적인 문제들과 구분하여 고찰하는 것이 중요하다. 민주주의에 관한 경우에는 더 그러한데 그 이유는 민주주의를 실천하는 것이 너무나 어렵기 때문이다. 물론 궁극적으로는 실천 가능한 범위 내에서 우리가 도달할 수 있는 최선의 민주주의를 실현하도록 노력해야 할 것이다. 무엇이 실천 가능하고 그렇지 않은가에 관하여 많은 의견차가 있다. 많은 정치적 주장들이 (실천될 수 있다면 어떤 형태가 좋을 것인가 하는 문제보다는) 실천 가능성의 문제를 둘러싼 논의들이다. 이런 접근방법에 잘못은 없다. 하지만 우리가 정치철학을 할 때는 너무 일찍 실천적인 문제점들을 고민하지 않는 것이 중요하다. 말하자면 민주주의의 가치를 고찰할 때 그런 현실적 제약조건들이 개입되지 않도록 하는 것이다. 먼저 우리는 민주적 가치들을 생각해야 하며 어떻게 해야 그 가치가 가장 이상적으로 실현될 수 있을지 생각해야 한다. 그런 이후에야 우리는 세계를 바라보고 어떤 종류의 민주주의가 그 이상에 가장 가깝게 실현될 수 있을지를 모색할 수 있다.

'인민에 의한 지배'의 요지는, 그것이 의사결정을 하는 절차라는 것이다. 그것은 우리의 관심을 법률의 내용에서 법률이 제정되는 방식으로, 특히 제정하는 주체로 향하게 한다. 민주주의를 의사결정 절차로 인식하는 것은 민주주의에 대한 다양한 찬반론을 명확히 이해할 수 있는 좋은 방법이다. 사람들이 지켜야 할 법률을 스스로 제정하는 것이 정말로 좋은가? 이에 대한 답변은 두 가지로 분류해볼 수 있다. 절차의 가치는 도구적일 수 있다. 왜냐하면 결과가 나올 것이기 때문이다. 혹은 본유적인 가치가 있을 수도 있다. 다시 말해 만들어내는 결과와는 무관하게 그 자체의 고유한 가치가 있을 수 있다. 아마도 민주주의는 이 두 가지 근거 때문에 좋은 것이리라. 민주주의는 아마도 좋은 결정, 안정된 정부 또는 계몽된 시민들을 낳을 수 있을 것이다. **동시에** 민주주의는 집단적인 의사결정에 참여할 수 있는 사람들의 권리를 존중해주며 정치권력을 분배하는 가장 공정한 방식일 수도 있다. 어쩌면 아닐지도 모르지만. 이 장의 상당 부분은 이와 같은 상이한 정당화방식들을 다루게 될 것이다.

　민주주의를 하나의 절차로 간주하는 것은 민주주의와 정치철학 사이에 발생할 수 있는 긴장을 내보인다. 철학자들은 올바른 답을 모색하려고 하는 반면 민주주의는 답을 내놓는 데 모든 사람들이 평등하게 참여하기를 원한다. 이와 같은 긴장은 플라톤의 『국가(Republic)』에서 가장 극명하게 나타나고 있다. 이 책에서 철학의 아버지 플라톤은 철인왕의 지배를 지지하면서 노골적으로 민주주의를 거부한다.(그것은 분명히 가공할 아이디어다. 플라톤[기원전 427~347]은, 철학자들만이 국가라는 배를 항구로 안전하게 인도할 전문지식을 갖추고 있다고 생각했다. 내가 알고 있는 철학자들은 자신이 어디에 자전거를 놔뒀는지 기억하는 데 어려움을 겪고 있다.) 플라톤에 따르면 우리가 원하는 것은 현명한 정치적 결정, 곧 비교적 작고 동질적이었던 그리스 도시국가들조차도 직면했던 곤란한 문제들에 올바른 결정을 내리는 것이다. 하지만 많은 사람들에게 민주주의는 현명한 정치적 결정을 내리는 문제가 아니다. 그것은 인민이 스스로 결정을 하는 것에 관한 것이다. 많은 민주주의자들에게 법의 정당성은, 그것이 옳다는 사실에 달려 있는 것이 아니라 인민이 원하는 것, 곧 인민의 의사를 적절히 표현하고 있는가에 달려 있다.

인민의 의사가 철학적 질문을 견딜 수 있는지 아닌지는 상관이 없다.

우리는 지금 **올바름**(correctness)과 **정당성**(legitimacy) 사이의 차이를 말하고 있는 것이다. 철학자들은 정당성에 관한 올바른 이론 제시를 중요한 과제로 삼고 있다. 정말로 무엇이 민주적 결정을 정당하게 만드는가? 법률이 정당성을 얻기 위해서는 실제로 인민의 의사에 어떻게 반응하는 것이 필요하고 또 충분한가? 이런 것들은 피할 수 없는 철학적 문제다. 결정의 정당성은 결정의 올바름과는 사실은 무관할 수 있다. 그렇지만 무엇이 결정을 정당하게 만드는지에 관해 옳은 답이 있을 수도 있다. 그리고 물론 저마다 무엇이 결정을 정당하게 만드는지에 대해 견해를 가질 수 있는 **동시에** 어떤 특정한 이슈에 정치공동체가 어떤 결정을 내리는 것이 옳은가에 대해서도 견해를 가질 수 있다. 우리들 대부분은 이 두 가지 견해를 다 갖고 있다. 그러므로 철학자들과 다른 모든 사람들은 어떤 결과를 옳은 답이라 옹호하면서 동시에 특정한 의사결정 방식만이 정당하다고—비록 그 내용은 옳지 않을지라도 그렇게 내려진 결정은 여전히 정당하다고—합당하게 주장할 수 있다. 민주주의 이론에서 핵심적인 이슈는, 사람들 혹은 '인민'이 (자신이 따라야 하는) 규칙들을 만드는 데 참여하는 것이 왜 가치가 있는가 하는 문제다.

민주주의의 정도

본격적인 논의에 들어가기 위해 정치체제의 민주성이 여러 측면에서 정도의 문제임을 생각해보자. 국가가 민주적이지 않으면 비민주적이라고 생각하기 쉽다. 하지만 사실 어떤 결정(決定)이나 국가가 더 혹은 덜 민주적일 수 있는 다양한 방식들을 탐구해보면 애초에 우리가 민주주의에 관해 말할 때 우리가 의미하는 바를 더 분명히 이해하는 데 도움이 된다. 이런 접근방식에서 배울 수 있는 교훈은, 비록 민주주의가 의심의 여지없이 좋은 것일지라도, 사람들은 너무 많은 민주주의는 원하지 않는다는 것이다.

그러므로 여기서는 사회, 정치체제 혹은 그런 체제에서 나오는 결정이 어느 정도 '민주적'인지를 고찰해볼 수 있는 4가지 차원을 구분해본다.

1. 결정의 직접성 또는 간접성

의사결정은 인민 전체가 관련 이슈를 놓고 직접적으로 투표할 때 직접적으로 민주적이다. 민주주의는 그들 대신에 의사결정을 할 대의원들을 선출하기 위해 투표할 때 간접적으로 민주적이다. 영국과 미국은 대의민주주의의 체제를 운용하고 있다. 때때로 영국은 특별한 이슈들에서는 국민투표를 실시하는데 이런 경우는 사안이 너무 중요하고 논쟁적이기 때문에 결정의 정당성을 확보하기 위해서 인민 전체에게서 직접 명령을 받아야 한다고 여겨질 때다. 인민의 의사가 직접적으로 표현되는 국민투표로 내려진 결정들은, 대의원들이 내린 결정들보다 더 분명하게 '민주적' 의미를 지닌다. 물론 이 말은 그런 결정들이 어떻게 보든 더 낫다는 뜻은 아니다. 그것들은 더 좋은 결정들이 아닐 수도 있다. 더 나아가 국민투표는 더 나은 결정방식이 아닐 수도 있다. 하지만 그것은 더 민주적인 방식이다.

결정의 간접성은 다수 유권자의 현재 의사가 정치적 결정에 영향을 미치는 정도를 낮추는데, 결정의 직접성과 간접성의 정도는 그 자체가 단계성을 갖는다.(여기서 단계성이라는 표현은 전부 아니면 무라는 의미가 아니라 정도의 차이를 나타낸다.) 전체 유권자가 의회를 뽑고 이 의회에서 또 의회를 뽑고 또 그 의회가 의회를 뽑는 과정이 계속되는 정치체제를 상상해보라. 인민과 최종 결정 사이의 매개 단계가 많아질수록 (즉 대의체계가 복잡해질수록) 직접적으로 민주적인 성격은 떨어지고 따라서 덜 **민주적인** 체제가 된다.

'직접민주주의'와 '참여민주주의' 사이의 관계를 생각해보자. 민주주의에 관한 중요한 이론적 입장들은, 대의정부를 의심스럽게 생각하며 인민 전체가 정치 토론에 참여하고 의사결정에 직접 참여하는 진정으로 참여적인 정치체제의 중요성을 강조한다. 단순히 수년마다 한 번씩 자신을 대신해서 결정을 내려줄 대의원들을 선출하는 체제 말고 말이다. 이런 이론적 입장들에 대한 논의들은 일반적으로 그 바람직함보다는 실천 가능성에 초점을 맞춘다. "글쎄, 우리가 모두 함께 모여 심의하고 우리 스스로 결정할 수 있다면 좋을 거야. 하지만 그건 당연히 현대 세계에서는 전혀 실현 가능성이 없어. 이슈들이 너무 복잡해서 일반 유권자들이 결정하기에는 무리가 있어. 그리고 어쨌든 요즘 사람들은 정치문제에 쓸 수 있는 시간이 없어."

하지만 정말 현실은 오늘날의 정보통신기술의 발전을 놓고 볼 때 직접민주주의가 완벽히 가능하다는 것이다. 모든 가정에 컴퓨터 단말기를 제공해주는 것은 어렵지 않을 것이며 이 단말기를 통해 투표할 수 있는 연령에 도달한 모든 유권자들이 직접 투표하는 것이 가능할 것이다. 이슈들을 논의하고 법의 초안을 작성할 국회의원들을 선출할 수는 있다. 하지만 의회에서 발의된 모든 법안들은 최종 승인을 위해 전체 인민에게 회부될 것이다. 사실상 의원들이 법안으로 만들려는 모든 결정들이 국민투표에 붙여질 것이다. 이것을 '전자민주주의(원격민주주의)'라고 불러보라. 그런 체제는 지금 우리가 채택하고 있는 것보다 더 직접적인 민주주의 형태가 될 것이다. 그리고 여기서 제공한 설명에 따르면 그것은 더 민주적일 것이다.

하지만 그것을 참여적인 민주주의라 할 수 있을까? 그 점은 그다지 분명하지 않다. 전자민주주의에서는 유권자들이 컴퓨터 마우스를 클릭하는 것 이상의 정치참여를 하지 않고서도 법을 직접 결정할 수 있다. 그들은 관련 이슈를 잘 알고 있을 필요가 없으며 그에 대한 토론을 듣거나 토론에 참여할 필요가 없다. 그들은 일반적으로 참여민주주의 이론가들이 중요하게 생각하고 있는 것들을 전혀 행할 필요가 없다. 물론 민주주의를 더 직접적인 형태로 바꾸게 되면 더 참여적인 민주주의가 실현되리라고 기대해볼 수도 있다. 사람들이 토론을 듣고 토론에 참여하는 등 참여민주주의에 필요한 행위들을 수행하게 될 수도 있다. 정치에서 더 많은 발언권을 얻으면 시민들은 더 정치에 개입하고 관심을 가지며 더 적극적으로 행동할 것이라는 주장이 흔하게 제기된다. 정치에 대한 현재의 높은 무관심 수준은 의사결정 방식 때문에 야기된 일시적 현상으로, 시간이 지나며 일반인들이 정치 과정을 신뢰하게 되면서 개선될 것으로 기대할 수 있다. 그럴지도 모른다. 하지만 개념상 중요한 문제가 있다. 의사결정 절차의 직접성은 정확히 말해 의사결정 절차의 형식성에 관한 것으로 인민의 의사를 직접적으로 표현해준다는 형식적 특징 말고는 결정에 들어가는 내용에 대해서는 전혀 말해주는 바가 없다. 참여민주주의 옹호자들이 일반적으로 원하는 것은 직접민주주의와는 다른 것 혹은 그 이상의 것이다. 다시 말해 그들은 시민들이 투표하는 것 그 이상으로 정치에 적극적으로 참여하길 원한다.

직접민주주의와 참여민주주의를 이런 식으로 구분하는 방법은 직접민주주의의 매력을 떨어뜨릴 수 있다. 정말로 다른 종류의 정치참여를 위한 촉매로서 작용할 수 있다면 아마도 전자민주주의로의 움직임은 좋은 일일 것이다. 하지만 그 자체만 평가해보면, 그리고 현재의 낮은 정치의식 수준을 보면, 전자매체를 통한 의사결정 방식의 장점에 많은 사람들이 의구심을 가질 것이다. 나는 TV쇼에서 스타가 되려는 후보자들을 선택할 때 '인민'이 자신들의 쌍방향 투표를 현명하게 행사하고 있다고는 믿지 않는다. 이런 식으로 법률을 제정하도록 하는 것은 위험할 수 있다. (a) 대의원들을 선택하는 데 성실히 임하지만 매우 짧은 시간에 걸쳐 참여하는 것—그다음에는 대의원들이 법을 제정한다—과 (b) 거의 또는 전혀 지식이나 관심도 없이 컴퓨터 단말기로 법률에 직접 투표하는 것 사이의 선택이 있다고 가정해보자. 후자가 더 '민주적'일 수는 있겠지만 전자가 더 나을 것이다.

2. 대표자들의 책임성

　우리가 모종의 대의제도―내가 설명한 전자민주주의에서도 우리 모두가 투표해야 할 법안을 작성할 대의원들이 필요하다는 것을 기억하라―를 가지고 있다고 가정해보면 대의원들이 유권자들에 어느 정도까지 책임을 져야 하는가 하는 문제가 있다. 한쪽 극단에서는 모든 대의원들이 즉각적으로 소환되는 체제를 상상해볼 수 있다. 그들이 선거구민들이 싫어하는 어떤 일을 하자마자 선거구민들은 그들을 끌어내고 인민의 의사에 더 잘 반응하는 대의원들로 교체할 것이다. 이것은 선거구민들에게 대의원들을 제어할 수 있는 완전한 민주적 통제권을 부여해준다. 대의원들은 사실상 특정한 방식으로 투표하도록 선거구민들에게 위임을 받은 대리인들로 바뀔 것이다. 다른 극단에서는 대의원들이 실제 선출되긴 하지만 종신직으로 선출되는 체제를 상상해볼 수 있다. 일단 대의원직을 획득하게 되면 그들은 선거구민들로부터 완전한 독립성을 누릴 수 있으며 자신들이 적합하다고 생각하는 바에 따라 사안들을 자유롭게 결정할 수 있을 것이다. 자신들의 권위에 대한 더 이상의 민주적 견제를 받지 않은 채 말이다. 그런 절차는 대의원들을 선출하는 투표가 없는 곳보다는 더 민주적일 테지만 대의원들이 유권자들에 책임을 지는 체제보다는 덜 민주적일 것이다. 이 두 가지 극단적인 체제 사이에 현재 우리가 채택하고 있는 것과 비슷한 체제들이 있다. 아마도 이런 체제들은 회고적 소환(retrospective recall) 체제로 간주해볼 수 있을 것이다. 유권자들은 선거를 통해 (임기 동안의 행위를 중심으로) 대의원들을 판단할 수 있는 기회를 갖게 되며 싫을 경우 악당들을 쫓아낼 수 있는 기회를 가질 수 있다. 그리하여 그 자리에 새로운 한 무리의 악당들을 앉힐 수 있다.

　여기에서도 마찬가지로 우리는 너무 많은 민주주의를 원하지 않을 수도 있다. 대의원들이 선거구민들이 미리 정한 노선에 따라 투표하도록 위

에드먼드 버크

임을 받은 대리인으로서 행동하거나 즉각적인 소환에 회부될 수 있는 체제는 (즉, 선거구민들이 싫어하는 일을 하자마자 해고되는 체제는) 매우 민주적이다. 하지만 그것이 현명한 체제인지는 분명하지 않다. 많은 사람들이 볼 때 애당초 대의원들을 선출하는 이유는, 대의원들이 선거구민들보다 더 좋은 판단을 내릴 수 있는 더 나은 위치에 있을 것이라 생각하기 때문이다. 이것이 바로 아일랜드의 철학자인 (그리고 정치인인) 에드먼드 버크(Edmund Burke, 1729~1997)가 가지고 있던 견해였다. 1774년 브리스틀의 유권자들에게 연설을 하면서 버크는 그들에게 다음과 같은 유명한 발언을 했다. "여러분들의 대의원들은 여러분들에게 단지 성실함을 다하여야 할 뿐만 아니라 대신해 판단을 해야 하기도 합니다. 대의원들이 만일 여러분의 의견에 따라 자신들의 판단을 포기한다면 그는 여러분들에게 봉사하는 것이 아니라 여러분들을 배반하는 것입니다." 하지만 도대체 왜 대의원들의 판단이 유권자들의 판단보다 더 나을 가능성이 있다고 생각해야 할까?

이 문제에 대한 전통적인 대답은 의사당 토론(parliament debate)—'말하다'를 의미하는 프랑스어 parler에서 유래한 단어로 의회를 뜻하는 단어 parliament를 전문적으로 이야기를 하는 곳(talking shop)으로 번역해도 그다지 나쁘지는 않다—은 성찰을 거치지 않은 일반 유권자들의 선호를 단순히 집약하는 것보다는 더 현명한 판단을 내놓는 경향이 있다는 것이다. 미리 정해진 대로 투표하도록 위임받거나 선거구민들의 뜻을 어기자마자 즉

각적으로 소환되기 쉬운 대의원들은, 잘못된 주장들을 주의 깊고 냉정하게 걸러내고 좋은 주장에 근거해서 논의에 참여하기가 힘들다. 물론 정당의 행태와 정치후원 방식을 놓고 볼 때 현존하는 의회들이 과연 이와 같이 이상적인 심의과정을 거칠지 회의적일 수도 있다. 하지만 의회제도 아래에서 진행되는 대의원들의 심의에 인식론적인 가치(epistemic value)가 전혀 없다고 주장하기 위해서는 현대 정치에 대해 극단적인 냉소적 견해를 갖고 있어야만 할 것이다.('인식론적'이라는 뜻은 참된 지식을 포함한다는 뜻이다.)

대의정부에 찬성하지만 지나치게 많은 책임성을 부여하는 것에는 반대하는 이런 부류의 주장은, 대의원들이 본질적으로 선거구민들보다 더 현명하거나 다른 측면에서 더 우월하다고 보고 있는가? 반드시 그렇지는 않다. 그것은 단지 대의원들은 제기된 문제들에 대해 생각하고 또 정보를 처리할 수 있는 시간이 많다는 것만을 의미할 수도 있다. 많은 정치적 이슈들이 복잡하면서도 전문적이다. 모든 사람들이 부족한 시간을 내서 그런 이슈들을 생각하는 것보다는 수백 명의 유급 대의원들을 지정해서 우리를 대신하여 그런 문제들을 다루도록 하는 것이 더 현명하다. 물론 그 자체로만 보면 이 주장은 우리의 의사결정자들이 무작위로 선출되어도 괜찮을 것임을 암시한다. 만일 대의정부를 옹호하는 이유가 오직 우리를 대신할 약간의 인원을 선출해서 의사결정 작업을 수행하도록 하는 것이 효율적이기 때문이라면 유권자를 무작위로 추출하는 방법이 그런 일에 아주 완벽하게 적합할 것이다.(어떤 사람들은 영국의 둘째 입법부인 상원은 이런 종류로 대체되어야 한다고 주장하기도 했다.) 당신이 만일 그와 같은 선출방법에 부정적이라면 그것은 아마도 선출된 대의원들이 실제로 보통 사람들과는 다를 것—의사결정을 더 잘할 것—이라고 믿기 때문일 것이다.

3. 영향력을 미칠 수 있는 (기회의) 평등

정치체제는, 시민들이 정치적 영향력을 미칠 수 있는 평등한 기회를 갖고 있을수록 더 민주적이다. 민주적 가치로서의 평등에 대해서는 곧 다시 다루게 될 것이다. 하지만 그전에 민주주의의 성취도는 부분적으로 시민들이 정치적 결정 과정에 동등하게 참여할 수 있는 정도에 달려 있는 것처럼 보인다는 점에 주목해봄으로써 민주주의에서 평등이 갖는 중심적 지위를 이해해볼 수 있다. 두 사회를 상상해보라. 이 두 사회는 모두 동일한 대의제도와 동일한 선거법을 갖추고 있으며 '1인 1표'라는 민주적 이념을 존중하고 있다. 그중 한 사회에서는 모든 시민들이 신문을 읽을 수 있고, 표를 얻기 위해 경쟁하는 후보자들이 제시한 주장들을 이해하고 평가할 수 있으며, 원할 경우 정치토론에 참여할 수 있는 수준의 교육을 받았다. 또한 모든 시민들이 대략 비슷한 액수의 돈과 여가를 확보할 수 있는 직업을 갖고 있다. 다른 사회에서는 인구의 절반이 정치적 주장을 내세우고 평가할 수 있는 수준의 교육을 받았지만 다른 절반의 인구는 수학을 전혀 모르고 문자도 읽을 줄 모른다. 이런 구분은 직업과도 연관되어 있다. 절반은 직업에서 안락한 생활을 할 수 있을 정도의 수입을 올림으로써 정치적 숙고에 필요한 충분한 시간적 여유를 확보할 수 있지만 다른 절반은 하루 종일 일해야 겨우 굶주림을 면할 정도다. 두 나라가 동시에 총선거를 치렀다. 어떤 결과가 더 민주적일까?

일부 사람들은 다음 끼니를 어떻게 구할까 걱정하며 모든 시간을 보낼 정도로 가난하다. 반면에 다른 사람들은 (형편이 넉넉해서) 태어난 이후 받은 교육으로 정치이슈들에 대해 생각하고 공부하며 또 조리 있고 설득력 있게 자신의 견해를 표현할 수 있는 능력을 익혔다. 이 경우 가난한 사람들은 집단적 자치 과정에 평등한 시민으로서 참여하고 있다고 보기 어려울 것이다. 이런 상황에서 도출된 정치적 결정은 인민 전체의 의견을 반영하지 못할 것이다. 그런 정치적 결정들은 의사결정 과정에 참여할 수 있는 시간, 에너지 그리고 능력을 갖고 있는 사람들의 의견만을 반영할 것이다. 그런 결정들은 완벽히 민주적이지는 않을 것이다.

물론 이것은 이야기의 끝이 아니라 시작에 불과하다. 흥미 있는 세부적인 이슈들이 남아 있다. 예컨대 우리들은 사람들의 사회적·경제적 지위와 실제 투표참여 사이에 중요한 상관관계가 있다는 것을 알고 있다. 그리고 미국에서는 사회적·경제적 지위와 투표등록(투표를 하겠다는 의사표시) 사이에도 중요한 상관관계가 있다는 것을 알고 있다. 이것이 사람들의 사회적·경제적 불평등이 투표기회의 평등에 영향을 미친다는 것을 보여주는가? 반드시 그렇지는 않다. 이것은 사회적·경제적 불평등이 정치적 의사표현(투입)의 불평등으로 전환된다는 것을 보여준다고 할 수 있지만 우리가 '기회'를 약간 진지하게 고려해본다면 투표하지 않기로 (혹은 등록하지 않기로) 선택한 사람들 중 일부는 투표거부 행위를 통해 자신의 의사를 표명하고 있다고 볼 수도 있다. 평등을 기준으로 정치적 의사결정의 민주성을 평가할 경우 우리가 관심을 가져야 할 평등은 실질적인 정치적 '의사표현'의 평등인가 아니면 의사표현에 참여할 수 있는 '기회'의 평등인가? 그리고 우리는 어떻게 두 사람이 정말로 똑같은 기회를 가졌는지를 알 수 있는가?

우리가 민주적 시민권을 평등주의적 관점에서 파악해야 할 것인지 아니면 충분성의 관점에서 파악해야 할 것인지의 여부는 더 일반적인 문제다.(이것을 잘 모르겠다면 3부의 평등에 관한 논의 중 '권리와 충분함' 항목을 참조하라.) 실질적인 의사표현(투입)의 평등이든 아니면 의사표현을 할 수 있는 기회의 평등이든, 사람들이 평등한 것이 정말로 중요한가? 아니면 정말 중요한 것은 모든 사람들이 (충분하다고 여겨지는) 어떤 최소수준에 도달하는 것인가? 일부 이론가들은 엄격하고 분배적인 의미로 이해되는 평등의 수준과 어떤 정권 혹은 특별한 결정의 민주성에 대한 평가 사이에 깊은 관계가 있다는 주장에 반대한다. 그들이 볼 때 중요한 것은 그보다 모든 사람들이 시민으로서 적절히 행위하는 데 필요한 조건들을 갖추고 있는가, 즉 여러 가지 필수적인 자유들이나 여론을 평가할 수 있는 정도의 교육수준 등등을 갖추고 있는지의 여부다. 모든 사람들이 그런 최소한의 '시민권 행사에 필요한 재화(citizenship goods)'●들을 갖고 있다면 그 사회는 충분히 민주적이라고 말할 수 있다. 어떤 사람들은 다른 의견을 갖고 있다. 평등이 정말로 문제가 되는데, 왜냐하면 시민들이 정치적 의사결정에 평등하게 참여할 수 있다는 것이 정말로 중요하기 때문이다. 그리고 정치적 영향력은 어느 정도는 지위와 연관되어 있는 가치다.(평등을 다루는 3부 중 지위재에 관한 논의를 참조하라). 내 견해의 영향력은 순전히 내 의사표현에 달려 있기보다는 타인들과 비교했을 때 내 의사표현의 상대적인 크기(혹은 중요성이나 강도)에 달려 있다. 한 사람에게는 대규모의 광고캠페인을 지원해줄 수 있는 부유한 후원자가 있고 다른 사람은 일반 시민들의 기부금에 의존해야 한다면 후자는 같은 조건에서보다는 상대적으로 더 적은 영향력을 발휘하게 될 것이다. 미국에서 선거캠페인 후원을 제한하려는 개혁이 진행되고 있는데 이것을 단순히 하향평준화로 생각해서는 안 된다. 쓸 수 있는 정치적 자원이 적은 사람들은 (넉넉한 자원을 가지고) 그들의 목소리를 압도해버릴 수 있는 다른 후보자들의 기회가 박탈됨에 따라 더 유리해진다. 다시 말해 공적인 토론에 전보다 더 많은 영향을 미칠 수 있게 된다.(롤스의 생각도 이와 비슷하다. 그는 비록 표현의 자유와 같은 정치적 권리들을 정의의 1원칙에 포함시키고 있지만—이것은 분배적 목적을 위해 그런 자유들을 희생시켜서는 안 된다는 것을 의미한다—그는 또한 시민들이 누리는 정치적 자유의 값어치는 공평해야 한다고 주장하며 정치적 자유의 값어치가 시민들이 사용할 수 있는 자원의 상대적 크기에 영향을 받을 수 있다는 것을 인정하고 있다. 롤스는 선거캠페인 개혁에 호의를 보이며 더 일반적으로는 불평등 때문에 시민들이 누리는 정치적 자유의 공평한 값어치가

●시민권을 의미 있게 행사하는 데 필요한 최소한의 재화들이라고 할 수 있다. 자유와 기회, 여가, 최소한의 소득 등, 시민권의 적절한 행사에 필요한 재화들을 의미한다고 할 수 있겠다.

훼손될 경우 그 불평등을 제한할 수 있는 근거들을 제시하고 있다. 미국 연방대법원은 정치기부금을 제한하려는 시도가 표현의 자유라는 헌법상의 권리를 침해한다는 주장을 계속하고 있다. 한편 미국 정치인들은 민주적인 근거에서 불평등을 제한하려는 시도에 전혀 관심을 보이고 있지 않다.)

4. 민주적 의사가 갖는 권위의 범위

우리가 아무리 민주적으로 의사결정을 한다 해도─직접적으로든 간접적으로든, 우리의 대의원들이 얼마나 많은 책임을 지고 있으며 시민들이 최종 결정에 얼마나 평등하게 (또는 불평등하게) 영향력을 미치는지의 여부와는 상관없이─과연 **어떤** 문제들을 민주적인 절차로 결정해야 하는지에 관한 문제가 남아 있다. 민주적 의사결정의 범위가 어디까지여야 하는가는 그 범위에 속하는 문제들을 어떻게 결정해야 하는가와는 별개의 문제다. 어떤 사람은 철저히 민주적인 절차를 선호하지만 그 절차를 매우 제한된 범위에만 적용해야 한다고 생각할 수 있다. 혹은 어떤 사람은 매우 광범위한 문제들을 민주적 방식으로 결정해야 한다고 생각할 수 있지만 그 방식은 다른 사람들이 바라는 것보다는 덜 민주적이어야 한다고 생각할 수 있다.

여기서 중요한 이슈는 정치의 적절한 범위다. 어떤 문제들이 '공적인' 것이며 어떤 것들이 '사적인' 것인가? 이 경우 '공적인' 것은 '정치적 결정과 국가행위의 대상이 되는 것이 정당한 것들'을 의미하며 '사적인' 것은 개인들이 스스로 결정해야 할 문제들을 의미한다. 물론 이것은 굉장히 큰 문제다. 현재의 요점은 단순히 **민주적으로** 결정해야 할 문제가 무엇인지는 일반적으로 정치적으로 결정해야 할 문제가 무엇인지 결정된 다음에 제기된다는 것이다. 우리는 개인의 성생활은 당연히 개인만의 문제라고 생각한다. 정치질서로서의 국가에는 정치적으로 결정해야 할 집단적인 성생활이 없다.

우리는 누가 누구와 잠자리를 가져야 할 것인가 하는 문제들이 민주적으로 결정되는 것을 원치 않는다. 하지만 이는 그런 문제가 정치적 의제에 오르는 것 자체를 아예 원하지 않기 때문이다. 그것은 딱히 민주주의에 대한 반론은 아닐 것이다. 민주주의는 여전히 공적이거나 정치적인 문제를 결정하는 최선의 방식일 수 있다. 조정이 필요한 경우나 우리가 시민으로서 서로의 행위를 규제하는 데 관심을 갖는 것이 정당한 경우에는 말이다.

민주적 의사결정의 범위를 제한하는 근거를 두 종류로 나눠서 살펴보는 것이 편리하다. 어떤 것들은 민주주의 이상 자체에 의거하여 정당화된다. 한 국가의 시민들이 집단적으로 어떤 하위집단의 투표권과 공직출마의 권리 혹은 표현의 자유에 대한 권리를 박탈하기로 결정했다고 가정해보라. 그 결정 자체가 민주주의라는 이상을 **구성하는** 요소들을 그 구성원들에게 인정해주지 않는 행위가 될 것이다. 그런 결정이 비록 민주적으로 이루어질 수 있다고 해도 그 결정은 민주적인 원칙들을 위배하게 될 것이다. 구성원들에게 투표할 권리와 공직에 출마할 수 있는 권리를 허용해주고 어떤 권력이 바람직한지 자신이 생각하는 바를 말할 수 있는 자유를 허용해주는 것은, 애초에 국가가 민주적이라는 의미에 이미 포함되어 있는 사항이다. 구성원들에게 그런 권리를 인정해주지 않는 것은 사실상 그들이 민주국가의 일원이라는 것을 부정하는 것이며, 국가의 법률에 따르는 사람들 일부에게서 법률제정에 참여할 수 있는 권리를 박탈하는 것은 그 국가가 더 이상 민주국가가 아니라는 것을 의미할 것이다. 대부분의 이론가들은 민주적 권위는 스스로 민주주의를 부정하는 데까지는 미치지 않는다고 주장한다. 다시 말해 인민은 민주적인 절차를 통해서도 애초에 민주주의를 구성하는 권리들을 (인민 전체나 그 일부로부터) 박탈할 수 없다는 것이다.

하지만 민주적인 의사결정의 범위를 제한하는 근거들이 다 민주주의의 이상 자체로부터 나오는 것은 아니다. 나는 1부에서 정치체제가 그 구성원들에게서 섹슈얼리티의 (혹은 종교의) 자유를 박탈하기로 결정한 행위가 전혀 비민주적이지 않을 수도 있다는 것을 설명했다. 동성애자들에게서 법률개정을 위해 정치적 캠페인을 벌일 수 있는 권리를 박탈하는 것은 그 자체가 민주적 원칙에 저촉되는 행위일 것이다. 하지만 그들로부터 그들이 선호하는 파트너들과 잠자리에 들 수 있는 자유를 박탈하는 것은 부당하긴 하지만 민주적 가치들에 분명하게 위배되는 것은 아니다. 우리가 성적인 자유를 허용하는 것은 민주주의를 존중해서가 아니다. 오히려 성적인 자유는 우리가 민주적 가치들의 지배력을 적절히 제한한 결과로 이해할 수 있다. 다시 말해 삶의 어떤 영역은 그것이 '사적인' 영역이라는 혹은 '사적인' 영역이어야 한다는 이유로 '인민'의 권력 행사를 불허하는 것처럼 보인다.

「법과 권리(Taking Rights Seriously)」라는 매우 중요한 논문에서 미국 철학자 로널드 드워킨(Ronald Dworkin, 1931~)은 개인들이 민주적인 의사결정에 **반하여**(against) 행사할 수 있는 권리들은 민주주의 자체를 정당화시켜주는 것과 동일한 가치들로부터 나온다고 주장했다. 정치적 결정들은 다수결 민주주의에 의해 내려져야 한다. 왜냐하면 그것이 바로 사람들을 평등한 존재들로 대우하는 절차이기 때문이다. 모든 사람들의 선호는 동등하게 간주되어야 하며 다수가 선호하는 결과가 승리해야 한다.(물론 이것은 매우 단순화시킨 주장이지만 기본적인 생각은 복잡한 경우에도 유효하다.) 하지만 드워킨은 국가가 (이른바 그가 말하는 '동등한 관심과 존중'을 가지고) 시민들을 평등하게 대우해야 한다는 민주적 가치가 또한 다수결적 의사결정의 범위를 **제한하는 원칙들도** 정당화시켜준다고 말한다. 민주적 의지를 거스를 수 있는 개인의 권리들은 각 시민이 평등한 존재로서 대우받아야 한다는 보증서로 생각할 수 있다. 예컨대 만일 내가 동성애를 금지시키는 데 투표한다면 그것은 성생활을 어떻게 해야 하는가에 대한 나의 생각을 타인들에게 강요하려는 것과 같다. 이는 드워킨이 '외부적 선호(external preference)'라 부르는 선호를 표명하는 행위로서 만일 최종 결정이 실제로 나와 비슷한 사람들의 선호를 반영한다면 그 결정은 일종의 '이중 계산(double counting)'을 수반하게 될 것이다. '이중 계산'은 그 자체가 평등의 원칙을 침해하는 것이다.[*] 그 때문에 애당초 우리가 다수결주의적인 민주주의자들이 되어야 하는 바로 그 이유들, 곧 평등에 근거한 이유들은 동시에 특정한 민주적(다수결) 결정들을 거스를 수 있는 개인의 권리들을 보장해주어야 할 이유들이기도 하다.

대부분의 철학자들은 이런 특수한 주장이 잘 통하지 않는다고 생각한다. 우리 자신의 삶을 어떻게 살 것인지 우리 스스로 갖고 있는 선호와 '외부적인' 선호들을 분명히 구분할 수 있는지는 명확하지 않으며, 외부적 선호를 포함하는 선호가 정말로 '이중 계산'인가 하는 것도 분명하지 않다. 그럼에도 전반적인 생각―민주적 권위의 범위에 대한 제한들은 애당초 우리를 민주주의자들로 만드는 바로 그 동일한 가치로부터 나온다는 생각―은 지지를 얻기에 충분하다. 하지만 우리가 그와 같은 부류의 주장을 받아들인다고 해도 그런 제한들을 '민주적'이라고 부르는 것이 과연 도움이 되는지는 분명하지 않다. 우리는 그런 제한들이 민주주의에 대한 명백한 제한들이라는 생각을 계속 견지하면서도 평등에 근거하여 민주적인 결정을 거스를 수 있는 개인의 권리들을 정당화하면서 (민주적인 절차들이 정당성을 갖고 있는 곳에서) 평등을 민주적인 절차들을 정당화하는 주요 근거로 삼을 수 있다.

절차와 결과

정치체제의 민주성의 정도를 평가할 수 있는 네 가지 차원에 대한 고찰이, 비록 민주주의가 좋은 것이긴 해도, 너무 많은 민주주의는 문제가 될 수도 있다는 생각을 불러일으켰기를 바란다.(어쨌든 '어머니의 사랑과 애플파

---

[*] 나의 선호(예컨대, 동성애 금지)가 민주적 결정에 반영되면, 이는 나만이 아니라 다른 사람들의 선호에도 영향을 미치게 된다. 곧 내 선호가 이중으로 계산되는 셈이다. 이는 모든 사람을 평등하게 대우해야 한다는 원칙을 어기고 나의 견해를 특별 취급하는 것이다.

이'도 마찬가지가 아닌가.) 완벽히 민주적인 정치체제에서는 모든 시민들이 모든 것을 결정하는 데 직접 개입할 것이며 전적으로 평등한 토대 위에서 그렇게 할 것이다. 확실히 어떤 문제들은 아예 정치적 의제에 오르지 못할 것이다. 그리고 정치적 결정의 적절한 대상이 되는 문제들에서는 단지 누가 결정을 하는가 하는 문제만이 아니라 **무엇이 어떻게** 결정되는가 하는 것도 중요하다. 이것은 전자민주주의에 대한 우리의 반감에서 확인할 수 있다. 왜냐하면 전자민주주의는 좋은 의사결정 절차에 필요한 몇 가지 중요한 요소들, 이를테면 토론과 심의와 같은 요소들을 빠뜨리고 있기 때문이다. 그것은 또한 대의원들(혹은 대리인들)의 직접 소환이나 위임에 관한 우리의 우려에서도 나타난다. 직접 소환이나 위임제도를 택할 경우 대의원들이나 대리인들이 독자적인 성찰을 할 수 있는 가능성이 거의 없어지기 때문이다. 아마 우리들 중 다수는 기꺼이 보다 나은 의사결정을 위해 의사결정의 민주성을 어느 정도 완화시키길 원할 것이다.

우리들 대부분은 결정되는 **내용(의 질)**—최소한 어느 정도는—에 관심을 갖고 있는 것처럼 보인다. 그 점은 명백해 보일 수도 있다. 하지만 사실은 결정의 질과는 전혀 상관이 없는 다른 이유로 민주적 절차의 가치를 인정하는 것—그리고 그 절차들이 정당한 결정을 내놓는 것으로 간주하는 것—도 완벽히 가능하다. 최종 결정의 질과 관련시켜 민주적 절차들을 판단하는 것은 그런 절차들을 목적으로서보다는 수단으로서 이해하는 것이다. 하지만 민주주의를 옹호하는 근거의 일부—말하자면, 현명한 엘리트에 의한 지배보다 좋은 것으로 보는 것—는 (최종 결정의 질보다는) 민주적 절차 속에 이미 구현되어 있는 가치들과 연관되어 있다. 민주주의에 대한 도구적 정당화와 본유적 정당화 사이의 구분을 검토해보자. •

• 곧 이어 설명되겠지만 본유적 정당화란 민주주의 절차 자체가 특별한 가치를 구현하고 있기 때문에 민주주의는 다른 목적을 위한 수단이나 도구로서 정당화되는 것이 아니라 자체의 본질적인 가치가 있다는 관점에서 정당화될 수 있다는 것을 의미한다. 말하자면 민주주의는 그 자체가 하나의 목적이 될 수 있기 때문에 정당성을 갖고 있는 것이다.

민주주의를 본질적으로 정치적 결정을 하는 절차로서 생각하는 것은 도움이 된다. 문제는 민주주의가 의사결정을 위한 **좋은** 방식—혹은 우리가 갖고 있는 최선의 것—이냐는 것이다.(제2차 세계대전 중 영국의 수상이었던 윈스턴 처칠[Winston Churchill, 1874~1965]은, 민주주의는 그동안 실험되었던 모든 다른 통치형태를 제외하면 최악의 통치형태라는 유명한 발언을 한 바 있다.) 의사결정 절차를 평가하기 위해 우리는 어떤 기준들을 사용해야 하는가? 우리는 최선의 의사결정 방식을 원한다. 하지만 이것이 곧 우리가 가장 이상적인 결정을 내릴 수 있는 방식을 원한다는 것을 의미하는가?

어떤 사람들은 단순히 '그렇다'고 본다. 이 견해에 따르면 의사결정 절차의 좋고 나쁨은 바로 그 절차가 대체로 만들어내는 결정의 질에 달려 있다. 만일 그 절차가 좋은 결정을 내놓는다면 그것은 훌륭한 의사결정 절차다. 하지만 그렇지 않을 경우에는 좋은 절차가 아니다. 이것은 상당히 합당한 견해다. 어쨌든 우리는 의사결정을 위한 절차에 대해서 얘기하고 있지 않는가! 의사결정 절차를 올바른 결정을 내릴 수 있는 가능성에 따라 평가하지 않고 어떤 다른 방식으로 평가한단 말인가? 미국의 철학자 리처드 아네슨(Richard Arneson, 1945~)은 "민주주의는 올바르게 운용될 경우, 민주적 제도와 실제를 통해, 개념상 민주적 이상을 구성하고 있는 기준들과 전혀 상관없는 기준들에 따라 평가해볼 경우에도 전적으로 올바른 결과를 도출해내는 장점이 있다"고 언급한 바 있다. * 이 견해에 따르면 전자민주주의의 문제점은 수백만의 사람들로 하여금 컴퓨터 스크린이나 쌍방향 텔레비전을 통해 법을 제정하도록 만듦으로써 무시무시한 법률을 제정할 가능성이 있다는 것이다. 이 견해에 따르면 견문을 갖춘 능동적인 정치인들이 서로 조심스럽게 증거를 비교하고 신중하게 심의를 할 수 있는 절차야말로 좋은

---

* 민주주의를 구성하고 있는 이상이나 가치들인 평등, 자율성, 공정성 등과 같은 기준들과 전혀 상관없는 다른 기준들, 예컨대 결정의 질과 관련된 다른 기준들—효율성이나 결정의 적합성과 같은—의 관점에서 봐도 좋은 결과를 내놓는 경향이 있다는 의미다.

결정을 내놓을 가능성이 높다.

하지만 다른 사람들은 절차를 평가할 수 있는 다른 방식을 제시한다. 민주적 절차를 도구적 관점에서, 다시 말해 목적에 대한 수단 혹은 예상되는 산출물이나 결과의 측면에서 평가하는 대신에 그 절차의 본질적 가치—절차 자체에 구현되어 있는 가치들—의 측면에서 평가해야 한다는 것이다. 만일 이런 관점에서 볼 때 민주주의가 좋은 것이라면 그것은, 민주주의가 좋은 법을 만들어내는 경향이 있기 때문이 아니라 민주적인 법제정 절차 자체가 특정한 가치들—공정성, 평등, 혹은 자율성과 같은 가치들—을 실현시켜주기 때문이다.

민주주의의 도구적 가치와 본유적 가치 사이의 구분은 혼란스러울 수 있다. 그 내용을 좀 더 명확하게 이해하기 위해 평등을 민주적인 절차에 본유적인 가치—즉 민주주의를 구성하는 가치—라고 가정해보자. 이것이 의미하는 바는 사람들을 평등하게 대우해주거나 그들의 견해를 동등하게 존중해주는 한 혹은 그와 유사한 특성을 보여주는 한, 민주적 절차들은 본질적으로 가치가 있다는 것이다. 이 주장 역시 민주주의가 그 자체로서 가치가 있다는 근거—민주적 절차 자체가 이미 시민들 사이의 평등이란 가치를 구현하고 있다는 점—에 근거해 있음을 이해할 필요가 있다. 민주주의는 평등이란 가치를 실현시켜주거나 구현하고 있기 때문에 가치가 있다는 사실은 민주주의가 단지 도구적으로만 가치가 있다는 것, 다시 말해 평등이란 목적에 필요한 수단으로서만 가치가 있다는 의미가 아니다. 민주주의가 도구적으로 가치가 있기 위해서는 그것이 결과의 측면에서 볼 때 가치가 있어야 한다. 하지만 우리가 여기서 신경 쓰고 있는 평등은 민주주의의 한 가지 결과가 아니다. 평등은 민주주의가 도출해내는 경향이 있는 어떤 결과물이 아니다. 우리는 민주주의가 평등이란 가치를 실현시켜준다는 것을 판단하기 위하여 민주주의에서 나오는 결과를 기다릴 필요가 없다. 민주적 절차들은 그 자체에 이미 평등이란 가치를 구현하고 있거나 실현하고 있다. 다시 말해 평등은 민주주의의 본질을 구성하고 있는 가치다. 자율성이나 자치에 관해서도 마찬가지로 말할 수 있다. 우리는, 민주적인 의사결정은 독재자에 의해 지배되고 있을 때와는 달리 이미 자치라는 가치를 구현하고 있다고 판단할 수 있다. 실행되고 있는 민주주의의 예상되는 결과는 전혀 모르고 있어도 된다.

이 두 가지 주장을 구분하는 것이 중요하긴 해도 민주주의를 옹호하기 위해 본유적인 정당화와 도구적 정당화 중에서 오직 한 가지만을 고집할 필요는 없다. 인민은 스스로를 지배해야 한다는 이념을 해석할 때도 마찬가지 이야기를 할 수 있다. 의사결정 절차를 평가할 때, 전체적으로 최선의 균형을 모색하면서 이 두 가지 가치들—도구적 가치와 본유적 가치—모두의 관점에서 평가하는 것에 문제가 될 것은 없다. 예컨대 우리는 정치적 의사표현에 필요한 어느 정도의 기회평등은 법제정 절차가 정당성을 얻기 위한 필수조건이라고 생각할 수 있으며 바로 그런 이유 때문에 현명한 엘리트에 의한 지배보다 민주주의를 선호할 수 있다. 하지만 우리는 또한 어느 정도 평등을 희생함으로써 최선의 결정을 찾아낼 가능성이 있을 경우 어느 정도 평등을 양보할 필요가 있다고 생각할 수도 있다. 전자민주주의보다 대의민주주의를 선호하는 사람들이 바로 이와 비슷한 식으로 균형을 맞출 수 있다고 봤다.

민주적 의사결정은 본래 의도해서 나온 결정 이외에 다른 결과도 수반한다는 점에 주목하라. 이런 (의도하지 않은) 다른 결과들을 '산출물'로서 간주하는 것은 약간 오해를 불러일으킬 수도 있을 것이다. 하지만 이런 다른 결과들이 민주적인 절차를 평가하는 데 관련이 있을 수 있다. 예컨대 어떤 사람들은 정치적 의사결정 과정에 참여하는 것이 시민들의 지적·도덕적 능력을 계발시켜주는 경향이 있다는 근거에서 민주주의를 옹호해왔다.(존 스튜어트 밀은 이런 취지의 유명한 주장을 폈다.) 혹은 제정된 법률이 존중되고 준수되는 것이 법률의 내용이 좋은 것보다 더 중요할 수도 있다. 그다지 홀륭하지는 않지만 모든 이들이 기꺼이 준수하려고 하는 법률은, 모든 것을 고려해볼 때, 광범위한 지지를 받는 데 실패한 아주 훌륭한 법률보다 더 나을 수도 있다.(토크빌은 『미국의 민주주의(Democracy in America)』[1835]란 책에서 이런 분석적 주장을 제시하고 있다.) 이것은 확실히 중요한 고려사항이지만 동일한 논리가 절대군주정에 대해서도 적용될 수 있다는 것을 유념하라. 절대군주정에서는 인민 전체가 그 절대군주정을 적절한 의사결정 방식으로 간주하고 있으며 민주주의라는 이 위험스럽고, 새로이 유행하고 있는 이념을 실천할 수가 없다. 다른 것들이 동등하다면, 절대군주정이 가져다주는 안정성과 순응이 좋은 가치가 될 수 있겠지만, 다른 것들이 항상 동등한 것은 아니다. 때때로 폭동이나 혁명이 바로 필요한 것일 수도 있다.

민주주의는 역설적인가?

영국 철학자 리처드 월하임(Richard Wollheim, 1923~2003)이 쓴 유명한 논문에 따르면 민주주의의 핵심에는 한 가지 역설이 있다. 내 생각에 그 역설은 쉽게 해결될 수 있지만—전혀 역설이 아닐지도 모른다—그 역설의 내용을 개관해보고 해결해보는 것은 올바른 결정과 정당한 결정의 차이를 설명하는 데 도움이 된다.

내가 민주주의자라고 가정해보자. 어떤 이슈에 대한 투표가 있다. 예컨대, 그 투표가 내 선거구에서 국회의원을 뽑는 선거라고 가정해보자. 나는 '현명 양(Ms Wise)'에게 표를 던진다. 내가 그녀에게 투표한 이유는 그녀가 국회의원이 되기에 적합한 (최소한 그런 지위에 적합한) 사람이라고 생각하기 때문이다. 나는 선거에서 졌고 '바보 씨(Mr Foolish)'가 선출되었다. 나는 민주주의자이기 때문에 이제 바보 씨가 하원에서 내 선거구를 대표할 적합한 인물이라고 생각한다. 이 경우 내가 마음을 바꾼 것인가? 아니면 어쨌든—그리고 분명히 모순적으로—현명 양이 그 일에 적합한 인물이라고 생각하는 **동시에** 바보 씨도 적합하다고 생각하고 있는가? 이 곤란한 상황—때로 소수파 민주주의자(minority democrat)의 퍼즐이라고 불리기도 한다—을 너무 곤란해할 필요는 없다. 전혀 심각한 모순이 없기 때문이다. 왜냐하면 이 두 후보자들이 다 서로 다른 의미에서 '적합한' 후보자들이기 때문이다.

그들이 어떤 의미에서 적합한 후보자들인가를 설명하기 전에, 두 후보자들 중 그 일에 누가 더 적임자인가 하는 문제에 대해 내가 마음을 바꿨다는 생각—즉 바보 씨가 적합하다는 생각—부터 다뤄보자. 확실히 내가 선거에서 졌다는 사실이 내 마음을 바꾸게 했을 수도 있다. 내가 내 판단을 그다지 확신하지 않았을 수도 있으며 따라서 다른 많은 사람들이 나와 의견이 다르다는 사실을 나의 원래 견해가 잘못되었다는 증거로 간주할 수도 있다. 확실히 나는 그런 상황에서 투표에 참가했다. 다시 말해 어느 쪽에 표를 던져야 할지를 확신하지 못하는 상황에서 투표에 참가했고 선거에 져서 내가 잘못된 선택을 했다는 증거를 확인했다. 하지만 그런 경우는 상당히 특수한 경우다. 다음과 같은 경우들이 있다. 내 동료 유권자들이 투표 이슈에 대해 최소한 나만큼은 좋은 판단을 내릴 가능성이 있다고 생각할 수 있는 경우들이 있다.(예컨대, 내가 소속해 있는 대학의 자리에 누구를 지명할 것인가를 결정해야 하는 문제.) 그 경우는 어떤 사람이 소수 편에 있다는 사실 자체가 실제로 그가 잘못된 선택을 했다고 볼 수 있는 근거가 된다.(이 문제는 나중에 콩도르세Condorcet의 배심원 정리를 설명할 때 더 자세히 다루게 될 것이다. 콩도르세의 배심원 정리는 평균적인 사람이 잘못된 선택보다 옳은 선택을 할 가능성이 높으면 다수가 옳은 선택을 할 가능성은 더욱더 높아진다는 것을 보여준다.) 하지만 나는 국회의원 선거에서 결코 내 마음을 바꾸지 않았다. 나는 내가 패배했다는 사실을 그 선거에서 내가 잘못된 선택을 했다는 증거로 생각한 적이 없다. 오히려 나는 내가 선호하는 후보자를 계속해서 옹호해왔으며 들으려고 하는 사람들에게 우리가 큰 실수를 저지른 것이라고 말해왔다. 이처럼 역설적인 문제는 바로 소수파 민주주의자가 마음을 바꾸지 **않은** 상황에서 발생한다. 오직 그런 상황에서만이 우리는 양립 불가능한 두 가지 판단 사이에서 표면적인 갈등을 겪게 된다.

그러나 표면적인 갈등이지 진짜 갈등은 아니다. 여기에는 두 가지 별개의 판단이 개입되어 있다. 적합함(옳음)과 정당성에 관한 판단들이 그것이다. 현명 양은 그 일을 가장 잘해낼 수 있는 적임자라는 의미에서 국회의원이 되기에 여전히 적합한 사람이다. 그녀가 그 일에 적합한 인물인가 아닌가를 판단하는 것이 바로 우리가 투표로 결정해야 할 이슈이며, 나의 투표는 그녀가 적임자라는 내 믿음을 나타내는 것이다. 내가 민주적 결정을 지지할 때 그것은 내가 바보 씨가 좋은 선택이었다는 것을 주장한다는 뜻이 아니다. 그것은 그가 우리의 정당한 국회의원이라는 의미다. 나는 누구를 우리의 국회의원으로 삼을 것인가를 결정하는 적절한 절차로서 민주적인 투표를 받아들인다. 그 절차를 통해 그를 선택했다는 사실은, 그가 우리의 국회의원으로서 **정당한** 사람이라는 것을 의미한다. 비록 (나는 여전히 생각하기를) 그가 그 직업을 형편없이 수행한다고 할지라도 말이다. 어떤 절차의 결과는 그것이 바로 정당한 절차(혹은 정당화시켜주는 절차라고 말할 수도 있다)의 결과라는 사실 때문에 정당하다—그 결과를 지지하고 준수해야 할 도덕적 이유가 있다—고 할 수 있다. 그리고 그런 의미에서 정당하다고 해도 절차와 상관없이 적합성의 기준에서 판단했을 때는 적합하지 않을 수 있다.

비록 어떤 결정이 사실상 나쁜 결정—즉 적합하지 않거나 옳지 않은 결정—이라고 해도 그 결정이 나온 절차로부터 정당성을 얻을 수도 있다는 생각은 스포츠에서는 이미 잘 알려져 있다. 우리는 심판들이 실수를 한다는 것을 아주 잘 알고 있으며 때로는 아주 명백한 실수를 한다는 것도 알고 있다. 하지만 우리는 또한 (선수들 사이의 투표로 결정하지 않고) 결정이 그런 식으로 이루어져야 할 좋은 이유들이 있다는 것도 알고 있으며 바로 그런 이유 때문에 심판의 결정을 정당한 것으로 간주한다. 법정에서 배심원들이 내린 결정도 마찬가지다. 배심원들은 잘못된 판단을 할 수 있다. 무고한 피고인들은 오심의 희생자들이다. 하지만 적절한 절차를 준수하는 한 (예컨대, 증인이 매수당하지 않았고, 배심원들이 속지도 않았으며 기소자가 중요한 증거들을 감추지도 않았다고 한다면) 배심원들이 내린 결정은 정당하다.

그러므로 어떤 의미에서 잘못된 결정들이 다른 의미에서는 옳을 수도 있다는 생각에 특별히 곤혹스러운 것은 없다. 배심원단이 죄가 있다고 판단해서 혐의자에게 유죄를 선고하는 것은 비록 그 배심원단이 잘못된 결정을 했다고 해도 옳을 수 있다. 하지만 어떤 결정을 정당화해주는 절차가 옳은 절차가 되는 것은 어떤 근거에서인가? 스포츠와 법정의 경우 우리가 어떤 절차를 선택하는 것은 그 절차가 최소한 옳은 결정을 도출할 수 있는 가능성이 있다고 보기 때문이다. 때때로 우리는 사실상 결정절차를 바꾸기도 한다. 다른 절차들이 결정을 옳게 내릴 가능성이 더 높다고 판단할 때 그렇게 한다. 크리켓 게임은 제3의 심판제도를 도입했다. 텔레비전모니터를 활용해 판정하기 위해서다. 영국에서는 더 이상 배심원들이 매우 복잡한 사기사건에 대해서는 판결을 내리지 않는다. 그런 소송의 경우 관련된 사항을 이해하기 위해서는 전문지식이 있어야 하는데 배심원들이 그런 지식을 갖추고 있는 경우가 흔치 않기 때문이다. '옳은 답을 도출해내는 경향' 이외의 다른 고려사항들도 결정 절차를 평가하는 데 일정한 역할을 하는 것이 사실이다.(스포츠의 경우 지나치게 경기가 느려지는 것을 원하지 않는다.) 그럼에도 불구하고 나쁜 결정보다는 좋은 결정을 도출할 확률은 이런 영역들에서 의사결정 절차의 정당성을 판단하는 데 중요한 요소가 된다.

민주주의에도 동일한 논리가 적용되는가? 내가 국회의원으로 바보 씨를 지지할 때 그것은 내가 민주주의는 전체적으로 볼 때 좋은 선택을 할 수 있는 훌륭한 방식이라고 생각하기 때문인가? 나는 다음과 같이 생각할 수 있다. "좋아, 그 사람들은 이번에는 중요한 기회를 엉망으로 만들어버렸어. 그렇지만 대체로 민주적 절차는 좋은 결정을 가져오는 경향이 있어. 이것이 바로 내가 이 바보를 나의 정당한 정치적 대표자로 간주해야만 하는 이유야." 내가 만일 이런 식으로 생각한다면 나는 민주주의를 도구적으로 정당화하고 있는 셈이다. 이 경우 내가 민주적 절차가 정당성을 부여한다고 생각하는 이유는 민주적 절차가 좋은 결과를 내놓을 것이라고 믿기 때문이다. 하지만 다르게 생각할 수도 있다. 내가 그 바보를 정당한 대표자라고 간주하는 이유가 그를 대표로 선출한 민주적 절차에 이미 내재되어 있다고 볼 수도 있다. 아마도 다수의 견해가 정당한 이유는 나의 모든 동료 유권자들이 대표자를 선택하는 데 평등한 발언권을 가지고 있으며, 다수의 입장에 따라 결정하는 것이 그들의 평등한 지위를 반영하는 최상의 방법이라는 단순한 이유 때문일지도 모른다. 그런 이유는, 민주주의가 좋은 결정을 내놓는 경향이 있다는 생각과는 아무런 상관이 없을 것이다. 결국 우리는 다시 민주주의에 대한 도구적 정당화와 본유적 정당화 사이의 구분으로 되돌아간다.

주관주의, 민주주의 그리고 불일치

'정답'과 '실수'에 관한 지금까지의 논의는 일부 독자들을 곤혹케 할 수도 있다. 당신은 다음과 같이 생각할 수도 있다. "그래, 어떤 문제들에서 심판들이나 배심원들이 내린 결정이 정답일 수도 있다는 것은 이해할 수 있어. 나는 또한 기술적인 문제들—어떤 정책들이 특별한 목표를 실현하는 데 최상인가에 관련된 문제들(낮은 인플레이션, 효율적인 사회봉사 등 어떤 것이든)—에서도 옳은 답이 있을 수 있다는 것도 이해할 수 있어. 하지만 당신이 도입부에서 우리에게 말한 바 있듯이 정치적 결정들은 단순히 기술적인 결정들이 아니야. 정치적 문제들은 또한 최소한 함축적으로나마 우리가 애당초 추구해야 할 목표들이 어떤 것들이어야 하는지에 대한 결정들이야. 그것이 바로 정치적 문제들이 궁극적으로 도덕적 문제들이 되는 이유야.

그런 문제들에 정말로 '옳은' 답들이 있을까? 만약 없다면 정치적 결정이 옳은 것인지 그릇된 것인지 말하는 것이 어떻게 가능할까?'

　이 책의 한 가지 목표는 도덕적인 (그리고 따라서 정치적인) 이슈들에 관한 오늘날의 지배적인 사고방식 속에 팽배해 있는 주관주의 혹은 회의주의를 부각시키고 그것들에 도전해보는 것이다. 내가 가르친 많은 학생들이 일종의 변형된 주관주의나 회의주의를 지지한다.(혹은 지지한다고 생각한다.) 즉 도덕적 혹은 정치적 문제들은 본질적으로 의견 혹은 선호의 문제일 뿐이라고 생각하고 있다. 많은 학생들이 우리가 민주주의를 택해야 하는 주된 이유는 많은 정치적 문제들에는 딱히 옳은 답이 없기 때문이라고 믿고 있는 듯하다. 어떤 법을 제정해야 할 것인가에 관한 모든 견해들이 똑같이 타당하기 때문에 합당한 일처리 방법은 사람들이 생각하는 것을 단순히 합산하는 것이다. 이런 사고는 다음과 같이 계속된다. 만일 정치적 문제들에 관한 도덕적 지식이 실제로 **존재한다**면 민주주의는 그 지식에 이를 수 있는 정말로 이상한 방법이 될 것이다. 민주주의를 법률을 제정하는 수단으로서 지지하는 것은 각 개인의 견해―교육을 받았건 받지 않았건 현명하건 그렇지 않건―를 똑같이 좋은 것으로 보는 것이다. 그리고 이런 입장이 이해가 될 수 있는 유일한 상황은 그들의 견해가 옳다거나 그릇되었다고 판단할 수 있는 어떤 공통의 척도가 없는 경우일 것이다.

　이것은 4부에서 규명한 바와 같이 이른바 자유주의와 도덕적 주관주의를 연결시키는 입장과 약간 비슷하다. 즉 더 우월하거나 열등한 가치관이 존재하지 않는다면 사람들이 가치관을 스스로 선택하도록 허용해주는 것만이 합당하다는 생각 말이다. 이런 경우들에서처럼 사람들이 모든 가치들에 주관주의적인 태도를 취하는 동시에 민주주의가 정치결정을 내릴 수 있는 가장 정당한 방식이라고 믿을 수는 없다. 어떤 도덕 판단도 참되거나 잘못된 것일 수 없다면 어떤 근거로 민주주의가 독재보다 더 정당하다고 판단할 수 있겠는가? 민주주의가 독재보다 정당하다는 견해는 일단의 도덕적 주장에 근거해야만 한다. 스스로 지배하는 것, 곧 자치는 아마도 "인민에게 어느 정도 가치가 있을 것이라는 주장에 근거해야만 한다. 이 주장은 사람들에게 정말로 중요한 것은 옳은 선택을 하는 것보다는 자율적으로 선택하는 것이라는 자유주의적 견해를 집단주의적으로 변형시킨 것이다. 그리고 자유주의적 견해와 마찬가지로 그 주장은 어떤 선택들은 다른 선택들보다 더 낫다는 생각과 전혀 모순이 없다. 우리가 정치적 문제들에서 더 좋거나 더 나쁜 답들이 있다고 생각하고 또 심지어 민주주의가 옳은 답에 도달할 수 있는 특별히 좋은 법이라고 생각하지 않을지라도 우리는 완벽한 민주주의자가 될 수 있다.

그러므로 민주주의자들은, 법이 어떠해야 하는지에 관한 모든 견해들이 다 똑같이 좋다고 생각할 필요는 없다. 그들은 비슷하지만 중요한 측면에서 다른 생각, 곧 옳은 답에 대한 모든 사람들의 의견을 동등하게 입법절차에 반영해야 한다는 생각을 지지할 수 있다. 가장 이상적인 법에 관한 사람들의 견해에 질적인 차이가 있을 수 있지만, 그것들은 모두 동등한 자격으로 입법과정에 반영되어야 한다는 것이다. 그 이유는 모든 시민들에겐 동등한 자격으로 법제정 과정에 참여할 수 있는 권리가 있기 때문이다. 어쩌면 그것은 무엇이 그런 문제들에 대한 보다 나은 답인지를 판단할 수 있게 해주는 공적(公的)이거나 정당한 근거가 없기 때문일 수도 있다. 그 세부적인 이유가 무엇이든 기본 논지는 민주적인 절차에는 인식론적인 장점 이상의 장점들이 있다는 것이다. 그러므로 우리가 어떤 특별한 경우에는 옳은 답이 있다고 믿고 또 그 답을 확인할 수 있다고 믿을지라도 우리는 여전히 (도덕전문가들의 결정에 비해) 그런 답을 찾아낼 가능성이 낮다고 생각되는 결정 절차를 선호할 수 있다.

사람들이 제정되어야 할 법의 내용에 대해 생각이 다르다는 사실은 어떤 결정 절차가 정당한가와 관련하여 분명히 엄청난 중요성이 있다. 하지만 그 중요성은 잘못 이해되고 있는 경우가 많다. 많은 사람들이 믿고 있는 것처럼 의견 불일치—심지어 근본적이고 명백히 해결할 수 없는 불일치를 포함하여—가 어떤 것에 대한 옳거나 그른 답이 없다는 것을 말해주지는 않는다. 그것은 잘못된 추론이다. 어떤 것에 대해 사람들이 서로 다른 의견을 갖고 있다는 사실은 반드시 어느 의견이 옳은가에 대한 정답이 없다는 것을 뜻하지 않는다. 의견 불일치가 중요한 이유는 서로 다른 결정들이 다 같이 좋을 수도 있기 때문이 아니라, 사람들로 하여금 자신이 반대하는 정책에 따르도록 하는 것이 도덕적인 문제—정당성과 관련된 문제—를 제기하기 때문이다. 국가는 강제적인 행위자다. 국가는 시민들이 국가의 결정에 따르도록 강요하는 데 강제기구를 사용한다. 이 점이 의미하는 바는 사실상 전체 인구의 일부가 다른 모든 사람들에게 타당한 정책이 무엇인지에 관한 자신들의 견해를 강요하고 있다는 것이다. 그 견해가 옳다고 주장한다고 해서 그런 강요가 정당화되지는 않는다.

왜 그런가? 그 답은 같은 정치질서의 시민으로서 사람들이 평등한 지위를 누린다는 사실과 연관되어 있다. 어쩌면 동료시민들에 대한 존중이라는 관념이 그 주장의 일부가 될 수 있을지도 모른다. 하지만 우리가 그것을 그런 식으로 생각한다면 우리는 좀 더 신중할 필요가 있다. 나는 내 동료시민들 중 일부의 **견해들은** 거의 존중하지 않는다. 아마도 내가 거만해서 그럴지도 모른다. 하지만 그들의 의견이 나와 다르다고 해서 그것이 내가 잘못되었다는 강력한 증거라고 생각하지 않는다. 우리들 사이의 의견 불일치 때문에 회의적인 생각을 갖게 되어 옳거나 그릇된 답이 있을 수 있다는 사실을 의심하는 것도 아니다. 하지만 그들의 견해를 전혀 존중하지는 않아도 나는 내 동료시민으로서 그들의 평등한 지위를 존중한다. 아무리 잘못되었다고 할지라도 나는 그들의 견해가 나와 동등한 조건으로 집단적인 의사결정 과정에 반영되어야 한다는 점을 인정한다. 그것은 동등한 지위를 갖고 있는 사람들이 의견차를 보이는 상황에서 정치적 결정을 내리는 유일하게 공정한 방식이다. 여기서의 차이는 (내가 존중하지 않는) 그들의 **견**

해를 존중하는 것과 그들을 (내가 존중하는) 정치공동체의 **평등한 일원**으로 서 존중하는 것과의 차이다.

앞에서 나는 민주주의의 정당화와 관련된 아네슨(R. Arneson)의 도구주 의적 접근을 인용했다. 반복해보면 아네슨이 보기에 "민주주의는 올바르 게 운용될 경우, 민주적 제도와 실제를 통해, 개념상 민주적 이상을 구성하 고 있는 기준들과 전혀 상관없는 기준들에 따라 평가해볼 경우에도 전적으 로 올바른 결과를 도출해내는 장점이 있다." 제레미 월드런(Jeremy Waldron, 1953~)은 이 주장이 핵심을 놓치고 있다고 생각한다. "권위를 정치적 결과 의 좋음에 의존하게 하는 이론은, 그것이 어떤 것이든지 자멸적이다. 왜냐 하면 바로 사람들이 어떤 결과가 좋은 것인지 서로 의견이 다르다는 사실 이, 그들이 권위를 세우고 승인할 필요를 느끼는 이유이기 때문이다." 내가 무엇이 옳은 법인지를 알고 있다는 것과, 타인들이 나와 다른 생각을 갖고 있지만 내가 그들에게 내 견해를 강요하는 것이 부당하다는 것을 인정하 는 것은 충분히 양립 가능하다. 무엇이 옳은지에 대해 사람들의 의견이 다 름에도 불구하고 모든 사람들이 제정된 법률의 지배를 받아야 한다는 사실 자체가 바로 그런 불일치를 다룰 수 있는 메커니즘이 필요하다는 것을 의 미한다. 그 메커니즘은 그 자체가 도덕적으로 정당화될 수 있어야 한다. 대 부분의 철학자들은 이런저런 방식으로 민주주의가 그런 메커니즘이라고 주장한다.

민주주의의 가치

지금까지 나는 민주적 절차에 본질적으로 내재되어 있는 가치들과 민주 적 절차를 수단으로 삼아 실현할 수 있는 가치들을 상당히 일반적인 관점 에서 논의해왔다. 이제는 두 가지 정당화 방식—본유적 정당화 방식과 도 구적 정당화 방식—과 관련하여 제시될 수도 있는 다른 고려사항들을 좀 더 체계적으로 검토할 때다. 이런 고려사항들은 어떤 한 가지 절차로서 이해된 민주주의를 지지하는 데 동원될 수 있는 가치들임을 기억하라. 어떤 종류의 민주주의를 선호하는가는 자신이 생각하기에 이 중 어떤 가치들이 (선호하는 민주주의에 대한) 정당화 역할을 해주는지에 달려 있다. 당신이 민주주의자인 주된 이유가 민주적 절차들이 시민들을 평등하게 존중해주기 때문이라면 당신은 보다 훌륭한 시민들을 배출해주는 경향이 있다고 생각해서 민주주의를 지지하는 사람들과는 다른 형태의 민주주의를 원할 것이다. 당신이 만일 민주주의가 정치적 안정성을 가져다주기 때문에 민주주의를 지지한다면 아마도 당신은 좋은 결정을 내놓을 수 있는 민주주의 형태에 관심을 갖고 있는 사람들과는 다른 절차적 측면들을 걱정할 것이다. 당신이 이런 여러 가지 주장들—혹은 심지어 전부—이 민주적 절차를 지지해주는 측면들이 있다고 생각한다고 가정해보자. 그러면 당신은 어떤 종류의 민주주의가 이런 상이하면서도 때때로 충돌하는 가치들을 가장 잘 함께 묶어낼 수 있는지 판단해야 하는 어려운 과제에 직면하게 된다.

본유적 가치 1: 자율성으로의 자유

2부에서 나는 적극적 자유에 관한 다양한 관념들을 제시했는데 그중의 하나를 '정치참여로서의 자유'라고 부른 바 있다. 당신이 그 부분을 아직 읽지 않았거나 기억하지 못한다면 그 부분을 지금 읽어둘 필요가 있다. 그 기본 생각은 루소의 "자유는 우리가 스스로에게 부과한 법률에 복종하는 것이다"라는 생각이다. 스스로 만든 법률에 따라 사는 사람들은 타인들이 만든 법률에 따라 사는 사람들이 누리지 못하는 종류의 자유(자율성이라 불리는 자유—'자치')를 누리고 있다. 이것은 두 종류의 법체계—스스로 만든 법체계와 타인이 만든 법체계—가 똑같은 내용을 갖고 있어도 마찬가지다. 이런 종류의 자유는 민주적 절차에 본유적이다. 우리는 민주적 절차의 결

과를 전혀 모르더라도 이 절차들
이 시민들에게 자치의 기회를 허
용해준다고 말할 수 있다.(이 가치
에 대해 생각해볼 수 있는 또 다른 방
법은 **비非종속**으로서의 자유라는 관
점에서 생각해보는 것이다. 이 견해에
따르면 자유는 타인들의 의지에 좌우
되지 않는 것을 의미한다. 여러 이론
가들이 이런 생각들을 다른 식으로 발
전시켰고 또 비非의존으로서의 자유
가 최근 상당한 관심을 끌었지만 우리

장 자크 루소

의 목적을 놓고 볼 때 이런 견해들은 여기서 함께 묶어 논의할 수 있을 정도로 충분
히 유사하다.)

　민주적 절차에 내재되어 있는 자유 관념은 매우 특수하면서도 상당한
논란거리가 되고 있다. 우리가 지금 얘기하고 있는 자유는 제정된 법률의
내용이 사람들에게 허용해주거나 허용해주지 않을 수도 있는 그런 종류의
자유가 아니다. 관대한 독재자는 자신의 신민들에게 상당한 정도의 소극
적 자유를 허용해주는 법률을 만들 수도 있다. 그 독재자는 허용해줄 수 있
는 종교적 활동이나 성적인 활동에 대해 상당히 관대한 견해를 갖고 있을
지도 모른다. 어쩌면 그 독재자의 견해가 대다수 신민들의 견해보다 더 관
용적일 수도 있다. 민주적으로 법을 제정하다보면, 관대한 독재자 아래에
서보다 더 적은 소극적 자유가 허용될 수도 있다. 물론 민주적인 의사결정
절차가 독재적인 의사결정 절차보다 소극적 자유의 보장에 **더 유리할 가
능성이 있다**고 보는 편이 더 설득력 있다. 실제로 이런 이유로 민주주의를
지지할 수도 있다. 하지만 이런 논리의 주장은 민주적 절차에 대한 결과주
의적 정당화라고 할 수 있다. 그것은 우리가 지금 생각하고 있는 것들과는

다른 자유 관념에 입각해 있다. 이런 관점에서 민주주의가 가치 있는 것은 비(非)개입으로서의 자유—소극적 자유—라는 목적에 수단이 되기 때문이다. 그 주장은, 민주주의는 본질적으로 자율성으로서의 자유를 (혹은 비非종속으로서의 자유를) 실현시켜준다는 주장과는 아주 다른 것이다.

우리는 그 주장을 어떻게 이해해야만 할까? 자, 투표에서 진 소수자는 자치를 하지 못한다—최소한 어떤 직접적인 의미에서는 말이다—는 문제가 있다. '전체로서의 인민'은 독재나 외세의 지배를 받을 때와는 대조적으로 집단적 문제들을 결정할 수 있는 권력을 향유할 수 있다.(식민지배의 굴레를 던져버리려는 민족주의 운동들은 대개 그들 '인민'이 자결에 대한 권리를 갖고 있다는 의식을 가지고 행동한다.) 하지만 자결을 실천하고 있는 민족의 개개 구성원 입장에서 보면 어떤 이슈에 대한 투표에서 다수에게 질 경우 그는 스스로 부과한 법률 아래에서 살지 못한다. 그는 다수 동료국민들에 의해 부과된 법률 아래에서 살게 된다. 도덕적으로 보자면 그것은 지배엘리트나 식민권력에 의해 법이 부과되는 것과는 다를 수 있다. 하지만 그런 차이가 정말로 자율성과 관련하여 어떤 의미가 있을까? 투표에서 진 개인들에 한해서 그들에게는 자신의 의지를 따를 자유가 없다. 그는 타인들의 의지에 따르고 있다.

물론 법률 혹은 국가와 개인의 자율성 사이에는 일반적으로 긴장이 존재한다. 철학적 무정부주의자들은 그 긴장을 강조한다. 그들은 권위라는 관념 자체가 자율성과 양립할 수 없다고 주장한다. 그들에 따르면 개인은, 자신이 언제나 옳다고 생각하는 것을 행해야 할 의무를 갖고 있다. 그 때문에 타인들의 판단에 따르는 것은 결코 정당화될 수 없으며 국가가 그런 복종을 요구하는 것 또한 결코 옳지 않다. 민주적이건 아니건 모든 국가는 다 개인에 대해 정당한 권위를 가질 수 없다. 물론 국가가 과연 정당화될 수 있는가의 여부에 관한 문제는 대단히 큰 문제로서 내가 여기서 감히 다룰 수 있는 주제가 아니다. 우리의 문제는 더 특수한 것이다. 국가의 권위가 정당화될 수 있다고 가정해볼 때 어떤 종류의 의사결정 절차가 개인의 자율성을 최대로 존중해줄까? 이것은 루소가 스스로에게 제기했던 다음과 같은 문제와 비슷하다. 우리가 법 아래서 살지만 여전히 자유로울 수 있을 까?

우리는 국가가 일부 사람들에게 스스로는 할 생각이 없는 것들을 하라고 요구할 것이라는 점을 알고 있다. 애당초 무슨 일을 해야 할 것인지 사람들 각자마다 생각이 다르다는 사실이 국가가 필요한 이유이다. 그러므로 무정부주의적인 노선을 걷지 않는 한 우리는 국가의 일부 구성원들은 자신들이 원할 수도 있는 것들을 꼭 얻지는 못할 것이라는 점을 인정해야만 한다. 그러므로 지금 우리가 고찰하고 있는 민주주의 옹호론은, 민주주의가 모든 사람들에게 다 타인들의 의사에 결코 종속되지 않는다는 의미의 자율성을 준다고 주장할 수는 없다. 오히려 그보다는 국가가 관리해야 할 불가피한 갈등을 놓고 볼 때, 민주주의는 종합적으로 보아 개인들의 자율성을 가장 잘 존중해주는 의사결정 절차라고 주장하는 것이 더 낫다. 민주주의는 다른 체제와 비교해볼 때 더 많은 사람들에게 더 많은 자율성을 주기 때문이다.

이것은 민주주의를 이해할 수 있는 한 가지 방식이다. 다른 방식도 있다. 투표에서 패배한 결과 억지로 다수의 의지에 따라야 하는 소수자라 할지라도 여전히 독재자 아래에서 사는 사람들이 누릴 수 없는 것을 향유하고 있다. 동등한 조건에서 법률제정 과정에 참여할 수 있는 기회를 누리고 있는 것이다. 그런 기회는 비록 어떤 개인이 투표에서 진 경우에도 가치가 있는 것으로 보이는데, 자율성으로서의 (혹은 비종속으로서의) 자유의 변형된 형태라고 생각해보는 것이 도움이 될 듯하다. 개인의 의견은 동등한 조건에서 다른 사람들의 의견과 함께 의사결정 과정에 반영되었다. 그 사람에겐 다른 사람들에게 다르게 투표하라고 설득할 수 있는 기회가 있었다. 그 사람은 집단적 의사결정 과정에서 충분한 역할을 수행했다. 이런 주장은 그 개인이 계속해서 소수자의 일원들일 경우에도 마찬가지다. 다수결 민주주의는 때로 자율성과 가장 효과적으로 조화된다고 주장되곤 한다. 왜냐하면 비록 모든 사람들이 이따금씩 투표에 지긴 하지만 평균의 법칙 (the law of averages)이 이번에 진 사람의 견해가 다음번에는 이길 수 있다는 것을 보증해주기 때문이다. 다른 조건들이 같다면 평균의 법칙은 실제로 맞다. 하지만 곧 알게 되겠지만 다른 조건들이 같지 않은 경우들이 왕왕 있다. 인구의 일부 하위집단은 계속적으로 투표에 지기 때문에 그들의 입장이 법률로 제정되는 일은 거의 일어나지 않는다. 이것이 시사해주는 바는 민주주의에서는 항상 투표에서 지는 하위집단의 구성원들마저도 그 법이 독재자에 의해서나 외세의 의해 제정될 경우에는 누릴 수 없는 일종의 자치를 누린다는 것이다. [●]

민주주의를 이런 식으로 옹호하는 것은 '본유적' 정당화의 범주에 속한다. 왜냐하면 그것은 민주적 절차로 결정되는 법률의 내용과는 무관한 근거에서 민주적 의사결정 절차의 가치를 인정하고 있기 때문이다. 인민의 자치권에 대한 존중은 그 자체가 가치 있는 것이기 때문에 그것을 존중해주다보면 올바른 법을 찾는 과정이 당연히 제한을 받을 수도 있다. 앞에서 지적한 바 있듯이 이 주장에는 자유주의의 핵심 이념과 명백한 유사점이 있다. 사람들이 올바른 선택을 하는 것보다는 스스로 선택하는 것이 중요하다. 민주주의는 동일한 논리를 정치에 적용한 것처럼 보인다. 사람들은 개인적으로는 자기 자신의 개인사를 결정해야 하며(자유주의), 집단적으로는 공동의 일을 결정할 수 있어야 한다(민주주의). 그러므로 우리는 자유주의와 개인주의를 서로 적으로서가 아닌 동지로서 생각할 수 있다. 월드런이 강조했듯이 자유주의와 민주주의가 대체로 같은 시기에 출현했다는 사실은, 그것들이 근본적으로 공통의 토대를 갖고 있다는 것을 시사해준다.

●어떻든 법률제정 과정에 동등한 자격으로 참여했기 때문이다.

비록 표면적인 긴장이 있음에도 불구하고 말이다. 사람들이 합리적인 자결의 능력을 소유하고 있는 존재로 인식되어 자유주의적인 권리를 인정받게 되어서야 그들은 또한 스스로 집단적 책임을 질 수 있을 정도로 충분히 합리적인 존재로 인정받게 되었다. 그것이 바로 민주주의—군주정이나 귀족정이 아닌—가 정치적 결정을 내리는 적합한 메커니즘으로 인정받는 이유다.

이 모든 주장은 타당한 것처럼 보인다. 하지만 우리는 너무 멀리 나아가서는 안 된다. 자유주의와 민주주의 사이의 유비는 그다지 완벽한 것이 아니다. 왜 우리는 강제적인 규칙들을 결정함에 있어 동등한 발언권을 갖고 있다고 생각해야 하는가? 그 강제적인 규칙들이 **다른 사람들이** 스스로의 삶을 사는 데 중대한 영향을 미치는데 말이다. 우리가, 다른 사람들의 동일한 권리를 존중해주면서 행사하는 한에서, 정말로 우리 자신의 삶을 통제할 수 있는 권리를 갖고 있을 수는 있다. 우리가 우리 자신의 삶을 엉망으로 만들고자 한다면 그것은 우리의 특권이다. 하지만 우리가 다른 사람들의 삶에 상당한 권력을 행사할 수 있는 근본적인 도덕적 권리를 소유하고 있다고 생각할 이유가 있는가? 민주적인 절차를 옹호하는 정말로 좋은 이유들이 있다면 그것들은 민주주의가 좋은 법을 제정할 수 있는 훌륭한 방법이라는 주장을 근거로 삼아야 한다고 생각할 수도 있다. 혹자는 사람들에겐 다른 사람들이 어떻게 사는 것이 좋은지에 관해서는 잘못 판단할 권리가 없지만, 자신의 삶에 관해서는 잘못 판단할 권리가 있다고 생각할 수 있다.

본유적 가치 2: 자아실현

자치적인 정치공동체의 구성원이 됨으로써 성취할 수 있는 종류의 자유가 있다는 생각은 때로 집단적인 의사결정 과정에 참여하는 것이 삶을 충분히 꽃 피우는 데 필수적이라는 생각과 결합되어 있다. 이런 생각은 2부에서도 제시되었는데 나는 일부 이론가들이 자유를 자아실현과 동일시하면서 자아실현은 최소한 부분적으로나마 자신이 속한 정치체제의 생활에 참여하는 것에 있다고 주장해왔다고 언급한 바 있다. 인간에게 있는 특징들 중 하나는 함께 모여서 자신들의 집단적 삶을 어떻게 조직할 것인가를 결정할 수 있는 능력이다. 개미들은 지극히 복잡하고 정교한 상호작용 패턴을 갖고 있다. 벌들은 벌집을 짓는 데 매우 능숙하며 서로에게 꿀을 어디에서 얻을 수 있는지 알려주는 정보를 준다. 하지만 인간 이외의 동물들에게는 함께 성찰하고 토론하며 집단적으로 상호간의 행위를 규제할 수 있는 규칙을 결정할 수 있는 능력이 없다. 그런 능력은 특별히 인간다운 것으로 만일 당신이 그런 능력을 행사하지 않는다면 당신은 완전한 인간이 되지 못한다. 인간은 정치적 동물인 것이다.(그리스어로 영어 '사적인private'에 해당하는 단어는 백치를 뜻하는 *idios*이다. 고대 그리스에서는 공적인 일에 참여하기를 거부하고 자기 자신의 일에만 관심을 갖고 있는 사람을 백치로 여겼다!)

오직 민주주의에서만 모든 시민들이 정치생활에 충분히 참여한다. 그리하여 정치적으로 창조적인 일을 할 수 있는 피조물로서의 본성을 실현한다. 이 가치 역시 앞에서 대략적으로 살펴본 전자민주주의에 우리가 반감을 갖고 있는 이유를 어느 정도 설명해준다. 상업광고가 나오는 동안 생각 없이 컴퓨터 스크린을 클릭하는 사람들이, 공적인 일을 도모하는 데 참여함으로써만 성취할 수 있는 종류의 자아실현을 하기란 거의 불가능하다. 이와 같은 민주주의의 정당화 방식에서 중요한 것은 시민들이 무엇을 해야 할 것인지에 대해 **심의하는** 것이다. 그럴 때만이 시민들은 자신들이 갖고 있는 특별히 인간다운 능력들을 완전히 그리고 적절히 사용할 수 있는 것이다.

나는 곧 심의의 중요성을 좀 더 얘기할 것이다. 여기서는 일단 지금 우리가 논의하고 있는 것이 **참여행위 자체에서** 성취되는 종류의 자아실현이라는 것을 분명히 해둘 필요가 있다. 그것은 참여의 결과가 아니다. 자아실현에 관한 다른 사고방식이 있는데 이런 사고방식은 자아실현이 정치참여의 과정에서 그리고 그 결과로서 점진적으로 이루어지는 것으로 본다. 이 견해에 따르면 정치에 참여하는 것이 사람들에게 좋은 이유는, 정치참여가 그들의 지적·도덕적 능력을 확장시켜주는 일종의 교육적·발전적 기능을 하기 때문이다. 이런 생각은 진실로 사람들에게 정치권력을 부여해주는 것이 보기와는 달리 그렇게 위험스럽지 않다는 것을 강조하기 위해 제시되곤 한다. 왜냐하면 의사결정의 경험 자체가 더 좋은 의사결정을 할 수 있도록 교육시켜주는 효과가 있기 때문이다. 나는 이런 주장의 타당성에 대한 평가를 독자들에게 맡기고 싶다. 현재 맥락에서 중요한 것은 그 주장의 성격이다. 그 주장은 민주주의의 결과―시민들에 미치는 영향―에 호소한다. 사실이든 아니든 그것은 정치에 참여하는 것 자체가 인간의 삶을 꽃 피우는 데 필수적인 요소라는 주장과는 다른 것이다.

본유적 가치 3: 평등

민주주의는 시민들의 평등한 지위를 가장 잘 존중해줄 수 있는 법제정 절차라는 생각은 많은 사람들이 받아들이는 민주적 이상의 핵심이다. 더 좋은 결정도 있고 더 나쁜 결정도 있지만 우리는 어느 결정이 좋고 어느 결정이 나쁜 것인지 의견이 다르며, 우리들 중 누가 그런 결정들을 더 잘할 수 있는가에 대해서도 의견을 달리한다. 그런 불일치를 다룰 수 있는 유일하게 공정한 방식은 모든 사람들에게 평등한 발언권을 주는 것이다. 아이들과 정신장애인들 그리고 (일반적으로 집단적인 의사결정 과정에 참여할 수 있는 권리를 상실한 것으로 여겨지고 있는) 범죄자들을 제외하면, 모든 사람들은 법에 의해 처분될 때뿐만 아니라 법률제정에 자기의사를 반영할 때에도 평등해야만 한다.

이미 살펴본 바와 같이 '평등한 발언권'이라는 관념은 다양한 방식으로 해석될 수 있으며 해석에 따라 상이한 분배적 함축성을 가질 수 있다. 즉 더 급진적이거나 덜 급진적인 의미를 가질 수 있다. 그 논의는 모두 민주적 절차의 한 가지 속성으로서의 평등에 관한 것이었지 민주주의가 만들어내는 결과에 관한 것이 아니었다. 민주주의가 평등주의적인 정책을 가져오는가의 여부는 사람들이 어떤 정책들에 찬성투표를 하는가에 달려 있다. 확실히 반(反)민주적인 사상의 주요 흐름은, 민주주의가 반(反)민주주의자들이 적당하게 생각하는 정도보다 더 많은 평등을 가져오는 경향이 있다는 것을 우려한다. 그리고 일부 반(反)민주주의자들이 볼 때 민주주의와 관련된 불가사의한 현상은, 민주주의가 그동안 성취해온 것보다 더욱더 평등한 상태로 나아가지 않고 있다는 점이다.(대부분의 사람들은 불평등이 실제로 좋은 것이라고 믿고 있는가? 그들은 이데올로기에 현혹되어 불평등의 불가피성을 인정하게 되었는가? 우리에게는 사실상 더 평등주의적인 결과를 내놓을 수도 있는 절차적 평등이 없는 것인가?) 평등한 의사표현을 허용해주는 절차는 다른 조건들이 같다면 의사표현이 불평등하게 이루어지는 절차에 비해 더 평등한 결과를 산출할 것으로 기대할 수 있다. 의사표현을 하는 사람들이 산출된 결과가 자신들에게 어떤 영향을 미칠지 관심을 갖고 있다고 가정한다면 말이다. 하지만 이것은 단지 경험적인 경향일 뿐이다. 개념적으로 볼 때 법제정 과정에서 아무리 평등한 영향력을 행사했다 하더라도 제정된 법이 많은 분배적 불평등을 허용하는 것은 충분히 가능한 일이다.

지금까지는 좋다. 진정으로 평등하거나 공정한 절차가 분배적으로는 불평등한 결과를 내놓을 수도 있다. 그것은 사실이다. 하지만 우리가 공정한 절차는 모든 사람들이 형식적인 투표권을 소유하는 것 그 이상의 조건을 필요로 한다고 생각하고 있다고 가정해보자. 또한 우리가 공정한 절차는 시민들이 정치적 결정에 영향을 미칠 수 있는 정말로 동등한 기회를 보장해주어야 한다고 믿고 있다고 가정해보자. 그리고 이 조건은 모든 사람들이 적절한 교육을 받거나 아무도 정치과정에서 사실상 배제될 정도로 빈곤하지 않을 때만 충족된다고 가정해보자.(우리는 정치적 기회의 평등을 진지하게 받아들였을 때 더욱 급진적인 함의가 있다고 생각할 수도 있지만 이 정도면 이 논의의 취지를 충분히 나타낼 수 있다고 본다.) 그 경우 공정한 절차를 유지하는 것 자체는 분배적 결과를 제한하게 된다. 모든 구성원들을 적절히 교육시키지 못하거나 그 일부를 혹독한 빈곤 상태에서 살게 놔두는 정치체제는 사실상 공정한 절차에 의한 의사결정 가능성을 부정하는 것과 같다. 물론 현실 세계에서는 정치적 결정들이 애당초 그와 같은 종류의 공정한 절차로 이뤄지지 않는다. 어떤 사람들이 보기에는 이런 현실 상황은 모든 결정들의 정당성을 앗아가기에 충분할 수도 있다. 하지만 중요한 것은 심지어 이상적인 상황—모든 사람들이 동등한 조건으로 집단적 의사결정에 진정으로 참여하는 상황—에서조차 적절한 절차를 유지시키는 것 자체가 그 절차에서 나올 수 있는 **결과의 범위**를 상당히 제한하게 될 것이라는 점이다. 일반적인 교훈은, 우리가 민주적 절차의 세부사항에 더 많은 내용을 집어넣을수록 민주적 절차로부터 나오는 결과의 범위가 더 제한된다는 것이다. 민주주의가 스스로를 파괴하거나 자체의 민주성을 훼손하는 것이 정당하지 않을 수 있다면 어떤 이슈들—정치체제를 민주적으로 만드는 요소들—은 아예 민주적 결정의 대상이 될 수 없다. 정당한 민주적 절차를 구성하는 요소들을 극단적일 만큼 구체적으로 이해하다보면 거의 모든 문제들을 민주적 의사결정의 범위에서 제외시키게 되는 결과가 발생한다.

이런 역설적인 상황의 가능성을 제쳐두고, 의사표현의 평등에 관한 논의는 그 의사표현이 어떤 형태를 취해야 할 것인가 하는 문제를 미결로 남겨놓고 있다는 점에 주목해보라. 시민들을 평등하게 대하는 한 가지 방법은 집단적 결정을 내리기 위해 선호를 취합할 때 단순히 그들의 모든 선호들을 똑같은 비중으로 반영하는 것이다. 또 다른 방법은 그들에게 집단적 심의에 영향을 미칠 수 있는 동등한 기회를 주는 것이다. 즉 각자에게 그들이 왜 특정한 결정을 선호하는지에 대한 이유를 설명할 수 있는 기회와 다른 사람들을 설득할 수 있는 기회를 동등하게 주는 것이다. 여기서 우리는 민주주의 이론 전반에 뻗어 있는 핵심적인 단층선을 만나게 된다. 어떤 사람들에게 민주주의의 기본 이념은, 인민이 자신들이 원하는 것을 얻는다는 것이다. 문제는 사람들이 서로 다른 것들을 원한다는 것인데, 우리에게 필요한 것은 사람들의 상이한 선호들을 취합하여 하나의 전체적인 결정을 내릴 수 있는 정당한 방법이다. 때로 '사회적 선택'으로 불리는 이 접근방법은 개인들의 선호를 어떻게 하면 가장 잘 취합할 수 있을 것인가를 고민한다.(이런 이론 전통 속에서 연구하는 일부 학자들은 그런 선호들을 취합할 수 있는 정당한—공정하거나 혹은 자의적이지 않은—방법이 과연 있을 수 있는지를 심각하게 고민한다.) 다른 이론가들은 상당히 다른 각도에서 문제에 접근한다. 그들에게 민주주의는 사람들이 원하는 것을 합산하는 것이 아니라 집단적인 심의에 관한 것이다. 민주주의는 단지 선호를 정책들로 전환시키는 수단이 아니다. 그것은 선호 자체를 **변화시키는** 수단이다. 민주적인 토론, 주장, 반성 과정을 통해 그리고 다른 사람들의 관점을 듣고 또 반론에 응수하는 과정을 통해 민주주의는 사람들의 견해를 변화—그리고 향상—시킬 수 있고 또 변화시켜야 하는 것이다. 단순히 사람들의 견해를 드러내고 취합하는 방법이어서는 안 된다. 이 접근방법은 최근에 이론가들 사이에서 특히 높은 인기를 얻고 있으며 '심의민주주의'를 지지하고 있다.

한쪽 견해에 따르면 민주주의는 정치인들과 정책들이, 사람들이 원하는 것에 따라 반응하는 시장과 유사하다. 다른 쪽 견해에 따르면 민주주의는 공동의 관심사를 놓고 시민들이 함께 심의하는 포럼이다.(혹은 포럼이어야 한다.) 우리가 전자민주주의의 수용을 꺼려한다면 그 이유는 최소한 우리가 후자 형태의 민주주의를 동경하기 때문일 수도 있다. 사람들이 직접 의사결정을 하는 것만으로는 그리고 동등한 조건에서 그렇게 하는 것만으로는 그다지 충분치 않아 보인다. 왜 충분하지 않은가? 한 가지 답변은 앞에서 제시되었다. 인간이 공동의 일에 관한 집단적 토론과 심의를 통해 자아실현을 성취한다는 것이 사실이라면 민주주의를 일종의 포럼으로 보는 모델에서만 정치가 그런 자아성취의 적절한 영역이 될 것이다. 또 다른 답변은 우리를 의사결정 절차에 대한 결과 중심적 정당화 방식으로 이끌고 간다. 우리가 전자민주주의에 반대하는 이유는 근본적으로 전자민주주의에서 나올 결정의 질을 우려하기 때문일지도 모른다. 모든 시민들의 투표에 동등한 비중을 두는 것은 정말로 모든 시민들을 평등하게 대하는 방법이다. 하지만 동등한 존중이라는 생각은 사람들을 평등하게 대하는 최선의 방법이 무엇인가에 관한 문제를 남겨놓고 있기 때문에 아주 모호한 측면이 있다. 그리고 동등한 존중을 실현하기 위해 우리가 선택한 방법은 다른 관심들을 반영한 것일 수도 있다. 모든 시민들에게 자신의 견해를 진술하고, 반박에 대응하며, 심의 절차에 참여할 수 있는 동등한 기회를 주는 것은 그들을 동등하게 존중해주는 방법인 **동시에** 좋은 결정을 산출하는 데도 도움이 된다는 생각 때문일 수도 있다.

우리는 정치적 불평등이 결정의 질을 얼마나 훼손할 수 있는지 과소평가해서는 안 된다. 정치적 불평등에 반대하는 사람들 대부분은 공정성을 이유로 반대한다. 국가의 일에 영향을 미칠 수 있는 시민들의 능력이 매우 불평등하다면 그것은 부당한 듯하다. 하지만 의사표현(투입)의 불평등은 또한 정치적 심의의 **질**에도 부정적인 영향을 미친다. 어떤 사람들이 목소리를 크게 외칠수록 다른 사람들의 목소리는 묻혀버린다. 정치적 영향력은 대체로 제로섬 게임이다. 우리가 어떤 주장에 귀를 기울일수록 다른 주장들에는 무관심해진다. 그런 상황은 훌륭한 의사결정에는 좋지 않다.

민주주의와 평등의 관계는 여기서는 간략히 언급할 수밖에 없는 또 다른 문제들을 제기한다. 하나는 다수지배의 정당성과 관계가 있다. 평등과 다수결주의적 의사결정 사이에는 직접적인 연관성이 있다. 다수의 견해를 채택하는 것은 각 개인의 투표를 동등하게 계산해야 한다는 요구사항을 함축하고 있는 것처럼 보인다. 다른 대안들은 소수자의 표에 좀 더 큰 비중을 두는 방법을 포함하고 있다. 하지만 우리는 1인 1표 원칙에 기초하여 단순히 선호를 합산해서는 안 된다. 아마도 우리는 검토되고 있는 이슈들에 사람들이 얼마나 많은 관심을 갖고 있는가 하는 점도 고려해야 할 것이다. 즉 얼마나 많은 사람들이 선호하고 있는가 하는 측면뿐만 아니라 사람들이 갖고 있는 선호의 **강도**도 감안할 필요가 있다. 그런 방법은 어느 정도 다수의 지배로부터 소수를 보호해줄 수도 있다. 하지만 그것은, 다수가 정말로 소수를 억압하고자 한다면 별로 도움이 되지 않을 것이다. 선호의 강도를 감안하는 방법은 미온적인 다수자들을 상대하는 경우에는 도움이 될 수도 있지만 근본적인 문제점을 해결해줄 수는 없다. 그보다 위에서 대략 설명한 것처럼 어쩌면 일반적으로 다수결주의적 의사결정 절차를 정당화시켜주는 바로 그 평등에 대한 똑같은 염려로부터, 개인의 권리를 존중하는 원칙을 끌어내어, 다수결주의적 의사결정에 대항할 수 있는 카드 패로 삼는 것이 더 나은 방법일는지도 모른다.

또 다른 이슈는 직접민주주의와 간접민주주의(혹은 대의민주주의)에 대한 주장과 관련되어 있다. 직접민주주의가 간접민주주의보다 더 완전하게 평등을 구현하고 있다는 것은 명백해 보인다. 직접민주주의에서는 모든 시민들이 법률을 제정할 때 직접 투표하게 된다. 간접민주주의에서는 시민들이 그들을 대신하여 그런 결정을 하는 대의원들을 선출하기 위해 투표할 뿐이다. 간접민주주의의 이런 2단계적인 측면은 일종의 불평등을 도입함으로써, 내가 이미 앞서 지적한 대로 체제의 민주적 성격을 약화시킨다고 볼 수 있다. 이 모든 것은 원칙적으로는 맞다. 하지만 실제에서는 대의원들을 선출하는 투표제도—즉 간접민주주의—가 평등의 측면에서 직접민주주의보다 더 좋은 의사결정 방법이라고 생각하는 것이 불합리하지는 않다. 모든 이슈들이 국민투표로 결정될 경우 실제로 사람들이 굳이 애를 쓰며 투표하려고 할 것인가? 일부는 그럴 것이다. 별로 대표성이 없는 소수의 정치적 행동가들은 그들의 시간과 에너지를 법을 제정하는 일에 바칠 것임이 틀림없다. 그런 방법은 모든 시민들의 견해를 동등하게 고려하는 방법으로는 좋지 않아 보인다. 그 모든 결함에도 불구하고 국가 전체가 몇 년마다 모든 시민들을 대신해서 실질적인 결정을 내려줄 대의원들을 선출하기 위해 진지하게 심의하는 체제―이 체제에서 선출된 대의원들은 몇 년이 지나면 재선을 위해 출마해야 한다는 것을 알고 있다―가 있다고 치자. 이 체제는 다수에게 정치참여의 기회를 허용하지만 실제로는 소수의 행동가들이 지배하는 체제보다 더 이상적으로 정치적 영향력의 평등을 구현할 수도 있다.(물론 현재의 투표참여율을 놓고 볼 때 영국이나 미국의 전국적인 선거들이 '전체 국민에 의한 진지한 심의'로 간주될 수 있다고 주장하는 것은 다소 과장일 듯하다.) 정치에서는 흔한 일이듯이 원칙적으로 정당한 것으로 보이는 것이 실제에서는 상당히 다르게 나타날 수도 있다.

수단적 가치 1: 좋은 혹은 올바른 결정

이제는 민주적 절차 속에 본질적으로 구현되어 있는 가치들로부터 민주적인 절차들을 수단적으로 정당화시켜줄 수 있는 가치들로 나아가보자. 가장 먼저 떠오르는 것은 민주주의는 훌륭한 결정을 내리기 위한 좋은 절차라는 주장이다. 이에 대해서는 이미 많은 근거들이 제시되었다. 나는 민주적 절차들은 옳은 답이 **없는** 때―즉 회의주의나 상대주의가 우세할 때―만 합당하다는 생각에 이의를 제기했다. 그리고 내가 정치문제에 옳은 답이 있고 또 민주주의가 그 답을 찾는 데 특별히 좋은 제도가 아니라고 해도 민주적 절차들을 정당한 것으로 볼 수 있는 다른 이유들이 있다는 점을 잘 설명했기를 바란다. 많은 사람들이 결정의 질은 단순히 중요한 사항이 아니라고 생각한다.

그렇지만 민주주의 이론에는 민주주의가 옳은 답을 내놓는 경향이 있다는 사실에 호소하는 흐름들이 있다. 한 흐름은 프랑스의 철학자이자 수학자인 마르키 드 콩도르세(Marquis de Condorcet, 1743~1794)와 연관되어 있다. 콩도르세는 평균적인 사람이 어떤 것을 잘못 판단할 가능성보다 옳게 판단할 가능성이 더 클 경우 다수 의견은 그 사항에 대해 옳을 가능성이 아주 높다는 것을 수학적으로 입증했다. 그 가능성이 얼마나 높을지는 얼마나 많은 사람들의 의견을 참조하고 평균적인 개인의 판단이 무작위로 추출한 개인의 판단보다 얼마나 더 나은지에 달려 있지만, 그 가능성은 놀라우리만치 가파르게 높아진다.(예컨대 평균적으로 개인이 옳을 가능성이 55퍼센트라고 한다면 399명을 함께 참조하면 옳을 가능성은 98퍼센트나 된다.) 그러므로 이런 관점에서 보면 민주주의는 공동선을 (혹은 확인하고자 하는 것이 무엇이든지 간에) 찾을 수 있는 훌륭한 방법이다. 왜냐하면 큰 수의 법칙들(확률의 법칙)은 많은 사람들이 한 사람보다 더 낫다는 것을 의미하기 때문이다. 다수의 군중에게는 지혜가 있기 때문에 그들의 견해를 참조하는 것은 옳은 답을 확인할 수 있는 좋은 방법이다.(어떤 투표에서 패배했다는 사실은 단순히 다수의 정당성을 인정하는 것에 그치지 않고 패배한 사람이 자신의 생각을 바꿔야 할 한 가지 이유가 될 수 있다고 설명한 부분에서 이미 이런 생각을 소개한 바 있다.)

확신이 안 서는가? 그렇다면 그것은 당신이 이 주장의 중요한 전제를 인정할 마음이 안 들기 때문일 수도 있다. 콩도르세의 배심원 정리는 **평균적인 투표자가 틀릴 가능성보다 옳을 가능성이 더 높다고 가정할 때** 적용된다. 공정을 기하기 위해 콩도르세의 접근방법은 모든 투표자들이 이런 수준의 능력을 갖춘 것으로 가정하도록 요구하지 않는다. 우리는 모든 동료 시민들이 다 옳은 판단을 할 가능성이 50퍼센트 이상이어야 한다고 가정할 필요가 없다. 단지 평균 능력이 50퍼센트 이상이면 된다.(그리고 그 평균을 중심으로 정규분포의 형태를 갖추면 된다.) 그렇지만 평균적인 투표자들이 무작위로 추출한 개인보다 나은지의 여부는 명백한 미해결 문제로 남아 있다. 만일 평균적인 개인의 능력이 무작위로 추출한 개인보다 우수하지 않다면 콩도르세 정리는 즉각적으로 민주주의를 거부할 근거로 사용될 것이다. 평균적인 사람들이 옳을 가능성보다 틀릴 가능성이 높을 경우 당신이 가장 바라지 않는 것은 다수에게 그 결정을 맡기는 일일 것이다. 그런 경우에는 다수가 잘못된 결정을 할 가능성이 매우 높기 때문이다. 그리고 반박하기 어려운 콩도르세의 수학적 원리를 현실 세계에 적용하는 데는 또 다른 문제들이 있다. 하나는 투표의 결과가 서로 독립적인 의사표현들의 결과여야 한다는 것이다. 왜냐하면 다수가 한 사람보다 훨씬 더 우수한 결과를 도출할 가능성이 높은 이유는 그 결과가 서로 독립적인 의사표현들을 취합한 것이기 때문이다. 하지만 현실적으로는 많은 사람들이 파벌이나 정당의 일원으로서 투표할 개연성이 높은데 그런 경우에는 개인들이 자신의 독립적인 의견을 그 절차에 반영한다고 볼 수 없다.(루소는 파벌을 반대했는데 그 근거는 파벌들의 존재가 일반의지의 출현을 방해한다고 보았기 때문이다. 일부 해석들은 루소가 콩도르세적 사고를 나타낸 것으로 보고 있다.) 다른 난점은 콩도르세의 결과는 양자택일―유권자들이 두 가지 선택지들 사이에서만 선택하는 상황―에만 적용된다는 것이다. 현실 민주주의 국가에서 실시되는 대부분의 투표는 이것보다는 더 복잡하다.

옳은 답이 있다는 생각을 송두리째 거부하는 것은 콩도르세의 접근방법에 대한 좋은 반박이 될 수 없다. 그의 수학은 단지 그런 답이 있다고 가정하고 평균적인 투표자가 옳은 답을 확인할 때 틀릴 가능성보다 옳을 가능성이 높다고 가정할 경우, 다수가 틀릴 가능성보다는 옳을 가능성이 훨씬 더 높다는 것을 보여줄 뿐이다. 그렇지만 그런 결론을 민주적 의사결정에 실제로 적용하고, 민주적 의사결정으로 나온 결정들은 옳을 가능성이 더 높다고 주장하기 위해 사용하는 것은 그렇게 간단한 문제가 아니다. 콩도르세의 접근방법은 모든 표들을 동일 이슈에 대한 판단으로 취급할 수 있을 때만 유효하다. 하지만 오늘날의 선거에서 투표자들이 자신들의 투표 행위를 같은 의미로 이해할 가능성은 전혀 없다. 나는 투표를 할 때, 모든 것을 고려해본 후, 제시된 선택지들 중에서 어떤 것이 동료시민들 전체에게 가장 좋은 선택—혹은 그처럼 바람직한 어떤 것—이 될 수 있을 것인가를 생각하며 투표한다. 하지만 나의 동료유권자들 역시 투표를 할 때 **그와 같은 판단에** 근거하여 투표하는지 의심해보는 것은 전혀 이상한 일이 아니다. 내가 냉소적일 수도 있지만 나는 때로 시민들 중 일부는 자기 자신에게 최선의 이익이 되는 것이라면 어떤 것이든 찬성표를 던지지 않나 하는 의구심을 갖고 있다. 그 경우 투표절차로 취합되는 것은 전혀 동일 이슈에 대한 판단들의 합이라고 볼 수 없다. 그렇다면 이긴 결과가 또한 옳은 결과라고 확신하기 어렵다.

우리가 콩도르세의 가정들을 기꺼이 인정한다면 그의 접근방식은 실제로 민주주의가 좋은 결정을 내릴 수 있는 훌륭한 방식이라는 것을 제시해준다. 그런 가정들을 전제할 경우 콩도르세의 정리는, 다수의 견해를 어떤 개인의 견해보다 더 옳을 수 있는 하나의 견해로 취합해내는 방법에 관한 것이다. 하지만 민주주의를 인식론적인 가치를 갖는 것—옳은 답을 확인하는 데 좋은 것—으로 보는 둘째 방식이 있다. 이 관점에 따르면 중요한 것은 단순히 개인들의 견해를 취합하거나 계산해서 큰 수의 법칙들에 호소하는 것이 아니다. 민주주의는 심의를 위한 절차다. 토론과 반성 그리고 논쟁을 통해서 시민들이 원래 갖고 있었던 잘못되고 이기적인 견해들은 더 나은 견해로, 다시 말해 '옳은 답'에 더 가까운 판단으로 바뀐다. 우리는 시민들의 의사표현을 동등하게 취급할 수 있는 여러 가지 방식들을 논하는 맥락에서 이미 이런 생각을 접한 바 있다.

집단적 심의는 어떻게 해서 결정의 질을 향상시키는가? 물론 토론과 논쟁은 어떤 문제를 결정할 때 관련 정보를 모을 수 있는 훌륭한 방법이다. 정치적 결정은 일반적으로 복잡한 이슈들에 관한 판단을 포함하고 있는데 사람들은 어떤 특별한 정책이 가져올 수 있는 결과가 무엇일지 서로 생각이 다를 것이다. 경험적인 주장과 그에 대한 반박을 비판적으로 검토해보는 것은 적절한 증거를 가려내고 특별한 정책이 실행될 경우에 발생할 수 있는 상황을 이상적으로 판단할 수 있는 유용한 수단이다. 아마도 더 흥미 있는 주장은, 공적인 포럼에서의 토론은 정치적 결정에 깔려 있는 도덕적 사고의 질을 향상시켜준다는 주장일 것이다. 검토 중에 있는 다양한 정책 옵션들이 증진 또는 억제할 법한 여러 가치들의 상대적 중요성을 놓고 현명하고 합리적인 논쟁이 벌어질 수 있다. 실제로 일부 이론가들은 집단적인 심의는 사람들에게 공공정신을 함양시켜주고 자기 자신만의 특수한 선보다는 공동선을 추구하도록 동기를 부여해준다고 주장해왔다. 공적인 포럼에서 자신의 정치적 견해를 옹호하기 위해서는 자신의 견해를 다른 사람들이 받아들일 수 있는 방식으로 표현하고 설명해야 한다. 단지 어떤 정책이 자신에게 (혹은 자신과 비슷한 입장의 사람들에게) 더 나은 결과를 가져다줄 것이라는 이기적인 근거로 옹호하는 것만으로는 충분하지 않을 것이다. 그리고 공동선을 증진한다고 하는 많은 주장들이 처음에는 위선적이거나 부정직하게 출발한다고 할지라도, 자신의 견해를 자신뿐 아니라 모두에게 좋은 것으로 제시해야 한다는 요구사항 때문에 점진적으로 정치에 관한 관점을 수정하게 된다. 그러므로 민주적 절차는 정치적 결정의 질을 향상시켜주는 경향이 있다는 생각에는 정보적인 측면과 아울러 도덕적인 측면이 있다. 심의는, 우리가 어떤 목적을 위한 최선의 수단을 발견하는 데 도움이 될 뿐만 아니라 더 훌륭한 목적들을 알아내는 데도 도움이 된다.

　콩도르세적 접근과 심의의 측면을 강조하는 접근은 민주주의가 좋은 결정을 가져오게 되는 매우 다른 메커니즘을 상정하고 있다. 하지만 그 메커니즘들은 서로 배타적이지는 않다. 콩도르세적 접근은, 개인들이 어떻게 정치적 판단을 내리게 되는지에 대해서는 아무것도 말해주지 않는다. 시민들은 상호토론과 비판적 성찰과정을 통해 투표에서의 자신의 입장을 결정해야 한다는 생각과 콩도르세의 수학적 정리는 잘 양립한다.(각 개인이 단지 정당의 노선에 따르지 않고 자기가 정말로 생각하는 것에 따라 투표하게 된다면 말이다.) 그리고 비록 심의에 근거한 설명이 만장일치제를 이상적인 절차로 상정하고 있다고 해도—충분히 오랫동안 논의할 경우 우리 모두의 의견은 결국 일치하게 될 것이다—현실 세계의 상황에서는 불일치하는 부분이 남아 있을 수밖에 없으며 따라서 투표가 필요하다. 그러므로 콩도르세의 접근과, 심의에 근거한 접근방식의 장점들을 결합한 민주적 의사결정 방식은 전혀 모순적이지 않다. 먼저 우리는 주의 깊은 성찰과 상호토론으로 어떤 것에 찬성투표하는 것이 옳은가를 알려고 노력해야 한다. 심의에 근거한 설명이 옳다면 이와 같은 심의 과정은 우리의 판단을 향상시켜줌으로써 평균적으로 사람들이 틀린 판단보다 옳은 판단을 할 가능성을 높여줄 것이다. 그다음 투표를 한다. 만일 심의를 통해 우리의 개인적 판단이 충분히 향상되었다면 다수가 옳은 판단을 할 가능성은 정말로 매우 높을 것이다. 그러므로 이와 같은 혼합 모델은 옳은 답을 내놓을 가능성이 크다는 근거에서 정당화된다.

이런 정당화 방식에 대해 알아두어야 할 마지막 두 가지 사항이 있다. 첫째, 이 주장은, 민주주의는 항상 옳은 답을 얻게 해주기 때문에 정당하다는 의미가 아니다. 민주주의는 다른 비(非)민주적인 절차들과 비교해볼 때 옳은 답을 얻게 **해줄 가능성이 더 높기 때문에** 정당하다. 그 결정이 정당한 것은 결과 때문이 아니라 절차 때문이다. 하지만 그 절차가 정당한 것은 그것의 인식론적인 가치—나쁜 결정보다는 좋은 결정을 도출하는 경향—때문이다. 그러므로 이 설명에 따르면 어떤 민주적 결정이 잘못되었다고 믿으면서도 그 결정의 정당성을 인정하는 것은 전혀 모순적이지 않다. 하지만 그 결정의 정당성은 단순히 공정한 절차로부터 나온 것이라거나 시민들의 자치능력을 존중한 결정이라는 점에 근거하고 있지는 않다.(그런 주장들은 본유적인 정당화일 것이다.) 그 결정이 정당한 근거는 그 결정을 도출한 절차가 다른 절차들보다 옳은 결정을 도출할 가능성이 높다는 사실에 있다. 루소는 만인이 진정으로 공동선을 위해 투표한다면 투표에 진 소수자들은 단순히 실수를 한 것이라고 생각했다.(실제로 루소는 여러 가지 모순적인 사항들을 주장했는데 이것도 그런 모순적인 주장들 중 하나다.) 하지만 그것은 그다지 옳은 주장이 아니다. 소수자가 옳을 수도 있다. 이 인식론적 설명에 따르면 소수자가 민주적 결정에 따라야 하는 이유는, 반드시 소수자들이 실수를 했기 때문이 아니다. 그렇다고 그 결정이 본유적으로 정당화된 민주적 절차—즉 평등이나 자율성과 같은 가치를 구현하고 있기 때문에 본질적인 가치가 있다고 여겨지는 민주적 절차—에서 나왔기 때문도 아니다. 소수자가 민주적 결정을 따라야 하는 이유는 그 결정이 옳은 결정을 산출할 가능성이 큰 절차로부터 나왔기 때문이다.

마지막으로 이 항에서 고찰한 민주주의에 대한 정당화 방식들은 민주주의를 옳은 답을 도출해내는 수단으로서 이해한다. 여기서 옳은 답들은 '민주주의라는 이상을 구성하고 있는 기준들과는 무관한 기준들에 의해 올바르다고 판단되는 답들'이다. * 이 접근은 그런 의미에서 옳은 답이 있다고 가정한다. 하지만 이 접근은 우리가 민주적인 절차가 아닌 다른 방법으로 그 답을 확인할 수 있다고 가정하지 **않는다**. 민주적 절차를 채택하기 전에 어떤 결정이 좋은 결정인지 미리 알지 않고서도 민주주의를 의사결정을 위한 훌륭한 절차로 간주하는 것은 전혀 모순이 없다. 사람들이 민주주의는 인식론적인 가치를 갖고 있다고 말할 때 그들이 의미하는 것은 바로 민주주의가 우리의 지식을 증대시켜줄 수 있고 민주주의가 중요한 것들을 발견할 수 있는 방법이 될 수 있다는 것이다. 그것은 단지 우리가 이미 옳다고 알고 있거나 나아가 옳은 것으로 알 수도 있었을 결정들을 정당화시켜주는 절차가 아니다.

---

* 민주적 이상을 규정하는 기준들은, 민주주의가 그로부터 도출되는 결과와는 상관없이 민주주의를 구성하는 데 필수적인 특정한 가치나 기준들, 이를테면, 평등이나 공정성 그리고 자율성과 같은 가치들이다. 이런 가치들 혹은 기준들이 실현되지 않으면 민주주의 이상 자체가 성립될 수 없다.

수단적 가치 2: 시민들의 지적 또는 도덕적 발전

일부 이론가들은 사람들이 스스로 정치적 의사결정을 하는 것이 좋은 이유는, 그들이 좋은 의사결정을 할 것이라는 점보다는 그런 결정과정을 통해 더 훌륭한 사람이 될 수 있다는 점에 있다고 생각한다. 법률이 타인—예컨대 독재자나 외세—에 의해 제정되는 체제는 그 법률에 따르는 사람들에게서 자율성이나 자치라는 선을 박탈할 뿐만 아니라 그들의 지적·도덕적 발전을 저해한다. 아이들에게 스스로 결정할 수 있는 기회가 점진적으로 주어지지 않을 경우 그 아이들이 유능한 성인으로 발전해갈 수 없는 것과 마찬가지로, 비민주적인 체제는 성인들에게서 지적·도덕적 능력을 발전시킬 기회를 박탈함으로써 미성숙한 상태로 머물게 한다. 민주주의에 대한 이와 같은 정당화 방식과 이전의 정당화 방식 사이에는 중요한 공통 요소가 있다. 다양한 능력들을 발전시킬 기회가 주어진 시민들은 정치적 결정을 더 훌륭하게 내릴 수 있을 것이다. 그들은 덜 이기적이 될 것이며(도덕적 발전 부분) 더 잘 모이고 정보를 더 잘 평가할 수 있을 것이다.(지적 발전 부분) 하지만 최소한 분석적으로 볼 때 우리는 결정의 질과 그 결정을 하는 사람들의 질을 구분할 수 있다. 이 주장은 사람들에게 자치의 기회를 주는 것이, 그들의 지적·도덕적 성장을 돕는 최선의 길이라는 것을 시사한다.

민주적 절차에 대한 이와 같은 정당화 방법은 또한 자아실현에 호소함으로써 민주주의를 정당화하는 본유적 정당화와 상당히 유사하다. 즉 인간은 자신이 속한 정치공동체에 참여하는 바로 그 행위를 통해 삶을 꽃 피울 수 있다는 주장과 유사하다. 여기에서 논의하고 있는 것은 그런 주장을 결과주의적으로 각색한 것이다. 그렇게 각색한 아이디어에 따르면 시민들은 참여행위 자체로 인해 즉각적으로 자아실현을 성취하지는 않는다. 참여는 발전에 **도움이 된다**. 참여를 통해 사람들은 시간이 지나면서 더 훌륭하게 변화된다. 이것은 분석적으로 말해 다른 종류의 주장일 뿐만 아니라 내용상 덜 구체적이거나 논란이 적은 주장이다. 민주적 참여가 시민들에게 유익한 영향을 가져다준다는 주장—그리고 참여는 시민들에게 더 완전한 자아실현의 기회를 준다는 주장도 포함하여—은 그런 참여 자체가 인간의 자아실현에 필수적인 요소라고 하는 주장보다 형이상적인 요소가 적다.

이런 정당화 방식의 한 가지 특징은 역설적인 요소가 있다는 점이다. 참여를 통해 시민들이 얻게 되는 혜택은 그런 혜택들이, 그들이 정치에 참여하는 이유거나 최소한 유일한 이유라고 한다면 성취될 수 없다. 정치집회나 시위에 참여하러 가고 있는 누군가를 만난다고 가정해보자. 당신이 그 사람에게 왜 거기에 가냐고 묻자 그 사람은 거기에 참여하는 것이 자신의 도덕적·지적 발전에 좋다고 생각하기 때문이라고 대답한다. 무엇인가 잘못되었다. 그 사람은 정치를 자기에게 도움이 되고 개인적인 성장을 이루는 영역으로 축소시키고 있다. 내 생각에 그 사람이 그와 같은 참여행위가 자신의 발전에 유익한 영향을 미칠 것이라고 믿는 데는 아무런 문제가 없다. 하지만 그것이 그 사람이 집회에 참여하게 된 이유라는 것은 좀 이상해 보인다. 그 사람이 집회에 참여하게 된 이유는 시위를 통해 지지하고자 하는 원칙이나 대의(大義)의 내용과 관계가 있어야 한다. 시민들은 물론 결과에 관심을 갖고 있다고 보아야 할 것이다. 하지만 그 결과는, 그들이 옹호하거나 시위를 통해 요구하고, 찬성투표를 던지는 정책의 결과인 것이지 자신의 개인적인 발전과 관련된 결과는 아니다. 자신의 도덕적·지적 발전을 위해 시위에 참여하는 사람은 사실상 정책적인 결과에는 별로 관심이 없을 것이다. 그러므로 **오직** 자기 자신의 개인적 발전을 위해서만 정치에 참여하는 사람은 정책적 결과를 충분히 얻어내지 못할 것이다. 그 사람은 다른 사람들의 주장에 진지하게 관심을 기울이지 않고, 정치공동체의 일원으로서 자신의 능력을 책임감 있게 행사하지 않을 것이다. 이 항의 제목이 말해주는 유익한 효과—즉 도덕적·지적 발전—는 다른 이유들 때문에 시작한 정치참여의 부산물이거나 부수효과여야만 한다. 그러므로 정치참여의 이런 부수적 효과들이 민주적 절차를 정당화하는 중요한 근거가 될 수 있다고 보기는 어렵다.

수단적 가치 3: 정당한 것으로 인식하게 함

내 아버지가 영국군 장교로 훈련을 받고 있었을 때 아버지는 옳은 결정을 내리는 것보다는 분명하고 자신감에 찬 결정을 내리는 것이 더 중요하다고 들었다.(누구도 네가 결정한 것을 욕하지 않는다, 스위프트. 완벽하고 끝내주게 잘 결정하려 하지 마라!) 아버지의 부하들이, 아버지가 자신이 하는 일을 잘 알고 있다고 믿고 명령에 기꺼이 따르는 것이 중요했던 것이다. 모든 사람이 따르는 옳은 명령이 무엇이든 간에, 아무도 그 명령을 따르지 않는다면 재앙이 생길 수 있다. 정치에서도 비슷한 현상이 발생한다. 어떤 결정을 내리는지도 중요하지만 그 결정을 사람들이 어떻게 생각하는지도 중요하다. 결정들은 정당한 것으로 여겨질 필요가 있다. 물론 사람들이 정당하지 않다고 보고 거부하고 있는 법률들을 따르도록 하는 여러 가지 방법들이 있다. 국가는 경찰이나 군대를 사용하여 복종을 강제할 수 있으며 때로는 민주주의 국가들도 그렇게 한다. 하지만 그렇게 하는 것은 비용이 많이 들며 심각한 도덕적 희생을 감수하지 않고서는 오래 지속할 수 없는 방법이다. 어떤 결정들이 정당한 것으로 받아들여지는 것—인식되는 것—은 민주주의의 한 가지 중요한 특징이다.

물론 민주주의가 정당한 것으로 **받아들여질 수**도 있는 이유들은, 민주주의가 **실제로 정당할 수도 있는** 이유들과 상당한 연관이 있다. 아마도 사람들이 민주적 결정에 기꺼이 따르려고 하는 것은 그 결정이 도출된 절차를 존중하기 때문일 것이다. 그리고 아마도 그들이 그 절차를 존중하는 이유는 그 절차가 평등, 자율성 혹은 자아실현을 실현시켜주거나 좋은 결정을 도출하는 경향이 있다고 보기 때문일 것이다. 그것은 사실이다. 하지만 그렇다고 정당성과 **정당하다고 인식되는 것** 사이의 구분을 무시해서는 안 된다. 사실상 정당하다고 믿을 수 있는 좋은 이유들이 없는 정권도 그 정권에 따르는 사람들에게 정당하다고 간주될 수 있다. 수세기 동안 지상에서의 신의 대리인이라 자처하면서 신이 부여해준 권리를 갖고 있다고 주장해온 군주가 영국을 지배해왔다. 그런 군주들에게 복종한 사람들 중 많은 이들이 그 주장을 인정했고 그 때문에 그들에게 복종했다. 그 왕들 및 그들의 명령은 정당하다고 받아들여졌다. 하지만 그 정당성은 사람들 사이에 잘못된 믿음이 퍼진 결과였는데 오늘날 우리가 보기에 그 왕들의 지배는 (정당한 것으로 **인식되었지만**) 사실상은 정당하지 않았다고 말하고 싶은 잘못된 지배였던 것이다.

우리들 대부분은 최소한 어떤 형태의 민주주의는 정당할 수 있다고 믿고 있기 때문에 이 논점—민주주의가 정당하다고 **인식되는 것과 사실상 정당할 수 있다는 것**을 구분하는 것—이 학문적인 것으로 느껴질 수도 있다.(경멸적인 의미로, 즉 내 직업이 별 상관도 없는 미세한 점들까지 상세히 밝힌다고 비난하는 의미에서 '학문적'이다.) 정말이지 분석적으로 볼 때는 (일부 견해에 따르면 전적으로 민주적 절차 자체의 특징들로부터 도출되는) 민주주의의 정당성과, 민주적 결정들이 정당한 것으로 인식되고 또 그 때문에 준수되는 것 사이에는 결정적인 차이가 있다. 하지만 민주주의가 실제로 정당하고 또 정당한 것으로 올바르게 인식된다면 무엇이 문제란 말인가? 한 가지 답은 우리를 통치하고 있는 정권들이 사실상 정당하거나 민주적이라고 너무 속단해서는 안 된다는 것이다. 민주주의가 법제정을 위한 정당한 제도가 될 수 있음을 보여주는 것이 곧 우리 서구인들이 '민주주의'라고 부르는 제도가 실제로 정당하다는 것을 보여주는 것은 아니다. 우리가 법을 제정하는 방식이 비록 어떤 측면에서는 민주적일지 몰라도 정당하다고 볼 수 있을 정도로 충분히 민주적이지는 않을 수도 있다. 예컨대, 서구의 민주주의는 진정한 정당성을 확보하는 데 필요한 정치적 영향력의 평등을 결여하고 있을지도 모른다. 오늘날 민주주의 국가에서 법을 준수하는 사람들은 중세에 신민들을 지배할 권리를 갖고 있다고 강변한 왕의 주장을 인정한 신민들과 비슷한지도 모른다. 그들 역시 법이 올바른 의미의 정당성을 갖추기 위해 충족시켜야 할 조건들을 잘못 생각하고 있을지도 모른다.

| 결론 |

민주주의는 복잡한 이상이다. 그것은 여러 가지 상이한 가치들—상이한 종류의 가치들—이 합류하는 지점에 서 있으며 따라서 어느 가치가 어떤 부분에 연관되어 있고 그런 가치들이 어떻게 결합되어 있는가를 이해하는 것이 매우 어려울 수가 있다. 내 기대로는 민주주의가 하나의 절차라는 관념을 확고하게 고수할 때 어느 정도 명확성을 얻을 수 있다고 본다. 그다음 우리는 이른바 민주적 절차들이 정당화될 수도 있는 상이한 방식들, 즉 본유적이거나 도구적인 정당화 방식들에 관심을 집중할 수 있고, 각 항으로 나누어서 이런 정당화 방식들이 고려하고 있는 사항들을 집중적으로 다룰 수 있다. 하지만 민주주의에 관한 5부에서의 논의가 분석적으로 진행되었기 때문에 독자들은 그런 분석적 논의들을 어떻게 함께 결합시킬 것인지 잘 이해가 되지 않는다고 해서 우려할 필요는 없다. 민주주의에 관한 대부분의 견해들—민주주의가 왜 좋고 어떤 종류가 가장 좋으며 우리가 어느 정도로 민주적이고 어느 정도의 민주주의를 원하는지에 관한—은 여러 가지 다른 생각들이 복잡하고 혼란스럽게 섞여 있는 경우가 많다. 불가피하게 우리는 서로 다른 가치들 사이에서 균형을 잡는다. 이를테면, 결정의 현명함과 절차의 공정성 사이에서, 심의와 선호 취합 사이에서 균형을 모색한다. 그리고 지금 현재 우리가 얼마나 많은 '인민의 권력'을 원하는지를 평가할 때 우리는 현실 세계의 상황들을 적절히 감안해야만 한다. 정치적 의사표현에서의 불평등성이나, 엄청나게 어려운 이슈들을 정치적으로 판단

할 때 사람들이 보여주는 미숙함과 같은 요소들 말이다.

　모든 사람들이 민주주의를 좋아하며 대부분의 사람들이, 우리가 민주주의를 채택하고 있다고 생각한다. 그런 상황은 민주주의가 무해하거나 순수한 것이며, 이 책에서 논의된 몇 가지 다른 개념들과는 달리 논쟁적인 지점이 없는 개념이라고 느끼게 한다. 하지만 사실 민주주의를 진지하게 받아들이게 되면—그것이 왜 가치가 있으며, 민주주의가 지닌 가치들을 진정으로 실현하기 위해서는 무엇이 필요한지 등을 치열하게 생각하면—민주주의는 우리에게 지극히 까다로운 과제를 부과한다. 시민들이 자치를 하는 것과 정치적 영향력이 시민들 사이에 공정하게 분배되는 것이 정말로 중요하다면 민주주의 자체는, 우리가 일을 하는 방식을 근본적으로 바꿀 것을 요구한다. 만일 진정으로 민주적인 절차가 시민들의 의사결정 능력이 우수한 경우에만 좋은 결정을 도출해낸다면 민주주의는 시민들에게 더 많은 (의사결정의) 능력을 요구한다. 물론 민주적 가치들은 중요한 것들이다. 하지만 민주적 가치들은 더 많은 가치들 중 일부 가치들일 뿐이다. 우리는 다른 좋은 것을 위해서 민주적 의사결정의 범위를 제한하고자 할 수도 있고 또 다른 방식으로도 민주적 가치들을 기꺼이 희생시키고자 할 수도 있다. 하지만 민주주의가 얼마나 위대한지 우리에게 말하기를 좋아하는 정치인들에게 잘못은 없다. 정치인들이 그런 발언에 어떤 함축이 담겨 있는지, 자신이 속한 사회를 위해 진지하게 생각하는 것을 볼 수 있다면 흥미 있는 일이 될 것이다.

| 더 읽을거리 |

　로버트 달(Robert Rahl)의 『민주주의(On Democracy)』(Yale University Press, 2000)는 민주주의에 관한 규범적 시각과 사회학적 시각들을 짧고 쉽게 설명한 개론서다. 민주주의에 대한 달의 연구를 보다 자세히 살펴보려면 달

이 쓴 『민주주의와 그 비판자들(Democracy and Its Critics)』(Yale University Press, 1991)을 읽어보라. 이 책은 매력적인 대화체로 씌어졌다. 로스 해리슨(Ross Harrison)의 『민주주의(Democracy)』(Routledge, 1995)는 철학적 측면에서 흥미 있는 책이며 데이비드 헬드(David Held)의 『민주주의의 모델들(Models of Democracy)』(재판, Polity, 1996)은 민주주의에 대한 상이한 정당화 논리에 입각해 있는 다양한 제도적 형태들을 명쾌하고 훌륭하게 안내해준다.

좀 더 진일보한 철학적 수준에서는 이 책에 포함된 이슈들을 다룬 학술 논문 모음집 몇 가지가 있다. 다루고 있는 이슈의 범위나 질적인 측면에서 전반적으로 가장 뛰어난 것은 데이비드 에슬런드(David Estlund)가 편집한 『민주주의(Democracy)』(Blackwell, 2002)와 토머스 크리스티아노(Thomas Christiano)가 편집한 『철학과 민주주의: 모음집(Philosophy and Democracy: An Anthology)』(Oxford University Press, 2002)이다. 이 두 책은 매우 훌륭한 서론을 포함하고 있으며 각 입장별로 제목을 붙여 논문들을 엮어놓고 있기 때문에 편리하다. 또한 이 두 책은 심의민주주의에 관한 몇 편의 논문들을 포함하고 있지만 심의민주주의에 대한 가장 포괄적인 모음집은 제임스 보먼(James Bohman)과 윌리엄 레그(William Rehg)가 공편한 『심의민주주의: 이성과 정치에 관한 논문들(Deliberative Democracy: Essays on Reason and Politics)』(MIT Press, 1997)이다.

더 많은 것을 읽고 싶은 의욕이 있는 독자들에게는 다음에 소개되는 책들이 특별히 중요하고/중요하거나 흥미롭다. 토머스 크리스티아노의 『다수의 지배(The Rule of the Many)』(Westview Press, 1996), 제레미 월드런(Jeremy Waldron)의 『법과 불일치(Law and Disagreement)』(Oxford University Press, 1999), 에이미 거트만(Amy Gutmann)과 데니스 톰슨(Denis Thomson)이 공동 집필한 『왜 심의민주주의인가?(Why Deliberative Democracy?)』(Princeton University Press, 2004), 그리고 조슈아 코헨(Joshua Cohen)과 조엘 로저스(Joel Rogers)의 공저(응답들을 포함) 『결사와 민주주의(Associations and Democracy)』(Verso,

1995)가 그것들이다. 제임스 서로위키(James Surowiecki)의 『군중의 지혜(The Wisdom of Crowds)』(Little, Brown, 2004)는 콩도르세를 언급하지 않으면서도 콩도르세적 주제들을 매혹적으로 탐구하고 있다.

결론

    이 책에서 나는 내 주관적 입장을 개진하지 않았기 때문에 특별히 제시할 결론이 있을 수 없다. 나는 독자들에게 어떤 특별한 입장을 주장하지 않았다. 나의 과제는 그보다 철학자들이 몇 가지 핵심적인 정치적 개념들을 논할 때 발생하는 이슈들을 설명하고 명료화하는 것이었다. 물론 '명료화' 작업 자체가 논쟁적인 측면이 있다. 그런 의미에서 나는 혼란스럽고 모호한 견해를 갖고 있는 사람들을 반박했다. 그리고 당장에는 명료하게 진술된 견해들이 모호할 때보다 덜 그럴듯해 보이는 경우가 더러 있다. 하지만 일차적으로 나는 혼란이나 모호함에 반대해왔지 혼란스럽거나 모호하게 제시된 어떤 실질적인 입장들을 반박하거나 옹호하지는 않았다. 그런 입장들은, 혼란스런 부분이 정리되고 모호한 부분이 더욱 명료하게 될 경우 더 정확하게 이해되고 평가될 수 있다. 이런 작업은 유용하고 적절한 주장을 하기 위한 준비 작업으로서의 의미가 있다. 예컨대 4부의 일부에서는 자유주의적 개인주의에 대한 공동체주의적 반론자의 상당수가 그들이 공격하는 대상을 잘못 이해하고 있거나 잘못 설명하고 있다는 것을 보여주려고 했다. 그것도 일종의 '주장'이긴 하다. 하지만 그 목적은 자유주의와 공동체주의 사이의 진정한 차이가 어디에 놓여 있으며 서로 다른 견해들을 따르는 사람들 사이에 무엇이 쟁점이 되고 있는지를 더 잘 이해하기 위한 것이었다.

이 책이 전달하고자 하는 전체적인 메시지가 있다면, 그것은 이런 명료화 과정은 틀림없이 유익하다는 것이다. 그 작업은 실로 우리와 다른 사람들이 정치의 중심적인 도덕적 이슈들을 어떻게 생각하는가를 더 잘 이해할 수 있도록 해주고 우리가 서로 의견차를 보일 때 그 의견차의 내용이 무엇인지 더 잘 이해할 수 있도록 해준다. 이 '결론'에서 내가 무엇을 말한들 독자들에게 이 점을 설득시키는 데 도움이 되지는 않을 것이다. 그렇게 하기에는 너무 늦었다. 사회정의, 자유, 평등 그리고 공동체에 관한 나의 논의가 **이미** 그렇게 하는 데 성공했거나 실패했을 것이다.

나는 정치인들에 매우 비판적인 태도를 취해왔다. 그들은 개념들을 모호하고 불명확하게 사용한다. 때때로 그들은 의도적으로 그렇게 하고 싶어 하기도 하는데 그것이 의견 차이를 감출 수 있고 모든 사람들의 지지를 얻어낼 수 있는 전략이라고 생각하기 때문이다. 그들은 자신들이 옹호하는 정책들이 전반적으로 정당하다고 해도 상대방의 정책에 비해 일부 사람들의 상황을 더 악화시킬 수도 있다는 것을 인정하기 꺼려한다. 그들은 모든 좋은 것들은 함께 결합되어 있는 양 선전함으로써 우리가 어려운 도덕적 선택을 할 필요가 없는 듯 오도한다. 그들은 경쟁자들이 개진한 주장의 가장 큰 약점을 파고드는 한편 할 수만 있다면 경쟁자들의 견해에 있는 장점은 무시하기를 즐겨한다. 그들은 자신들이 실수를 범했다는 사실이나 마음을 바꿨다는 사실을 인정하려 들지 않는다. 그들은 "저는 모릅니다"라는 말을 결코 하지 않는다. 그들은 내용과 실질보다는 수사적인 표현과 장광설을 좋아한다. 중요한 것은 유권자들에게 어떻게 들리고 어떤 영향을 미치는가 하는 것이지 주장의 실질적인 내용이 아니다.

그와 대조적으로 정치철학자들은 불명료한 것을 싫어하며 모호성이 사라질 때까지 서로 괴롭힌다. 그들은 어려운 선택이 불가피하다는 사실을 아무런 거리낌 없이 받아들인다. 그리고 어떤 선택은 다른 선택을 했을 경우에 비해 일부 사람들의 상황을 더 악화시킨다는 것—아마도 훨씬 더 악화된다는 것—을 정당한 결론으로 받아들인다. 그들은 대립적인 주장의 약점을 반복해서 들춰내는 손쉬운 방법을 사용하기보다는 공을 들여서 생산적이고 조리 있는 비판 작업을 수행할 때에 지적인 진보가 이뤄질 수가 있다고 본다. 진리의 추구에 헌신하기 때문에 자신이 틀렸다는 것이 드러나면 기꺼이 생각을 바꾸며 생각을 바꿨다는 것을 흔쾌히 인정한다. 그들은 모든 답을 알고 있다고 주장하지 않는다. 비록 겉으로는 지나치게 말(표현)에 몰입해 있는 것처럼 보이지만 면밀히 살펴보면 정반대임을 알 수 있다. '개념적 분석'은 단지 사람들이 어떤 주장을 할 때 그들이 진짜로 의도하고 있는 것이 무엇인지를 이해하기 위한 유일한 방법이다. 일단 어떤 주장의 의미를 알게 되면 어떤 표현을 사용했든 간에 그것은 그다지 중요하지 않다.

　물론 정치인들과 정치철학자들에 관한 지금까지의 설명은 너무나 정형화된 것들이다. 어려운 선택에 직면하여 실질적으로 그리고 분명하게 대처하는 일부 정치인들도 있다. 반면에 자신이 생각을 바꿨다는 것을 인정하기를 매우 꺼려하는 정치철학자들도 일부 있다.("하지만 그것이 바로 내가 내내 말해온 내용입니다. 더 분명하게 표현할 수 있도록 해줘서 감사합니다.") 일부 정치인들은 자신이 실수했다는 것을 인정한다. 일부 정치철학자들은 좋은 반론들을 무시하거나 회피하며 나쁜 반론들을 필요 이상으로 크게 다룬다. 그럼에도 불구하고 정치인들과 정치철학자들에 관한 정형화된 설명들은 이 두 부류의 사람들 사이에 존재하는 진정한 차이를 보여준다. 일단 그렇다고 가정해보자. 내가 이들을 설명하는 방식은 '정치철학자들은 좋고 정치인들은 나쁘다'는 식으로 요약될 수 있을 것이다. 하지만 이런 묘사는 공정한가? 어쨌든 내가 그들을 평가하기 위해 사용하고 있는 기준들은 철학자들이 중요하다고 판단하는 기준들이다. 우리가 그와 같은 비교를 정치인들의 관점에서 바라본다면 평가는 상당히 달라진다. 정치인들은 정치철학자들이 직면한 환경보다 훨씬 더 까다로운 환경에서 활동한다. 선거 정치의 경쟁적이고 대결적인 특성을 고려해보면 자신의 무지를 인정하는 것이나 생각을 바꾸는 행위 혹은 어떤 이슈에서 상대편이 옳았다고 인정하는 행위는 무능력이나 '유턴(변심)' 혹은 약점이 있다는 증거가 될 것이다. 투표에서 이겨야 할 필요성과 자신의 정당을 전체 국가를 대표하는 정당으로 내세워야 할 필요성을 놓고 볼 때 자신의 정당이 채택한 정책들이 어떤 사람들의 상황을 (그 정책을 실행하지 않을 경우보다) 더 악화시킬 수도 있다는 것을 인정하는 행위는 위험스러운 일일 것이다. 약간의 실수도 미디어에서는 확대되고 과장될 것이다. 게다가 정치인들은 추상적인 관념들이 아니라 구체적인 정책들을 입안해야 한다는 압력을 받는다. 실행될 경우 실효성이 있고, 실행될 수 있을 정도로 대중적 호소력을 가질 수 있는 정책들 말이다. 철학자들과 달리 정치인들은 재선되어야 한다. 정치인들이 직면해 있는 이런 상황은 선택범위를 제약한다. 형식적 측면에서 그들은 단순한 주장을 해야 한다.(따라서 그들은 방송용의 간략한 표현과 슬로건을 찾는데 몰두하고 계속해서 그들의 입장에 수사학적인 통일성을 부여해줄 수 있는 '큰 아이디어'를 모색한다.) 그리고 내용 측면에서는 현재의 여론으로부터 너무 크게 벗어나서는 안 된다.(따라서 그들은 여론을 형성·주도하는 포커스 그룹에 관심을 갖는다.)

우리는 희화화하지 않도록 주의해야 한다. 정치철학자들은 자신들의 저술이 갖고 있는 실천적 함의들을 고찰한다. 많은 이들이 이상적인 상황을 배경으로 한 철학적 주장들로부터 어떤 정책들이 도출될 것인지를 탐구한다. 그리고 한걸음 더 나아가서 많은 이들은 이상적인 상황에 못 미치는 상황에서 정치적 결정이 내려져야 한다는 사실을 이해하고 있다. 그럼에도 정치철학자들이 주장하는 가치들을 최선으로 실현할 수 있는 방법을 모색하기 위해서는, 실제의 현실 세계를 놓고 볼 때 당연히 철학자들의 전문지식을 넘어선 문제들을 고려해야 한다. 그 답은 경험적인 정보—현실 세계에 관한 구체적인 지식—에 달려 있을 것인데 정치철학자들은 그런 구체적인 지식을 획득하거나 판단하기에는 불리할 수도 있다. 정치철학자들은 또한 자신들이 내린 결론이 팔릴 수 있는 가능성, 곧 대중적 호소력에 지나친 관심을 갖지 않으려고 한다. 그들로서는 그것은 용납하기 어려운 타협이다. "진리는 아마도 간단한 방송용 표현으로 포장하기에는 너무나 복잡할 거야. 어려운 철학적 이슈들에 대한 옳은 답들이 왜 만인이 쉽게 이해할 수 있도록 표현되어야 한다는 거지? 사람들이 그 내용을 이해한다고 해서 왜 그들이 우리가 제시한 해답에 동의할 것이라고 기대해야지? 예컨대 일반인들이 응분의 몫에 근거한 관례적인 주장들이 잘못되었다는 우리의 믿음—우리가 오랫동안 열심히 생각해온 믿음—과 다른 의견을 갖고 있다면 어떨까? 그들이 그릇되었다면 그들은 그릇된 거야. 우리는 진리를 추구하는 철학자들이야. 당신은 우리가 결론을 도출하는 과정에서 여론을 고려하기를 기대해서는 안 돼."

정치인들의 관점에서 보면 이것은 점잖게 말해 도움이 되지 않는다. "당신네 일부 철학자들은 최고 수준의 골퍼들이 사회사업가보다 더 많은 소득을 올릴 자격이 없다고 말하지. 당신이 옳다고 가정해보자고. 당신이 만일 우리 정부가 구체적으로 무엇을 해야 할지—이상적인 유토피아 속에서가 아니라 바로 지금—이에 대한 당신의 주장이 지닌 실천적 함의를 말해주지 않는다면 전혀 도움이 안 돼. 그리고 만일 당신이 유권자들이 현재 믿고 있는 것이 잘못된 것이라고 설득할 수 있는 방법을 우리에게 알려주지 않는다면 당신이 시킨 대로 말했다가는 결국 다음 선거 때 패배하고 말 거야. 그러니까 타당한 주장을 개진하는 것만이 중요한 것이 아니라 보통 사람들이 타당한 것으로 생각할 수 있게끔 주장을 개진하는 것이 중요해. 단순하고 쉽게 이해할 수 있는 주장이어야 한단 말이야. 정말이지 당신이 유권자들을 설득하는 일에 매달리고 있는 동안 상대방이 우리들의 모든 주장을 주의 깊게 검토하고 과장해서 자기들에게 유리하게 곡해해버릴 것이라는 점을 기억해."

이런 반응에 공감하지 않기란 어렵다. 정치인들의 주장이 철학적으로 볼 때 문제가 있다고 불평하는 정치철학자들은 각자의 임무가 매우 다른 성격의 것임을 감안해야 한다. 철학자들은 장기적인 관점을 취한다. 그래서 단순히 여론을 수용하기보다는 여론을 바꾸고자 한다. 정치인들은 더 당면한 과제를 갖고 있다. 그들이 성공하려면 대중들의 근거 없는 편견에 좌우되지 않으면서도 유권자들을 자기편으로 데려와야만 한다. 그들은 또한 사람들의 현실적인 특징들을 놓고 볼 때 어떤 정책들이 통하고 통하지 않을지에 대한 현실적인 감각을 지니고 있어야 한다. 3부에서 거론된 구체적인 예를 들어보면 최소 수혜자 계층의 처지를 최대로 개선시켜주는 데 관심을 갖고 있는 정치인은, 사람들이 어떤 동기로 행동하는가에 관한 지식에 근거해서 과세율을 고안해야만 한다. 사람들이 80퍼센트의 세금을 낼 때도 40퍼센트의 세금을 낼 때처럼 열심히 일할 것이라는 잘못된 판단에 입각하여 과세율을 정하는 것은 전혀 도움이 되지 않을 것이다. 하지만 사람들이 어떤 과세율에서 얼마나 열심히 일하는가 하는 문제는 딱 정해져 있지 않다. 어떤 특별한 시점에서는 그런 정보가 제시될 수도 있지만—이런 사항이 바로 정치인들이 고려해야 할 정보의 일부일 것이다—항상 그렇지는 않다. 사람들의 일할 의욕은, 사람들이 서로서로에게, 정부에 그리고 그들이 하고 있는 일에 대해 어떤 태도를 갖고 있느냐에 따라 좌우될 것이다. 이런 것들이 바로 보다 추상적인 원칙들을 다루는 정치철학자들이 변화시킬 수 있는 태도들인 것이다.

정치가 전적으로 합리적인 활동인 것만은 아니다. 명쾌한 주장을 주의 깊게 제시하는 것만으로 감정과 편견을 극복할 수 있을 것으로 기대하는 것은 천진난만한 생각이다. 정치인들이 유권자들의 표를 얻기 위해 유권자들의 감정과 혼란 그리고 잘못된 신념과 어느 정도 영합하는 것은 전략적으로 볼 때 불가피한 면이 없지 않다. 그렇게 함으로써 정치인들이 당선되고 또 세상이 좀 더 개선된다면 그런 전략적인 이유들은 또한 도덕적인 이유들이 될 수도 있다. 그래서 나는 정치인들이 모호하고 잘못된 말들을 하는 것을 언제나 반대하지는 않는다. 때로는 그렇게 하는 것이 적절할 수도 있다. 하지만 이 말은 모호하고 잘못된 것을 말하는 것을 옹호하는 것이지 모호하고 잘못된 신념을 신봉하는 것을 옹호하는 것은 아니다. 사고에 관한 한 명료성, 정확성 그리고 진리가, 불명료성, 부정확성 그리고 비진리보다 더 바람직하다. 정치인들이 유권자들에게 자신의 입장을 설명할 때 철학적으로 지나치게 순수하지 말아야 할 전략적인 이유들이 있을 수 있다. 하지만 그것이 곧 자신들이 정말로 무엇을 신봉하는가에 대해, 그런 전략을 통해 실현하고자 하는 가치들이 무엇인가에 대해, 그리고 왜 그런 가치들을 신봉하는가에 대해 모호한 상태로 있어야 하는 이유는 될 수 없다.

과업을 나눠서 하는 것이 합리적이다. 추상적이고 정확한 사고에 가장 적합한 사람들은 그렇게 하는 것이 좋다. 추상적인 생각을 구체적인 정책으로 전환시키는 능력이 있는 사람들은 그런 작업을 하는 것이 좋다. 유권자들에게 아이디어와 정책을 선전하는 데 능란한 사람들은 그렇게 하는 것이 좋다. 정치철학자들은 운이 좋게도 여러 생각들을 주의 깊게 검토할 수 있을 정도의 충분한 시간이 있으며 설령 실수를 했다 해도 직업을 잃지 않는다. 분업이 효과적이기 위해서는 정치철학자들이 집단적으로 노력한 결과가 그런 사치를 누리지 못하는 사람들—정치인들뿐만 아니라 유권자들도 포함하여—이 쉽게 이해할 수 있도록 표현되어야 한다. 그것이 바로 내가 이 책에서 힘써 시도해온 것이다.

역자 후기

애덤 스위프트는 현재 옥스퍼드대학에서 정치철학을 가르치고 있다. 동 대학 사회정의센터 소장을 맡고 있으며 옥스퍼드대학을 구성하고 있는 칼리지들 중 하나인 밸리올 컬리지(Balliol College)의 연구원이다. 한국에서도 『자유주의자들과 공동체주의자들』의 공동저자로 잘 알려진 그는 전후 영미 분석철학의 대가들인 롤스, 노직, 드워킨, 라즈, 코헨 등을 잇고 있는 탁월한 정치철학자다. 그의 첫 저서는 독자적인 이론을 제시한 것도 단독으로 쓴 것도 아니었다. 하지만 현대 영미 정치철학계의 가장 중요한 논쟁이라 할 수 있는 자유주의-공동체주의 논쟁을 가장 체계적으로 분석·정리해줌으로써 현대 영미 정치철학을 전공하는 학자들과 학생들에게 매우 유익한 길잡이를 제공해주었다. 그 책은 세계적으로 현대 정치철학 분야의 필독서가 되었을 만큼 중요한 저서로 인정받고 있다.

이번에 번역된 저서 역시 독자적인 이론이나 입장을 제시한 것은 아니다. 하지만 매우 복잡하고 까다로운 현대 정치철학의 주요 이슈들을 매우 알기 쉽게 정리해줌으로써 현대 정치철학에 대한 독자들의 이해를 돕는 데 큰 기여를 하고 있다. 2006년 초판이 발행된 이후 매년 2~3쇄씩 발행되고 있다는 사실은 이 저서 역시 세계적으로 그 가치를 인정받고 있다는 사실을 말해준다.

최근 한국사회에서 정의론 열풍을 일으킨 하버드대학 샌델 교수의 『정의란 무엇인가』가 정의라는 단일 주제를 주로 개인 윤리의 차원에서 다루고 있는 데 비해, 스위프트의 저서는 사회정의, 자유, 평등, 공동체, 민주주의라는 다섯 가지 주제를 주로 공적·정치적 차원에서 다루고 있다. 이 주제들이 한결같이 매우 중요하면서도 복잡한 주제들이기 때문에 이 다섯 가지 주제를 한꺼번에 다루고 있는 스위프트의 저서가 샌델 교수의 『정의란 무엇인가』에 비해 다소 밀도가 높고 어려운 것은 사실이다. 하지만 주제의 다양성과 복잡성에도 불구하고 스위프트의 설명은 매우 명쾌하고 체계적이어서 일반 독자들이 약간만 정신을 집중한다면 그다지 어렵지 않게 이해할 수 있다. 뿐만 아니라 사회정의 못지않게 중요한 다른 이슈들에 대해서도 많은 것을 배울 수 있는 장점이 있다. 번역에 그다지 흥미를 갖고 있지 않은 역자가 이 책을 번역하게 된 것은 이 책이 지금 전환기에 처해 있는 현재의 우리 한국사회에 유익한 많은 논점들을 포함하고 있을 뿐만 아니라, 우리 시대의 공적 담론을 한 단계 높이는 데 큰 도움을 줄 수 있다고 판단했기 때문이다.

저자도 인정하고 있듯이 이 책의 다섯 가지 주제들은 현대 정치철학의 가장 핵심적인 주제들로서 그에 대한 설명이 항상 쉬운 것은 아니다. 따라서 설명이 때로 복잡해지는 것은 피할 수 없다. 하지만 그런 부분들에 대해서도 앞뒤의 문맥을 살피며 꼼꼼히 읽어본다면 독자들은 분석적 정치철학의 학문적 성격에 대해서뿐만 아니라, 현대 정치논쟁에 깔려 있는 도덕적 이상들이나 원칙들에 대해 많은 것을 배울 수 있을 것이다. 역자는 독자들의 이해를 돕기 위해 최대한 쉬운 용어들을 사용하고자 노력했으며, 불가피하게 전문용어를 써야 할 경우에는 역자 주를 통해 그 내용을 설명해줌으로써 독자들이 그 내용을 이해하는 데 별 어려움이 없도록 했다.

이 책은 입문서로 기획된 것이다. 하지만 학생들과 정치인들이 비교적 쉽게 읽을 수 있도록 쓰였다는 것일 뿐 학자들 사이의 전문적 논의에서 다루어지고 있는 중요한 주제들을 거의 다 망라하고 있다. 현대 영미 정치철학에서 비중 있게 다뤄져야 할 정치철학자들의 복잡한 이론들을 매우 알기 쉽게 정리해주고 있을 뿐만 아니라 다양한 입장들을 서로 비교해봄으로써, 이들 입장의 중요한 차이점이 무엇이며 상식적 이해와는 어떤 점이 다르고 또 상식적인 견해들이 갖고 있는 문제점들이 무엇인가를 명확히 보여주고 있다는 점에서 매우 흥미 있게 주제에 접근하고 있다.

    게다가 이 책은 별도의 설명이 필요하지 않을 정도로 영미 분석철학의 진수를 잘 보여주고 있다. 분석철학은 어떤 개념, 진술 그리고 주장의 명료한 의미를 드러내는 것을 가장 중요한 과제로 삼고 있다. 분석철학이 말장난이 아니냐 하는 일부의 지적이 없는 것은 아니다. 하지만 그런 비난은 분석적 정치철학의 근본 취지를 전혀 모르고 하는 얘기다. 우리가 어떤 개념을 사용하고 또 어떤 주장을 할 때 그 개념이나 주장을 통해 화자가 전달하고자 하는 정확한 의미를 모른다면 대화는 피상적인 수준에 머물거나 헛돌게 됨으로써 진정한 의사소통과 토론이 불가능해진다. 따라서 분석적 정치철학의 가장 일차적인 목적은 우리가 책임감 있고 양식 있는 시민으로서 공동의 일에 대해 서로의 입장과 견해를 명료하게 표현하고 이해할 수 있도록 도와줌으로써 합리적인 토론을 지원하는 것이다. 그러므로 개념과 주장의 의미 분석에 치중하고 있는 분석적 정치철학이 마치 철학자들의 말장난에 불과한 것처럼 치부하는 한편으로, 일반인들이 전혀 알 수 없는 어떤 그럴듯한 개념을 사용하면서 웅대한 사상이나 주장을 내세우는 것이 바로 정치철학자들의 고유한 역할인 양 주장하는 것은, 현대사회에서 공공철학이 수행하는 중요한 역할을 제대로 이해하지 못한 것이다. 뿐만 아니라 그것은 정치철학의 목표를 일반인들의 생각이나 희망과 동떨어진 어떤 고차적이고 심원한 이상을 추구하는 것으로 과대 포장하는 오류를 범하는 것이다.

영미의 분석철학은 전통적인 정치철학에 비해 그 역할이 매우 소박하며 시민들에게 더 가깝게 다가와 있다. 그리고 포스트모던 정치철학과 비교해볼 때는 좀 더 희망적이며 생산적이다. 전통적인 정치철학은 주로 한 민족이나 국민 혹은 전 인류가 지향해야 할 거대한 목표 혹은 이상을 탐구하고 그에 맞춰 정치제도와 과정을 개혁하거나, 전체 사회를 전혀 새로운 이상사회로 변혁시키려는 거대한 포부를 가지고 있었다. 하지만 제2차 세계대전을 거치고 안정된 복지국가체가 확립되면서, 그리고 정치학을 과학화시키고자 했던 20세기 초반의 정치학행태주의 단계를 거치면서, 계몽되고 책임감 있는 시민들의 공적 토론을 지원하는 데 노력을 집중하게 되었다. 물론 분석적 정치철학은, 롤스의 『정의론』이나 노직의 『아나키에서 유토피아로』에서 확인할 수 있는 것처럼, 전통적인 거대담론과 완전히 분리된 것도 아니었고 전문 학자들 사이의 난해한 논쟁을 종식시킨 것도 아니었다. 하지만 제2차 세계대전 후 서구에서 민주적인 복지국가가 확립되고 시민정신이 성숙되면서 정치철학은 정치인들과 시민들이 사용하는 개념들과 주장들의 의미를 더 명료하게 분석해줌으로써 시민들의 합리적인 공적 토론을 지원하는 역할에 주력하게 되었다.

영미의 분석적 정치철학은 20세기 중반 이후 큰 물줄기를 형성하기 시작하여 1970년대에 들어서면서 현대 영미 정치철학의 대세로 자리 잡았다. 이 경향은 19세기와 20세기 전반기에 걸쳐 서구사회를 동요시켰던 이데올로기적인 정치이론들과는 근본적인 차이가 있다. 분석적 정치철학은 특수한 사회계급과 분파의 목표 혹은 특수이익을 추구하거나 사회의 권력관계를 해부하는 이데올로기적 정치 이해와는 달리, 자유롭고 합리적이며 책임감 있는 시민의 관점에서 사회정치생활의 일반원칙들을 이해해보고 그로부터 실천적 권고사항들을 도출해내는 방식을 취한다. 따라서 그것은 시민들로 하여금 현실적인 정치문제들에 대해 더 분명하고 일관되게 사고할 수 있도록 돕는 것일 뿐 특정한 계급의 이익을 대변하거나 옹호하는 것이 일차적인 목적은 아니다.

전체적으로 볼 때 분석적 정치철학은 다양한 정치적 입장들로 분화되어 있다. 자본주의 시장을 강력히 옹호하는 노직 유의 자유지상주의를 한 극단으로 하고 계획경제에 입각한 평등주의적 사회주의를 또 다른 극단으로 할 정도로 폭넓은 스펙트럼을 형성하고 있다. 그 때문에 변증법을 포기하고 비(非)마르크스주의 경제학과 철학으로부터 분석방법을 원용하여 마르크스주의를 재구성한 '분석적 마르크스주의'가 포함되어 있는가 하면(J. Elster; J. Roemer), 자본주의적 최소국가론자들과 무정부주의자들 그리고 공공선택이론가들까지도 포함하고 있다(R. Nozick; J. Hospers; M. Rothbard; J. Buchnan & G. Tullock).

옥스퍼드대에서 드워킨, 고(故) 코헨 그리고 라즈와 같은 탁월한 현대정치철학자들 아래서 훈련을 받은 스위프트는 분석적 능력에 관한 한 앞 세대 정치철학자들과 견줘 손색이 없다. 그의 분석 능력은 이 책에서도 유감없이 드러나고 있다. 그는 현대의 다양한 정치적 담론들에서 빈번히 사용되고 있는 개념들의 복잡성과 모호성을 섬세하게 드러내고 다양한 정치적 입장들과 주장들이 전제하고 있는 도덕적 가정들의 정확한 의미를 날카롭게 파헤친다. 그의 분석적 엄밀함과 정교함은 우리들이 일상적으로 그리고 무비판적으로 사용하고 있는 개념들이 사실은 얼마나 모호하고 복잡한 뜻을 지니고 있는가를 드러내준다. 그리하여 우리가 정치논쟁에 참여하여 우리의 의사를 개진할 때 그 뜻을 좀 더 분명히 표현하기 위해 어떻게 노력해야 할 것인가를 시사해준다. 이 책을 조금만 정성 들여 읽어본다면 독자들은 분석적인 능력과 체계적인 사고능력을 배양하는 데 큰 도움을 얻을 수 있을 것이다. 게다가 이 책은 우리들이 한국사회의 정치사회적 문제들을 체계적으로 이해·비판하고 자신의 대안적인 입장을 제시하는 데 유익하게 활용할 수 있는 많은 논점과 논거들을 담고 있다. 그 때문에 우리 사회의 다양한 이슈들에 대한 공적 토론에 참여하는 데 도움이 되는 중요한 통찰과 지식을 얻을 수 있는 장점이 있다.

이 책에서 다뤄지고 있는 다섯 가지 주제들은 현재 한국사회에서 그 중요성이 나날이 커져가고 있다. 사회정의는 근대화 혹은 산업화가 어느 정도 진전된 1980년대 이후 지속적으로 중요한 화두가 되어왔으며, 자유, 평등, 민주주의 또한 그 중요성이 나날이 커지고 있다. 그리고 2000년대에 들어 공동체는 진보와 보수 세력이 모두 지지하는 이상으로서 그 중요성이 점점 더 부각되고 있다.

하지만 한국사회에서 이런 개념들에 대한 정치권의 이해와 활용법은 매우 혼란스럽다. 정치세계의 생리를 감안한다 하더라도 이 혼란의 도가 지나치기 때문에 이런 개념들이 과연 우리 사회의 정치적 비전을 제시하는 데 어떤 유용성이 있는지를 파악하기 힘들다. 이 책이 잘 보여주고 있듯이 이런 개념들을 엄밀히 이해·규정하지 않고 아무렇게나 결합시켜 사용할 경우 매우 모순적인 주장이나 입장이 형성될 수밖에 없다. 정치인들은 이런 개념들이 마치 별 어려움 없이 쉽게 조화할 수 있는 것인 양 생각하고, 이런 개념들을 결합하여 우리 사회의 비전을 제시하고 정책들을 정당화시키는 경향이 있다. 스위프트도 영국의 정치인들이 이런 경향을 보이고 있다고 지적한다. 한국이든 영국이든 정치인들이 사용하는 개념들을 꼼꼼히 검토해보면 언뜻 보기와는 달리 매우 모순적이고 혼란스럽다는 것을 알 수 있다. 누가 자유와 평등 그리고 사회정의와 민주주의를 옹호하고 그런 가치들을 위해 정책들을 입안·실천한다는 데 반대하겠는가? 하지만 정치인들이나 일반 시민들이 자신의 정책적 입장을 옹호하기 위해 그런 개념들을 사용하는 방식을 면밀히 검토해보면, 그 개념들이 다수의 사람들이 결코 원하지 않을 수도 있는 정책적 함의를 내포하고 있을 때가 종종 있다. 하지만 그들은 자유와 민주주의와 같이 그 누구도 반대하기 어려운 개념들을 별 생각 없이 결합·사용함으로써 모든 사람들의 관심과 주의를 끌려고 하는데, 적지 않은 사람들이 이런 개념들에 현혹되어 이들에 동조하는 경향을 보이기도 한다.

한국사회가 돌진적으로 산업화와 민주화를 추구했을 때에는 이 개념의 엄밀성이 그다지 문제가 되지 않았다. 산업화는 주로 양적인 국민소득의 증대로 그리고 민주주의는 일단 선거를 통해 국민의 대표를 선출하는 제도를 의미하는 것으로 간소하게 이해되었기 때문이다. 하지만 산업화와 민주주의라는 지상목표가 어느 정도 달성된 이후에는 이런 개념들에 대한 다양한 이해방식들이 등장했다. 경제를 단순히 양적으로 성장시키는 것이 우리 사회의 일차적인 목표였을 때는 경제발전의 내용이 단순히 경제성장과 동일시되었고 따라서 사회정의와 같은 질적인 개념들이 그다지 중요하게 여겨지지 않았다. 마찬가지로 자유 개념 역시 경제성장에 도움이 될 수 있는 측면에서 이해됨으로써 주로 간섭을 받지 않고 자유로운 경제적 행위를 할 수 있는 자유, 더 많은 이익을 얻을 수 있는 자유, 무제한적인 소유의 자유 등으로 이해되었다. 이처럼 자유 개념이 매우 단순하게 이해·통용되었기 때문에 정치인들이든 일반인들이든 이런 개념들을 엄밀하게 정의·사용할 필요성을 느끼지 않았으며 학자들 역시 크게 다르지 않았다. 그리고 냉전 상황의 잔존은 이런 경향을 더욱 강화·온존시킴으로써 우리 사회의 비전과 그것을 뒷받침하는 정책들을 제시함에 있어 이런 개념들을 매우 일의적으로 이해·활용하게 했다.

하지만 우리 사회의 질적 변화는 이런 관행이 더 이상 지속될 수 없는 환경을 조성하고 있다. 자유를 주로 국가와 법의 제약을 받지 않고 자신이 원하는 것을 할 수 있는 자유로, 특히 경제적 이익을 위해 생산·소비할 수 있는 자유로 협소하게 이해하는 관행은 더 이상 유지될 수 없게 되었다. 다양한 선택들을 할 수 있는 실질적인 능력 및 정보에 입각하여 합리적인 선택을 할 수 있는 능력, 곧 자율성으로서의 자유 관념도 우리 사회에서 점점 더 중요해지고 있다. 평등도 단순히 물질적 평등이나 결과적 평등이라는 제한된 의미를 넘어, 시민들 사이의 평등한 지위, 곧 모든 시민들은 평등한 관심과 존중을 받아야 한다는 도덕적인 의미로 사용되기 시작했다. 그리고 이 경우 평등한 존중과 관심을 구체적으로 어떻게 이해하느냐에 따라 더욱 구체적인 평등관들이 제시될 수 있을 것인데, 우리 사회의 발전과 더불어 평등 개념의 다양한 의미들이 새롭게 부각되고 있다.

민주주의 역시 단순히 제도적이거나 도구적인 관점에서 정당화되는 단계를 벗어나고 있다. 민주주의는 그 자체에 시민으로서의 평등한 지위를 구현하는 본질적인 가치가 있다는 것을 깨닫게 되었을 뿐만 아니라, 인간의 합리성을 공적인 차원에서 실현할 수 있는 계기를 제공해줌으로써 개인의 자기발전과 자아실현에 기여한다는 점도 인식하게 되었다. 공동체 개념 역시 진보적 자유주의자들과 보수주의자들이 제각기 독자적인 정치적 비전을 표현할 수 있는 중요한 이상으로 부각됨으로써 그 구체적 내용에 대한 다원적인 이해의 가능성이 열리고 있다. 그리하여 공동체는 비교적 두터운 문화적 동질성과 정체성을 공유하는 집단만을 의미하는 것이 아니라, 정의와 자율성 및 평등에 기초한 시민적 유대를 표현하는 자유주의적 공동체를 의미할 수 있다는 것도 인식해가고 있다.

세계화시대를 배경으로 점증하고 있는 문화적 다양성은 전통적인 민족국가 내부의 긴장을 심화시킴으로써 현대 정치철학에 새로운 과제를 부과하고 있다. 이 현상은 이른바 자유주의 정치공동체의 공동체적 성격을 어떻게 규정해야 할 것인가 하는 문제를 더욱 첨예한 형태로 제기하고 있으며, 공동체주의자들에게는 그들이 옹호하는 정치공동체의 구체적인 형태에 대해 더 치열하게 생각해보도록 촉구하고 있다. 다문화적 상황은 특히 현대 공동체주의자들에게 자유주의 정치원리와 양립할 수 있으면서도 다양한 문화공동체들의 고유한 정체성을 유지할 수 있는 공존양식에 대한 설득력 있는 답변을 요구하고 있다. 공동체주의자들은 가치의 주관성을 강조하는 자유주의가 도덕적 상대주의 또는 회의주의와 친화성이 있다고 주장하고 있지만, 정작 도덕적 상대주의에 더 취약한 쪽은 가치와 도덕을 문화공동체의 특수한 경험과 결부시키고 있는 공동체주의일 수도 있기 때문이다.

스위프트의 이 책은 합리적인 공적 토론이라는 측면에서 우리보다 상당히 앞서 있는 서구사회의 경험을 배경으로 집필되었다. 그 때문에 이제 막 선진사회의 문턱에 들어서고 있는 한국사회의 공적인 토론문화를 질적으로 발전시키는 데 활용할 수 있는 중요한 자원들을 담고 있다. 우리는 스위프트의 저서를 통해 앞으로 우리 사회의 공적 담론의 방향과 내용을 어느 정도 예상해볼 수 있을 뿐만 아니라 실질적으로 우리 사회의 정치논쟁을 분석·평가할 수 있는 중요한 개념적 무기를 얻을 수 있다. 학생들과 시민들 그리고 정치인들은 여기서 분석·설명되고 있는 다섯 가지 개념들의 다의성과 도덕적 전제들을 숙지함으로써 정치논쟁과 공적 담론을 이해·평가할 수 있는 개념적 기초를 쌓을 수 있으며, 나아가서 자신이 지지하는 정책들의 도덕적 의미를 좀 더 분명히 이해할 수 있게 될 것이다. 이 책이 우리 사회의 공적 담론과 정치논쟁의 수준을 한 단계 높이는 데 일조함으로써 우리 사회의 질적 성숙과 발전에 조금이라도 보탬이 될 수 있기를 기대한다.

찾아보기